NOVO FUNDEB PERMANENTE

COMENTÁRIOS À LEI Nº 14.113/2020 (COM AS ALTERAÇÕES PROMOVIDAS PELAS LEIS NºS 14.276/2021 E 14.325/2022)

PAULO SENA

Prefácio
Maria Paula Dallari Bucci

NOVO FUNDEB PERMANENTE

COMENTÁRIOS À LEI Nº 14.113/2020
(COM AS ALTERAÇÕES PROMOVIDAS
PELAS LEIS NºS 14.276/2021 E 14.325/2022)

6

Belo Horizonte

2023

COLEÇÃO FORUM
DIREITO
E POLÍTICAS
PÚBLICAS

© 2023 Editora Fórum Ltda.

É proibida a reprodução total ou parcial desta obra, por qualquer meio eletrônico, inclusive por processos xerográficos, sem autorização expressa do Editor.

Conselho Editorial

Adilson Abreu Dallari
Alécia Paolucci Nogueira Bicalho
Alexandre Coutinho Pagliarini
André Ramos Tavares
Carlos Ayres Britto
Carlos Mário da Silva Velloso
Cármen Lúcia Antunes Rocha
Cesar Augusto Guimarães Pereira
Clovis Beznos
Cristiana Fortini
Dinorá Adelaide Musetti Grotti
Diogo de Figueiredo Moreira Neto (in memoriam)
Egon Bockmann Moreira
Emerson Gabardo
Fabrício Motta
Fernando Rossi
Flávio Henrique Unes Pereira

Floriano de Azevedo Marques Neto
Gustavo Justino de Oliveira
Inês Virgínia Prado Soares
Jorge Ulisses Jacoby Fernandes
Juarez Freitas
Luciano Ferraz
Lúcio Delfino
Marcia Carla Pereira Ribeiro
Márcio Cammarosano
Marcos Ehrhardt Jr.
Maria Sylvia Zanella Di Pietro
Ney José de Freitas
Oswaldo Othon de Pontes Saraiva Filho
Paulo Modesto
Romeu Felipe Bacellar Filho
Sérgio Guerra
Walber de Moura Agra

FÓRUM
CONHECIMENTO JURÍDICO

Luís Cláudio Rodrigues Ferreira
Presidente e Editor

Coordenação editorial: Leonardo Eustáquio Siqueira Araújo
Aline Sobreira de Oliveira

Rua Paulo Ribeiro Bastos, 211 – Jardim Atlântico – CEP 31710-430
Belo Horizonte – Minas Gerais – Tel.: (31) 99412.0131
www.editoraforum.com.br – editoraforum@editoraforum.com.br

Técnica. Empenho. Zelo. Esses foram alguns dos cuidados aplicados na edição desta obra. No entanto, podem ocorrer erros de impressão, digitação ou mesmo restar alguma dúvida conceitual. Caso se constate algo assim, solicitamos a gentileza de nos comunicar através do *e-mail* editorial@editoraforum.com.br para que possamos esclarecer, no que couber. A sua contribuição é muito importante para mantermos a excelência editorial. A Editora Fórum agradece a sua contribuição.

Dados Internacionais de Catalogação na Publicação (CIP) de acordo com ISBD

S474n	Sena, Paulo
	Novo Fundeb permanente: comentários à Lei nº 14.113/2020 - (com as alterações promovidas pelas Leis nºs 14.276/2021 e 14.325/2022) / Paulo Sena. Belo Horizonte: Fórum, 2023. (Coleção Fórum Direito e Políticas Públicas, 6).
	401 p. 14,5x21,5 cm
	ISBN: 978-65-5518-544-7
	ISBN da coleção: 78-65-5518-447-1
	1. Fundeb permanente. 2. Manutenção e desenvolvimento do ensino. 3. VAAF, VAAT, VAAR. 4. SINAEB. I. Título. II. Coleção.
2022-2387	CDD: 340
	CDU: 34

Ficha catalográfica elaborada por Lissandra Ruas Lima – CRB/6 – 2851

Informação bibliográfica deste livro, conforme a NBR 6023:2018 da Associação Brasileira de Normas Técnicas (ABNT):

SENA, Paulo. *Novo Fundeb permanente*: comentários à Lei nº 14.113/2020 - (com as alterações promovidas pelas Leis nºs 14.276/2021 e 14.325/2022). Belo Horizonte: Fórum, 2023. 401 p. ISBN 978-65-5518-544-7. (Coleção Fórum Direito e Políticas Públicas, 6).

Vander Oliveira Borges
(in memoriam)

AGRADECIMENTOS

Ao colega e amigo Cláudio Tanno, pela leitura atenta e minuciosa e por suas valiosas sugestões.

Ao colega e amigo Alisson Capuzzo, pelas discussões acerca dos temas deste livro e incentivo para concretizá-lo.

Ao caro amigo e mestre Prof. Jamil Cury, pela leitura detalhada, comentários e sugestões.

Ao meu amigo, jurista Rodrigo Mascarenhas, por me instar a escrever sobre o tema para contribuir com seu entendimento.

Ao caro amigo Vander Borges (*in memoriam*), por me inspirar a retomar um projeto antigo, do qual participou.

À jurista, Prof.ª Maria Paula Dallari Bucci, querida amiga, pela leitura atenta e por me conceder a honra de ser a prefaciadora deste livro.

À minha esposa Flávia Cristina de Araujo Lopes, pelo amor, apoio e incentivo.

"Todos os esforços no sentido de combater a ignorância e a rudeza do povo estacam diante da questão financeira; porquanto é preciso convir nisto: - não há sistema de instrução eficaz sem dispêndio de muito dinheiro".

Tavares Bastos, em 1870

"Havendo, pois, Estados ricos e Estados pobres, é preciso que esses recursos sejam distribuídos, tendo-se em vista sobretudo as necessidades reais de cada um"

Manoel Bomfim, no exercício de mandato na Câmara dos Deputados. Discurso na sessão de 05 de novembro de 1907

"Precisamos – e por aí é que se há de inferir a sinceridade pública dos homens brasileiros – constituir fundos para a instrução pública, que estejam não só ao abrigo das contingências orçamentárias normais, como também que permitam acréscimos sucessivos, independentemente das oscilações de critério político de nossos administradores"

Anísio Teixeira, 1935 (Educação para a Democracia)

LISTA DE ABREVIATURAS

ABE Associação Brasileira de Educação
ACO Ação Cível Originária
ADCT Ato das Disposições Constitucionais Transitórias
ADI ou ADIN Ação Direta de Inconstitucionalidade
BNCC Base Nacional Comum Curricular
CACS Conselho de Acompanhamento e Controle Social (do Fundeb)
CAE Conselho de Alimentação Escolar
CAPES Coordenação de Aperfeiçoamento de Pessoal de Nível Superior
CAQ Custo Aluno Qualidade
CF Constituição Federal
CIF Comissão Intergovernamental de Financiamento para a Educação de Qualidade
CLT Consolidação das Leis do Trabalho
CME Conselho Municipal de Educação
CNE Conselho Nacional de Educação
CNM Confederação Nacional dos Municípios
CNPG Conselho Nacional de Procuradores-Gerais dos Ministérios Públicos dos Estados e da União
CNPq Conselho Nacional de Desenvolvimento Científico e Tecnológico
CNTE Confederação Nacional dos Trabalhadores em Educação
CONLE Consultoria Legislativa (da Câmara dos Deputados)
CONOF Consultoria de Orçamento e Fiscalização Financeira (da Câmara dos Deputados)
CONSED Conselho Nacional de Secretários de Estado de Educação
COPEDUC Comissão Permanente de Educação (do Ministério Público)
CPI Comissão Parlamentar de Inquérito
CTN Código Tributário Nacional
EC Emenda Constitucional
ECA Estatuto da Criança e do Adolescente
EF ensino fundamental
EFAs Escolas Famílias Agrícola
EM ensino médio
ET estudo técnico
FAPs Fundações de Amparo à Pesquisa
FCCs filantrópicas, comunitárias e confessionais
FCDF Fundo Constitucional do Distrito Federal
FNDE Fundo Nacional de Desenvolvimento da Educação
FPE Fundo de Participação dos Estados e do Distrito Federal
FPM Fundo de Participação dos Municípios
FUNDEB Fundo de Manutenção e Desenvolvimento da Educação Básica e de Valorização dos Profissionais da Educação
FUNDEF Fundo de Manutenção e Desenvolvimento do Ensino Fundamental e de Valorização do Magistério

LISTA DE ABREVIATURAS

FUNDAP	Fundo para o Desenvolvimento das Atividades Portuárias (do Espírito Santo)
GNDH	Grupo Nacional dos Direitos Humanos (do CNPG)
ICMS	Imposto sobre Operações Relativas à Circulação de Mercadorias e sobre Prestações de Serviços de Transportes Interestadual e Intermunicipal e de Comunicação
IDEB	Índice de Desenvolvimento da Educação Básica
IEI	Indicador da educação infantil
INEP	Instituto Nacional de Estudos e Pesquisas Educacionais Anísio Teixeira
INSE	indicador de nível socioeconômico
IPI	Imposto sobre Produtos Industrializados
IPTU	Imposto Predial e Territorial Urbano
IPVA	Imposto sobre a Propriedade de Veículos Automotores
IR	Imposto sobre a Renda e Proventos de Qualquer Natureza
ISS	Imposto sobre Serviços de Qualquer Natureza
ITCD	Imposto sobre Transmissão Causa Mortis e Doação de Quaisquer Bens ou Direitos
ITR	Imposto sobre a Propriedade Territorial Rural
LAI	Lei de Acesso à Informação
LC	Lei Complementar
LDB	Lei de Diretrizes e Bases da Educação Nacional
LGPD	Lei Geral de Proteção de Dados Pessoais
LOMP	Lei Orgânica do Ministério Público
LRF	Lei de Responsabilidade Fiscal
MDE	manutenção e desenvolvimento do ensino
ME	Ministério da Economia
MEC	Ministério da Educação
MPF	Ministério Público Federal
NT	Nota técnica
PEJA	Programa de Apoio aos Sistemas de Ensino para Atendimento à Educação de Jovens e Adultos
PFC	proposta de fiscalização e controle
PLP	Projeto de lei complementar
PNAE	Programa Nacional de Alimentação Escolar
PNATE	Programa Nacional de Apoio ao Transporte do Escolar
PNE	Plano Nacional de Educação
PSE	Programa Saúde na Escola
RGPS	Regulamento Geral da Previdência Social
RICD	Regimento Interno da Câmara dos Deputados
RISF	Regimento Interno do Senado Federal
Resp	recurso especial
RREO	Relatório Resumido de Execução Orçamentária

LISTA DE ABREVIATURAS

SAEB	Sistema de Avaliação da Educação Básica
SICONFI	Sistema de Informações Contábeis e Fiscais do Setor Público Brasileiro
SINAEB	sistema nacional de avaliação da educação básica
SINED	Simpósio Nacional de Educação
SIOPE	Sistema de Informações sobre Orçamentos Públicos em Educação
SNE	Sistema Nacional de Educação
STF	Supremo Tribunal Federal
STJ	Superior Tribunal de Justiça
STN	Secretaria do Tesouro Nacional
SUS	Sistema Único de Saúde
TCU	Tribunal de Contas da União
UBES	União Brasileira dos Estudantes Secundaristas
UNCME	União Nacional dos Conselhos Municipais de Educação
UNDIME	União Nacional dos Dirigentes Municipais da Educação
VAAF	valor anual por aluno Fundeb
VAAF-MIN	valor anual mínimo por aluno
VAAT	valor anual total por aluno
VAAT-MIN	valor anual total mínimo por aluno

LISTA DE QUADROS

QUADRO 1   Impostos e transferências que, no patamar de 20%, integram a Cesta-Fundeb (e respectivas dívidas ativas, juros e multas)

QUADRO 2   Impostos que não integram a Cesta-Fundeb

QUADRO 3   Complementação da União no "Modelo Híbrido" – nova regra distributiva – 3 modalidades (VAAF, VAAT e VAAR)

QUADRO 4   Complementação da União – gradualismo

QUADRO 5   Educação Infantil – Ponderações Fundeb (2007 -2020)

QUADRO 6   Ensino Fundamental – Ponderações Fundeb (2007 -2020)

QUADRO 7   Ensino Médio – Ponderações Fundeb (2007 -2017)

QUADRO 8   Educação de Jovens e Adultos (EJA) – Ponderações Fundeb (2007 -2020)

QUADRO 9   Matrículas nas creches – 2018 e 2019 – desigualdades regionais

QUADRO 10 Matrículas nas creches – 2018 e 2019 – Desigualdades

QUADRO 11 Âmbitos de atuação prioritária dos entes subnacionais na Educação

QUADRO 12 Linha de parentesco até o 3º grau

APRESENTAÇÃO DA COLEÇÃO

A *Coleção Fórum Direito e Políticas Públicas* tem o objetivo de apresentar ao leitor trabalhos acadêmicos inovadores que aprofundem a compreensão das políticas públicas sob a perspectiva jurídica, com triplo propósito.

Em primeiro lugar, visa satisfazer o crescente interesse pelo tema, para entender os avanços produzidos sob a democracia no Brasil depois da Constituição de 1988. É inegável que as políticas públicas de educação, saúde, assistência social, habitação, mobilidade urbana, entre outras estudadas nos trabalhos que compõem a coleção, construídas ao longo de várias gestões governamentais, mudaram o patamar da cidadania no país. Certamente, elas carecem de muitos aperfeiçoamentos, como alcançar a população excluída, melhorar a qualidade dos serviços e a eficiência do gasto público, assegurar a estabilidade do financiamento e, no que diz respeito à área do Direito, produzir arranjos jurídico-institucionais mais consistentes e menos suscetíveis à judicialização desenfreada. O desmantelamento produzido pela escalada autoritária iniciada em meados dos anos 2010, no entanto, explica-se não pelas deficiências dessas políticas e sim pelos seus méritos – não tolerados pelo movimento reacionário. Compreender a estrutura e a dinâmica jurídica das políticas públicas, bem como a legitimação social que vem da participação na sua construção e dos resultados, constitui trabalho importante para a credibilidade da reconstrução democrática.

O segundo objetivo da coleção é contribuir para o desenvolvimento teórico sobre as relações entre Direito e Políticas Públicas. Publicando trabalhos oriundos de teses e dissertações de pós-graduação, constitui-se um acervo de análises objetivas de programas de ação governamental, suas características recorrentes e seus processos e institucionalidade jurídicos. Neles estão documentados os impasses inerentes aos problemas públicos de escala ampla, e estudadas algumas soluções ao mesmo tempo jurídicas e políticas, presentes em práticas de coordenação e articulação, seja na alternância de governo, nas relações federativas, ou na atuação intersetorial. Assim, sem perder a multidisciplinaridade característica dessa abordagem, valendo-se da bibliografia jurídica em cotejo com a literatura especializada, publica-se material de pesquisa empírica (não quantitativa) da qual se extraem os conceitos e relações que numa organização sistemática dão base para a teorização jurídica da abordagem Direito e Políticas Públicas. Com essa preocupação, a coleção também publicará trabalhos de alguns dos raros autores estrangeiros com obras específicas na área.

Finalmente, o terceiro objetivo da coleção é contribuir para a renovação teórica do direito público brasileiro, fomentando o desenvolvimento de uma tecnologia da ação governamental democrática, engenharia jurídico-institucional para o avanço da cidadania do Brasil. Isso permitirá ampliar a escala de experiências bem-sucedidas, inspirar melhores desenhos institucionais pela comparação com experiências similares, além de avançar na cultura da avaliação, agora positivada na Constituição Federal.

São Paulo, 22 de agosto de 2022.

Maria Paula Dallari Bucci
Professora da Faculdade de Direito da Universidade de São Paulo. Coordenadora da *Coleção Fórum Direito e Políticas Públicas*.

SUMÁRIO

PREFÁCIO
Maria Paula Dallari Bucci..27

NOTA DO AUTOR 31

INTRODUÇÃO 33

COMENTÁRIOS À LEI DO FUNDEB PERMANENTE
LEI Nº 14.113, DE 25 DE DEZEMBRO DE 2020............................39
1   Fundeb permanente...39
2   Manutenção da comissão intergovernamental de
      financiamento para a educação básica de qualidade............40
3   Lei regulamentadora do Fundeb 42
4   Unicidade da política pública e das regras do fundeb e
      pluralidade de contas 42
5   Unicidade do fundo e regra nacional do valor mínimo 43
1   Fundos e educação...45
2   Âmbito de cada estado e do DF 48
3   Natureza contábil...48
4   Fundo especial contábil...50
5   Permanência da obrigação de aplicação dos recursos
      vinculados à MDE 50
1   Manutenção e desenvolvimento do ensino (MDE) 52
2   Manutenção e desenvolvimento da educação básica
      pública 55
3   Valorização dos profissionais da educação, incluída sua
      condigna remuneração..56
3.1 Profissionais da educação..56
3.2 Valorização e remuneração condigna 59
3.2.1 Remuneração..62

3.2.2	Piso salarial profissional nacional	66
1	Importância financeira do Fundeb	71
2	Cesta-Fundeb	71
2.1	Dívida ativa tributária	74
2.2	Adicional na alíquota do ICMS	75
2.3	Dedução indevida da base de cálculo do ICMS – o caso Fundap	76
1	Complementação da União como instrumento da solidariedade federativa	78
2	Vedação de retenção ou qualquer restrição à entrega e ao emprego dos recursos atribuídos, aos estados, ao distrito federal e aos municípios, neles compreendidos adicionais e acréscimos relativos a impostos	79
3	Regras referentes às fontes da complementação da União	79
4	Crime de responsabilidade	80
5	Complementação da União e teto de gastos	81
1	Valor e modalidades da complementação da União	83
2	Cálculo da complementação da União, considerando-se as receitas totais dos fundos do mesmo exercício	86
1	Valores anuais por aluno	88
1.1	VAAF (valor anual por aluno)	88
1.2	VAAT (valor anual total por aluno)	88
1.3	VAAR	90
1	Matrículas na educação básica pública presencial	94
2	Ponderações	94
3	Direito à educação infantil	101
4	Instituições conveniadas	102
4.1	FCCs	102
4.2	Conveniados ou em parceria com a administração estadual direta	108
4.3	Condicionalidades e obrigações cumulativas das instituições fccs conveniadas	109
4.4	Aplicação de recursos pelas instituições conveniadas em despesas de MDE	110
4.5	Transparência dos convênios e fornecimento de informações	111

5	Demais instituições de educação profissional técnica de nível médio dos serviços sociais autônomos que integram o sistema federal de ensino (Sistema S)	111
1	Matrículas presenciais no âmbito de atuação prioritária	114
2	Matrículas da educação especial	115
3	Dupla matrícula	115
4	Profissionais cedidos	115
5	Retificação de dados do censo	116
1	Possibilidade de distinção entre as ponderações VAAF, VAAR E VAAT	118
2	Prioridade para educação infantil expressa na ponderação VAAT	119
1	Novas ponderações	121
1.1	Nível socioeconômico dos educandos	121
1.2	Disponibilidade de recursos	122
1.3	Potencial de arrecadação tributária de cada ente federado	123
1	Distribuição intraestadual	125
1	Distribuição da complementação-VAAF	126
1	Receitas e disponibilidades para o cálculo do valor anual total por aluno (VAAT)	128
2	Habilitação para receber a complementação-VAAT	128
1	Condicionalidades e indicadores VAAR	131
1.1	Condicionalidades	132
1.2	Indicadores e equidade de aprendizagem	134
1	Fatores considerados na distribuição da complementação da União, em determinado exercício financeiro	136
1.1	VAAF	136
1.2	VAAT	137
1.3	VAAR	138
1	Prazos para publicação de estimativas, aplicação mínima para a educação infantil e redes beneficiárias da complementação VAAR	139
2	Atualização das estimativas	141
3	Cronograma de pagamentos da complementação da União	142
4	Ajuste do valor da complementação da União	144

5	Prazo para encaminhamento à STN dos valores da arrecadação efetiva dos impostos e das transferências pelos entes subnacionais	146
6	Divulgação pelo FNDE de memória de cálculo do índice de correção referente ao VAAT-MIN e complementação VAAT	147
1	Manutenção da comissão intergovernamental de financiamento para a educação básica de qualidade	149
1.1	Composição da comissão intergovernamental (CIF)	149
2	Registro das deliberações da comissão intergovernamental	150
3	Natureza da participação na comissão intergovernamental de financiamento para a educação básica de qualidade (CIF)	150
4	Designação de suplentes	150
1	Atribuições da comissão intergovernamental	154
1	Despesas da comissão intergovernamental de financiamento para a educação básica de qualidade	156
1	Unidades transferidoras e instituições financeiras	157
1	Procedimentos e rastreabilidade dos repasses, depósito dos recursos imediatamente ao órgão responsável pela educação, disponibilização de dados acerca do recebimento e das aplicações dos recursos do Fundeb e exceção à regra de vedação à transferência de recursos para outras contas	160
1	Convênios entre os entes federados	165
1	Registros detalhados dos recursos disponibilizados aos fundos	167
1	Aplicação dos saldos de recursos financeiros	168
1	Utilização dos recursos	170
1.1	APLICAÇÃO INDISTINTA	171
1.2	Ação redistributiva dos estados, do distrito federal e dos municípios em relação a suas escolas	171
1.3	Utilização de recursos no primeiro quadrimestre do exercício imediatamente subsequente	174
1	Subvinculação à remuneração dos profissionais da educação básica em efetivo exercício	175

2	Possibilidade de aplicação dos recursos do fundeb, para atingir o mínimo de 70%, em reajuste salarial sob a forma de bonificação, abono, aumento de salário, atualização ou correção salarial	179
1	Possibilidade de remuneração, com a parcela dos 30% (trinta por cento) não subvinculada aos profissionais da educação, de profissionais de outras áreas que não a educação stricto sensu, das áreas de psicologia ou de serviço social, desde que integrantes de equipes multiprofissionais que atendam aos educandos	181
1	Destinação de 15% dos recursos da complementação-VAAT para despesas de capital	183
1	Destinação à educação infantil, de 50% (cinquenta por cento) dos recursos globais da complementação-VAAT	184
1.2	Definição pelo indicador para educação infantil (IEI), dos percentuais mínimos de aplicação dos municípios beneficiados com a complementação-VAAT	185
1	Vedação da utilização dos recursos dos fundos para financiamento das despesas não consideradas de MDE, nos termos da LDB	186
2	Vedação da utilização dos recursos dos fundos para financiamento do pagamento de aposentadorias e de pensões, nos termos da Constituição Federal (EC nº 108/2020, art. 212, §7º, CF)	188
3	Vedação de garantia ou contrapartida de operações de crédito, internas ou externas, contraídas pelos entes subnacionais que não se destinem ao financiamento de projetos, de ações ou de programas de MDE	190
1	Definição dos órgãos de fiscalização e controle referentes ao cumprimento da aplicação de recursos mínimos em MDE em geral e aplicações da totalidade dos recursos do Fundeb	191
1	Procedimentos de prestação de contas	193
1	Controles interno, externo e social no Fundeb	194
1.1	Controle interno	195
1.2	Controle externo	196
1.3	Controle social	198
1.4	O papel do MP	201

1	Conselhos de acompanhamento e controle social-CACS	202
1.2	Competências e instrumentos à disposição dos CACS	208
1.3	Natureza dos CACS e sua infraestrutura	209
1	Composição dos CACS e indicação dos conselheiros	212
2	Prazos para indicações de conselheiros e definição dos responsáveis pela indicação	215
3	Caracterização e requisitos para que organizações da sociedade civil possam se habilitar a indicar conselheiros dos CACS	217
4	Indicação e nomeações dos conselheiros	219
5	Impedimentos	220
6	Natureza da atuação dos membros dos CACS e proteção aos conselheiros	224
7	Suplência e mandatos	227
8	Direito à voz de estudantes não emancipados	228
9	Informações atualizadas sobre a composição e o funcionamento dos respectivos conselhos	229
10	Periodicidade das reuniões dos CACS	230
1	Redes de conhecimento	231
1	Disponibilade dos registros contábeis e dos demonstrativos gerenciais mensais	232
1	Detalhamentos das informações e dados relacionados ao Fundeb e à manutenção e ao desenvolvimento do ensino	234
1	Siope e cumprimento dos percentuais de aplicação dos recursos do Fundeb	235
1	Atuação do MEC	237
1	Efeitos da aplicação da lei e papel do INEP	239
1.1	Efeitos redistributivos, melhoria dos indicadores educacionais e ampliação do atendimento	240
1.2	Eficiência, eficácia e efetividade na aplicação dos recursos dos fundos	240
2	Divulgação e abertura dos dados utilizados nas análises da avaliação	242
3	Consideração dos resultados das avaliações nas revisões decenais acerca dos critérios de distribuição da complementação da União e dos fundos	242

1	Progressividade da implantação da complementação da União	244
2	Transição em relação a obrigações dos entes	246
1	Transição em relação aos novos CACS	247
1	Atualização da lei em relação às antigas e novas ponderações	248
2	Manutenção até 2023 dos valores das ponderações antigas (etapas, modalidades, duração da jornada e tipos de estabelecimento de ensino)	250
3	Valor neutro das novas ponderações até que tenham sido aprovados seus critérios e metodologias	251
4	Transição em relação ao indicador da educação infantil (IEI)	252
5	Fator multiplicativo incidente sobre as ponderações da educação infantil na complementação-VAAT até 2023	253
6	Prazo para encaminhamento à CIF dos estudos do ME e Inep, referentes às ponderações	254
7	Definição em regulamento das condicionalidades e indicadores da complementação-VAAR para o exercício financeiro de 2023	255
1	Maior prazo para definição do indicador de potencial de arrecadação tributária	256
1	Informações acerca da medida de equidade de aprendizagem aferidas de forma progressiva	257
1	Manutenção, no primeiro trimestre de 2021, dos coeficientes de participação dos entes subnacionais referentes ao exercício de 2020	258
1	Definição da regra de distribuição dos recursos dos fundos, a partir de 1º de abril de 2021	259
1	Prazo para o ajuste da diferença observada entre a distribuição dos recursos realizada no primeiro trimestre de 2021 e a distribuição conforme a sistemática estabelecida nesta lei	260
1	Repasses e movimentação dos recursos do Fundeb por meio das contas únicas e específicas	261
1	Precatórios em relação a recursos dos fundos	263

1		CACS integrados aos CMEs, com instituição de câmara específica para o acompanhamento e o controle social do Fundeb 265
1		Padrão mínimo de qualidade definido nacionalmente 267
	2	Participação popular e da comunidade educacional na definição do padrão mínimo de qualidade 268
1		Apoio da União a políticas dos entes subnacionais para a inclusão de crianças e adolescentes em situação de risco social e conclusão da educação básica dos alunos que cumpram pena no sistema penitenciário ou aos quais tenham sido aplicadas medidas socioeducativas 270
1		Planos de carreira dos profissionais da educação básica 271
	2	Capacitação profissional direcionada à formação continuada 274
1		Preservação dos recursos da educação em caso de alterações decorrentes de reforma tributária 275
1		Revogação da lei do Fundeb 2007-2020, com ressalva ao caput do art.12 276
1		Início da vigência 277

REFERÊNCIAS 279

APÊNDICE A
LEI DO FUNDEB PERMANENTE (LEI Nº 11.494/07) –
ÍNDICE TEMÁTICO 285

APÊNDICE B
LEI Nº 14.113, DE 25 DE DEZEMBRO DE 2020 – FUNDEB
PERMANENTE 337

APÊNDICE C
PRAZOS NA LEI Nº 14.113/2020 (LEI DO FUNDEB
PERMANENTE) E EC 208/2020 395

APÊNDICE d
PRAZOS NA LEI DO FUNDEB – anos 399

PREFÁCIO

Em boa hora recebi de Paulo de Sena Martins os originais de seus comentários à Lei do Fundeb, agora que o fundo se tornou permanente, por força da Emenda Constitucional nº 108/2020. A publicação deste livro acrescenta muito à Coleção Fórum Direito e Políticas Públicas.

Em primeiro lugar, porque o Fundeb, mais do que uma norma, é expressão de uma figura central na abordagem Direito e Políticas Públicas, que é o *arranjo jurídico-institucional*. Esse traço é apresentado pelo autor logo na introdução, quando se diz que o financiamento da educação "não é somente um instrumento da política educacional", mas pode ser entendido também como uma política pública em si, dado o seu potencial de indução sobre outras políticas, tais como o aperfeiçoamento do controle social ou a busca de equilíbrio federativo. Trata-se de uma combinação de fundos contábeis com unidade de tratamento jurídico, disciplinando a equalização financeira em matéria de educação por meio de uma série de inovações, tanto nas relações federativas como em finanças públicas. Como sustentam os especialistas, essa equalização na distribuição federativa de recursos teve um efeito positivo sobre o conjunto das políticas sociais no Brasil pós-1988.

Ao leitor menos familiarizado, a apresentação das engrenagens jurídicas desse complexo arranjo serve como contraponto à ansiedade pela melhoria dos resultados educacionais no país, ainda muito distante de um padrão satisfatório, não só em vista da comparação com os indicadores internacionais, mas também na perspectiva da qualificação das pessoas, requisito indispensável para o aumento da produtividade. Isso sem falar na emancipação humana para a cidadania plena, para o que a educação é decisiva. O sentido político da educação se reavivou nos anos recentes, quando ataques da extrema-direita à figura de Paulo Freire nos fizeram lembrar da magnitude de sua obra transformadora.

A compreensão do arranjo do Fundeb requer o entendimento sobre suas múltiplas dimensões, como a articulação interfederativa, o regramento financeiro, o atrelamento aos indicadores de desempenho, a valorização dos profissionais da educação, enfim, as várias camadas em que se tece essa rede política, de gestão, social, econômica e jurídica. Ela está por trás da melhoria reconhecida do desempenho educacional no país a partir dos anos 2000. Seu conhecimento contribui para a consciência de que não há atalhos; as políticas públicas, especialmente as estruturantes, como é o caso da educação básica, precisam ser tratadas em suas múltiplas dimensões, especialmente a financeira, com continuidade e consistência. Portanto, é algo a celebrar que o Fundeb tenha alcançado sua terceira geração de aprimoramentos, como explica elegantemente o autor.

O segundo destaque do livro é o foco na *dogmática jurídica*, sem perder de vista as dimensões do arranjo jurídico-institucional acima descritas. Assim desfaz um equívoco comum nos primórdios do Direito e Políticas Públicas, que era tomar como perspectivas rivais a apreciação crítica dos arranjos e sua operação por meio das categorias jurídicas estabelecidas. O que se passa, diferentemente disso, é que a evolução das políticas públicas só ocorre se se desenvolver, em paralelo, a renovação da dogmática.

Políticas públicas consequentes, capazes de influenciar positivamente a construção democrática, têm relação direta com sua capacidade de produzir consensos, os quais, por sua vez, alimentam-se da confiança criada pela entrega de resultados. Tudo isso inspira outro tipo de engajamento do jurista de Direito e Políticas Públicas, demandando o seu potencial criativo na produção de novos procedimentos e protocolos de conduta cooperativa, na criação e atualização de parâmetros para fundamentação de decisões e assim por diante. Isso se faz com base em instrumentos e na linguagem jurídica – sem uma dogmática apropriada não ocorrerá. A abordagem Direito e Políticas Públicas não pode se limitar à crítica do direito estabelecido, mas deve contribuir para inovar no direito positivo orientado à institucionalização democrática.

O livro destrincha a racionalidade dos dispositivos de uma das leis-chave do federalismo cooperativo no Brasil, direito positivo profundamente renovado em matéria educacional. Orientar os aplicadores da lei em matéria das finanças educacionais é uma contribuição importante, especialmente quando se pensa nos gestores públicos e integrantes das esferas de controle. A legislação do Fundeb é complexa, detalhada e necessariamente técnica, dados os pressupostos e objetivos da política. Se a figura do fundo, como exceção ao princípio da unidade de tesouraria, não é propriamente nova, consistindo no "sonho de consumo" de todo empreendedor de política pública, há particularidades que explicam a sucesso do arranjo nesse caso, conforme o autor, uma vez que se cuida de um "fundo multigovernamental" de natureza contábil, não vinculado a nenhum órgão, o que garante um manejo mais racional dos recursos vinculados, como em relação ao uso dos saldos anuais para além do exercício financeiro.

Por fim a terceira virtude do livro é a valorização do *processo legislativo*. Por trás da forma dos tradicionais comentários ao texto da lei, num texto fluente e agradável, com muita competência, o autor desvenda a riqueza do processo de construção da política pública. Isso é produto de suas quase três décadas de experiência como Consultor Legislativo na área de Educação, Cultura e Desporto da Câmara dos Deputados. Assim, apresenta uma outra visão do papel do Poder Legislativo, ilustrando-a com o relato da contribuição da consultoria de orçamento da Câmara no desenvolvimento do VAAT, que visava superar óbices do desenho inicial da equalização financeira e criar um mecanismo capaz de captar desigualdades mais finas. Isso reverteu o problema de municípios pobres em estados ricos, que não recebiam a complementação de recursos da União segundo a fórmula original do Fundeb.

Paulo Sena, como é mais conhecido, é um amigo querido desde os bancos da Faculdade de Direito da Universidade de São Paulo. Depois fez doutorado na área de Educação e tornou-se um analista refinado, capaz de explicar questões jurídicas menos evidentes a um olhar não treinado. É assim que critica o preciosismo de certas passagens da lei, que dificultam sua leitura pelo destinatário final, ao mesmo tempo que as justifica, entendendo tratar-se de expediente de prevenção de questionamentos judiciais. Com seus dois chapéus de estudioso e militante da educação, consegue explicar também como a Comissão Intergovernamental do Fundeb – "foro permanente de negociação, articulação, normatização e decisão" – se equilibra entre a ausência de lei complementar e a regulamentação por decreto, motivada pela regulamentação do papel coordenador do Ministério da Educação.

Por todas essas razões, a leitura do livro é um grande aprendizado de Direito e Políticas Públicas.

São Paulo, junho de 2023.

Maria Paula Dallari Bucci
Professora da Faculdade de Direito
da Universidade de São Paulo (USP).

NOTA DO AUTOR

   Minha intenção de escrever este texto com comentários à lei ordinária regulamentadora do fundo contábil de financiamento da educação básica é antiga – remonta ao período de vigência do Fundo de Manutenção e Desenvolvimento do Ensino Fundamental e de Valorização do Magistério (Fundef), disciplinado pela Lei nº 9.424/1996.
   À época, o início do trabalho foi a partir da elaboração de índice remissivo da lei, que, além de ser útil, permitia a apreensão das palavras-chave e conceitos e temas relevantes. Em seguida, passava aos rascunhos dos comentários.
   Após esse esforço solitário e inconcluso em relação ao Fundef, meu ânimo renovou-se com a Lei do Fundeb 2007-2020. Nesse período, marcado pela expansão da abrangência do fundo para toda a educação básica, com o advento do Fundeb 2007-2020, ingressei no doutorado na UnB tendo defendido, em 2009, sob orientação da Prof.ª Marília Fonseca, a Tese "O financiamento da educação básica por meio de fundos contábeis: estratégia política para a equidade, a autonomia e o regime de colaboração entre os entes federados", que originou o livro FUNDEB, Federalismo e Regime de Colaboração, publicado em 2011 pela editora Autores Associados.
   Quase por acaso, em conversa com Vander Oliveira Borges, que conhecera desde os tempos da discussão da proposta do Fundef – ele assessorando Barjas Negri, da equipe do ministro Paulo Renato e eu acompanhando o deputado Ubiratan Aguiar, relator da proposta de regulamentação da recém-aprovada Emenda Constitucional nº 14/1996 – descobri que tínhamos, ambos, esse objetivo de divulgação e análise da lei do Fundeb.
   Vander, que me honrou com sua amizade, foi sempre um interlocutor importante e era frequente nos encontrarmos em debates e audiências públicas. Em 2007, defendera sua dissertação de mestrado "Fundo de manutenção e desenvolvimento da educação

básica e de valorização dos profissionais da educação – FUNDEB: impactos financeiros junto aos governos estaduais e municipais, nos primeiros cinco anos da sua implantação", na UnB, quando atuava no poder executivo, mais exatamente junto ao FNDE, onde foi o coordenador da organização operacional do Fundef e do Fundeb. Ao descobrirmos que a ideia de comentar a legislação do Fundeb nos era comum, passamos a unir esforços. Foram muitas reuniões, em 2012/2013, em que pudemos trocar impressões e muito aprendi com a disciplina, perseverança e talento do Vander.

Infelizmente, nossos compromissos e agendas foram tornando mais escassas as reuniões e protelando a finalização do trabalho, que foi paralisado. Dos arquivos de então, revisitados, percebi que em muitos aspectos ainda são atuais e em muitos momentos farei alusão a nosso texto de trabalho, identificando-nos como os autores – Borges e Martins.

Vander foi um servidor público no mais integral sentido – além de pesquisador e homem de ação que viabilizou soluções para a implementação dos fundos. Este texto muito se inspirou e utilizou nosso trabalho conjunto anterior. Este livro é dedicado a sua memória.

INTRODUÇÃO

O financiamento da educação não é somente um instrumento da política educacional – pode ser entendido em si, também, como uma política pública, inclusive com potencial de indução da adoção de outras políticas – por exemplo, de aperfeiçoamento do controle social, ou da busca de equilíbrio federativo, a partir de redistribuição de recursos vinculados à educação, como fazem o Fundeb e as leis referentes às cotas municipais do ICMS por meio de critério de melhoria de indicadores socioeducacionais, como determinou a EC nº 108/2020.

Os fundos contábeis representam o principal e mais promissor instrumento para o financiamento da educação básica pública brasileira (MARTINS, 2011). Foram concebidos sem se vincular a qualquer órgão que pudesse criar entraves burocráticos ou retenções de recursos ou a qualquer fórmula que sugerisse algum tipo de hierarquia entre os entes federativos, incompatível com o regime de colaboração, expressão no setor educacional do federalismo cooperativo.

A proposta da criação de fundos remonta ao ideário da Escola Nova. O Manifesto dos Pioneiros defender-se-ia a autonomia econômica, que não se poderia realizar, a não ser pela instituição de um "fundo especial ou escolar", que, constituído de patrimônios, impostos e rendas próprias, fosse "administrado e aplicado exclusivamente no desenvolvimento da obra educacional, pelos próprios órgãos do ensino". Assim, as receitas da educação não estariam "sujeitas às crises dos erários do Estado ou às oscilações do interesse dos governos pela educação" (Manifesto dos Pioneiros, 1932).

Na V Conferência Brasileira de Educação, os Pioneiros constituíram a "comissão dos 10", que deveria elaborar estudo acerca das atribuições dos governos federal, estaduais e municipais, relativamente à educação e as propostas da entidade para a constituinte de 1933/34. Esse estudo, coordenado por Anísio Teixeira, propunha que o fundo de educação nacional fosse constituído de uma percentagem não inferior a 10% da renda dos impostos da União, de impostos e taxas especiais e outros recursos financeiros eventuais (§5º). A mesma proposição (com diferente percentual – 20%) era feita para os Estados e para o Distrito Federal (ABE, 1934, p. 35). O anteprojeto da ABE defendia a autonomia administrativa e técnica e financeira, essa assegurada pela constituição dos fundos de educação – nacional e estaduais, que se organizariam por meio de impostos especiais e percentagens sobre as rendas da União, dos Estados e dos Municípios. Assim, na proposta original da ABE, os fundos seriam organizados a partir de receitas vinculadas.

A Constituição de 1934 abrigou, tanto a vinculação quanto a criação de fundos, mas em dispositivos diferentes (respectivamente, arts. 156 e 157). Introduzir-se-ia, pois, a política de vinculação com a adoção paralela de fontes específicas (fundos).

A Constituição de 1946 seguiu a mesma trilha. Anísio Teixeira (1957, p. 24) propôs outra interpretação:

> Não será, com efeito, forçar a Constituição afirmar que a mesma criou deste modo fundos especiais para o ensino. Difícil será dizer que a Constituição, prevendo a aplicação compulsória dos mínimos de 10% da renda federal de impostos e 20% das rendas estaduais e municipais de impostos, não tenha com isto implicitamente recomendado uma administração especial desses recursos. Deste modo, julgo de interpretação legítima afirmar-se que a previsão pela Constituição de recursos especiais para a educação importa reconhecer, segundo regras universais de propriedade e conveniência, a necessidade de dar a tais recursos administração autônoma. O primeiro ato, assim, ao meu ver, de execução constitucional dos dispositivos relativos à educação, é a criação de órgãos especiais para a administração dos recursos especiais previstos para a educação e o ensino – considerados tais recursos como fundos de educação (grifo nosso).

Ainda que dissociada dos fundos, a vinculação de recursos à educação mostrou-se fundamental ao longo da história e revelou-se um dos mais significativos marcadores institucionais do grau de democratização da sociedade brasileira: em todos os momentos de fechamento político o princípio esteve sob ataque e foi retirado da Constituição.

Ao organizar a vinculação, os fundos a tornaram mais ágil, equitativa e operacional.

A ideia da constituição de fundos para o financiamento da educação foi retomada ao final do governo Itamar Franco, pelo movimento social, mais especificamente pela Confederação Nacional dos Trabalhadores em Educação (CNTE), no processo de discussão do plano decenal, deflagrado na gestão do ministro Murilo Hingel, que incluía o Pacto Nacional pela Valorização do Magistério e pela Qualidade do Ensino, pelo qual os representantes dos entes federados das três esferas se comprometiam a garantir um piso nacional para os professores da educação básica pública no valor de R$300,00, para a jornada de 40 horas (MONLEVADE, 1997).

A adoção de fundos como forma de organização dos recursos vinculados somente seria concretizada com o Fundo de Manutenção e Desenvolvimento do Ensino Fundamental e de Valorização do Magistério (Fundef) e, posteriormente, com o Fundo de Manutenção e Desenvolvimento da Educação Básica e de Valorização dos Profissionais da Educação (Fundeb) 2007-2020 e o vigente Fundeb permanente.

A experiência do Fundef trouxe alguns elementos positivos, incorporados no Fundeb 2007-2020 (natureza contábil do fundo, controle social, contas únicas, aplicação de ponderações, subvinculação de recursos para o magistério, complementação da União) e um aprendizado, do ponto de vista de política social, que permitiu buscar uma trajetória mais consistente para o desenvolvimento da política no longo prazo. As mensagens presidenciais do período de início de vigência do Fundeb (2007 e 2008) enfatizaram seu objetivo de inclusão socioeducacional dos alunos de toda a Educação Básica.

O Fundeb permanente inaugura a terceira geração da política de fundos institucionalizada. Procurou aperfeiçoar o funcionamento do fundo, com novos mecanismos de preenchimento de lacunas (mais fidedignidade dos dados, decisões fundamentadas em estudos técnicos e maior transparência) e ênfase em mais objetivos (maior redistributividade, aprofundamento da equidade, a partir da criação do parâmetro VAAT e da complementação da União VAAT).

O aperfeiçoamento do Fundeb é tributário das discussões de viabilização do Custo Aluno-Qualidade (CAQ). O grupo de trabalho que no âmbito do MEC, em 2015,[1] discutiu critérios para

---

[1] O GT foi criado pelo Ministro Renato Janine Ribeiro e coordenado pelo Secretário da Secretaria de Articulação dos Sistemas de Ensino (SASE), Binho Marques.

a implementação do Custo Aluno-Qualidade (GT CAQ/2015) concluiu que o Fundeb 2007-2020 era um poderoso mecanismo equalizador de recursos dentro de cada Unidade da Federação, mas, ainda assim, o valor total disponível por aluno para cada rede ou sistema de ensino permanecia desigual. Municípios pobres em estados comparativamente mais ricos não recebiam a complementação da União, enquanto municípios ricos, mas cuja riqueza não era captada se o olhar se limitasse à cesta do Fundeb, eram beneficiários da complementação. Esta constatação foi o fator que motivou o desenvolvimento da ideia de adoção como critério para a complementação da União, de valor por aluno referenciado em todos os recursos vinculados à Educação e disponíveis para utilização dos entes subnacionais, segundo proposta apresentada pelo consultor de Orçamento e Fiscalização Financeira da Câmara dos Deputados, Cláudio Tanno, que a detalhou no Estudo Técnico nº 24/2017-CONOF/CD (Outubro/2017). A proposta foi de adoção, como critério para distribuição dos recursos da complementação da União, do que Tanno denominou "valor aluno ano total" (VAAT), que considera todas as fontes vinculadas à MDE, mesmo as que não estão na cesta-Fundeb (ISS, ITBI, IPTU), quando se calcular a complementação, além de receitas vinculadas à educação como os *royalties* do petróleo e recursos mensuráveis como os provenientes dos programas do FNDE. Ao mesmo tempo, a complementação não seria mais feita por âmbitos estaduais, mas por redes. Desta forma, algumas redes municipais – não todas – de estados que não recebiam a complementação da União passariam a desfrutar do benefício. Com os debates em torno da PEC nº 15/2015, chegou o modelo com três modalidades de complementação: VAAF (que nada mais é que a antiga complementação, que considera apenas os recursos da cesta e é distribuída por âmbitos estaduais), VAAT (que se baseia em todos os recursos vinculados e realiza a distribuição por redes) e VAAR (uma bonificação pela melhoria de indicadores de atendimento, aproveitamento e redução das desigualdades).

O VAAT é a grande inovação do novo modelo. Ao enxergar o conjunto dos recursos vinculados à educação, capta desigualdades que não ficavam explicitadas quando se analisavam apenas os recursos da cesta-Fundeb. Permite a distribuição por redes, de forma a alcançar municípios mais vulneráveis de estados mais ricos no contexto nacional. Por ser uma complementação nova, pode ajudar a calibrar as diferenças entre as categorias de matrículas, aproximando-se mais do custo médio – o que é mais difícil no caso da complementação VAAF, quer atingiu um ponto de acomodação, sendo eventuais alterações percebidas como "perdas financeiras" pelos gestores. Finalmente, dá mais transparência quanto à disponibilidade de recurso, inclusive para pagamento da remuneração nos parâmetros definidos pelo Plano Nacional de Educação (PNE).

A cada dois anos o Inep realizará:
- a avaliação dos efeitos redistributivos, da melhoria dos indicadores educacionais e da ampliação do atendimento;
- estudos para avaliação da eficiência, da eficácia e da efetividade na aplicação dos recursos dos Fundos.

Há a previsão de revisões decenais acerca dos critérios de distribuição da complementação da União e dos fundos, sendo a primeira, excepcionalmente, em 2026.

Apesar de sua centralidade na política de financiamento da educação básica, é necessário recordar que o Fundeb não esgota os recursos destinados para este nível de ensino. E, sobretudo, que não pode ser utilizado como pretexto para comprimir o orçamento do MEC e seus programas universais, como aconteceu no período de 2019 a 2022. É preciso retomar a visão sistêmica no financiamento, inclusive com o investimento intensivo, nos próximos anos, por fora do Fundeb, para definitivamente encaminhar a oferta de condições adequadas de infraestrutura para as escolas brasileiras.

Cabe uma observação em relação à redação da presente lei. A Lei Complementar nº 95/1998, que dispõe sobre a elaboração, a redação, a alteração e a consolidação das leis prevê que a redação das disposições normativas deve ter os atributos de clareza, precisão e ordem lógica.

Para a obtenção da precisão indica-se evidencie o conteúdo e o alcance que o legislador pretende dar à norma (art. 11, II, "a"). Em minha opinião, o "excesso" de precisão ou preciosismo, ao dificultar o ritmo da leitura e do raciocínio, torna o texto mais poluído. A Lei torna-se um documento difícil de ler, o entendimento deixa de ser imediato (por esse motivo acrescentamos os apêndices com índice remissivo e mapa das remissões).

Para a obtenção de clareza recomenda-se usar frases curtas e concisas (art. 11, I, "b") – o que no caso da Lei nº 14.113/2020 nem sempre ocorre, dada a utilização recorrente de remissões.

A Lei do novo Fundeb parece ter privilegiado a precisão em detrimento da clareza. Há um motivo para essa opção: o temor de que uma norma com o impacto da Lei do Fundeb permanente gere judicializações, uma vez que é necessário um tempo para que os atores apreendam a lógica e as rotinas do novo Fundeb. Nesse início de implementação do novo Fundeb, por exemplo, muitos entes foram, inicialmente, inabilitados para o recebimento da complementação VAAT, o que gerou a necessidade de extensão dos prazos para encaminhamento dos dados.

Disputas judiciais trariam, inclusive, graves dificuldades para a operacionalidade do fundo, uma vez que o modelo "em teia", no qual qualquer erro na captação de dados pode afetar todo o conjunto de entes beneficiários e gerar a necessidade de recálculos, que comprometem a agilidade ou automaticidade do fundo. Quiçá a lei possa, com o tempo, libertar-se dessas rodinhas de segurança para aqueles que estão aprendendo a andar de bicicleta.

A intenção desse livro é, também, tentar tornar a leitura da lei mais amigável.

LEI Nº 14.113,
DE 25 DE DEZEMBRO DE 2020

> *Regulamenta o Fundo de Manutenção e Desenvolvimento da Educação Básica e de Valorização dos Profissionais da Educação (Fundeb), de que trata o art. 212-A da Constituição Federal; revoga dispositivos da Lei nº 11.494, de 20 de junho de 2007; e dá outras providências.*

1 Fundeb permanente

A Lei nº 14.113/2020[2] regulamenta o novo Fundeb, aprovado pela Emenda Constitucional nº 108/2020, que trouxe para o corpo permanente da Constituição Federal o principal mecanismo de financiamento da educação básica pública. O Fundeb 2007-2020 era datado, vigorou por 14 anos e estava previsto no Ato das Disposições Constitucionais Transitórias (ADCT).

Já pontuamos nossa perplexidade com a inserção de um mecanismo como o Fundeb no ADCT (MARTINS, 2011). Ressalta José Afonso da Silva (SILVA, 2009, p. 931) que

> não é usual – e nem tem cabimento – emendar disposições transitórias, por isso é que são transitórias, situadas, pois, em um contexto de transição de um regime constitucional para outro. Senão, de emenda em emenda, elas acabariam virando disposições permanentes.

---

[2] A Lei nº 14.113/2020 foi regulamentada pelo Decreto nº 10.656/2021 e foi objeto de pequenas alterações pela nº 14.276/2021.

Na mesma direção, Maria Paula Dallari Bucci entende que a alteração do ADCT constitui um "expediente bastante discutível do ponto de vista da técnica constitucional" (BUCCI, 2006, p. 18). Cabem no ADCT as normas de transição e adaptação à nova ordem jurídica inaugurada pela Constituição de 1988 (MELO, 2001). Anna Cândida da Cunha Ferraz (FERRAZ, 1999) admite a reformabilidade do Ato das Disposições Constitucionais Transitórias (ADCT), mas observa que, além dos limites expressos (cláusulas pétreas) e implícitos ao poder constituinte derivado, há, no que atine ao ADCT, outro limite: a compatibilidade da modificação com a finalidade do regramento do ADCT (estabelecer exceções precárias e transitórias às regras permanentes). Caso contrário, haveria inconstitucionalidade por "desvio de finalidade".

Para a Ministra do Supremo Tribunal Federal (STF), Carmen Lúcia Rocha, enquanto as normas constitucionais do corpo permanente voltam-se para o presente e o futuro, as disposições constitucionais transitórias são voltadas para o passado, com repercussões no presente. Para a autora, a prática de emendar o ADCT torna o que seria uma regulamentação de passagem em "instabilidade institucional permanente" (ROCHA, 2001).

2 Manutenção da comissão intergovernamental de financiamento para a educação básica de qualidade

O equilíbrio federativo constitui importante dimensão do regime de colaboração. Para alcançá-lo, a proposta do Fundeb 2007-2020 instituiu uma instância de negociação federativa: a Comissão Intergovernamental de Financiamento para a Educação de Qualidade, então composta por um representante do MEC e representações dos gestores dos entes federados subnacionais, de cada uma das cinco grandes regiões político-administrativas brasileiras, tanto no nível estadual quanto na esfera municipal, indicados, respectivamente, pelo *Conselho Nacional de Secretários de Estado de Educação* (Consed) e pela *União Nacional dos Dirigentes Municipais da Educação* (Undime), de forma a abranger maior representatividade e diversidade regional (MARTINS, 2011).

A Lei nº 11.494/2007, que regulamentava o Fundeb 2007-2020, foi revogada pela vigente Lei nº 14.113/2020, ressalvado seu art. 12[3] – que instituiu, no âmbito do Ministério da Educação, a Comissão Intergovernamental de Financiamento para a Educação Básica de Qualidade e mantidos seus efeitos financeiros no que se refere à execução dos Fundos relativa ao exercício de 2020. A cautela do legislador visou explicitar que não se cria nova instância, de forma a evitar eventual debate acerca de invasão da competência do poder executivo – que, aliás, encaminhou suas sugestões para a composição da comissão para a relatoria da proposição que tramitava no legislativo (PL nº 4.372/2020).

O executivo não recorreu a projeto de lei de sua autoria ou a medida provisória e, ao final, houve a sanção sem vetos.

A dúvida seria se a criação de comissão de natureza federativa – que está longe de ser órgão ou instância administrativa do governo federal – afrontaria o art. 61, §1º, II, *"b", da Constituição Federal, que trata da organização administrativa.*

A expressão "no âmbito do ministério da Educação" é equívoca e pode sugerir o entendimento de que se trataria de braço do poder executivo federal. A responsabilização deste, por meio do MEC, é exercer papel de coordenação, apoiar a realização das reuniões e mediar e participar das pactuações no âmbito da Comissão Intergovernamental de Financiamento para a Educação de Qualidade, que, por definição, não é de somente um governo.

A Comissão Intergovernamental é mais um foro permanente de negociação, articulação, normatização e decisão entre os gestores nos aspectos operacionais e na construção de pactos acerca dos fatores que influem na distribuição dos recursos do Fundeb.[4]

---

[3] Tecnicamente teria sido melhor explicitar quando da aprovação original da Lei nº 14.113/2020, que o que se ressalvava era o *caput* do art. 12, uma vez que seus incisos tratavam da antiga composição da comissão intergovernamental, que foi ampliada passando a esfera federal a ter cinco representantes – art. 17, I, da Lei nº 14.113/2020. A Lei nº 14.276/2021 corrigiu a redação, de forma a remeter ao *caput*.

[4] Na esfera da Saúde, nos termos do art.14-A da Lei nº 8.080/1990 (dispositivo inserido pela Lei nº 12.466/2011), as Comissões Intergestores Bipartite e Tripartite são reconhecidas como foros de negociação e pactuação entre gestores, quanto aos aspectos operacionais do Sistema Único de Saúde (SUS).

*Ver arts. 44, 47 e 53

3 Lei regulamentadora do Fundeb

A Lei nº 14.113 não é uma "lei complementar".[5] É uma lei ordinária, regulamentadora do Fundeb. Não se propôs a regulamentar todos os dispositivos da EC nº 108/2020. Tampouco teve delegação para tanto. Há temas que já o são (piso salarial nacional dos profissionais do magistério da educação básica, disciplinado pela Lei nº 11.738/2008) ou devem ser objeto de outros diplomas, como a alteração dos critérios de distribuição da cota municipal do ICMS (art. 158, parágrafo único, CF e art. 3º da EC nº 108/2020), que depende de legislação de cada âmbito estadual e o custo-aluno qualidade, a ser detalhado na lei complementar que tratará do sistema nacional de educação-SNE (art. 211, §7º, CF).[6]

4 Unicidade da política pública e das regras do fundeb e pluralidade de contas

A ementa refere-se a "fundo" – e não a "fundos". Vale, para o Fundeb permanente, a acurada observação de Vander Oliveira Borges acerca do Fundeb 2007-2020:

> (...) o que levou o legislador a grafar no intróito da lei o termo "Fundo" no singular? A grafia foi deliberada e teve por finalidade ressaltar o princípio da unicidade, que assegura norma federal única e específica

---

[5] Na lição de José Afonso da Silva "Leis complementares da Constituição são leis integrativas de normas constitucionais de eficácia limitada, contendo princípio institutivo ou de criação de órgãos e sujeita à aprovação pela maioria absoluta dos membros das duas Casas do Congresso Nacional" (SILVA, 2009, p. 462). A própria Constituição determina quando a matéria está sob reserva de lei complementar. A jurisprudência do STF indica que não há hierarquia entre lei complementar e lei ordinária.
[6] Sobre a matéria (SNE), tramitam no Congresso Nacional o PLP nº 235/2019 (aprovado no Senado Federal e enviado à Câmara) e seus apensos, PLPs nºs 25/2019, 47/2019, 216/2019 e 267/2020, originários da Câmara. O bloco está pronto para apreciação pelo plenário da Câmara.

aplicada ao conjunto de fundos, caracterizando seu alcance nacional. Essa base legal, que orienta a organização do FUNDEB em todos os seus aspectos, além do caráter de unicidade, o coloca na condição de Fundo Especial, compatível com a caracterização prevista nos artigos 71 a 74 da Lei nº 4.320/64, (…) (BORGES e MARTINS, 2013).

Sobre a questão já nos manifestamos, no contexto do debate acerca do valor mínimo do antigo Fundo de Manutenção e Desenvolvimento do Ensino Fundamental e de Valorização do Magistério (Fundef):

> (…) ainda que operacionalmente existam 27 fundos de âmbito estadual, o valor mínimo é *nacional*. E a Carta Magna determina que a lei disponha sobre a forma de cálculo do valor mínimo *nacional* (art. 60, §7º, ADCT). O Fundef é um programa *nacional* (…). Ora, se prosperasse a interpretação dos governos, passado e atual – a do menor quociente – todos os Estados, por definição, *teriam atingido imediatamente* o valor mínimo. Neste caso, não haveria que se falar em complementação *para atingir* o valor mínimo, como prevê a Constituição. E o art. 60, §3º, do ADCT não faria o menor sentido. A Constituição não contém dispositivos ociosos e tampouco impropriedades lógicas (MARTINS, 2005, p. 44).

O mesmo raciocínio aplica-se ao Fundeb permanente. Como política pública é uma política nacional, com regras nacionais – estabelecidas na Constituição Federal e em sua lei regulamentadora. O valor mínimo VAAF sempre foi nacional. A complementação VAAT tem dimensão nacional: olha para o conjunto dos entes federados subnacionais. O VAAT-MIN é definido nacionalmente. Nesse sentido, há unicidade do fundo.

5 Unicidade do fundo e regra nacional do valor mínimo

Quando do debate pelo STF da ACO nº 648, a União, secundada pela Procuradoria-Geral da República, sustentou *não haver fundo único de âmbito nacional* que pudesse respaldar o cálculo defendido pelo Estado da Bahia. O relator, o ministro Marco Aurélio, entendeu que assistia razão à União. *Data vênia*, parece-nos que a corrente divergente, afinal vitoriosa, representada pelo voto do ministro Fachin, que se reportou a posição do então ministro do

STJ Teori Zavascki (REsp nº 1.101.015), absorveu melhor a lógica da organização das leis dos fundos redistributivos. O citado voto assinalava:

> E, isto porque, em nenhum momento, a Lei 9.424/96 faz menção a vinte e sete quocientes, mas, sim, a um único método de cálculo do valor mínimo, qual seja, nunca inferior à razão entre a previsão da receita total para o fundo e a matrícula total do ensino fundamental no ano anterior, acrescida do total estimado de novas matrículas (art. 6º, §1º). Assim, a interpretação dada pela União para o cálculo da complementação devida aos Municípios, de que o Valor Mínimo Anual por Aluno deve levar em conta a receita e o número de alunos em cada Estado e isoladamente, sob o argumento de que o Fundo é estadual, sem intercomunicação, *encontra-se em dissonância com a intenção do legislador que é exatamente a de garantir aos Estados e Municípios mais pobres a condição para ter um sistema educacional de qualidade promovendo a uniformidade do padrão de ensino* a fim de diminuir a desigualdade social existente no país e atender um dos objetivos fundamentais da Federação, contido no artigo 3º, III, da CF.

* Ver ACOs, 648, 660,669 e 700

O PRESIDENTE DA REPÚBLICA Faço saber que o Congresso Nacional decreta e eu sanciono a seguinte Lei:

CAPÍTULO I

DISPOSIÇÕES GERAIS

Art. 1º Fica instituído, no âmbito de cada Estado e do Distrito Federal, um Fundo de Manutenção e Desenvolvimento da Educação Básica e de Valorização dos Profissionais da Educação (Fundeb), de natureza contábil, nos termos do art. 212-A da Constituição Federal.

Parágrafo único. A instituição dos Fundos previstos no caput deste artigo e a aplicação de seus recursos não isentam os Estados, o Distrito Federal e os Municípios da obrigatoriedade da aplicação na manutenção e no desenvolvimento do ensino, na forma prevista no art. 212 da Constituição Federal e no inciso VI do caput e parágrafo único do art. 10 e no inciso V do caput do art. 11 da Lei nº 9.394, de 20 de dezembro de 1996, de:

I – pelo menos 5% (cinco por cento) do montante dos impostos e transferências que compõem a cesta de recursos do Fundeb, a que se referem os incisos I, II, III, IV, V, VI, VII, VIII e IX do caput e o §1º do art. 3º desta Lei, de modo que os recursos previstos no art. 3º desta Lei somados aos referidos neste inciso garantam a aplicação do mínimo de 25% (vinte e cinco por cento) desses impostos e transferências em favor da manutenção e do desenvolvimento do ensino;

II – pelo menos 25% (vinte e cinco por cento) dos demais impostos e transferências.

1 Fundos e educação

Fundo é um instrumento de gestão financeira. No campo do direito financeiro, o fundo é um conceito que remete à reunião de recursos de diferentes fontes e sua separação para uma destinação específica ou, na expressão de Harada, "os fundos constituem reservas de certas receitas públicas para a realização de determinados objetivos ou serviços de interesse público" (HARADA 2001, p. 99).

O glossário de termos orçamentários do Senado Federal define fundo como o "Conjunto de recursos financeiros com a finalidade de desenvolver ou consolidar uma atividade pública específica".

Para Sócrates Arantes Filho, "Fundo é um mecanismo de gestão orçamentária e financeira, um instrumento especial que concentra determinados recursos para determinadas atividades ou projetos específicos". Assim, destaca o autor que "a reserva de recursos para assegurar a realização de uma atividade ou projeto específico" (ARANTES FILHO, 2021).

Por representarem uma exceção ao princípio de unidade de tesouraria – em virtude do qual todas as receitas públicas são recolhidas ao Tesouro, para daí saírem somente sob a forma de pagamentos de despesas consignadas no orçamento – os fundos permitem uma maior transparência, além de viabilizar o fluxo regular de recursos.

A ideia da criação de fundos educacionais não é nova.

O Manifesto dos Pioneiros da Educação Nova (março de 1932) enfatizava a criação de fundo "especial ou escolar", constituído de patrimônios, impostos e rendas próprias, administrado pelos órgãos do ensino (AZEVEDO, 1958, p. 69). Não mencionava expressamente a destinação de percentuais. Mas, nos debates que precederam a Constituição de 1934, a Associação Brasileira de Educação (ABE), que reunia os pioneiros formulara, a partir da Comissão dos 10, presidida por Anísio Teixeira, um conjunto de propostas para a nova Carta. Nesse documento, os fundos eram a forma de organizar os recursos vinculados que foram então propostos. Na formulação original da ABE tais como formuladas por seu Conselho Diretor, reivindicavam que fundo de educação nacional fosse "constituído de uma percentagem não inferior a 10% da renda dos impostos da União, de impostos e taxas especiais e outros recursos financeiros eventuais" (ABE, 1934, p. 35). A mesma proposição (com diferente percentual – 20%) era feita para os Estados e para o Distrito Federal. Assim, a vinculação de recursos e a criação de fundos eram associados – estes organizariam os recursos vinculados.

Manoel Bomfim (1932, p. 105), intelectual preocupado com a educação, que não era do círculo dos pioneiros, foi talvez o primeiro a defender explicitamente o fundo associado à vinculação de recursos, no patamar de dez por cento de todos os orçamentos, o federal, os estaduais e os municipais.

A Carta de 1934 previa a constituição de fundos de educação (art. 157), mas então não mais associados a todos os recursos vinculados.[7]

Como a Constituição de 1934 não atendeu totalmente à formulação original da Escola Nova, ao criar a vinculação e os fundos de forma dissociada, e a Constituição de 1946 seguiu a mesma trilha, Anísio Teixeira propôs outra interpretação (grifos nossos):

> Não será, com efeito, forçar a Constituição afirmar que a mesma *criou deste modo fundos especiais para o ensino*. Difícil será dizer que a Constituição, prevendo a aplicação compulsória dos mínimos de 10% da renda federal de impostos e 20% das rendas estaduais e municipais de impostos, não tenha com isto implicitamente recomendado uma administração especial desses recursos. Deste modo, julgo de interpretação legítima afirmar-se que a previsão pela Constituição de recursos especiais para a educação importa reconhecer, segundo regras universais de propriedade e conveniência, a necessidade de dar a tais recursos administração autônoma. O primeiro ato, assim, ao meu ver, de execução constitucional dos dispositivos relativos à educação, é a criação de órgãos especiais para a administração dos recursos especiais previstos para a educação e o ensino – considerados tais recursos como *fundos de educação* (TEIXEIRA,1957, p. 24).

Em 1947, Anísio Teixeira propusera a criação de um fundo específico, com recursos vinculados pela Carta de 1946, cuja dotação seria calculada com base em valor determinado por criança em idade escolar recenseada (BORGES, 2007, p. 26).

Podem ser apontadas como vantagens da adoção dos fundos:
- separação de recursos e vinculação a um objetivo (financiamento da educação);
- regularidade do fluxo de recursos;
- maior transparência, facilitando a fiscalização exercida

---

[7] O Decreto nº 4.958/1942 instituiu o Fundo Nacional de Educação Primária e o Fundo Nacional do Ensino Médio foi criado pela Lei nº 2.342, de 25 de novembro de 1954. A antiga Lei de Diretrizes e Bases da Educação Nacional (Lei nº 4.024/61) preceituava:
"Art.92..
....
§1º Com nove décimos dos recursos federais destinados à educação, serão constituídos, em parcelas iguais, o Fundo Nacional do Ensino Primário, o Fundo Nacional do Ensino Médio e o Fundo Nacional do Ensino Superior.
§2º O Conselho Federal de Educação elaborará, para execução em prazo determinado, o Plano de Educação referente a cada Fundo".

pelo Ministério Público e pelos órgãos de controle interno, externo e social;
- permanência dos recursos no fundo ao fim do ano fiscal, permitindo saldos e possibilidade de aplicação racional, sem o temor de que os recursos retornem ao tesouro e "sejam perdidos" se não forem gastos.[8]

2 Âmbito de cada estado e do DF

A utilização da expressão "no âmbito de cada estado e do DF", delimita, em primeiro lugar, o alcance da redistribuição de recursos. Os recursos do Fundeb não atravessam fronteiras estaduais. Não há fluxo de transferência entre Estados diferentes. Em cada âmbito estadual a transferência de recursos dá-se entre os entes daquele âmbito. A relação é entre o estado e seus municípios e entre todos os municípios. E, cada âmbito estadual ou do DF relaciona-se com a União, no sentido de que estados e municípios são potenciais beneficiários das complementações VAAF, VAAT ou VAAR.

A utilização da expressão "âmbito do estado" e não "fundo estadual" visa, também, deixar expresso que não se trata de um fundo do ente Estado. Não há órgão ou instância federativa que o controle. Não é um fundo do estado, mas no âmbito do estado. Trata-se de um fundo intergovernamental, instrumento do regime de colaboração, da cooperação federativa.

3 Natureza contábil

A natureza contábil é a segunda característica básica do Fundeb e guarda estreita relação com a primeira, visto que a ação

---

[8] No caso do Fundeb, como nota Tanno, a utilização de saldos é limitada. Não se trata de um fundo de poupança, mas de um fundo de distribuição imediata de recursos. Saldos podem indicar, é certo, a dificuldade de realizar estimativas diante da variação de arrecadação no correr do exercício, mas também algum problema na calibragem. Saldos com previsão de utilização em prazo superior a 15 (quinze) dias devem ser aplicados em operações financeiras de curto prazo ou de mercado aberto, a fim de preservar o valor dos recursos. Mas, há o limite de 10% (dez por cento) dos recursos recebidos à conta dos Fundos, inclusive relativos à complementação da União, que poderão ser utilizados no primeiro quadrimestre do exercício imediatamente subsequente.

intergovernamental, que permeia a dinâmica desse mecanismo de financiamento, requer celeridade, simplicidade e racionalidade administrativa, encontradas nesse modelo contábil de fundo financeiro, que se materializa com os registros contábeis requeridos, de forma transparente e compatível com a destinação dos recursos. O fundo contábil foi concebido exatamente para, num primeiro momento, não se vincular a qualquer órgão, a qualquer fórmula que pudesse sugerir algum tipo de hierarquia entre os entes federativos, incompatível com o regime de colaboração, ou estrutura burocrática com procedimentos mais vagarosos, que comprometessem a automaticidade dos repasses. A natureza contábil do fundo permitiu que cada ente subnacional pudesse se planejar diante do novo cenário jurídico-institucional sem a ameaça de que outro ente tivesse a possibilidade de reter ou bloquear recursos, garantidos segundo as matrículas e as respectivas ponderações.

Assim, já lembravam Borges e Martins (2013), a existência formal e legal do Fundeb é configurada pela efetivação dos repasses financeiros correspondentes, mediante crédito automático em conta corrente única e específica (no Banco do Brasil ou Caixa Econômica Federal), e pelos registros contábeis dos recursos transferidos e/ou recebidos; creditados e/ou debitados. Nesse sentido, o Fundeb é um sistema de contas que recebem e transferem recursos automaticamente. Com isso, fica afastada a obrigatoriedade de criação, no âmbito das esferas estaduais e municipais de governo, de unidade orçamentária ou administrativa específica, para gestão dos recursos do Fundo, a qual deve ocorrer no âmbito da Secretaria de Educação, ou órgão equivalente.

O antigo Plano Nacional de Educação – PNE 2001-2010 concebia o fundo contábil então existente, o antigo Fundef, como instrumento que concorria para que a vinculação de recursos cumprisse seus objetivos. Estabelecia, entre suas diretrizes, a gestão de recursos da Educação por meio de fundos de natureza contábil e contas específicas:

> o fundo contábil permite que a vinculação (de recursos à manutenção e desenvolvimento do ensino) seja efetiva, sendo a base do planejamento, e não se reduza a um jogo *ex post* de justificação para efeito de prestação de contas. Além disso, permite um controle social mais eficaz e evita a

aplicação excessiva de recursos nas atividades-meio e as injunções de natureza política.

4 Fundo especial contábil

O Fundeb é um fundo especial, nos termos do art. 72 da Lei nº 4.320/1964, que prevê, "*constitui fundo especial o produto de receitas especificadas que por lei se vinculam à realização de determinados objetivos ou serviços, facultada a adoção de normas peculiares de aplicação*".

O Fundeb é um fundo especial que não se vincula a uma estrutura administrativa gestora. Os entes são responsáveis pela gestão dos recursos de suas respectivas contas vinculadas ao fundo, mas não pelo fundo que é, na feliz expressão do Tribunal de Contas de Santa Catarina, um fundo multigovernamental.

O glossário de termos orçamentários do Senado Federal define fundo especial como "Receitas especificadas que por lei se vinculam à realização de determinados objetivos ou serviços, e às quais é facultada a adoção de normas peculiares de aplicação".

A definição normativa é dada pelo art. 71 da Lei nº 4.320/1964, nos seguintes termos:

> Constitui fundo especial o produto de receitas especificadas que por lei se vinculam à realização de determinados objetivos ou serviços, facultada a adoção de normas peculiares de aplicação.

O Fundeb é um fundo especial contábil. Os fundos especiais são também referidos como fundos "meramente contábeis".

5 Permanência da obrigação de aplicação dos recursos vinculados à MDE

O parágrafo único expresso que o advento do Fundeb – que é uma subvinculação – em nada muda a vinculação de 25% dos impostos e transferências que os Estados, Distrito Federal e Municípios são obrigados a aplicar na manutenção e desenvolvimento do ensino. O Fundeb não substitui a vinculação à MDE – ao contrário, dela faz parte. O inciso I prevê que, uma vez captados pelo Fundeb

20 pontos percentuais, dos impostos que compõem a sua cesta – os 5% de impostos e transferências vinculados à educação, que ficam de fora, continuam vinculados à manutenção e desenvolvimento do ensino. O inciso II estabelece que, em relação aos impostos que não integram a cesta, continua a obrigação de aplicação do mínimo de 25%.[9]

Esclarece, ainda, que, em relação aos recursos que entram na formação do Fundeb, o cálculo dos 25% dos impostos e transferências devidos à educação deve ser realizado tomando-se a parcela correspondente à contribuição compulsória do respectivo ente governamental à formação do Fundo – não a receita obtida do Fundo, depois da redistribuição dos recursos com base no número de alunos (BORGES e MARTINS, 2013).

---

[9] A EC nº 119/2022 prevê uma moratória, uma desvinculação "temporária", exclusivamente nos exercícios financeiros de 2020 e 2021, em relação à aplicação dos recursos em MDE por parte dos entes subnacionais. Seus agentes públicos não poderão ser responsabilizados administrativa, civil ou criminalmente pelo descumprimento, exclusivamente em relação a esses exercícios. Os entes deverão complementar a aplicação da MDE, até o exercício financeiro de 2023. É vedada a hipótese, neste caso, de intervenção estadual nos municípios, excluída para esses anos a incidência do disposto no inciso III do *caput* do art. 35 da Constituição Federal. Essa previsão reflete a origem da proposta, preocupada com a situação dos municípios –, não tendo sido feita menção ao art. 34,VII, "e" da CF, referente à intervenção federal nos *estados e DF*. Impede-se, ainda, a aplicação de quaisquer penalidades, sanções ou restrições aos entes subnacionais para fins cadastrais, de aprovação e de celebração de ajustes onerosos ou não, incluídas a contratação, a renovação ou a celebração de aditivos de quaisquer tipos, de ajustes e de convênios, entre outros, inclusive em relação à possibilidade de execução financeira desses ajustes e de recebimento de recursos do orçamento geral da União por meio de transferências voluntárias. O ente deve complementar a diferença a menor entre o valor aplicado, conforme informação registrada no sistema integrado de planejamento e orçamento, e o valor mínimo exigível constitucionalmente para os exercícios de 2020 e 2021. Embora nos pareça óbvio que, necessariamente, esse *valor deva ser corrigido (assim como ocorre, por exemplo, com os precatórios – que têm atualização monetária) para que por meio do subfinanciamento se caracterize a proteção insuficiente ou deficiente do direito à educação* (SENRA, 2021). Há possibilidade de judicialização, tendo alguns representantes de agentes defendido apenas o valor nominal.

> Art. 2º Os Fundos destinam-se à manutenção e ao desenvolvimento da educação básica pública e à valorização dos profissionais da educação, incluída sua condigna remuneração, observado o disposto nesta Lei.

1 Manutenção e desenvolvimento do ensino (MDE)

A política de vinculação constitucional de recursos financeiros para o ensino, que estabelece que uma parcela mínima da arrecadação de impostos deve, obrigatoriamente, destinar-se à educação, foi inaugurada com a Constituição de 1934, sob o impulso das propostas da Escola Nova, tanto no Manifesto dos Pioneiros (1932) quanto nas sugestões da Associação Brasileira de Educação (ABE) para a constituinte de 1933-34.

A Constituição de 1934 introduziu a vinculação de recursos, nos seguintes termos:

> Art. 156. A União e os Municípios aplicarão nunca menos de dez por cento, e os Estados e o Distrito Federal nunca menos de vinte por cento, da renda resultante dos impostos, na manutenção e no *desenvolvimento dos sistemas educativos*. (grifos meus).

Pontes de Miranda (1936), ao saudar tal dispositivo, já alertava para a necessidade de medidas que assegurassem a sua execução. Observava ainda que a não alocação dos recursos previstos podia ser sancionada com a intervenção federal (art. 12, V), para "assegurar a execução das leis federais" (MIRANDA, 1936, p. 413-414). Miguel Reale considera a vinculação na Constituição de 1934 como "inovação fundamental, que se incorporou à nossa tradição (...)" (REALE, 1984, p. 652).

A Lei nº 4.024/1961, antiga Lei de Diretrizes e Bases da Educação Nacional-LDB, utilizava, *no caput* do art. 92, a expressão "manutenção e desenvolvimento do sistema público de ensino", fazendo remissão ao art. 169 da Constituição de 1946 – que introduziu o conceito de "manutenção e desenvolvimento do ensino", que substituiu com vantagem a expressão "manutenção e desenvolvimento dos sistemas educativos" constante da Constituição de 1934. Entretanto, ainda estaria por vir uma tradução mais precisa e rigorosa em linguagem normativa e orçamentária. A Lei nº 4.024/1961 representou uma primeira tentativa de definição mais rigorosa, ao explicitar os gastos que eram (art. 93, §1º)[10] ou não (art. 93, §2º)[11] admitidos como gastos com ensino. Após a aprovação da Emenda Calmon (Emenda Constitucional nº 24/1983 à Constituição de 1967)[12] novo esforço foi intentado com a aprovação da Lei nº 7.348/1985 – que, apesar de sua importância, continha lacunas graves, apontadas por Gomes (1989) Velloso (1990)[13] que seriam corrigidas com a Carta de 1988,[14] a Lei

---

[10] §1º São consideradas despesas com o ensino:
a) as de manutenção e expansão do ensino;
b) as de concessão de bolsas de estudos;
c) as de aperfeiçoamento de professores, incentivo à pesquisa, e realização de congressos e conferências;
d) as de administração federal, estadual ou municipal de ensino, inclusive as que se relacionem com atividades extra-escolares.

[11] §2º Não são consideradas despesas com o ensino:
a) as de assistência social e hospitalar, mesmo quando ligadas ao ensino;
b) as realizadas por conta das verbas previstas nos artigos 199 (Plano de Valorização Econômica da Amazônia), da Constituição Federal e 29, do Ato das Disposições Constitucionais Transitórias (Rio São Francisco e seus afluentes);
c) os auxílios e subvenções para fins de assistência e cultural (Lei nº 1.493/1951).

[12] A EC nº 24 à Constituição de 1967 acrescentou §4º ao art. 176, com a seguinte redação: "§4º Anualmente, a União aplicará nunca menos de treze por cento, e os Estados, o Distrito Federal e os Municípios vinte e cinco por cento, no mínimo, da receita resultante de impostos, na manutenção e desenvolvimento do ensino".

[13] Em estudo em que procede à depuração da receita, dos gastos que segundo a Lei nº 7.348/1985 não constituem "manutenção e desenvolvimento do ensino", Jacques Velloso chegou à conclusão que a Emenda Calmon não foi respeitada em 1986 e 1987. A União despendeu até mais que os 13% da receita de impostos, então exigidos, em Educação, mas não na "manutenção e desenvolvimento do ensino". O autor enfatizou que, em depoimento à CPI da Emenda Calmon, o representante da Secretaria do Planejamento-Seplan apresentou, como valor gasto em MDE, o total dos gastos do MEC com recursos de impostos. Ocorre que nem todos esses recursos correspondiam a gastos em "manutenção e desenvolvimento do ensino". Procurou, enfim, demonstrar os artifícios contábeis que comprometiam a aplicação em MDE, sugerindo metodologia para a depuração das despesas.

[14] O art. 212, §4º, CF dispõe: §4º Os programas suplementares de *alimentação e assistência à saúde* previstos no art. 208, VII, serão financiados com recursos provenientes de contribuições sociais e outros recursos orçamentários. Em minha leitura, os "outros recursos orçamentários" são aqueles que não os do *caput* (MDE). Do contrário a norma não faria sentido. O art. 26, §1º, II da Lei nº 14.113/2020, em sua redação original, considerava como profissionais da educação básica: aqueles definidos nos termos do art. 61 da LDB, bem como aqueles profissionais referidos no art. 1º da Lei nº 13.935/2019, em efetivo exercício nas redes escolares de educação básica. Esse dispositivo refere-se a equipes multiprofissionais e a serviços de psicologia e de serviço social para atender às necessidades e prioridades definidas pelas políticas de educação. Esses profissionais vinculam-se, respectivamente, ao Sistema Único

nº 9.394/1996 (LDB)[15] e com a Emenda Constitucional nº 108/2020.[16] Em 1988, instalou-se Comissão Parlamentar de Inquérito (CPI) para averiguar a destinação dos recursos previstos na Emenda Calmon. É curiosa a conclusão a que chegou o relator, Deputado Sólon Borges dos Reis:

> De tudo quanto investigou, ouvindo e lendo, interrogando e examinando, comparando, diligenciando, avaliando, pode a CPI presumir que, em termos de números, cifras, quantias e tabelas, ou seja sob o ponto de vista da contabilidade orçamentária, a Emenda Calmon teria sido cumprida. Ou seja, o cumprimento nominal da Emenda Calmon, no último triênio, por parte do MEC, pode ser demonstrado. *Mas, o cumprimento real, não.* (grifos meus)

A expressão "manutenção e desenvolvimento do ensino" tem um sentido técnico preciso. Os recursos a ela vinculados não se confundem com aqueles destinados à "Educação em geral" ou à antiga função "educação e cultura", ou mesmo à atual função "Educação", como procuram interpretar (*contra legem*) alguns órgãos das áreas econômicas dos governos nas três esferas federativas.

O conceito técnico-normativo da MDE é dado pelos arts. 70 e 71 da LDB, que dispõem:

> Art. 70. Considerar-se-ão como de manutenção e desenvolvimento do ensino as despesas realizadas com vistas à consecução dos objetivos básicos das instituições educacionais de todos os níveis, compreendendo as que se destinam a:

---

de Saúde-SUS e ao Sistema Único de Assistência Social-SUAS. Havia uma dessintonia com a norma do art. 212, §4º, CF. A *Lei nº 14.276/2021* deu nova redação ao dispositivo: II – profissionais da educação básica: docentes, profissionais no exercício de funções de suporte pedagógico direto à docência, de direção ou administração escolar, planejamento, inspeção, supervisão, orientação educacional, coordenação e assessoramento pedagógico, e profissionais de funções de apoio técnico, administrativo ou operacional, em efetivo exercício nas redes de ensino de educação básica. Ao mesmo tempo, previu que (art. 26-A) que "os Estados, o Distrito Federal e os Municípios poderão remunerar, com a *parcela dos 30% (trinta por cento) não subvinculada aos profissionais da educação referidos no inciso II do §1º do art. 26 desta Lei*, os portadores de diploma de curso superior na área de psicologia ou de serviço social, desde que integrantes de equipes multiprofissionais que atendam aos educandos, nos termos da Lei nº 13.935 de 11 de dezembro de 2019, observado o disposto no caput do art. 27 desta Lei".

[15] A LDB define em seus arts. 70 e 71, respectivamente, as despesas admitidas e não admitidas como despesas de manutenção e desenvolvimento do ensino (MDE). Expressamente afasta os gastos com "programas suplementares de alimentação, assistência médico-odontológica, farmacêutica e psicológica, e outras formas de assistência social" (art. 71, IV).

[16] O art. 212, §7º, com a redação dada pela EC nº 108/2020, veda o uso de recursos de MDE para pagamento de aposentadorias e de pensões.

I – remuneração e aperfeiçoamento do pessoal docente e demais profissionais da educação;
II – aquisição, manutenção, construção e conservação de instalações e equipamentos necessários ao ensino;
III – uso e manutenção de bens e serviços vinculados ao ensino;
IV – levantamentos estatísticos, estudos e pesquisas visando precipuamente ao aprimoramento da qualidade e à expansão do ensino;
V – realização de atividades-meio necessárias ao funcionamento dos sistemas de ensino;
VI – concessão de bolsas de estudo a alunos de escolas públicas e privadas;
VII – amortização e custeio de operações de crédito destinadas a atender ao disposto nos incisos deste artigo;
VIII – aquisição de material didático-escolar e manutenção de programas de transporte escolar.
Art. 71. Não constituirão despesas de manutenção e desenvolvimento do ensino aquelas realizadas com:
I – pesquisa, quando não vinculada às instituições de ensino, ou, quando efetivada fora dos sistemas de ensino, que não vise, precipuamente, ao aprimoramento de sua qualidade ou à sua expansão;
II – subvenção a instituições públicas ou privadas de caráter assistencial, desportivo ou cultural;
III – formação de quadros especiais para a administração pública, sejam militares ou civis, inclusive diplomáticos;
IV – programas suplementares de alimentação, assistência médico-odontológica, farmacêutica e psicológica, e outras formas de assistência social;
V – obras de infraestrutura, ainda que realizadas para beneficiar direta ou indiretamente a rede escolar;
VI – pessoal docente e demais trabalhadores da educação, quando em desvio de função ou em atividade alheia à manutenção e desenvolvimento do ensino.

A Constituição Federal, com a redação dada pela Emenda Constitucional nº 108/2020, expressamente veda a utilização de recursos de MDE (e também os do salário-educação) para o pagamento de aposentadorias e de pensões (art. 212, §7º, CF).

2 Manutenção e desenvolvimento da educação básica pública

Reitera a opção do legislador, ao estabelecer os mecanismos de financiamento da educação básica, por conferir preferência ao ensino público. À manutenção e ao desenvolvimento da educação básica é o mesmo conceito de MDE, apenas limitado à educação básica, uma vez que o Fundeb não se refere à educação superior.

3 Valorização dos profissionais da educação, incluída sua condigna remuneração

3.1 Profissionais da educação

A primeira questão que se coloca é a definição de profissionais da educação. O Fundeb 2007-2020 reportava-se, a partir de 2009, à definição dada pelo art. 61 da LDB:[17]

> I – professores habilitados em nível médio ou superior para a docência na educação infantil e nos ensinos fundamental e médio;
> II – trabalhadores em educação portadores de diploma de pedagogia, com habilitação em administração, planejamento, supervisão, inspeção e orientação educacional, bem como com títulos de mestrado ou doutorado nas mesmas áreas;
> III – trabalhadores em educação, portadores de diploma de curso técnico ou superior em área pedagógica ou afim;
> IV v profissionais com notório saber reconhecido pelos respectivos sistemas de ensino, para ministrar conteúdos de áreas afins à sua formação ou experiência profissional, atestados por titulação específica ou prática de ensino em unidades educacionais da rede pública ou privada ou das corporações privadas em que tenham atuado, exclusivamente para atender ao inciso V do *caput* do art. 36;
> V – profissionais graduados que tenham feito complementação pedagógica, conforme disposto pelo Conselho Nacional de Educação.

A Lei nº 14.113/2020, inicialmente, seguiu essa trilha (além de incluir, entre os profissionais da educação, aqueles da psicologia e serviço social de equipes multiprofissionais), mas ganhou nova redação, dada pela Lei nº 14.276/2021, que define:

---

[17] No período do antigo Fundef e já com o Fundeb em vigor, até 2009, não havia discriminação dos profissionais da educação. Como nesses períodos a subvinculação era limitada ao magistério, a preocupação era com a definição desse grupo, entendidos como sendo os professores e os profissionais de suporte à docência. A Lei nº 12.014/2009, que alterou o art. 61 da LDB, teve a finalidade de discriminar as categorias de trabalhadores que se devem considerar profissionais da educação e inseriu os incisos I, II e III. Os incisos IV e V foram incluídos pela Lei nº 13.415/2017.

Art. 26 ....
§1º ....
....
II – profissionais da educação básica: docentes, profissionais no exercício de funções de suporte pedagógico direto à docência, de direção ou administração escolar, planejamento, inspeção, supervisão, orientação educacional, coordenação e assessoramento pedagógico, e profissionais de funções de apoio técnico, administrativo ou operacional, em efetivo exercício nas redes de ensino de educação básica;

Este diploma inseriu o novo art. 26-A, que dispõe:

Art. 26-A. Os Estados, o Distrito Federal e os Municípios *poderão* remunerar, com a parcela dos 30% (trinta por cento) não subvinculada aos profissionais da educação referidos no inciso II do §1º do art. 26 desta Lei, os portadores de diploma de curso superior na área de psicologia ou de serviço social, desde que integrantes de equipes multiprofissionais que atendam aos educandos, nos termos da Lei nº 13.935 de 11 de dezembro de 2019, observado o disposto no *caput* do art. 27 desta Lei.

Assim, os profissionais da psicologia e da assistência social referidos na Lei nº 13.935/2019 não são profissionais da educação, no sentido estrito, mas poderão, nos termos da redação do art. 26-A, serem remunerados pelo Fundeb – desde que integrantes de equipes multiprofissionais que atendam aos educandos. Não há obrigatoriedade. É uma faculdade do gestor, que optará, ou não, por utilizar esses recursos, conforme o perfil de seu orçamento. Ocorre que, parece haver, ainda, uma inconstitucionalidade. De fato, a Constituição Federal, com a redação dada pela EC nº 108/2020, prevê:

Art. 212 -A Os Estados, o Distrito Federal e os Municípios destinarão parte dos recursos a que se refere o *caput* do art. 212 desta Constituição à manutenção e ao desenvolvimento do ensino na educação básica e à remuneração condigna *de seus profissionais*, respeitadas as seguintes disposições:
XI – proporção não inferior a 70% (setenta por cento) de cada fundo referido no inciso I do *caput* deste artigo, excluídos os recursos de que trata a alínea "c" do inciso V do *caput* deste artigo, será destinada *ao pagamento dos profissionais da educação básica em efetivo exercício*, observado, em relação aos recursos previstos na alínea "b" do inciso V do *caput* deste artigo, o percentual mínimo de 15% (quinze por cento) para despesas de capital;

Ainda que se possa alegar que não é violado o inciso XI, visto que trata dos 70% mas não dos 30%, o *caput* do art. 212-A (remuneração condigna *de seus profissionais*), parece se referir apenas aos profissionais da educação, no sentido estrito.

Ademais, em relação à seguridade, dispõe a Carta Magna:

> Art.195
> §2º A proposta de *orçamento da seguridade social* será elaborada de forma integrada *pelos órgãos responsáveis pela saúde*, previdência social e *assistência social*, tendo em vista as metas e prioridades estabelecidas na lei de diretrizes orçamentárias, assegurada a cada área a gestão de seus recursos.
> §4º A lei poderá instituir outras fontes destinadas a garantir a manutenção ou expansão da seguridade social, obedecido o disposto no art. 154, I.

No que toca, especificamente, à Saúde, a Lei maior prevê a vinculação de recursos, nos seguintes termos:

> Art. 198. As ações e serviços públicos de saúde integram uma rede regionalizada e hierarquizada e constituem um sistema único, organizado de acordo com as seguintes diretrizes:
> I – ....
> II – ....
> §1º. O sistema único de saúde *será financiado, nos termos do art. 195, com recursos do orçamento da seguridade social*, da União, dos Estados, do Distrito Federal e dos Municípios, além de outras fontes.
> §2º A União, os Estados, o Distrito Federal e os Municípios aplicarão, anualmente, em ações e serviços públicos de saúde recursos mínimos derivados da aplicação de percentuais calculados sobre:
> I – no caso da União, a receita corrente líquida do respectivo exercício financeiro, não podendo ser inferior a 15% (quinze por cento)
> II – no caso dos Estados e do Distrito Federal, o produto da arrecadação dos impostos a que se refere o art. 155 e dos recursos de que tratam os arts. 157 e 159, inciso I, alínea a, e inciso II, deduzidas as parcelas que forem transferidas aos respectivos Municípios;
> III – no caso dos Municípios e do Distrito Federal, o produto da arrecadação dos impostos a que se refere o art. 156 e dos recursos de que tratam os arts. 158 e 159, inciso I, alínea b e §3º.

Há, assim, *fontes próprias* previstas para as subáreas da seguridade (que inclui a saúde, a previdência e a assistência social).[18]

---

[18] Há uma série de projetos de lei em tramitação no Congresso Nacional referentes a piso e/ou jornada de psicólogos (PL nº 1.015/2015, PL nº 1.214/2019, PL nº 2.079/19) ou assistentes

Já o antigo Plano Nacional de Educação – PNE 2001-2010, defendia a chamada "composição de fontes", isto é, a ação integrada de diferentes áreas com a área de Educação, cada qual aportando parte dos recursos. Dizia o PNE 2001-2010, aprovado pela antiga Lei nº 10.172/2001:

> O MEC há de ter uma atuação conjunta com o Ministério do Trabalho, para a qualificação, formação e treinamento de trabalhadores, nos quais devem ser aplicados, inclusive, recursos do Fundo de Amparo ao Trabalhador – FAT. O mesmo raciocínio vale para a Assistência Social e para a Saúde, no que se refere à educação infantil; para a Assistência Social, no que concerne à erradicação da pobreza; para o Ministério da Justiça em relação a educação de jovens e adultos para presos e egressos, contando com recursos do Fundo Penitenciário – FUNPEN; para o Ministério das Comunicações, no que se refere aos recursos para a universalização que devem ser disponibilizados em condições privilegiadas para as escolas públicas; para os Ministérios da Cultura; Esporte e Turismo; Ciência e Tecnologia e assim por diante. A Educação não é uma preocupação confinada em gueto de um segmento. Envolve todo o governo e deve permear todas as suas ações.

E, entre seus Objetivos e Metas, previa:

"16. Integrar ações e recursos técnicos, administrativos *e financeiros do Ministério de Educação e de outros Ministérios nas áreas de atuação comum*"."

3.2 Valorização e remuneração condigna

Os princípios constitucionais relacionados à valorização dos profissionais da educação escolar estão contidos na Constituição Federal e incluem plano de carreira, com ingresso exclusivamente por concurso público de provas e títulos, no caso dos profissionais das redes públicas (art. 206, V, CF) e piso salarial profissional nacional para os profissionais da educação escolar pública, nos termos de lei federal (art. 206, VIII, CF). Assim, a valorização deve contemplar condições de trabalho e carreiras adequadas, além de remuneração condigna.

---

sociais (PL nº 2.693/2020 e PL nº 41/2021). As proposições indicam pisos maiores que o piso do magistério, para uma jornada menor – 30 horas – que a jornada padrão dos professores.

Até 2006, os planos de carreira com piso salarial profissional e ingresso exclusivamente por concurso público eram previstos apenas para o magistério público.

Com a EC nº 53/2006, a mesma que aprovou o Fundeb:
- a valorização, que se referia aos "profissionais do ensino", passou a se referir aos "profissionais da educação escolar";
- os planos de carreira e o ingresso exclusivamente por concurso público passaram previstos para *todos* os profissionais da educação escolar;
- a redação tornou expresso o que estava implícito – planos de carreira e ingresso por concurso se referem aos profissionais das redes públicas;
- o piso salarial profissional foi deslocado do inciso VI e previsto no novo inciso VIII e ganhou o adjetivo "nacional".

Ao tratar da valorização dos profissionais, a Lei de Diretrizes e Bases da Educação Nacional-LDB[19] acrescenta uma dimensão importante: o aperfeiçoamento profissional continuado (art. 67, II, LDB), que pode ser financiado com recursos de MDE (art. 70, I, LDB).

A meta 15 do Plano Nacional de Educação (PNE) prevê a adoção de política nacional de formação dos profissionais da educação e propõe que todos os professores e as professoras da educação básica possuam formação específica de nível superior, obtida em curso de licenciatura na área de conhecimento em que atuam.[20]

A valorização da carreira docente é um tema que preocupa a comunidade internacional. O Pacto Internacional dos Direitos

---

[19] Dispõe a LDB:
Art. 67. Os sistemas de ensino promoverão a valorização dos profissionais da educação, assegurando-lhes, inclusive nos termos dos estatutos e dos planos de carreira do magistério público:
I – ingresso exclusivamente por concurso público de provas e títulos;
II – aperfeiçoamento profissional continuado, inclusive com licenciamento periódico remunerado para esse fim;
III – piso salarial profissional;
IV – progressão funcional baseada na titulação ou habilitação, e na avaliação do desempenho;
V – período reservado a estudos, planejamento e avaliação, incluído na carga de trabalho;
VI – condições adequadas de trabalho.

[20] A Resolução CNE/CP nº 1, de 27 de outubro de 2020, dispõe sobre as diretrizes curriculares nacionais para a formação continuada de professores da educação básica e institui a base nacional comum para a formação continuada de professores da educação básica (BNCC-formação continuada).

Econômicos, Sociais e Culturais, adotado pela Resolução nº 2.200-A (XXI) da Assembleia Geral das Nações Unidas, em 16 de dezembro de 1966 e ratificada pelo Brasil em 24 de janeiro de1992, prevê:

> §2. Os Estados-partes no presente Pacto reconhecem que, com o objetivo de assegurar o pleno exercício desse direito:
> 5. Será preciso prosseguir ativamente o desenvolvimento de uma rede escolar em todos os níveis de ensino, implementar-se um sistema adequado de bolsas de estudo e *melhorar continuamente as condições materiais do corpo docente*.

A valorização engloba o tripé: carreira, formação (inicial e continuada) e remuneração.

Para Linda Darling-Hammond, a valorização é medida, também, pela extensão da escuta aos professores pelos *policymakers*, acerca de suas preocupações com o aprendizado, os estudantes e as reformas educacionais (DARLING-HAMMOND, 1985).

Há outros aspectos da valorização, como a elevação da imagem social e do status da docência – fatores aos quais se atribui, por exemplo, o sucesso do sistema educacional da Finlândia (TARTUCE, NUNES e ALMEIDA, 2009; SAHLBERG, 2009, 2013; BRITTO, 2013). Toledo (2022) aponta o desprestígio da profissão docente em nosso país, ao registrar que, no estudo internacional *Global Teacher Status Index* 2018, que propõe um *ranking* relacionado ao prestígio da atividade docente em 35 países (DOLTON *et al*, 2018), o Brasil figura na última posição. O prestígio social inclui a imagem perante as instituições e seus atores e o respeito à condição do docente e a seus direitos: se em algum momento de sua trajetória profissional este tiver seus direitos lesados, não observados – como ocorreu com professores do ensino fundamental no período do Fundef e que eventualmente são hoje inativos – seria tranquilizador ter a segurança de que o reparo seria feito.[21]

---

[21] A despeito de ser a subvinculação à remuneração dos professores do ensino fundamental em efetivo exercício, à época de vigência do Fundef (e aqui nos referimos apenas a esse subgrupo, previsto no art. 7º da Lei nº 9.424/1996 e não a profissionais atualmente ativos que não o eram no período Fundef, diferenciação, aliás, que o TCU perdeu a oportunidade de fazer quando se manifestou acerca do tema), decorrente de comando constitucional (art. 60, §5º ADCT, com a então redação da EC nº14/1996) e de ser expressamente prevista pela LRF (art. 8º, parágrafo único) que "os recursos legalmente *vinculados a finalidade específica* serão utilizados exclusivamente para atender ao objeto de sua vinculação, *ainda que em*

3.2.1 Remuneração

A Recomendação relativa à condição dos professores, aprovada pela Conferência Intergovernamental Especial sobre a Condição Dos Professores, convocada pela Organização das Nações Unidas para a Educação, a Ciência e a Cultura (Unesco), Paris, em cooperação com a Organização Internacional do Trabalho (OIT), de 05 Outubro 1966, que estabelece padrões internacionais para a profissão docente, traz elementos para a valorização da carreira docente. Dispõe:

> 115. A remuneração do professor deveria,
>
> a) Refletir a importância que a educação tem para a sociedade e consequentemente a importância do professor, e as responsabilidades de toda a espécie que sobre ele recaem a partir do momento em que começa a exercer as suas funções;
>
> b) *Poder ser favoravelmente comparado com os vencimentos pagos em profissões que exijam qualificações equivalentes ou análogas;*
>
> c) *Assegurar aos professores a manutenção dum razoável nível de vida para si e seus familiares e permitir o prosseguimento da sua formação e aperfeiçoamento profissional assim como o desenvolvimento dos seus conhecimentos e enriquecimento cultural.*
>
> d) Ter em conta que determinadas funções requerem uma grande experiência e qualificações mais elevadas, e implicam maiores responsabilidades.
>
> 123. 1) A estrutura de remuneração dos professores deveria ser revista periodicamente tendo em conta fatores como o aumento do custo de

---

exercício diverso daquele em que ocorrer o ingresso" – e a subvinculação ao antigo Fundef, ao Fundeb 2007-2020 e ao atual Fundeb permanente são evidentemente vinculações, ainda assim prevaleceram, *data maxima venia*, no âmbito do executivo federal, do TCU (Acórdão nº 1824/2017) e do STF (ADPF nº 528) interpretações segundo as quais mesmo aqueles profissionais, que estavam em efetivo exercício no período, não têm direito aos recursos expressamente subvinculados, sob a alegação de que "a liberação pontual dos recursos da educação a determinados profissionais do magistério carecia de respaldo constitucional e legal, e não atendia à finalidade do Fundef/Fundeb". Ora, uma das principais finalidades do Fundef/Fundeb, contida em seus nomes, é a valorização dos profissionais da educação. Em contraste, não são poucas as carreiras, de Estado ou não, cujos servidores – assim que se consideram lesados –, legitimamente ingressam com as medidas administrativas e judiciais para obterem sua reparação. Essas decisões, no caso dos profissionais da educação, definitivamente não favorecem a atratividade da carreira docente. Com a redação dada pela Lei nº 14.325, de 2022, foi inserido o art. 47-A na Lei nº 14.113/2020, com a previsão dos profissionais que podem receber recursos decorrentes de decisões judiciais relativas ao cálculo do valor anual por aluno.

vida, a elevação do nível de vida nacional proveniente do aumento da produtividade, ou um aumento generalizado dos salários e remunerações.

Em relação à remuneração condigna, a Carta Magna dispõe:

Art. 206. O ensino será ministrado com base nos seguintes princípios:
VIII – piso salarial profissional nacional para os profissionais da educação escolar pública, nos termos de lei federal.
(...)
Art. 212-A. Os Estados, o Distrito Federal e os Municípios destinarão parte dos recursos a que se refere o *caput* do art. 212 desta Constituição à manutenção e ao desenvolvimento do ensino na educação básica e à remuneração condigna de seus profissionais, respeitadas as seguintes disposições:
XII – lei específica disporá sobre o piso salarial profissional nacional para os profissionais do magistério da educação básica pública;

No plano infraconstitucional, a política de fundos e sua legislação representaram um esforço importante. À época da edição da EC nº 14/1996 e da Lei nº 9.424/1996, do antigo Fundo de Manutenção e Desenvolvimento do Ensino Fundamental e de Valorização do Magistério (Fundef), que já trazia em seu nome a expressão "valorização", muitos professores não ganhavam sequer o salário-mínimo. Em 1996, na região Norte, 12,5% dos professores tinham o primeiro grau completo e 10,2%, incompleto. No Nordeste, 7,7% haviam completado o "primeiro grau" e 10,8%, ainda não. Na região Centro-Oeste, esses percentuais eram de 4,2% e 2,4%. No Sul, de 2,2% e 1% e, no Sudeste, de 1,2% e 0,7%, respectivamente.

A política de fundos buscou, com a subvinculação, dar um instrumento mais adequado para a valorização dos profissionais da educação.

João Monlevade, em reunião de audiência pública da Comissão de Educação, em 23.11.99, salientava que:

A valorização do magistério, sem dúvida nenhuma, acontece com o Fundef nas regiões onde os salários eram considerados esmolas: pagavam-se 30, 50 reais. Hoje se paga salário-mínimo. Houve um aumento, claro. Mas ele poderia ter sido pago com os recursos anteriores. Era só uma questão de fiscalização. Depois, esse foi um aumento mínimo legal e não direcionado à valorização do magistério. Nós, do Conselho Nacional de Educação, não consideramos que pagar 150 ou 200 reais signifique valorizar o magistério. Este salário ainda é ínfimo, e de forma nenhuma insere o professor numa perspectiva de valorização.

Nesse período inicial de vigência do Fundeb, o CNE aprovou o Parecer nº 2/1997, acerca das *Diretrizes para a Carreira e Remuneração do Magistério Público*, reexaminado pelo Parecer nº 2/1997[22] e, finalmente editou a Resolução nº 3, de 08 de outubro de 1997, que "Fixa Diretrizes para os Novos Planos de Carreira e de Remuneração para o Magistério dos Estados, do Distrito Federal e dos Municípios".[23]

O mecanismo criado na ocasião do Fundef, para a valorização do magistério (do ensino fundamental) e que foi utilizado no Fundeb 2007-2020 (em relação à educação básica) foi a *subvinculação* de 60% dos recursos do fundo para a remuneração dos profissionais do magistério. Esta foi adotada em modelo reconfigurado, na Lei nº 14.113/2020, para os profissionais da educação no Fundeb permanente, no patamar de 70% dos recursos do fundo.

A Lei nº 14.113/2020 (art. 2º) prevê que os Fundos destinam-se à manutenção e ao desenvolvimento da educação básica pública e à valorização dos profissionais da educação, incluída sua condigna remuneração, observado o disposto nesta Lei. Dispõe, ainda, que os entes subnacionais deverão implantar planos de carreira e remuneração dos profissionais da educação básica, de modo a assegurar remuneração condigna dos profissionais na educação básica da rede pública (art. 51, I).

Este diploma (com a redação dada pela Lei nº 14.276, de 2021) dispõe que os recursos oriundos do Fundeb, para atingir o mínimo de 70% dos recursos anuais totais dos Fundos destinados ao pagamento, em cada rede de ensino, da remuneração dos profissionais da educação básica em efetivo exercício, poderão ser

---

[22] Nesta peça, há um histórico da desvalorização e tentativas de valorização dos docentes ao longo da história brasileira desde o século XIX.

[23] O art. 9º, I, da Lei nº 9.424/1996 dispõe que os Estados, o Distrito Federal e os Municípios deverão, *no prazo de seis meses da vigência desta Lei*, dispor de novo Plano de Carreira e Remuneração do Magistério, de modo a assegurar a remuneração condigna dos professores do ensino fundamental público, em efetivo exercício no magistério. A fixação desse prazo foi considerada inconstitucional pelo STF (ADI nº 1627).

aplicados para reajuste salarial sob a forma de bonificação, abono, aumento de salário, atualização ou correção salarial (art. 26, §2º).

Embora prevista na Constituição desde a EC nº 53 (que instituiu o Fundeb 2007-2020) não há lei acerca do conjunto dos profissionais da educação escolar pública.

O Plano Nacional de Educação (PNE), a partir do diagnóstico acerca das condições ainda inadequadas, propôs metas e estratégias referentes ao tripé da valorização: carreira, formação e remuneração.

A meta 17 do PNE prevê: valorizar os (as) profissionais do magistério das redes públicas de educação básica de forma a equiparar seu rendimento médio ao dos (as) demais profissionais com escolaridade equivalente, até o final do sexto ano de vigência deste PNE (2020). O relatório do 4º ciclo de monitoramento das metas do Plano Nacional de Educação – 2022, elaborado pelo Instituto Nacional de Estudos e Pesquisas Educacionais Anísio Teixeira-Inep/MEC retrata a trajetória da meta entre 2012 e 2021 (p. 362-363):

> (…) o rendimento bruto médio mensal dos profissionais do magistério das redes públicas de educação básica teve um pequeno avanço real de 6,2% no período, passando de R$4.021,29 em 2012 para R$4.271,03 em 2021. É importante ressaltar que a inflação acumulada apurada no mesmo período foi de 64,9%. Os valores médios do rendimento bruto real mensal dos profissionais do magistério tiveram leve variação no período, sendo o menor valor observado em 2016 (R$3.884,10) e o maior em 2020 (R$4.339,73). O Gráfico 2 traz a evolução do rendimento médio dos profissionais do magistério e dos demais profissionais para o período entre 2012 e 2021. Fica evidente que houve uma redução na diferença entre as remunerações dos dois grupos analisados, o que propiciou um avanço no indicador da meta. Entretanto, esse avanço ocorreu de maneira indesejável, pois não foi fruto de uma elevada valorização dos profissionais do magistério, uma vez que a remuneração desses profissionais pouco avançou no período. O que mais contribuiu para o avanço do indicador no período foi a retração de mais de 15% observada na remuneração dos demais.

A publicação do Instituto Nacional de Estudos e Pesquisas Educacionais Anísio Teixeira (Inep) *Panorama da Educação: destaques do Education at a Glance 2019* assinalava (p. 23):

> Os países latino-americanos presentes no EAG 2019 (México, Costa Rica, Chile, Colômbia e Brasil) apresentam salários iniciais para seus docentes abaixo da média OCDE (US$34,540), sendo que no Brasil os

professores dessa etapa (e na educação básica pública como um todo) contam com um piso salarial nacional anual equivalente a US$14,775, menor que o salário inicial apresentado pelos cinco países mencionados.

Na edição de 2021, desta publicação – *Panorama da Educação: destaques do Education at a Glance 2021 (p. 26), lê-se*:

> Em 2018, o valor do piso nacional foi de R$2.455, equivalente a R$32.738 anual, incluindo férias e 13º salário (USD13.983 PPP). Ao comparar o piso do magistério no Brasil com a remuneração estatutária inicial da carreira de professores dos anos finais do ensino fundamental dos países-membros e parceiros da OCDE, verifica-se que o Brasil possui a menor remuneração inicial legal da carreira docente entre os países (Gráfico 10). A média dos países-membros da OCDE (USD35.609 PPP) é 2,5 vezes maior que o piso nacional do magistério no Brasil. Os salários reais para professores referem-se aos rendimentos médios anuais brutos recebidos por professores em tempo integral, incluindo as gratificações e compensações monetárias. Quando comparamos a média do salário real dos professores dos anos finais do ensino fundamental de 25 a 64 anos de idade, o Brasil possui a terceira pior remuneração (USD25.740 PPP), atrás apenas da Eslováquia e da Hungria. A média dos países da OCDE (USD47.988 PPP) é quase duas vezes maior que a média salarial do Brasil (Gráfico 10).

3.2.2 Piso salarial profissional nacional

Foi a EC nº 53/2006, que instituiu o FUNDEB 2027-2020, que previu que o piso salarial profissional é nacional (art. 206, VIII, CF).

Há a lei específica referente ao piso salarial profissional nacional para os profissionais do magistério da educação básica pública – a Lei nº 11.738/2008, que foi contestada pelas Ações Diretas de Inconstitucionalidade (ADIs) nº 4.167 e nº 4.848 – e em ambas foi julgada compatível com o ordenamento constitucional.

A fim de não retirar o suporte constitucional à Lei do Piso, há previsão no inciso XII do art. 212-A da CF/1988, de que "lei específica disporá sobre o piso salarial profissional nacional para os profissionais do magistério da educação básica pública". Esta lei não foi revogada. O art. 5º, parágrafo único prevê que a atualização do piso será calculada utilizando-se o mesmo percentual de crescimento do valor anual mínimo por aluno referente aos anos iniciais do ensino fundamental urbano. A seguir, faz uma remissão *aos termos da antiga lei do Fundeb*, que se referiam à modalidade de complementação da União que era a única até o momento *e não é outra senão a complementação VAAF*, na sistemática da Emenda Constitucional nº 108/2020, que aprovou o novo Fundeb permanente. O critério continua a existir – valor dos anos iniciais do ensino fundamental urbano. O VAAF não é criação nova – é o mesmo antigo valor por aluno ano do antigo Fundeb 2007-2020.[24]

Lembra Tércio Ferraz Jr (FERRAZ JR., 2001, p. 290-292):

> A interpretação extensiva, por sua vez, também leva em consideração a *mens legis*, ampliando o sentido da norma para além do contido em sua letra, demonstrando que a extensão do sentido está contida no espírito da lei, considerando que a norma diz menos do que queria dizer.

É plenamente aceitável interpretação extensiva *in casu*.

Como destacado, a lei do piso tem sido recorrentemente objeto de disputa e o tema do critério de reajuste é sempre sensível e opõe os profissionais e seus representantes aos gestores, sendo comumente judicializado.

---

[24] Nessa linha, o PL nº 5.458/2020, que "Regulamenta o inciso XII do art. 212-A da Constituição Federal, que dispõe sobre o piso salarial profissional nacional para os profissionais do magistério público da educação básica", prevê (art. 2º,§4º): A atualização de que trata o §3º deste artigo será calculada utilizando-se o mesmo percentual de crescimento do valor anual mínimo por aluno referente aos anos iniciais do ensino fundamental urbano, definido nacionalmente, para a complementação VAAF, nos termos do art. 212, V, "a", da Constituição Federal.

A regra atual utiliza como critério de reajuste o mesmo percentual de crescimento do valor anual mínimo por aluno referente aos anos iniciais do ensino fundamental urbano, definido nacionalmente, para a complementação da União (VAAF). Como a matrícula é um dos elementos dessa equação e a matrícula está em queda, alegam os opositores do critério que há distorção. Se por um lado houve queda de matrículas, há ainda crianças e adolescentes fora da escola. Independentemente dessa questão, pode-se pensar num critério que mire as receitas – assim como a atualização do VAAT, baseada na variação das receitas do fundo. Dessa forma, a base seria o crescimento, não do VAAF, mas dos recursos do Fundeb. A ideia foi aproveitada no PL nº 1989/2023(art. 2º,§ 4º), da Senadora Profª Dorinha Seabra Rezende, ora em tramitação no Senado Federal.

> * Ver ADIs nºs 4.167 e 4.848

Na ementa do Acórdão referente à ADI nº 4848, lê-se:

> 3. A previsão de mecanismos de atualização é uma consequência direta da existência do próprio piso. A edição de atos normativos pelo Ministério da Educação, nacionalmente aplicáveis, objetiva uniformizar a atualização do piso nacional do magistério em todos os níveis federativos e cumprir os objetivos previstos no art. 3º, III, da Constituição Federal. Ausência de violação aos princípios da separação dos[sic] Poderes e da legalidade. 4. A Lei nº 11.738/2008 prevê complementação pela União de recursos aos entes federativos que não tenham disponibilidade orçamentária para cumprir os valores referentes ao piso nacional. Compatibilidade com os princípios orçamentários da Constituição e ausência de ingerência federal indevida nas finanças dos Estados.

O voto condutor do Acórdão referente à ADI nº 4848, proferido pelo Ministro Luís Roberto Barroso destaca:

> A valorização dos profissionais da educação está diretamente relacionada ao cumprimento dos objetivos fundamentais da República, pois é por meio da educação que se caminha para a construção de uma sociedade livre, justa e solidária, para o desenvolvimento nacional e para a erradicação da pobreza, da marginalização e redução das desigualdades sociais (art. 3º, I, II e III, da CF/88)
> (...)
> *Em nenhum ponto a Constituição de 1988 autoriza os entes federados a deixar de prever em suas leis orçamentárias gastos obrigatórios*, determinados pelo próprio Sistema Jurídico pátrio (e.g., art. 100, §5º da Constituição). E, conforme decidiu esta Suprema Corte, *é obrigatório o respeito ao piso nacional dos professores* pelos estados membros, pelo Distrito Federal e pelos municípios que compõem esta Federação (ADI nº 4.167).

A Lei nº 14.113/2020, do novo Fundeb permanente (com a redação dada pela Lei nº 14.325/2022, que a alterou), prevê:

> Art. 2º Os Estados, o Distrito Federal e os Municípios definirão em leis específicas os percentuais e os critérios para a divisão do rateio entre os profissionais beneficiados.

Art. 3º A União suspenderá o repasse de transferências voluntárias para os Estados e os Municípios que descumprirem a regra de destinação dos precatórios estabelecida no art. 47-A da Lei nº 14.113, de 25 de dezembro de 2020, inclusive em relação aos percentuais destinados aos profissionais do magistério e aos demais profissionais da educação básica.

Observe-se, por fim, que os profissionais terceirizados (vinculados a cooperativas ou outras entidades) que eventualmente estejam atuando sem vínculo contratual direto (permanente ou temporário) com o estado, Distrito Federal ou município a que prestam serviços não poderão ser remunerados com a parcela de recursos vinculada à remuneração dos profissionais da educação básica, pois esses recursos não se destinam ao pagamento de serviços de terceiros, cuja contratação se dá por meio de processo licitatório próprio.

CAPÍTULO II – DA COMPOSIÇÃO FINANCEIRA
Seção I
Das Fontes de Receita dos Fundos

Art. 3º Os Fundos, no âmbito de cada Estado e do Distrito Federal, são compostos por 20% (vinte por cento) das seguintes fontes de receita:

I – Imposto sobre Transmissão Causa Mortis e Doação de Quaisquer Bens ou Direitos (ITCD) previsto no inciso I do caput do art. 155 da Constituição Federal;

II – Imposto sobre Operações Relativas à Circulação de Mercadorias e sobre Prestações de Serviços de Transportes Interestadual e Intermunicipal e de Comunicação (ICMS) previsto no inciso II do caput do art. 155 combinado com o inciso IV do caput do art. 158 da Constituição Federal;

III – Imposto sobre a Propriedade de Veículos Automotores (IPVA) previsto no inciso III do caput do art. 155 combinado com o inciso III do caput do art. 158 da Constituição Federal;

IV – parcela do produto da arrecadação do imposto que a União eventualmente instituir no exercício da competência que lhe é atribuída pelo inciso I do caput do art. 154 da Constituição Federal, prevista no inciso II do caput do art. 157 da Constituição Federal;

V – parcela do produto da arrecadação do Imposto sobre a Propriedade Territorial Rural (ITR), relativamente a imóveis situados nos Municípios, prevista no inciso II do caput do art. 158 da Constituição Federal;

VI – parcela do produto da arrecadação do Imposto sobre a Renda e Proventos de Qualquer Natureza (IR) e do Imposto sobre Produtos Industrializados (IPI) devida ao Fundo de Participação dos Estados e do Distrito Federal (FPE), prevista na alínea "a" do inciso I do caput do art. 159 da Constituição Federal e na Lei nº 5.172, de 25 de outubro de 1966 (Código Tributário Nacional);

VII – parcela do produto da arrecadação do Imposto sobre a Renda e Proventos de Qualquer Natureza e do IPI devida ao Fundo de Participação dos Municípios (FPM), prevista na alínea "b" do inciso I do caput do art. 159 da Constituição Federal e na Lei nº 5.172, de 25 de outubro de 1966 (Código Tributário Nacional);

VIII – parcela do produto da arrecadação do IPI devida aos Estados e ao Distrito Federal, prevista no inciso II do caput do art. 159 da Constituição Federal e na Lei Complementar nº 61, de 26 de dezembro de 1989;

IX – receitas da dívida ativa tributária relativa aos impostos previstos neste artigo, bem como juros e multas eventualmente incidentes.

§1º Inclui-se ainda na base de cálculo dos recursos referidos nos incisos I a IX do caput deste artigo o adicional na alíquota do ICMS de que trata o §1º do art. 82 do Ato das Disposições Constitucionais Transitórias.

§2º Além dos recursos mencionados nos incisos I a IX do caput e no §1º deste artigo, os Fundos contarão com a complementação da União, nos termos da Seção II deste Capítulo.

1 Importância financeira do fundeb

Ao captar 20 pontos percentuais dos 25% de recursos dos principais impostos federais e estaduais e das transferências aos entes subnacionais, o Fundeb afirma-se como o instrumento central de financiamento da educação básica pública.

Ao final do período do Fundeb 2007-2020, o Fundeb representava 63% dos recursos da educação básica.

2 Cesta-Fundeb

Os impostos e as transferências que compõem a cesta-Fundeb, alimentando-a com 20% de seus recursos, são os indicados nos incisos I a III e V a VIII deste art. 3º.

A previsão do inciso IV, de imposto instituído pela União por lei complementar (desde que sejam não cumulativos e não tenham fato gerador ou base de cálculo próprios dos discriminados na Constituição) é de difícil concretização.

A cesta de recursos do Fundeb permanente é similar à cesta do Fundeb 2007-2020, com a diferença que não se conta mais com a compensação referente à queda de arrecadação de ICMS decorrente da Lei Complementar nº 97/1996 (Lei Kandir).

O Quadro abaixo identifica os recursos da cesta-Fundeb.

QUADRO 1 – Impostos e transferências que, no patamar de 20%, integram a Cesta-Fundeb (e respectivas dívidas ativas, juros e multas)

Esfera federativa	Impostos	Transferências
Estados	IPVA ITCM ICMS Adicional (até 2%) na alíquota do ICMS – art. 82, §1ª, ADCT	FPE IPI-Exp.
Municípios		**Da União** FPM ITR **Do Estado** IPVA ICMS IPI-EXp.

O quadro 2 aponta os recursos que NÃO integram a CESTA-FUNDEB.

QUADRO 2 – Impostos que NÃO integram a CESTA-FUNDEB

Esfera federativa	Impostos próprios	Transferências
Estados/DF	----------------------	IRRF Compensação – desoneração – Lei Kandir
Municípios	IPTU ITBI ISS	**Da União** IRRF **Do Estado** ----------------------

Observe-se que os impostos próprios municipais não integram a cesta-Fundeb, não sendo transferidos às contas-Fundeb, *mas são considerados para efeito de cálculo do VAAT*, uma vez que constituem recursos vinculados à MDE, que estão à disposição dos entes. Em nenhuma hipótese podem fundos de âmbito estaduais, criados por legislações estaduais, provocar deduções no ICMS e afetar os cálculos dos valores devidos ao Fundeb, em prejuízo da educação básica. Conforme consta no Manual de Demonstrativos Fiscais, da STN (2021, p. 322), o Imposto sobre a Renda e Proventos de Qualquer Natureza Retido na Fonte (IRRF), incidente sobre os rendimentos pagos a qualquer título pelos Municípios, não compõe a base de cálculo do Fundeb, embora integre o cálculo do limite mínimo com MDE.

O Fundo de Participação dos Municípios, que é uma transferência, é uma fonte típica da cesta dos fundos. Assim, causam espécie as formas de driblar a composição natural da cesta Fundeb – o que ocorreu por meio da Emenda Constitucional nº 84/2014, que acrescentou a alínea "e" ao inciso I do art. 159 da Constituição Federal – de forma que esse acréscimo ao FPM não fosse incluído na cesta e, novamente, com a Emenda Constitucional nº 112/2021, que acrescentou nova alínea "f" ao mesmo dispositivo, com a mesma finalidade.

Em relação ao peso das fontes de receita alimentadoras do Fundeb 2007-2020, verificava-se que, em 2016, o ICMS se constituía na principal, sendo responsável por aproximadamente 57,6% do total gerado, seguido pelo FPM (12,9%) e pelo FPE (12,3%). Essas três fontes (que contribuíam com mais que os 9,6% da União) respondiam por cerca de 82,8% do total dos recursos do Fundo.[25] No Fundeb permanente, a complementação da União vai superar, em importância, o FPM e o FPE – mas a principal fonte continuará a ser o ICMS.

Daí a grande preocupação com os efeitos em termos de perda de arrecadação desse imposto, gerada pela Lei Complementar nº 194/2022, o que ensejou a judicialização do tema por parte dos governadores.[26]

---

[25] Gráfico apresentado por Jorge Abrahão em audiência pública da comissão especial referente à PEC nº 15/2015, em 21 de maio de 2019.

[26] No final de julho de 2022, o STF concedeu medidas cautelares para São Paulo, Alagoas, Maranhão e Piauí. Em 19.08.2022, foi a vez de Minas Gerais, Rio Grande do Norte e Acre.

* Ver ACO 3.594, ACO 3.586, ACO 3.587, ACO 3.590, ACO 3.591

Observe-se que a EC nº 108/2020 acrescentou parágrafo ao art. 212 da Constituição Federal, nos seguintes termos:

> §8º Na hipótese de extinção ou de substituição de impostos, serão redefinidos os percentuais referidos no *caput* deste artigo e no inciso II do *caput* do art. 212-A, de modo que resultem recursos vinculados à manutenção e ao desenvolvimento do ensino, bem como os recursos subvinculados aos fundos de que trata o art. 212-A desta Constituição, em aplicações equivalentes às anteriormente praticadas.

O objetivo é preservar o valor os recursos da cesta para que não haja perdas ao financiamento da educação básica.

Nesse sentido, o art. 52 desta lei prevê:

> Art. 52. Na hipótese prevista no §8º do art. 212 da Constituição Federal, inclusive quanto a isenções tributárias, deverão ser avaliados os impactos nos Fundos e os meios para que não haja perdas ao financiamento da educação básica.
> Parágrafo único. Para efeitos do disposto no *caput* deste artigo, deve-se buscar meios para que o montante dos recursos vinculados ao Fundeb nos entes federativos seja no mínimo igual à média aritmética dos 3 (três) últimos exercícios, na forma de regulamento.

2.1 Dívida ativa tributária

O inciso IX refere-se a receitas da dívida ativa tributária relativa aos impostos previstos da cesta-Fundeb, bem como juros e multas eventualmente incidentes.

Como lembra Borges:

> o Código Tributário Nacional (CTN) estabelece em seu art. 3º que "tributo é toda prestação pecuniária compulsória, em moeda ou cujo valor nela se possa exprimir, que não constitua sanção de ato ilícito, instituída em lei e cobrada mediante atividade administrativa plenamente vinculada", e em seu art. 5º classifica os tributos em "impostos, taxas e contribuições de melhoria".

Das definições do Código Tributário verifica-se que receita originária da **sanção de ato ilícito não constitui tributo.** Portanto, as multas e juros decorrentes da aplicação de penalidades aplicadas em função de atos ilícitos eventualmente praticados pelos contribuintes, não integram a base de cálculo do Fundeb, da mesma forma que os valores inscritos em dívida ativa, provenientes de tais penalidades. Com esse entendimento, os valores sujeitos à incidência do Fundeb são aqueles relativos aos juros e multas decorrentes de mora e respectivos valores inscritos em dívida ativa (BORGES e MARTINS, 2013).

2.2 Adicional na alíquota do ICMS

Para a formação do Fundo de Combate à Pobreza, a legislação faculta a criação de percentual adicional à alíquota do ICMS, de que trata o §1º do art. 82 do Ato das Disposições Constitucionais Transitórias. Trata-se de percentual adicional (até 2%) à alíquota original do imposto, que pode incidir, por exemplo, sobre produtos e serviços supérfluos, com a finalidade de compor fundos de pobreza de âmbito estadual. No período do Fundeb 2007-2020 houve controvérsia acerca da inclusão desses recursos na cesta Fundeb. No Fundeb permanente, esses recursos passaram a expressamente serem considerados na base de cálculo, ao passo que foram excluídos os recursos da compensação referente à queda de arrecadação de ICMS decorrente da Lei Complementar nº 97/1996 (Lei Kandir).

* Ver ACO 2.922/RS e ACO 1.972

2.3 Dedução indevida da base de cálculo do ICMS – o caso Fundap

Observe-se, como destaca Borges (BORGES e MARTINS, 2013) que o Fundeb deriva de norma constitucional, com regras nacionais. Não pode, sob nenhum aspecto, ter sua base de cálculo, ou qualquer outro critério, modificado por lei estadual. O Fundeb 2007-2020 conviveu com essa situação irregular até 2013, com deduções no ICMS que afetavam os cálculos dos valores devidos ao Fundeb, em prejuízo da educação básica.

Foi o caso do Fundo para o Desenvolvimento das Atividades Portuárias (FUNDAP), criado pela Lei Estadual nº 2.508, de 22.05.1970, cujos recursos são destinados a promover o incremento das exportações e importações via o Porto de Vitória. Segundo Borges (BORGES e MARTINS, 2013):

> Por meio do FUNDAP as importadoras celebram contratos com o BANDES para captação de recursos, os quais são concedidos às empresas ditas "fundapeanas" com prazos de carência e de amortização, respectivamente, de 5 e 20 anos, com juros máximos de 1% (um por cento) ao ano, visando o financiamento de suas atividades. Tais recursos utilizados nessas operações de crédito são originários do ICMS devido pelas empresas importadoras, de forma que o valor da arrecadação desse imposto fica deduzido da importância concedida a título de financiamento.
> Os prazos de 5 anos de carência dos financiamentos e de 20 anos das amortizações no âmbito do FUNDAP, assim como os incentivos e concessões (baixos juros anuais, por exemplo) contemplados nos contratos de financiamento firmados levam à defasagens das parcelas de reintegração que irão fazer parte da base de cálculo do ICMS para fins de apuração das receitas do FUNDEB, exercendo, portanto, efeitos redutores dos recursos.
> A consequência imediata dessa operação para o financiamento educacional é a redução da base de cálculo da contribuição do Estado ao FUNDEB (20% incidente sobre o ICMS) no valor direcionado ao FUNDAP, diminuindo, portanto, a receita do fundo educacional (BORGES e MARTINS, 2013).

A Nota Técnica nº 1/2013, da gerência de finanças da secretaria de estado da Fazenda, do Espírito Santo, esclarece:

> No caso do Espírito Santo, desde a criação do FUNDEF em 1998, estabeleceu-se uma particularidade por conta de uma Subalínea do Imposto sobre Circulação de Mercadorias e Serviços (ICMS), o ICMS FUNDAP. Do total da arrecadação do ICMS FUNDAP, 25% pertenciam aos municípios e, dos 75% restantes, descontava-se o valor referente ao financiamento FUNDAP. Este procedimento se amparava nas Resoluções 195 e 196/04 e 238/12 do Tribunal de Contas do Estado do Espírito Santo, esta última ainda em vigor. Sobre o restante, denominado Resíduo FUNDAP, que corresponde a 8,33% da receita total de ICMS FUNDAP, incidia-se o percentual constitucional destinado à Educação. Além disso, conforme a mesma resolução, também se aplicava o percentual pertencente à Educação sobre a receita de Leilão FUNDAP². A partir de 2013, em virtude da promulgação da Lei Complementar 141/12, que regulamentou o §3º do art. 198 da Constituição Federal dispondo sobre os valores mínimos a serem aplicados na saúde,[27] o TCE/ES determinou através da Resolução 248/12 que *para fins de aplicação na saúde não haveria mais o abatimento do financiamento FUNDAP. Diante disso, o Tesouro Estadual estendeu a metodologia também para apuração dos percentuais aplicados na Educação.*

---

[27] A LC nº 141/2012 estabeleceu vedação a qualquer dedução a fundo das receitas de ICMS para fins de aplicação dos percentuais de destinação Constitucional na Saúde.

Seção II

Da Complementação da União

Art. 4º A União complementará os recursos dos Fundos a que se refere o art. 3º desta Lei, conforme disposto nesta Lei.

§1º A complementação da União destina-se exclusivamente a assegurar recursos financeiros aos Fundos, aplicando-se o disposto no caput do art. 160 da Constituição Federal.

§2º É vedada a utilização dos recursos oriundos da arrecadação da contribuição social do salário-educação a que se refere o §5º do art. 212 da Constituição Federal na complementação da União aos Fundos.

§3º A União poderá utilizar, no máximo, 30% (trinta por cento) do valor de complementação ao Fundeb previsto no caput deste artigo para cumprimento da aplicação mínima na manutenção e no desenvolvimento do ensino estabelecida no art. 212 da Constituição Federal.

§4º O não cumprimento do disposto neste artigo importará em crime de responsabilidade da autoridade competente.

1 Complementação da União como instrumento da solidariedade federativa

O papel da União, em matéria educacional, não se limita à dimensão normativa, mas também é relevante o exercício de sua função supletiva, com a participação financeira no financiamento do fundo correspondente a um percentual dos recursos totais, definido no patamar mínimo de 23%, pela EC nº 108/2020. Essa ação solidária da esfera central propicia a articulação dos entes federativos para obtenção do objetivo comum de oferta de educação básica de qualidade.

Numa Federação, o papel da União é minimizar as disparidades regionais. Este, aliás, é um dos objetivos fundamentais da República Federativa do Brasil, inscrito no art. 3º, III da Carta Magna. Há uma expectativa de que a União, ao mesmo tempo que arbitre as disputas entre os entes subnacionais, injete, como ente de maior arrecadação, recursos que viabilizem o financiamento sustentado da educação. Desta forma, cumpriria seu papel constitucional de "redutor das desigualdades espaciais e sociais" (CAMARGO, 1999, p. 99).

2 Vedação de retenção ou qualquer restrição à entrega e ao emprego dos recursos atribuídos, aos estados, ao distrito federal e aos municípios, neles compreendidos adicionais e acréscimos relativos a impostos

A remissão ao art.160, CF que veda a retenção ou restrição – é importante porque não permite a retenção de recursos da complementação da União ou de impostos que compõem a cesta, como, por exemplo, o ICMS, que foi objeto de atrasos no período do Fundeb 2007-2020, por parte de alguns entes. Essa regra já vigorava no Fundeb 2007-2020 (Cf. a redação então vigente para o art. 60, X do ADCT).

3 Regras referentes às fontes da complementação da União

É vedada a utilização dos recursos oriundos da arrecadação da contribuição social do salário-educação na complementação da União aos Fundos. Essa regra já existia no Fundeb 2007-2020, onde foi inserida porque no antigo Fundef havia essa possibilidade.[28] A permissão diminuiria o volume de recursos vinculados à educação, havendo apenas uma substituição de fontes, sem acréscimo e alteração de fluxo que poderia prejudicar a operacionalização dos programas do FNDE, para onde são direcionados os recursos do salário-educação. Esses recursos têm outra vocação e outro destino.[29]

---

[28] Cf. Art. 4º do Decreto nº 2.264/1997.

[29] São financiados pelo salário-educação os seguintes programas: Programa Dinheiro Direto na Escola (PDDE), Programa Nacional do Livro Didático (PNLD), Programa Nacional de

Com o mesmo objetivo, de preservação de fontes para seus programas originais (no caso, em especial a educação superior do sistema federal, financiada pela União) e acréscimo de recursos novos ao Fundeb, a União poderá utilizar, no máximo, 30% (trinta por cento) do valor de complementação ao Fundeb para cumprimento da aplicação mínima na manutenção e no desenvolvimento do ensino (MDE). Constitui proteção à fonte típica de financiamento da educação superior federal (O decorrente da divisão de responsabilidades federativas segundo o art. 211, CF) e implica o uso de outras fontes como garantia para que se efetive a complementação da União ao Fundeb. Contribui, assim, para evitar a disputa fratricida entre educação básica e superior.

A União tem como *função própria* organizar e financiar a universidade pública e sua rede de educação profissional e como *função supletiva* garantir a equalização de oportunidades educacionais e padrão mínimo de qualidade do ensino mediante assistência técnica e financeira aos Estados, ao Distrito Federal e aos Municípios (art. 211, CF). A União haverá de cumprir ambas as funções – própria e supletiva – simultaneamente, reservando para cada qual fontes orçamentárias distintas. Não cabe sacrificar uma em nome da outra.

Essa regra limitadora já existia no Fundeb 2007-2020.

A diferença é que se mantém o percentual, a despeito da complementação da União ter sido majorada dos 10% mínimos no Fundeb 2007-2020 para 23% no Fundeb permanente.

Em relação ao Fundeb 2007-2020, há uma menor proteção aos recursos da educação superior federal.

4 Crime de responsabilidade

O art.4º refere-se à proibição de retenção e restrição de recursos dos entes subnacionais e trata de limitação (no caso dos recursos federais de MDE) ou vedação (salário-educação) de utilização de recursos da União na complementação ao Fundeb.

Transporte Escolar (Pnate). O programa nacional de alimentação escolar (PNAE) não se enquadra como despesas de MDE, nos termos da LDB. Assim, era financiado pela Cofins. Até poucos anos atrás, quando a mensagem do poder executivo indicava a fonte do salário-educação para a alimentação escolar, o Congresso Nacional reclassificava para que fosse utilizada outra fonte. No governo atual passou a ter recursos do salário-educação.

A previsão legal deriva da regra constitucional inscrita no art. 212-A, IX, que prevê, que "o disposto no *caput* do art. 160 desta Constituição aplica-se aos recursos referidos nos incisos II e IV do *caput* deste artigo, e seu descumprimento pela autoridade competente importará em crime de responsabilidade". O inciso II refere-se aos recursos da cesta Fundeb e o inciso IV, à complementação da União. O *caput* do art. 160, CF dispõe, por sua vez, que é vedada a retenção ou qualquer restrição à entrega e ao emprego dos recursos atribuídos, nesta seção, aos Estados, ao Distrito Federal e aos Municípios, neles compreendidos adicionais e acréscimos relativos a impostos.

Observe-se que, no caso do Fundeb 2007-2020, já havia previsão de crime de responsabilidade em caso de utilização dos recursos do salário-educação. A redação do inciso XI do art. 60 do ADCT dispunha que o não cumprimento do disposto nos incisos V e VII do *caput* daquele artigo importaria crime de responsabilidade da autoridade competente. O inciso V do art. 60 do ADCT previa:

> V – a União complementará os recursos dos Fundos a que se refere o inciso II do *caput* deste artigo sempre que, no Distrito Federal e em cada Estado, o valor por aluno não alcançar o mínimo definido nacionalmente, fixado em observância ao disposto no inciso VII do caput deste artigo, *vedada a utilização dos recursos a que se refere o §5º do art. 212 da Constituição Federal;*

O inciso VII referia-se à complementação da União, no período do Fundeb 2007-2020.

A nova redação inclui a previsão no caso de retenção de recursos da cesta Fundeb.

5 Complementação da União e teto de gastos

Desde o início da vigência dos dispositivos inseridos na Constituição Federal pela EC nº 95, a então redação do art.107, §6º, I excluía as cotas do salário-educação e a complementação da União ao Fundeb, do teto de gastos previsto naquela emenda.

A redação atual, após a aprovação da EC nº 108/2020, é a seguinte:

> Art. 107. Ficam estabelecidos, para cada exercício, limites individualizados para as despesas primárias:

§6º
I – transferências constitucionais estabelecidas no §1º do art. 20, no inciso III do parágrafo único do art. 146, no §5º do art. 153, no art. 157, nos incisos I e II do *caput* do art. 158, no art. 159 e no §6º do art. 212, as despesas referentes ao inciso XIV do *caput* do art. 21 e *as complementações de que tratam os incisos IV e V do caput do art. 212-A*, todos da Constituição Federal;

Assim, a complementação da União ao FUNDEB possui respaldo como única despesa de natureza primária cuja livre expansão está excluída do Teto de Gastos (TANNO, 2018).

O Inciso IV do art. 212-A refere-se à complementação da União ao Fundeb, à obrigatoriedade da União realizá-la. O inciso V determina seu patamar: equivalente a, no mínimo, 23% (vinte e três por cento) do total de recursos aportados ao fundo pelos entes subnacionais.

Art. 5º A complementação da União será equivalente a, no mínimo, 23% (vinte e três por cento) do total de recursos a que se refere o art. 3º desta Lei, nas seguintes modalidades:

I – complementação-VAAF: 10 (dez) pontos percentuais no âmbito de cada Estado e do Distrito Federal, sempre que o valor anual por aluno (VAAF), nos termos da alínea "a" do inciso I do caput do art. 6º desta Lei não alcançar o mínimo definido nacionalmente;

II – complementação-VAAT: no mínimo, 10,5 (dez inteiros e cinco décimos) pontos percentuais, em cada rede pública de ensino municipal, estadual ou distrital, sempre que o valor anual total por aluno (VAAT), nos termos da alínea "a' do inciso II do caput do art. 6º desta Lei não alcançar o mínimo definido nacionalmente;

III – complementação-VAAR: 2,5 (dois inteiros e cinco décimos) pontos percentuais nas redes públicas que, cumpridas condicionalidades de melhoria de gestão, alcançarem evolução de indicadores a serem definidos, de atendimento e de melhoria da aprendizagem com redução das desigualdades, nos termos do sistema nacional de avaliação da educação básica, conforme disposto no art. 14 desta Lei.

Parágrafo único. A complementação da União, nas modalidades especificadas, a ser distribuída em determinado exercício financeiro, será calculada considerando-se as receitas totais dos Fundos do mesmo exercício.

1 Valor e modalidades da complementação da União

O aumento gradual da complementação da União, para 23% até 2026, foi uma das grandes conquistas da EC nº 108/2020. Dá-se assim, instrumento para que a esfera central realize seu papel na Federação, por meio do exercício de sua função supletiva e redistributiva. O aumento é gradual (Quadro 4).

A complementação da União VAAF é o instrumento utilizado para a redução das desigualdades entre os âmbitos estaduais e, dentro destes, entre as redes municipais, na medida em que em cada âmbito há um valor mínimo para cada categoria de matrículas, que é alcançado pela redistribuição. Se em determinado âmbito estadual o valor mínimo VAAF não for atingido, a União complementa – esse o primeiro sentido mantido com denominado modelo híbrido do novo Fundeb. O passo além foi olhar para as desigualdades de forma a captar, também, as disparidades entre os municípios, para além dos âmbitos estaduais. Com a adoção do VAAT são considerados todos os recursos vinculados à educação, para efeito de definição dos beneficiários da complementação VAAT, o que atua para minimizar as disparidades intermunicipais.

As complementações VAAF e VAAT constituem os elementos centrais do pacto federativo na educação: são os mecanismos que expressam o compromisso do poder central.

As metas da equidade e do regime de colaboração somente podem ser atingidas por meio da solidariedade federativa, especialmente com o exercício da função supletiva por parte da União, via complementação ao fundo educacional mais significativa – 23% a serem alcançados em 2026. A garantia de recursos federais, a título de complementação da União ao FUNDEB, traz em sua concepção o mesmo objetivo delineado nos Fundos anteriores – Fundef e Fundeb 2007-2020 –, de assegurar um valor mínimo por aluno/ano, concorrendo, por essa via, para a redução das desigualdades entre Estados, municípios e regiões do país.

A principal diferença reside nos critérios de definição da parcela financeira garantida pelo Governo Federal e do valor mínimo nacional por aluno/ano:

– No período do Fundef, o governo federal fixava, *contra legem*, o valor mínimo nacional por aluno/ano, por meio de Decreto Federal e o utilizava como base para a determinação do montante da Complementação da União. Nesse sentido, o montante de recursos federais que entravam na composição do Fundo era variável dependente do valor mínimo fixado. Com essa metodologia de tratamento, a participação da União na composição ao extinto Fundef caiu de 3,7% do total dos recursos em 2008 para 0,9% em 2006;[30]

---

[30] No caso do Fundef, a legislação ordinária previa a regra (artigo 6, *caput* e §1º da Lei nº 9.424/1996) da média nacional obtida pela divisão da estimativa de receitas pelo número de matrículas, dispositivo que, infelizmente, não foi cumprido em todo período do Fundef. A própria Constituição previa, então, que o valor mínimo deveria ser definido nacionalmente (art. 60, §3º, ADCT). Se o valor mínimo não fosse nacional, perderia todo o sentido lógico

- No caso do Fundeb 2007-2020, foi constitucionalizada a regra de contribuição da União, via complementação ao Fundeb, e definiu-se um patamar mínimo de alocação de recursos federais – no mínimo 10% do valor aportado aos fundos pelos entes subnacionais;
- o Fundeb permanente adota, em relação à complementação da União, o chamado "modelo híbrido", que mantém a mesmas regras para a complementação da União realizada a âmbitos estaduais, a complementação VAAF. São criadas outras duas novas modalidades de complementação: a baseada no valor aluno ano total-VAAT, que é distribuída por redes e a complementação-VAAR, que depende de atendimento a condicionalidades e evolução de indicadores de atendimento e *melhoria da aprendizagem com redução das desigualdades*, nos termos do sistema nacional de avaliação da educação básica (Sinaeb).

QUADRO 3 – Complementação da União no "Modelo Híbrido" – nova regra distributiva – 3 modalidades (VAAF, VAAT e VAAR)

Modalidades de complementação da União	%	Critério
Complementação VAAF	10%	Por âmbitos estaduais, sempre que o valor anual por aluno (VAAF), não alcançar o mínimo VAAF (calculado com base nos recurso da cesta Fundeb) definido nacionalmente.
Complementação VAAT	10,5%	Por redes, sempre que o valor anual total por aluno (VAAT) não alcançar o mínimo VAAT definido nacionalmente (calculado com base nos recursos do FUNDEB acrescido de outras receitas e transferências vinculadas à educação. 50% distribuídos para a educação infantil.
Complementação VAAR	2,5%	Para redes públicas que, uma vez cumpridas condicionalidades de melhoria de gestão previstas em lei, alcançarem evolução de indicadores a serem definidos, de atendimento e melhoria da aprendizagem com redução das desigualdades, nos termos do sistema nacional de avaliação da educação básica (Sinaeb)
Complementação (total)	23%	Segundo cada modalidade de complementação

e jurídico a regra inscrita na Constituição Federal, para a efetuação da complementação da União de forma que *fosse atingido o valor mínimo*. Em outras palavras, se o valor mínimo fosse o menor dos valores obtidos pela divisão da receita por matrículas, não haveria o que complementar e a Constituição estaria prevendo uma situação impossível. O descumprimento da regra legal levou à judicialização do tema sendo proferidas decisões que asseguram o pagamento devido por meio de precatórios.

Em relação ao montante da complementação, deve ser alcançado, gradualmente, o patamar mínimo de 23% em 2026, conforme o quadro 4.

QUADRO 4 – Complementação da União – gradualismo

Ano	Complementação (total)	VAAF	VAAT (50% global para ED.INF)	VAAR (atendimento +aprendizado+redução desigualdades)
2021	12%	10%	2%	---------------------------------
2022	15%	10%	5%	---------------------------------
2023	17%	10%	6,25%	0,75%
2024	19%	10%	7,5%	1,5%
2025	21%	10%	9%	2%
2026	23%	10%	10,5%	2,5%

2 Cálculo da complementação da União, considerando-se as receitas totais dos fundos do mesmo exercício

O cronograma de pagamento da complementação prevê que, até o fim do exercício, sejam repassados 85% dos recursos, sendo os 15% restantes até 31 de janeiro do ano seguinte.

O cálculo, contudo, *deve considerar o valor total da complementação.*

CAPÍTULO III – DA DISTRIBUIÇÃO DOS RECURSOS

Seção I

Das Definições

Art. 6º Para os fins do disposto nesta Lei, considera-se, na forma do seu Anexo:

I – valor anual por aluno (VAAF):

a) decorrente da distribuição de recursos que compõem os Fundos, no âmbito de cada Estado e do Distrito Federal: a razão entre os recursos recebidos relativos às receitas definidas no art. 3º desta Lei e o número de alunos matriculados nas respectivas redes de ensino, nos termos do art. 8º desta Lei;

b) decorrente da distribuição de recursos de que trata a complementação-VAAF: a razão entre os recursos recebidos relativos às receitas definidas no art. 3º e no inciso I do caput do art. 5º desta Lei e o número de alunos matriculados nas respectivas redes de ensino, nos termos do art. 8º desta Lei;

II – valor anual total por aluno (VAAT):

a) apurado após distribuição da complementação-VAAF e antes da distribuição da complementação-VAAT: a razão entre os recursos recebidos relativos às receitas definidas no art. 3º e no inciso I do caput do art. 5º desta Lei, acrescidas das disponibilidades previstas no §3º do art. 13 desta Lei e o número de alunos matriculados nas respectivas redes de ensino, nos termos do art. 8º desta Lei;

b) decorrente da distribuição de recursos após complementação-VAAT: a razão entre os recursos recebidos relativos às receitas definidas no art. 3º e nos incisos I e II do caput do art. 5º desta Lei, acrescidas das disponibilidades previstas no §3º do art. 13 desta Lei e o número de alunos matriculados nas respectivas redes de ensino, nos termos do art. 8º desta Lei;

III – valor anual por aluno (VAAR) decorrente da complementação-VAAR: a razão entre os recursos recebidos relativos às receitas definidas no inciso III do caput do art. 5º desta Lei e o número de alunos matriculados nas respectivas redes de ensino, nos termos do art. 8º desta Lei.

1 Valores anuais por aluno

O art. 6º traz as definições dos parâmetros utilizados para cada uma das modalidades de complementação – VAAF, VAAT e VAAR – os respectivos valores anuais por aluno.

1.1 VAAF (valor anual por aluno)

O VAAF é o mesmo valor por aluno/ano do Fundeb 2007-2020, tendo sido mantido com a adoção do modelo híbrido, com a diferença que, ao lado das antigas ponderações aplicadas às diferentes categorias de matrículas, nele incidirão ponderações que não existiam: potencial de arrecadação, disponibilidade de recursos e nível sócio econômico.

Mas é o valor definido nacionalmente para ser aplicado, sendo atingido, quando for o caso, pela complementação da União às contas Fundeb dos âmbitos estaduais beneficiados. A complementação não se dá pelas redes, mas por âmbitos estaduais.

O art. 6º, I, "a" define o "VAAF referência", isto é, *antes da complementação VAAF da União*: decorrente da distribuição de recursos que compõem os Fundos, no âmbito de cada Estado e do Distrito Federal: a razão entre os recursos recebidos relativos às receitas definidas da cesta Fundeb (art. 3º) e o número de alunos matriculados (presencialmente) nas respectivas redes de ensino.

O art. 6º, I, "b" define o VAAF, *após o recebimento da complementação VAAF da União*: a razão entre os recursos recebidos relativos às receitas da cesta Fundeb (art. 3º), somados à complementação VAAF e o número de alunos matriculados (presencialmente) nas respectivas redes de ensino.

1.2 VAAT (valor anual total por aluno)

O VAAT é o motor redistributivo do novo Fundeb, ao enxergar o conjunto dos recursos vinculados à educação, captando desigualdades que não ficavam explicitadas quando se analisavam apenas os recursos da cesta-Fundeb. O novo parâmetro VAAT, como assinala Tanno, além disso, passa a complementar por rede de ensino, estadual ou municipal, e não mais por estado. Essa situação foi evidenciada pelos trabalhos do grupo que, sob a coordenação da antiga Secretaria de Articulação dos Sistemas de Ensino (SASE), debruçou-se sobre a temática do custo aluno–qualidade (CAQ), em 2015, e concluiu que o Fundeb 2007-2020 era um poderoso mecanismo equalizador de recursos dentro de cada Unidade da Federação, mas, ainda assim, o valor total disponível por aluno para cada rede ou sistema de ensino permanecia desigual. Municípios pobres em estados comparativamente mais ricos não recebiam a complementação, enquanto municípios ricos, mas cuja riqueza não era captada se o olhar se limitasse à cesta do Fundeb, recebiam complementação da União. Ainda que o Fundeb tenha promovido alguma redistribuição, Araújo notou:

> Considera-se que a diminuição das distâncias entre os fundos estaduais não é suficiente para mensurar a efetiva participação do fundo na diminuição da desigualdade entre os municípios. Caso este mecanismo fosse suficiente o resultado tão satisfatório deveria ter repercutido em igual ordem de grandeza nos números testados pelos valores per capita da Receita Corrente e no coeficiente de Gini. A diferença está no fato de que, ao considerar como universo um volume de recursos que, na melhor simulação não passou de 22,2% do total das receitas disponíveis nos municípios, a metodologia em questão superdimensiona os efeitos benéficos na redução das desigualdades territoriais da política de fundos (ARAÚJO, 2014, p. 247).

A partir dessas constatações, o consultor de orçamento e fiscalização financeira da Câmara dos Deputados, Cláudio Tanno, formulou uma proposta da adoção de novo critério para uma nova modalidade de complementação (MARTINS, 2021). Como são considerados todos os recursos vinculados à educação, foi denominado valor aluno ano total -VAAT (TANNO, 2017).

O VAAT reflete todas as disponibilidades financeiras vinculadas à educação, mesmo as que não estão na cesta-Fundeb, como os impostos municipais (ISS, ITBI, IPTU), ou os recursos provenientes dos royalties do petróleo vinculados à educação. Dessa forma, há uma maior comparabilidade acerca da capacidade financeira dos entes, o que fundamenta o recebimento da complementação VAAT. Segundo Tanno (2020, p. 6 e 7) (Estudo Técnico nº 22/2020 – PEC nº 15/2015 FUNDEB: texto aprovado na Câmara dos Deputados.

Novo mecanismo redistributivo: resultados esperados, avaliação e proposta de regulamentação):

> O mínimo de aplicação, com a adoção do parâmetro VAAT, será o valor nacional de equalização e, durante a transição, atingirá rapidamente centenas de redes de ensino em situação de vulnerabilidade, independentemente do Estado em que se encontrem. O gráfico, a seguir, ilustra o resultado final da distribuição de recursos nas 5.568 redes de ensino consideradas, após complementação-VAAT.
> (...)
> À medida que a complementação-VAAT avança, todas as Regiões são incluídas, com destaque para Minas Gerais, Estado com grandes disparidades, onde, em 2026, algo próximo a 491 pequenos Municípios seriam beneficiados. No Estado do Amazonas, a partir de 2023, somente a rede municipal de Manaus não seria favorecida.

Como acentua Capuzzo,[31] o VAAT permite inclusive que se faça em cada rede o cotejo entre os recursos que efetivamente dispõem e sua aplicação para atender a valorização dos profissionais da educação, no que se refere à remuneração quer tem como parâmetro a meta 17 do PNE (equiparar seu rendimento médio ao dos (as) demais profissionais com escolaridade equivalente).

A complementação não se dá por âmbitos estaduais, mas pelas redes.

1.3 VAAR

A sigla VAAR não foi incluída no texto constitucional, mas na lei regulamentadora para identificar a complementação prevista no art. 212-A, V, "c" da Constituição Federal, que prevê que a União complementará 2,5 (dois inteiros e cinco décimos) pontos percentuais nas redes públicas que, cumpridas condicionalidades de melhoria de gestão previstas em lei, alcançarem evolução de indicadores a serem definidos, de *atendimento e melhoria da aprendizagem com redução das desigualdades*, nos termos do sistema nacional de avaliação da educação básica. A expressão "resultado"

---

[31] No âmbito de debates internos nas consultorias legislativa e de orçamento e fiscalização financeira da Câmara dos Deputados.

não consta na Constituição Federal e tampouco na lei. Consta a referência a "redução das desigualdades".[32]

As condicionalidades VAAR devem contemplar os requisitos indicados no art. 14. Compete à Comissão Intergovernamental de Financiamento para a Educação Básica de Qualidade monitorar e avaliar essas condicionalidades, com base em proposta tecnicamente fundamentada do Inep (art. 18, II).

---

[32] Esta é minha convicção, embora não deixe de ser, também, uma provocação para que se esclareça o sentido da expressão ambígua "resultado". Tanno argumenta que "a evolução de indicadores de atendimento e melhoria da aprendizagem implicam resultados" e essa teria sido intenção original da sigla.
Entretanto, a denominação "resultados" também foi utilizada nos debates como aqueles obtidos em testes de provas padronizadas, forma de avaliação de desempenho que recebe severas críticas na literatura (RAVITCH, 2011 e 2014). Além disso, poderia sugerir, por exemplo, a utilização do Índice de Desenvolvimento da Educação Básica (Ideb) como critério, o que traria algumas dificuldades para sua operacionalização, tanto em relação a alguns problemas do Ideb (SOARES; PEREIRA XAVIER, 2013), como pelo fato de que não seria aplicável à educação infantil.

Seção II

Das Matrículas e das Ponderações

Art. 7º A distribuição de recursos que compõem os Fundos, nos termos do art. 3º desta Lei, no âmbito de cada Estado e do Distrito Federal e da complementação da União, conforme o art. 5º desta Lei, dar-se-á, na forma do Anexo desta Lei, em função do número de alunos matriculados nas respectivas redes de educação básica pública presencial, observadas as diferenças e as ponderações quanto ao valor anual por aluno (VAAF, VAAT ou VAAR) entre etapas, modalidades, duração da jornada e tipos de estabelecimento de ensino e consideradas as respectivas especificidades e os insumos necessários para a garantia de sua qualidade, bem como o disposto no art. 10 desta Lei.

§1º A ponderação entre diferentes etapas, modalidades, duração da jornada e tipos de estabelecimento de ensino adotará como referência o fator 1 (um) para os anos iniciais do ensino fundamental urbano.

§2º O direito à educação infantil será assegurado às crianças até o término do ano letivo em que completarem 6 (seis) anos de idade.

§3º Admitir-se-á, para efeito da distribuição dos recursos previstos no caput do art. 212-A da Constituição Federal:

I – em relação às instituições comunitárias, confessionais ou filantrópicas sem fins lucrativos e conveniadas com o poder público, o cômputo das matrículas:

a) na educação infantil oferecida em creches para crianças de até 3 (três) anos;

b) na educação do campo oferecida em instituições reconhecidas como centros familiares de formação por alternância33, observado o disposto em regulamento;

c) nas pré-escolas, até a universalização desta etapa de ensino, que atendam às crianças de 4 (quatro) e 5 (cinco) anos, observadas as condições previstas nos incisos I, II, III, IV e V do §4º deste artigo, efetivadas, conforme o censo escolar mais atualizado;

---

[33] Há instituições no país, que assumem diferentes nomenclaturas: Escolas Famílias Agrícola (EFAs),
CFRs (Casas Familiares Rurais), ECORs (Escolas Comunitárias Rurais) e CEFFAs (Centros Familiares de Formação por Alternância).

d) na educação especial, oferecida, nos termos do §3º do art. 58 da Lei nº 9.394, de 20 de dezembro de 1996, pelas instituições com atuação exclusiva nessa modalidade para atendimento educacional especializado no contraturno para estudantes matriculados na rede pública de educação básica e inclusive para atendimento integral a estudantes com deficiência constatada em avaliação biopsicossocial, periodicamente realizada por equipe multiprofissional e interdisciplinar, nos termos da Lei nº 13.146, de 6 de julho de 2015, com vistas, sempre que possível, à inclusão do estudante na rede regular de ensino e à garantia do direito à educação e à aprendizagem ao longo da vida;

II – em relação a instituições públicas de ensino, autarquias e fundações públicas da administração indireta e demais instituições de educação profissional técnica de nível médio dos serviços sociais autônomos que integram o sistema federal de ensino, conveniadas ou em parceria com a administração estadual direta, o cômputo das matrículas referentes à educação profissional técnica de nível médio articulada, prevista no art. 36-C da Lei nº 9.394, de 20 de dezembro de 1996, e das matrículas relativas ao itinerário de formação técnica e profissional, previsto no inciso V do caput do art. 36 da referida Lei. (Redação dada pela Lei nº 14.276, de 2021)[34]

§4º As instituições a que se refere o inciso I do §3º deste artigo deverão obrigatória e cumulativamente:

I – oferecer igualdade de condições para o acesso e a permanência na escola e o atendimento educacional gratuito a todos os seus alunos;

II – comprovar finalidade não lucrativa e aplicar seus excedentes financeiros em educação na etapa ou na modalidade previstas no §3º deste artigo;

III – assegurar a destinação de seu patrimônio a outra escola comunitária, filantrópica ou confessional com atuação na etapa ou na modalidade previstas no §3º deste artigo ou ao poder público no caso do encerramento de suas atividades;

---

[34] Redação anterior: "II – em relação a instituições públicas de ensino, autarquias e fundações públicas da administração indireta, conveniados ou em parceria com a administração estadual direta, o cômputo das matrículas referentes à educação profissional técnica de nível médio articulada, prevista no art. 36-C da Lei nº 9.394, de 20 de dezembro de 1996, e das matrículas relativas ao itinerário de formação técnica e profissional, previsto no inciso V do caput do art. 36 da referida Lei".

IV – atender a padrões mínimos de qualidade definidos pelo órgão normativo do sistema de ensino, inclusive, obrigatoriamente, ter aprovados seus projetos pedagógicos;

V – ter Certificação de Entidade Beneficente de Assistência Social, na forma de regulamento.

§5º Os recursos destinados às instituições de que trata o §3º deste artigo somente poderão ser destinados às categorias de despesa previstas no art. 70 da Lei nº 9.394, de 20 de dezembro de 1996.

§6º As informações relativas aos convênios firmados nos termos do §3º deste artigo, com a especificação do número de alunos considerados e valores repassados, incluídos os correspondentes a eventuais profissionais e a bens materiais cedidos, serão declaradas anualmente ao Ministério da Educação, pelos Estados, pelo Distrito Federal e pelos Municípios, no âmbito do sistema de informações sobre orçamentos públicos em educação, na forma de regulamento.

§7º As condições de que tratam os incisos I, II, III, IV e V do §4º deste artigo, para o cômputo das matrículas das instituições comunitárias, confessionais ou filantrópicas sem fins lucrativos e conveniadas com o poder público, deverão ser comprovadas pelas instituições convenentes e conferidas e validadas pelo Poder Executivo do respectivo ente subnacional, em momento anterior à formalização do instrumento de convênio e ao repasse dos recursos recebidos no âmbito do Fundeb para a cobertura das matrículas mantidas pelas referidas instituições." (NR) (Incluído pela Lei nº 14.276, de 2021).

1 Matrículas na educação básica pública presencial

O *caput* do art. 7º estabelece a regra para captação de recursos do Fundeb pelas matrículas: são as da educação básica pública presencial. Há exceções, mediante o atendimento de condições.

2 Ponderações

Ponderações são fatores matemáticos que incidem sobre o valor por aluno de referência do fundo (séries iniciais do ensino fundamental urbano – fator "1"), de forma que as demais etapas e modalidades contem ou não com acréscimo de recursos por aluno, segundo estejam acima ou abaixo do valor de referência. Assim, as variáveis que determinam quanto os entes receberão do Fundeb são seus recursos que integram a cesta Fundeb e as matrículas ponderadas. Compete à Comissão Intergovernamental de Financiamento para a Educação Básica de Qualidade especificar anualmente, observados os limites definidos nesta Lei (existência prévia de estudos sobre custos médios das etapas, modalidades e tipos de ensino, nível socioeconômico dos estudantes, disponibilidade de recursos vinculados à educação e potencial de arrecadação de cada ente federado), as diferenças e as ponderações aplicáveis (art. 18, I).

O Fundeb 2007-2020 estabelecia uma banda que variava de 0,7 a 1,3 para a atribuição dos valores às ponderações.

O novo Fundeb permanente não prevê bandas. Mas, os valores "de saída", previstos para os exercícios de 2021, 2022 e 2023, são os vigentes ao final do Fundeb 2007-2020.[35] É compreensível. A fixação das ponderações reflete a disputa/negociação na Comissão Intergovernamental de Financiamento para a Educação de Qualidade. Basta observar as mudanças nas ponderações nesse período, sobretudo na educação infantil e os ajustes e aumentos compensatórios nas outras etapas, modalidades e jornada, conforme as matrículas fossem de responsabilidade dos estados ou municípios. Daí porque as alterações nas ponderações VAAF serem mais complexas, já que refletem uma acomodação federativa e – por mais que se apele ao regime de colaboração – trazem um sentimento de "perda" de recursos. No caso da complementação VAAT, por se tratar de recursos novos, há, em tese, mais flexibilidade, para, por exemplo, explorar o caminho do fator multiplicativo para a educação infantil.

---

[35] O art. 9º desta Lei dispõe que as ponderações utilizadas na complementação-VAAR e na complementação-VAAT poderão ter valores distintos daquelas aplicadas na distribuição intraestadual e na complementação-VAAF. Os valores das ponderações permanecem os mesmo do Fundeb 2007-2020, até 2023. Mas, no caso da complementação VAAT, há incidência do fator multiplicativo, de 1,5.

Quadro 5 – Educação Infantil – Ponderações Fundeb (2007-2020)

Ano	norma	Ponderação					
		Creche pública em tempo integral	Creche pública em tempo parcial	Creche conveniada em tempo integral	Creche conveniada em tempo parcial	Pré-escola em tempo integral	Pré-escola em tempo parcial
2007	Resolução nº1/07	0,80	0,80	0,80	0,80	0,90	0,90
2008	Portaria Normativa nº 41/07	1,10	0,80	0,95	0,80	1,15	0,90
2009	Portaria nº 932/08	1,10	0,80	0,95	0,80	1,20	1,00
2010	Portaria nº 777/09	1,10	0,80	1,10	0,80	1,25	1,00
2011	Portaria 837/10	1,20	0,80	1,10	0,80	1,30	1,00
2012	Portaria 1322/11	1,30	0,80	1,10	0,80	1,30	1,00
2013	Resolução nº 8/12	1,30	0,80	1,10	0,80	1,30	1,00
2014	Ata da 9ª reunião da Comissão Intergov. 16/11/13	1,30	1,00	1,10	0,80	1,30	1,00
2015	Resolução nº 1/14	1,30	1,00	1,10	0,80	1,30	1,00
2016	Resolução nº 1/15	1,30	1,00	1,10	0,80	1,30	1,00
2017	Resolução nº 1/16	1,30	1,00	1,10	0,80	1,30	1,00
2018	Resolução nº 1/17	1,30	1,00	1,10	0,80	1,30	1,00
2019	Resolução nº 1/ 2018	1,30	1,15	1,10	0,80	1,30	1,05
2020	Resolução nº 1/ 2019	1,30	1,20	1,10	0,80	1,30	1,10

Elaboração: Paulo Sena, a partir de normas contidas no site do FNDE (www.fnde.gov.br)

A alteração nos valores das ponderações da educação infantil, etapa sob responsabilidade dos municípios, que partiram de um patamar baixo, que começou a subir em 2008 e atingiu o teto da banda em 2012 caracteriza o ambiente de negociação federativa da Comissão intergovernamental. Nos anos seguintes (2012 e 2014) houve majoração do patamar do ensino médio, etapa sob responsabilidade dos estados.

Quadro 6 – Ensino Fundamental – Ponderações Fundeb (2007-2020)

Ano	Norma	Ponderação				
		anos iniciais do ensino fundamental urbano	anos iniciais do ensino fundamental no campo	anos finais do ensino fundamental urbano	anos finais do ensino fundamental no campo	ensino fundamental em tempo integral
2007	Resolução nº1/07	1,00	1,05	1,10	1,15	1,25
2008	Portaria Normativa nº 41/07	1,00	1,05	1,10	1,15	1,25
2009	Portaria nº 932/08	1,00	1,05	1,10	1,15	1,25
2010	Portaria nº 777/09	1,00	**1,15**	1,10	**1,20**	1,25
2011	Portaria 837/10	1,00	1,15	1,10	1,20	1,30
2012	Portaria 1322/11	1,00	1,15	1,10	1,20	1,30
2013	Resolução nº 8/12	1,00	1,15	1,10	1,20	1,30
2014	Ata da 9ª reunião da Comissão Intergov. 16/11/13	1,00	1,15	1,10	1,20	1,30
2015	Resolução nº 1/14	1,00	1,15	1,10	1,20	1,30
2016	Resolução nº 1/15	1,00	1,15	1,10	1,20	1,30
2017	Resolução nº 1/16	1,00	1,15	1,10	1,20	1,30
2018	Resolução nº 1/17	1,00	1,15	1,10	1,20	1,30
2019	Resolução nº 1/ 2018	1,00	1,15	1,10	1,20	1,30
2020	Resolução nº 1/19	1,00	1,15	1,10	1,20	1,30

Elaboração: Paulo Sena, a partir de normas contidas no site do FNDE (www.fnde.gov.br)

Quadro 7 – Ensino Médio – Ponderações Fundeb (2007-2017)

Ano	norma	Ponderação			
		Ensino médio urbano	Ensino médio rural/ do campo	Ensino médio em tempo integral	Ensino médio integrado à Educação profissional
2007	Resolução nº1/07	1,20	1,25	1,30	1,30
2008	Portaria Normativa nº 41/07	1,20	1,25	1,30	1,30
2009	Portaria nº 932/08	1,20	1,25	1,30	1,30
2010	Portaria nº 777/09	1,20	1,25	1,30	1,30
2011	Portaria 837/10	1,20	1,25	1,30	1,30
2012	Portaria 1322/11	1,20	**1,30**	1,30	1,30
2013	Resolução nº 8/12	1,20	1,30	1,30	1,30
2014	Ata da 9ª reunião da Comissão Intergov. 16/11/13	**1,25**	1,30	1,30	1,30
2015	Resolução nº 1/14	1,25	1,30	1,30	1,30
2016	Resolução nº 1/15	1,25	1,30	1,30	1,30
2017	Resolução nº 1/16	1,25	1,30	1,30	1,30
2018	Resolução nº 1/17	1,25	1,30	1,30	1,30
2019	Resolução nº 1/ 2018	1,25	1,30	1,30	1,30
2020	Resolução nº 1/19	1,25	1,30	1,30	1,30

Elaboração: Paulo Sena, a partir de normas contidas no site do FNDE (www.fnde.gov.br)

Quadro 8 – Educação De Jovens E Adultos (Eja) – Ponderações Fundeb (2007-2020)

Ano	norma	Ponderação	
		EJA com avaliação no processo	EJA integrada à educação profissional de nível médio, com avaliação no processo
2007	Resolução nº1/07	0,70	0,70
2008	Portaria Normativa nº 41/07	0,70	0,70
2009	Portaria nº 932/08	**0,80**	**1,00**
2010	Portaria nº 777/09	0,80	1,00
2011	Portaria 837/10	0,80	**1,20**
2012	Portaria 1322/11	0,80	1,20
2013	Resolução nº 8/12	0,80	1,20
2014	Ata da 9ª reunião da Comissão Intergov. 16/11/13	0,80	1,20
2015	Resolução nº 1/14	0,80	1,20
2016	Resolução nº 1/15	0,80	1,20
2017	Resolução nº 1/16	0,80	1,20
2018	Resolução nº 1/17	0,80	1,20
2019	Resolução nº 1/ 2018	0,80	1,20
2020	Resolução nº 1/19	0,80	1,20

Elaboração: Paulo Sena, a partir de normas contidas no site do FNDE (www.fnde.gov.br)

A partir dos quadros supra, pode-se destacar que:
- a Creche pública em tempo integral teve, em 2007, a ponderação de 0,80. Em *2008*, com a ponderação de 1,10 já tinha ponderação superior ao ensino fundamental urbano, passando a 1,20 em 2011 e *atingindo o teto da banda (1,3) em 2012*;
- em *2008*, com a ponderação de 1,15, a *Pré-escola em tempo integral* passou a superar a do ensino fundamental urbano,

passando a 1,20 em 2009 e 1,25, em 2010, atingindo o teto da banda (1,3) em *2011*;
- a partir de *2009* a *Pré-escola em tempo parcial (cuja ponderação era 0,90) passou a ter o mesmo coeficiente que o ensino fundamental urbano, subindo a 1,05 em 2019 e 1,10, em 2020*;
- a Creche conveniada em tempo integral teve a ponderação de 0,80 em 2007, subindo para 0,95 em 2008 e 2009 e em *2010*, com o valor de 1,10, sua ponderação da passou a superar a do ensino fundamental urbano;
- a partir de 2014 a Creche pública em tempo parcial passou a ter o mesmo coeficiente que o ensino fundamental urbano, subindo para 1,15 em 2019 e 1,20 em 2020;
- os anos iniciais do ensino fundamental no campo saíram de uma ponderação de 1,05 em 2007, subindo a 1,15 a partir de 2010;
- os anos finais do ensino fundamental no campo tinham a ponderação de 1,15 em 2007, subindo a 1,20 em 2010;
- ensino fundamental em tempo integral tinha uma ponderação inicial de 1,25, passando a 1,30 em 2011;
- o ensino médio urbano teve uma ponderação inicial em 2007, de 1,20, passando a 1,25 em 2014;
- o Ensino médio do campo teve uma ponderação inicial de 1,25, passando a 1,30 em 2012;
- a EJA com avaliação no processo tinha como ponderação o piso da banda – 0,70, em 2007, passando a 0,80 em 2009;
- a EJA integrada à educação profissional de nível médio, com avaliação no processo teve a ponderação inicial de 0,70 em 2007, passando a 1,000 em 2009 e 1,20 a partir de 2011;
- a Educação especial, a indígena e a quilombola tiveram a ponderação de 1,20 em todo o período.

A antiga Lei do Fundeb previa a realização de estudos de custos acerca da correspondência entre as ponderações e os *custos reais* das etapas, modalidades e tipos de estabelecimento (art. 13, I, Lei nº 11.494/2007).

A vigente Lei nº 14.113/2020 prevê que as "diferenças" e ponderações devem considerar a correspondência, não mais ao "custo real", mas ao *custo médio* da respectiva etapa, modalidade e tipo de estabelecimento de educação básica (art. 18, I, "a").

A nova expressão "diferenças" parece-nos um preciosismo para abarcar situações como o fator multiplicativo no caso do VAAT ou a dupla matrícula nas hipóteses previstas (atendimento educacional especializado, educação profissional técnica de nível médio articulada e itinerário de formação técnica e profissional do ensino médio), ou ainda uma abertura para, eventualmente, dar conteúdo ao que seriam as "especificidades" previstas no art. 18, III. Preferimos utilizar sempre o termo "ponderações".

3 Direito à educação infantil

Será assegurado às crianças até o término do ano letivo em que completarem 6 (seis) anos de idade.

O art. 208, IV, da Constituição Federal, prevê que o dever do Estado com a educação será efetivado mediante a garantia de, entre outras obrigações, educação infantil, em creche e pré-escola, às crianças até 5 (cinco) anos de idade.

A Resolução nº 2, de 09 de outubro de 2018, da Câmara de Educação Básica do Conselho Nacional de Educação (CNE), que *Define Diretrizes Operacionais complementares para a matrícula inicial de crianças na Educação Infantil e no Ensino Fundamental, respectivamente, aos 4 (quatro) e aos 6 (seis) anos de idade,* prevê:

> Art. 2º A data de corte etário vigente em todo o território nacional, para todas as redes e instituições de ensino, públicas e privadas, para matrícula inicial na Educação Infantil aos 4 (quatro) anos de idade, e no Ensino Fundamental aos 6 (seis) anos de idade, é aquela definida pelas Diretrizes Curriculares Nacionais, ou seja, respectivamente, aos 4 (quatro) e aos 6 (seis) anos completos ou a completar *até 31 de março do ano em que se realiza a matrícula.*

Houve judicialização do tema, com votação apertada em ambos os casos analisados pela Suprema Corte.

No Acórdão do STF referente à ADC nº 17 assentou-se:

> É constitucional a exigência de 6 (seis) anos de idade para o ingresso no ensino fundamental, cabendo ao Ministério da Educação a definição do momento em que o aluno deverá preencher o critério etário

Também foi considerada improcedente a ADPF nº 292, ajuizada pela Procuradora-Geral da República, em face de atos normativos do Ministério da Educação, editados pela Câmara de Educação Básica do Conselho Nacional de Educação, que estabelecem data de corte etário para matrícula na pré-escola e no ensino fundamental.

4 Instituições conveniadas

4.1 FCCs

As matrículas de instituições privadas admitidas para cômputo na captação de recursos do Fundeb são as de instituições ou filantrópicas, comunitárias ou confessionais (FCCS), sem fins lucrativos conveniadas, com o poder público, que atuem:
- na educação infantil;
- na educação do campo oferecida em instituições reconhecidas como centros familiares de formação por alternância;
- na educação especial oferecida pelas instituições com atuação exclusiva nessa modalidade para atendimento educacional especializado no contraturno para estudantes matriculados na rede pública de educação básica.

Essa possibilidade era já prevista no período do Fundeb 2007-2020. Para a pré-escola há, em tese, um universo temporal de admissão: até a universalização dessa etapa de ensino.

A opção do legislador ordinário, desde a Lei nº 11.494/2006, pela admissão, para efeitos de cômputo das matrículas das escolas filantrópicas, comunitárias e confessionais (FCCs) como beneficiárias dos recursos do Fundeb deve-se, sobretudo, ao fato das dificuldades do poder público de garantir de forma universal a modalidade da educação especial e do campo, que têm suas especificidades e a etapa da educação infantil.

A faixa etária da pré-escola é obrigatória (art. 208, I, CF) e deve ser universalizada.

As matrículas nas creches são as que apresentam maior desafio de alcance da meta fixada no PNE. Embora a Constituição

Federal não preveja a faixa etária da creche como obrigatória, o Supremo Tribunal Federal (STF) decidiu, ao julgar o Recurso Extraordinário (RE) nº 1008166, com repercussão geral que o dever constitucional do Estado de assegurar o atendimento em creche e pré-escola às crianças de até 5 anos de idade é de aplicação direta e imediata, sem a necessidade de regulamentação pelo Congresso Nacional.

*Ver RE nº 1008166

O relatório do quarto ciclo de monitoramento das metas do PNE, elaborado pelo Inep, com apuração dos dados de 2019, conclui:

> O Brasil tem apresentado progressos em relação à cobertura da educação infantil para crianças de 0 a 3 anos e de 4 a 5 anos de idade, embora parte desse progresso se deva à redução da demanda em função da queda na população em idade pré-escolar no Brasil.
>
> 2. O Brasil passou a ter cerca de 600 mil crianças de 0 a 3 anos a mais no atendimento em escola/creche entre 2013 e 2019, correspondendo uma variação de 9,1 p.p. na taxa de cobertura, que atinge 37,0% em 2019.
>
> 3. Já na faixa de 4 a 5 anos, o número de crianças frequentando escola ou creche entre
>
> 2013 e 2019 praticamente não variou, ficando em torno de 5 milhões de atendidos.
>
> Portanto, a melhora da taxa de atendimento, que alcançou 94,1% em 2019, se deve mais à queda na população de 4 a 5 anos do que ao aumento da oferta.
>
> 4. Não é possível saber como a pandemia de covid-19 afetou a frequência escolar da população de 0 a 4 anos em 2020 e 2021, visto não existirem dados da Pnad-c sobre a frequência escolar da população nessa faixa etária para aquele biênio. Contudo, a avaliação da frequência escolar para a população de 5 anos de idade estimada nos anos de 2020 e 2021 mostra que houve enorme impacto na frequência escolar desse grupo. É de se esperar que esse impacto tenha ocorrido também para o grupo de 0 a 4 anos, afetando negativamente a trajetória de crescimento dos Indicadores 1A e 1B.
>
> 5. Para se atingir a Meta 1 do PNE, é necessária a inclusão de cerca de 1,4 milhão de crianças de 0 a 3 anos em creche e cerca de 300 mil crianças de 4 a 5 anos em pré-escola.
>
> 6. A cobertura de crianças de 0 a 3 anos apresentou tendência de crescimento na desigualdade entre as regiões Sudeste e Norte, e entre as zonas urbana e rural, desde 2004, atingindo o maior índice de desigualdade em 2019.
>
> 7. Em 2019, dois estados pela primeira vez alcançaram índice de cobertura de 0 a 3 anos acima da meta nacional: Santa Catarina (52,4%) e São Paulo (50,7%).
>
> 8. A desigualdade na cobertura de 0 a 3 anos entre negros e brancos, e entre os 20% mais pobres e os 20% ricos cresceu durante o período que antecedeu o PNE, sem clara tendência de reversão dessas desigualdades durante o período do PNE.

9. O quadro da cobertura da educação infantil de 0 a 3 anos, embora progressivo em relação à Meta 1, sugere a necessidade de políticas para estimular os municípios a atenderem com prioridade, em creche, as crianças do grupo de renda mais baixa, dada a maior demanda nesse grupo.

10. A cobertura de 4 a 5 anos apresenta contínua redução das desigualdades em todas as desagregações do indicador, sendo a renda familiar a variável que ainda responde pela maior desigualdade de acesso à pré-escola.

11. A Meta 1 de universalização da pré-escola para o ano de 2016 não foi alcançada. A análise tendencial do Indicador 1A entre 2004 e 2019 sugere que a meta pode ser alcançada entre 2020 e 2024. Contudo o impacto da pandemia nos anos de 2020 e 2021 pode ter revertido os avanços, como sugerem as estimativas de frequência escolar da população de 5 anos para os anos de 2020 e 2021.

12. Já a análise tendencial do Indicador 1B sugere que, até 2024, o Brasil não deve ultrapassar o índice de 45% de cobertura de 0 a 3 anos, ficando aquém do que estabelece a Meta 1 do PNE.

O relatório destaca que "não é possível saber como a pandemia de covid-19 terá afetado a frequência escolar da população de 0 a 3 anos em 2020 e 2021, visto não existirem dados da Pnad-c sobre a frequência escolar da população nessa faixa etária para aquele biênio".

Quadro 9 – Matrículas Nas Creches – 2018 E 2019 – Desigualdades Regionais

Região	% de matrículas na faixa de 0 a 3 anos	
	Relatório do 3º ciclo de monitoramento das metas do PNE – 2020	Relatório do 4º ciclo de monitoramento das metas do PNE – 2020
Norte	19,2	18,7%
Nordeste	32,4	33,0%
Centro-Oeste	29,5	29,7%
Sudeste	42,5	43,9%
Sul	39,6	44,0%
Brasil	35,7	37,0%

Fonte: elaboração do autor, a partir de dados dos Relatórios do 3º e 4º ciclos de monitoramento das metas do PNE– 2020 e 2022 (Inep/MEC)

Quadro 10 – Matrículas Nas Creches – 2018 E 2019 – Desigualdades

Desigualdades	% de matrículas na faixa de 0 a 3 anos	
	Relatório do 3º ciclo de monitoramento das metas do PNE – 2020	Relatório do 4º ciclo de monitoramento das metas do PNE – 2022
Urbano	38,4	40,0
Rural	20,9	20,4
Brancos	39,1	40,7%
Negros	32,8	34,0%
20% mais ricos	51,0	54,2%
20% mais pobres	26,2	26,9%

Fonte: elaboração do autor, a partir de dados dos Relatórios do 3º e 4º ciclos de monitoramento das metas do PNE– 2020 e 2022(Inep/MEC)

Situação muito diferente é a do ensino fundamental, praticamente universalizado, embora segundo o relatório do 4º ciclo de monitoramento das metas do PNE – 2020 (Inep/MEC), o Brasil tenha retrocedido "na cobertura educacional da população de 6 a 14 anos de idade de 98%, em 2020, para 95,9%, em 2021, reflexo da crise escolar causada pela pandemia de Covid-19".[36] A oferta pública é predominante nessa etapa.

Segundo o censo escolar 2021, nos anos iniciais do ensino fundamental, 82% frequentam as redes públicas. Nos anos finais, 85% são alunos das redes públicas. Também no ensino médio, a faixa (15 a 17) que frequentava a escola ou já tinha concluído a educação básica correspondia a 95,3% em 2021 (relatório do 4º ciclo de monitoramento das metas do PNE – 2022). Os poderes públicos são responsáveis por 88% das matrículas nessa etapa (censo escolar, 2021).

---

[36] Segundo o relatório do Inep, "Tal retrocesso coloca o indicador de cobertura em um patamar inferior ao da linha de base do PNE em 2013, quando o índice foi de 96,9%. O contingente de crianças e jovens fora da escola, em 2021, é estimado em cerca de um milhão, o dobro do que havia em 2020".

Matrículas novas das FCCs no ensino fundamental e médio que captassem recursos para o Fundeb tenderiam a fomentar conflitos federativos, com a geração de situação semelhante ao início do antigo Fundef, quando estados e municípios competiam por novas matrículas. A depender do peso atribuído às ponderações (e considerando que a aplicação é indistinta entre etapas e modalidades das áreas de atuação prioritária onde cada ente) poderia haver incentivo, por exemplo, para matrículas no ensino médio FCC, o que de certa maneira retiraria o foco da prioridade que se procurou conferir à educação infantil, sinalizada pela subvinculação, em termos globais, à etapa, de 50% dos recursos da complementação-VAAT. Embora essa sinalização seja importante, não se constitui em garantia concreta, uma vez que há possibilidade de substituição de fontes. O avanço inicial para essa etapa deve-se à aplicação do fator multiplicativo (de 1,5) na ponderação VAAT. O crescimento de matrículas conveniadas no ensino fundamental ou médio passaria a disputar espaço com a educação infantil.

O volume de matrículas de instituições que se relacionam com o poder público por meio de convênios poderia trazer novas dificuldades no monitoramento e controle. Em reuniões técnicas, representantes do FNDE apontaram a dificuldade de acompanhar os convênios.

O relatório de avaliação certificação das entidades beneficentes de Assistência Social-Exercício 2018, conduzido pela Controladoria-Geral da União – CGU, conclui que (p. 4):

> Concluídas as análises, verificou-se que o processo de certificação e de isenção da CEBAS Educação permite que o gasto tributário seja destinado a fins alheios aos da política pública; que o MEC não dispõe de informações suficientes para o controle e o para acompanhamento da efetiva oferta de bolsas, sujeitando a política à riscos de desvirtuamento das bolsas; que não há adequada transparência quanto à oferta de bolsas e à seleção de bolsistas; que o custo estimado da CEBAS Educação supera o seu retorno, assim como também se demonstrou mais custosa que outras políticas de financiamento da educação. Dentre as recomendações emitidas, ressalta-se a reavaliação do desenho da política, a fim de adequar o retorno social exigido das entidades certificadas.

Assim, tanto do ponto de vista da priorização do aumento da cobertura da educação infantil quanto da transparência e controle, entendemos que foi acertado manter a regra anterior em relação à educação infantil, especial e do campo. Restam dúvidas em relação ao controle das matrículas do *Sistema S*.

4.2 Conveniados ou em parceria com a administração estadual direta

A Lei nº 14.113/2020, em sua redação original, acrescentou (art. 7º, 3º, II) as instituições públicas de ensino, autarquias e fundações públicas da administração indireta, conveniados ou em parceria com a administração estadual direta, o cômputo das matrículas referentes à educação profissional técnica de nível médio articulada, prevista no art. 36-C da LDB, e das matrículas relativas ao itinerário de formação técnica e profissional, previsto no inciso V do *caput* do art. 36 da referida Lei. Assim, as instituições da Rede Federal de Educação Profissional, Científica e Tecnológica, se conveniadas ou em parceria com a administração estadual direta, passam a ter matrículas inseridas no sistema Fundeb.[37]

Observe-se que a educação profissional técnica articulada inclui a modalidade integrada (na qual o aluno faz os dois cursos numa mesma instituição) e a concomitante (na qual o aluno faz o curso técnico e o ensino médio ao mesmo tempo, mas em instituições diferentes).

A Lei nº 14.276/2021 fez novo acréscimo: a expressão "e demais instituições de educação profissional técnica de nível médio dos serviços sociais autônomos que integram o sistema federal de ensino". Trata-se do Sistema S.

Essas instituições previstas no art. 7º, §3º, II (instituições públicas de ensino, autarquias e fundações públicas da administração

---

[37] Nos termos da Lei nº 11.892/2008, a Rede Federal de Educação Profissional, Científica e Tecnológica, vinculada ao Ministério da Educação, é constituída pelas seguintes instituições: Institutos Federais de Educação, Ciência e Tecnologia – Institutos Federais (IFETs); Universidade Tecnológica Federal do Paraná – UTFPR; Centros Federais de Educação Tecnológica Celso Suckow da Fonseca – CEFET-RJ e de Minas Gerais – CEFET-MG; Escolas Técnicas Vinculadas às Universidades Federais; Escolas Técnicas Vinculadas às Universidades Federais; e Colégio Pedro II.
o Centro Paula Souza, autarquia do governo de São Paulo, oferece a educação profissional e tecnológica, que é parte integrante da Educação Básica, é uma modalidade, conforme LDB. Assim, suas matrículas já integravam o Fundeb.

indireta e demais instituições de educação profissional técnica de nível médio dos serviços com a administração estadual direta) não estão sujeitas às obrigações previstas no art. 7º, §4º (igualdade de condições para o acesso e a permanência na escola e o atendimento educacional gratuito a todos; finalidade não lucrativa e aplicação de seus excedentes financeiros em educação na etapa ou na modalidade admitida; destinação de seu patrimônio a outra escola FCC com atuação na etapa ou na modalidade admitidas no §3º deste artigo ou ao poder público no caso do encerramento de suas atividades; atendimento a padrões mínimos de qualidade definidos pelo órgão normativo do sistema de ensino; Certificação de Entidade Beneficente de Assistência Social, na forma de regulamento).

4.3 Condicionalidades e obrigações cumulativas das instituições fccs conveniadas

As instituições FCCs que recebam recursos do Fundeb devem sujeitar-se a suas diretrizes como política pública, onde sobrelevam a equidade e a qualidade. As obrigações são cumulativas.

A primeira condicionalidade refere-se à oferta, em igualdade de condições para o acesso e a permanência na escola e o atendimento educacional gratuito a todos os seus alunos. A comprovação de finalidade não lucrativa é requisito previsto no art. 213, I da Constituição Federal. A lei circunscreve a aplicação de excedentes às etapas ou modalidades cujas matrículas são admitidas. Assim, esses eventuais excedentes não podem ser carreados para o ensino fundamental e o ensino médio (salvo na hipótese de educação do campo com pedagogia da alternância, educação especial ou educação profissional técnica de nível médio articulada, prevista no art. 36-C da LDB, e das matrículas relativas ao itinerário de formação técnica e profissional, previsto no inciso V do *caput* do art. 36 da referida Lei). Também o inciso III – que estabelece a condição de destinação de seu patrimônio a outra escola comunitária, filantrópica ou confessional ou ao poder público no caso do encerramento de suas atividades, inspira-se na regra do art. 213, II, da Carta Magna, com a limitação adicional para instituições com atuação nas etapas e modalidades objeto da admissão. A regra prevista do inciso IV (atendimento a padrões mínimos de qualidade definidos pelo órgão normativo do sistema de ensino, inclusive, obrigatoriamente, ter aprovados seus projetos pedagógicos) já constava do Fundeb 2007-2020. Passa, contudo, a ganhar mais relevância, dada a preocupação do novo Fundeb com a verificação das ações na direção da qualidade – a começar pelo estabelecimento do CAQ como referência para o padrão de qualidade.

Cabe ao órgão normativo dos sistemas de ensino definir padrões mínimos de qualidade entre os quais, obrigatoriamente, a aprovação de projetos pedagógicos. Órgãos normativos são aqueles que, na expressão de Carlos Roberto Jamil Cury (Parecer CEB/CNE nº 04/2001) interpretam campos específicos da legislação e aplicam as normas a situações específicas. São os Conselhos de Educação.[38]

As condições previstas no §4º (referentes à igualdade de condições para o acesso e a permanência; finalidade não lucrativa e aplicação de excedentes financeiros; destinação de seu patrimônio a outra escola comunitária, filantrópica ou confessional com atuação na etapa ou na modalidade cujo cômputo de matrícula é admitida no Fundeb, ou ao poder público no caso do encerramento de suas atividades; atendimento a padrões mínimos de qualidade definidos pelo órgão normativo do sistema de ensino; Certificação de Entidade Beneficente de Assistência Social) devem ser comprovadas pelas instituições convenientes e conferidas e validadas pelo Poder Executivo do respectivo ente subnacional, em momento anterior à formalização do instrumento de convênio e ao repasse dos recursos recebidos no âmbito do Fundeb para a cobertura das matrículas mantidas pelas referidas instituições.

4.4 Aplicação de recursos pelas instituições conveniadas em despesas de MDE

Os valores recebidos pelas instituições conveniadas em decorrência das matrículas nas etapas e modalidades da educação básica admitidas para captação de recursos do Fundeb sujeitam-se

---

[38] As secretarias de educação e o ministério da educação são *órgãos executivos*, que "entre outras funções, executam programas governamentais e, a partir deles, cuidam da aplicação e da utilização dos recursos públicos". Não há dúvida de que os órgãos executivos também expedem *atos normativos*. Mas, no contexto educacional, os órgãos normativos referidos na Lei do Fundeb são os conselhos de educação.

às regras de aplicação em manutenção e desenvolvimento do ensino (MDE), definidas na Lei de Diretrizes e Bases da Educação Nacional-LDB (art. 70).

4.5 Transparência dos convênios e fornecimento de informações

A informação fornecida pelos entes subnacionais ao Ministério da Educação (MEC) acerca do número de alunos já consta do censo escolar, mas não o valor repassado por aluno ou informações acerca de eventuais profissionais e bens materiais cedidos – o que depende dos termos do convênio. As informações dadas por meio do sistema de informações sobre orçamentos públicos em educação (Siope), sobre os profissionais e bens materiais cedidos, como preconiza o art. 7º, §6º, darão, também, maior transparência.

5 Demais instituições de educação profissional técnica de nível médio dos serviços sociais autônomos que integram o sistema federal de ensino (Sistema S)

A admissão do cômputo das matrículas dos Serviços sociais autônomos que integram o sistema federal de ensino – Sistema S –, para efeito da distribuição dos recursos do Fundeb, foi incluída pela Lei nº 14.276, de 2021 (art. 7º, §3º, II). Uma primeira consequência dessa proposta é que passa a haver o *reconhecimento legal de que a instituições do* **Sistema S** *integram o sistema federal de ensino e, portanto, estão sujeitas aos termos da LDB, que dispõe*:

> Art. 9º A União incumbir-se-á de:
> (...)
> IX – autorizar, reconhecer, credenciar, supervisionar e avaliar, respectivamente, os cursos das instituições de educação superior *e os estabelecimentos do seu sistema de ensino.*
> §1º
> §2º Para o cumprimento do disposto nos incisos V a IX, a União terá acesso a todos os dados e informações necessários de todos os *estabelecimentos e órgãos educacionais.*

§3º As atribuições constantes do inciso IX poderão ser delegadas aos Estados e ao Distrito Federal, desde que mantenham instituições de educação superior.

As matrículas do *Sistema S* deverão ser incluídas no censo escolar e as informações prestadas. Seus cursos sujeitar-se-ão à autorização, reconhecimento, credenciamento, supervisão e *avaliação* pelos órgãos competentes da União.

Art. 8º Para os fins da distribuição dos recursos de que trata esta Lei, serão consideradas exclusivamente as matrículas presenciais efetivas, conforme os dados apurados no censo escolar mais atualizado, realizado anualmente pelo Instituto Nacional de Estudos e Pesquisas Educacionais Anísio Teixeira (Inep), observadas as diferenças e as ponderações mencionadas nos arts. 7º e 10 desta Lei.

§1º Os recursos serão distribuídos ao Distrito Federal e aos Estados e seus Municípios, considerando-se exclusivamente as matrículas nos respectivos âmbitos de atuação prioritária, conforme os §§2º e 3º do art. 211 da Constituição Federal, observado o disposto no §1º do art. 25 desta Lei.

§2º Serão consideradas, para a educação especial, as matrículas na rede regular de ensino, em classes comuns ou em classes especiais de escolas regulares, e em escolas especiais ou especializadas, observado o disposto na alínea "d" do inciso I do §3º do art. 7º desta Lei.

§3º Para efeito da distribuição dos recursos dos Fundos, será admitida a dupla matrícula dos estudantes:

I – da educação regular da rede pública que recebem atendimento educacional especializado;

II – da educação profissional técnica de nível médio articulada, prevista no art. 36-C da Lei nº 9.394, de 20 de dezembro de 1996, e do itinerário de formação técnica e profissional do ensino médio, previsto no inciso V do caput do art. 36 da referida Lei.

§4º Os profissionais do magistério da educação básica da rede pública de ensino cedidos para as instituições a que se refere o §3º do art. 7º desta Lei serão considerados como em efetivo exercício na educação básica pública para fins do disposto no art. 26 desta Lei.

§5º Os Estados, o Distrito Federal e os Municípios, no prazo de 30 (trinta) dias, contado da publicação dos dados preliminares do Censo Escolar da Educação Básica, deverão, quando necessário, retificar os dados publicados, sob pena de responsabilização administrativa, nos termos da Lei nº 14.230, de 25 de outubro de 2021.[39]

---

[39] Redação anterior: §5º Os Estados, o Distrito Federal e os Municípios poderão, no prazo de 30 (trinta) dias, contado da publicação dos dados do censo escolar no Diário Oficial da União, apresentar recursos para retificação dos dados publicados.

§6º Para a educação profissional técnica de nível médio articulada, na forma concomitante, prevista no inciso II do caput do art. 36-C da Lei nº 9.394, de 20 de dezembro de 1996, e para o itinerário de formação técnica e profissional do ensino médio, previsto no inciso V do caput do art. 36 da referida Lei, desenvolvidos em convênio ou em parceria com as instituições relacionadas no inciso II do §3º do art. 7º desta Lei, o estudante deverá estar matriculado no ensino médio presencial em instituição da rede pública estadual e na instituição conveniada ou celebrante de parceria, e as ponderações previstas no caput do art. 7º desta Lei serão aplicadas às duas matrículas.

§7º Fica vedada a alteração nos dados após realizada a publicação final das informações do censo escolar." (NR) (Incluído pela Lei nº 14.276, de 2021)

1 Matrículas presenciais no âmbito de atuação prioritária

As matrículas computadas para efeito de recebimento de recursos do Fundeb são as matrículas presenciais. As matrículas em cursos de EAD não são computadas. Isso não impede que uma matrícula presencial tenha, eventualmente, parte do conteúdo dado por meio de EAD ou ensino remoto.

Em qualquer caso, as matrículas que são referência para o Fundeb são apenas aquelas do âmbito prioritário de atuação, nos termos do art. 211, CF:

Quadro 11 – âmbitos de atuação prioritária dos entes subnacionais na educação

Ente subnacional	Âmbito (s) de atuação prioritário	Dispositivo constitucional
Município	Educação infantil Ensino fundamental	Art. 212, §2º, CF
Estado	Ensino fundamental Ensino médio	Art. 212, §3º, CF
Distrito Federal	Educação infantil Ensino fundamental Ensino médio	Art. 212, §3º, CF, combinado com art. 32, §1º, CF

Assim, por exemplo, se um município mantiver escola de ensino médio, ou um estado uma creche, essas matrículas não serão incluídas no Fundeb. No caso do DF, a responsabilidade é sobre todas as etapas da educação básica.

2 Matrículas da educação especial

Serão consideradas, para a educação especial, as matrículas na rede regular de ensino, em classes comuns ou em classes especiais de escolas regulares, e em escolas especiais ou especializadas, observado o disposto na alínea "d" do inciso I do §3º do art. 7º desta Lei. Este dispositivo prevê atividades no contraturno para estudantes matriculados na rede pública de educação básica e inclusive para atendimento integral a estudantes com deficiência constatada em avaliação biopsicossocial, periodicamente realizada por equipe multiprofissional e interdisciplinar. Destaca ainda que os objetivos são a inclusão na rede regular de ensino e a garantia do direito à educação e à aprendizagem ao longo da vida.

3 Dupla matrícula

A dupla matrícula dos estudantes da educação regular da rede pública que recebem atendimento educacional especializado era admitida no regime do Fundeb 2007-2020, prevista no Decreto nº 6.253/2007 com a redação dada pelo Decreto nº 7.611/2011. O conteúdo foi absorvido pela Lei nº 14.113/2020 que a estendeu também para os estudantes da educação profissional técnica de nível médio articulada, prevista no art. 36-C da LDB, e do itinerário de formação técnica e profissional do ensino médio, previsto no inciso V do i do art. 36 da referida Lei.

4 Profissionais cedidos

Com a EC nº 19/98, a Constituição Federal passou a dispor:

> Art. 241. A União, os Estados, o Distrito Federal e os Municípios disciplinarão por meio de lei os consórcios públicos e os convênios de

cooperação entre os entes federados, autorizando a gestão associada de serviços públicos, bem como *a transferência total ou parcial* de encargos, serviços, *pessoal* e bens essenciais à continuidade dos serviços transferidos.

Os profissionais *do magistério* da educação básica da rede pública de ensino cedidos para as conveniadas serão considerados como em efetivo exercício na educação básica pública para fins de recebimento de remuneração com recursos da parcela subvinculada a esse objetivo no Fundeb. Essa regra também já existia no período do Fundeb (art. 9º, §3º, Lei nº 11.494/2006). No caso do antigo Fundef, a Lei nº 10.845/2004 (art. 3º, parágrafo único) facultava aos Governos dos Estados, do Distrito Federal e dos Municípios ceder professores e profissionais especializados da rede pública de ensino para entidades privadas sem fins lucrativos que prestassem serviços gratuitos na modalidade de ensino especial. Neste caso, os profissionais do magistério cedidos, no desempenho de suas atividades, eram considerados em efetivo exercício do ensino fundamental público para fins de remuneração com a parcela então subvinculada ao Fundef. Note-se que a Lei do Fundeb permanente menciona, para efeito de pagamento com recursos da subvinculação, apenas os profissionais "do magistério", isto é, a regra não se aplica a "todos os profissionais" da educação eventualmente cedidos às FCCs da educação básica.

Há possibilidade de cessão de profissionais do magistério da rede pública para as instituições conveniadas e a consideração das correspondentes despesas como pagamento da remuneração desses profissionais, pelo respectivo ente governamental conveniente e cedente, no cálculo do percentual mínimo anual de 70% dos recursos Fundo subvinculados para essa finalidade. Tal faculdade incentiva essa forma de apoio do poder público às instituições conveniadas.

5 Retificação de dados do censo

É estabelecido prazo de 30 dias para retificação dos dados do Censo Escolar, publicados em caráter preliminar. Essa regra legal tem o propósito de evitar a incidência de erros nos dados levantados e, consequentemente, nos repasses de valores financeiros, cujos cálculos neles se apoiam.

As variáveis que determinam quanto os entes receberão do Fundeb (a partir da redistribuição dos recursos da Cesta Fundeb em seu âmbito estadual ou de eventual recebimento da complementação da União em alguma de suas modalidades – VAAF, VAAT ou VAAR) são seus recursos integrantes da cesta Fundeb, o montante de seu VAAT/Min para referenciar eventual complementação VAAT, o atendimento às condicionalidades, no caso da complementação VAAR e, em qualquer caso, as matrículas ponderadas – (lembrando-se que há a possibilidade de atribuição de valores distintos nas ponderações utilizadas na complementação-VAAR e na complementação-VAAT – art. 9º).

Assim, qualquer erro pode ter consequências graves, razão pela qual foi estipulado o prazo para eventual retificação.[40] Foi vedada a alteração nos dados após realizada a publicação final das informações do censo escolar. Esse rigor decorre da característica do novo Fundeb, no qual todos os entes federados se conectam como em uma teia, de forma a ampliar a interdependência federativa: a necessidade de retificações repetidas e de recálculos de recursos nesse sistema que comunica todos os entes federados traria grande dificuldade operacional.

Além da retificação dos dados pelos entes subnacionais, inclusive sob pena de responsabilização administrativa, caberia ao Inep, em nosso juízo, proceder a inspeções e auditorias no caso de variação significativa das matrículas em relação ao exercício anterior, antes da imutabilidade dos dados prevista no §7º.

---

[40] 1. No período do Fundeb 2007-2020, a publicação final (após publicação preliminar e realização de eventuais retificações), ocorria até o final do mês de novembro, em face de orientação do TCU nesse sentido. IN/TCU nº 60/2009 (art. 2º, II, "b").

Art. 9º As diferenças e as ponderações quanto ao valor anual por aluno entre etapas, modalidades, duração da jornada e tipos de estabelecimento de ensino, bem como as relativas ao art. 10 desta Lei, utilizadas na complementação-VAAR e na complementação-VAAT, nos termos do Anexo desta Lei, poderão ter valores distintos daquelas aplicadas na distribuição intraestadual e na complementação-VAAF.

Parágrafo único. As diferenças e as ponderações entre etapas, modalidades, duração da jornada e tipos de estabelecimento de ensino, nos termos do art. 7º desta Lei, aplicáveis à distribuição de recursos da complementação-VAAT, deverão priorizar a educação infantil.

1 Possibilidade de distinção entre as ponderações VAAF, VAAR E VAAT

As diferentes modalidades de complementação da União, no modelo híbrido do novo Fundeb, têm lógicas e objetivos distintos. Assim, é positivo que as ponderações possam ter valores distintos.

As ponderações da complementação VAAF carregam os traços da trajetória do antigo Fundeb e sua acomodação. São mais difíceis de serem manejadas sem causar conflitos federativos, uma vez fixada a complementação da União em 10% das receitas totais dos fundos. Como observa Tanno, a correção dos fatores de ponderação na distribuição VAAF, além disso, preserva desigualdades, pois são efetuadas considerando-se somente recursos do Fundeb, ao contrário do VAAT, que leva em conta todas as receitas vinculadas à educação. Já as novas ponderações das novas modalidades de complementação não geram perdas, e as ponderações do VAAT podem ser um instrumento da priorização, por exemplo, da educação infantil, como sinaliza a previsão o art. 43, §2º, para os exercícios de 2021 a 2023,[41] no qual, mantidas as ponderações do Fundeb 2007-2020, é prevista a aplicação de fator multiplicativo

---

[41] A redação original da Lei nº 14.113/2020 estabelecia o fator multiplicativo para a educação infantil no exercício de 2021. A Lei nº 14.276/2021 estendeu para os exercícios de 2022 e 2023.

(sobre o valor de cada ponderação) de 1,50 (um inteiro e cinquenta centésimos) para as seis categorias da educação infantil (creche em tempo integral pública, creche em tempo integral conveniada, creche em tempo parcial pública, creche em tempo parcial conveniada, pré-escola em tempo integral e pré-escola em tempo parcial).

2 Prioridade para educação infantil expressa na ponderação VAAT

A priorização para a educação infantil pode se dar com o aumento da ponderação VAAT ou com a utilização do fator multiplicativo ao qual se recorreu em 2021 e foi mantido para os exercícios de 2022 e 2023.

A mesma lógica pode ser aplicada à complementação VAAR.

Art. 10. Além do disposto no art. 7º desta Lei, a distribuição de recursos dar-se-á, na forma do Anexo desta Lei, em função do número de alunos matriculados nas respectivas redes de educação básica pública presencial, observadas as diferenças e as ponderações quanto ao valor anual por aluno (VAAF e VAAT) relativas:

I – ao nível socioeconômico dos educandos;

II – aos indicadores de disponibilidade de recursos vinculados à educação de cada ente federado;

III – aos indicadores de utilização do potencial de arrecadação tributária de cada ente federado.

§1º Os indicadores de que tratam os incisos I, II e III do caput deste artigo serão calculados:

I – em relação ao nível socioeconômico dos educandos, conforme dados apurados e atualizados pelo Inep, observado o disposto no inciso III do caput do art. 18 desta Lei;

II – em relação à disponibilidade de recursos, com base no VAAT, conforme dados apurados e atualizados pelo Fundo Nacional de Desenvolvimento da Educação (FNDE), nos termos dos arts. 11 e 12 e dos incisos III e V do §3º do art. 13, e pela Secretaria do Tesouro Nacional do Ministério da Economia, nos termos dos incisos I, II e IV do §3º do art. 13 e do inciso II do caput do art. 15 desta Lei;[42]

III – em relação à utilização do potencial de arrecadação tributária, conforme dados apurados e atualizados pelo Ministério da Economia, com base nas características sociodemográficas e econômicas, entre outras.[43]

§2º O indicador de utilização do potencial de arrecadação tributária terá como finalidade incentivar que entes federados se esforcem para arrecadar adequadamente os tributos de sua competência.

---

[42] Redação anterior: II – em relação à disponibilidade de recursos, com base no valor anual total por aluno (VAAT), apurado nos termos do art. 13 e do inciso II do caput do art. 15 desta Lei;

[43] Redação anterior: III – em relação à utilização do potencial de arrecadação tributária, com base nas características sociodemográficas e econômicas, entre outras.

1 Novas ponderações

A ideia das novas ponderações é aprofundar a equidade em relação aos educandos e aos entes federados.

Uma ideia simples – mas de operacionalização complexa, tanto do ponto de vista da construção de parâmetros, ainda que se conte com a expertise do Inep e do Ministério da Economia para realizar as propostas a serem avaliadas pela Comissão Intergovernamental, como no que se refere à sua aceitação pacífica pelos entes federados, o que envolverá diálogo federativo.

1.1 Nível socioeconômico dos educandos

Em seu relatório À PEC nº 15/2015, que originou a EC nº 108/2020, a Relatora, Deputada Dorinha Seabra Rezende, apontava caminhos que seriam definidos na lei regulamentadora:

> Mas, já no âmbito dessa PEC, incluímos a necessidade de novas ponderações que lidem com a equidade, a partir de indicadores de nível socioeconômico e de disponibilidade/capacidade fiscal, que reduzam distorções, de acordo com o que dispuser a lei regulamentadora, após os debates necessários. Algumas simulações foram elaboradas pelo movimento Todos pela Educação – e certamente contribuirão quando o tema for aprofundado por ocasião da lei regulamentadora. Caminhos possíveis são a adoção da média de renda dos alunos de cada rede, o indicador de nível socioeconômico (Inse), calculado pelo Inep/MEC ou a utilização do CadÚnico, no que tange ao nível socioeconômico.

A Lei nº 14.113/2020 definiu que compete ao Inep a apuração e atualização dos dados referentes ao nível socioeconômico dos educandos, assim como a elaboração da metodologia para cálculo do respectivo indicador, a ser aprovada pela Comissão Intergovernamental de Financiamento para a Educação Básica de Qualidade (arts. 10, §1º, I e 18, IV).

A partir de 2014, o Inep, nas avaliações da educação básica, optou por contextualizar as medidas de aprendizado, apresentando informações sobre o Nível Socioeconômico dos alunos. Para tanto, desenvolveu naquele ano, o Indicador de Nível Socioeconômico das Escolas (Inse), construído a partir dos dados referentes ao nível socioeconômico dos alunos.

Barros e Oliveira propõem indicador de nível socioeconômico, que consideram "uma continuidade, com alguns aprimoramentos, dos indicadores dessa "família", construídos no âmbito do Inep até 2020" (BARROS; OLIVEIRA 2021, p. 183) e que é baseado na renda familiar e escolaridade dos pais dos estudantes da educação básica do país. Os autores esclarecem:

> Em termos metodológicos, o indicador calculado utiliza as respostas dadas, de maneira autodeclarada, pelos alunos do 5º ano e do 9º ano do ensino fundamental (EF) e da 3ª série do ensino médio (EM), aos questionários do Saeb e do Enem, realizados pelo Inep nos anos de 2015 e 2017.

O Indicador da educação infantil (IEI) necessariamente deve contemplar (art. 28, parágrafo único, II) a vulnerabilidade socioeconômica da população a ser atendida. Assim, o perfil socioeconômico interessa à educação infantil, não apenas para a elaboração do IEI, mas também, para possível recebimento de recursos do VAAR. Nesse passo, surge a questão em relação aos esforços do Inep – em tese não contemplam diretamente a educação infantil, já que recolhe informações de alguns anos do ensino fundamental (5º e 9º) e médio (3ª série), que são utilizados como aproximação (proxy) da população da faixa etária da educação infantil. E mesmo esse exercício pode se deparar com dificuldades adicionais, como dados faltantes de alguns municípios (Cf. Nota técnica anexa à Portaria INEP nº 276, de 28 de julho de 2021).

1.2 Disponibilidade de recursos

Das novas ponderações, essa é a que parte de uma base mais consistente, concreta – é o próprio VAAT. Essa ponderação representa o "fator descongelante" referido nos debates da PEC nº 15/2015, que originou a EC nº 108/2020, para responder a críticas no sentido de que entes com elevado VAAT, ainda assim, receberiam a complementação VAAF no modelo híbrido, o que manteria uma situação de iniquidade. De fato, isso ocorreria na ausência de instrumento de correção – que é a ponderação referente à disponibilidade de recursos. Com essa ponderação, a própria distribuição dos recursos da cesta no âmbito de cada Estado e da complementação VAAF, como nota Tanno, assume lógica semelhante à da complementação VAAT realizada pela União.

1.3 Potencial de arrecadação tributária de cada ente federado

A Lei Complementar nº 101/2000 (Lei de Responsabilidade Fiscal – LRF) prevê que constituem requisitos essenciais da responsabilidade na gestão fiscal, a instituição, previsão *e efetiva arrecadação* de todos os tributos da competência constitucional do ente da Federação (art. 11).

Não são poucos os diagnósticos referentes a não realização do potencial de arrecadação por parte dos municípios em relação ao Imposto sobre Serviços de Qualquer Natureza (ISS) ou o Imposto Predial e Territorial Urbano (IPTU). Da mesma forma, destaca-se no âmbito estadual a eventual diminuição de recursos disponíveis para a educação em decorrência de isenções em relação a seus impostos.

De Cesare destaca (2018, p. 2):

> A despeito das suas potencialidades, a arrecadação do IPTU é baixa se comparada aos padrões internacionais e contribui pouco como fonte de financiamento local. Desde a década de 2000, sua arrecadação representa entre 0,42% e 0,52% do PIB (MINISTÉRIO DA FAZENDA, 2000-2016). Isto equivale a entre 5% e 6% da receita corrente dos municípios. Contudo, a margem de fortalecimento do instrumento é ampla. Por exemplo, análises empíricas recentes estimam o potencial de arrecadação do IPTU entre 0,90% e 1,25% do PIB (ver ORAIR; ALBUQUERQUE, 2017; CARVALHO JR., 2017; DE CESARE *et al.*, 2014; e NORREGARD, 2013).

Há, também, a questão da assimetria entre pequenos e grandes municípios. No caso do IPTU, são apontados custos políticos e administrativos (manutenção de cadastros imobiliários atualizados e com bom grau de cobertura) como inibidores da exploração de seu potencial.

Afonso e Castro apontavam em 2014 que, à época, sua carga era de aproximadamente 1,3% do PIB, bem aquém da média dos países mais avançados e que melhor utilizam essa fonte de recursos (AFONSO; CASTRO, 2014).

Em audiência pública realizada pela comissão da PEC nº 15/2015 (Fundeb permanente), em 08.08.2017, Bremaeker, gestor do Observatório de Informações Municipais (OIM), ponderou que o IPTU e o ISS

> são os dois grandes tributos municipais responsáveis por 85% da sua arrecadação. Como são impostos eminentemente urbanos, quanto mais urbano é o Município, maior é seu porte demográfico e a sua arrecadação. Quando se diz que Município pequeno não gosta de arrecadar, eu digo que, na verdade, ele não tem muita base para fazer isso. Então, os Municípios pequenos obviamente ficam muito fragilizados na sua receita tributária.

O autor, aliás, elaborou estudos exploratórios acerca do potencial de arrecadação do IPTU e do ISS. Esses interessantes trabalhos mostram a dificuldade do estabelecimento de critérios que sejam reconhecidos como válidos do ponto de vista do ambiente federativo.[44]

No caso do potencial de arrecadação tributária, os dados devem ser apurados e atualizados pelo Ministério da Economia, com base nas características sociodemográficas e econômicas, entre outras. Este órgão deve elaborar a metodologia de cálculo do indicador, a ser aprovada pela Comissão Intergovernamental de Financiamento para a Educação de Qualidade (art. 18, IV).

---

[44] Em ambos os estudos mencionados o autor propôs três distintos cenários, que, evidentemente chegaram a números distintos.

Seção III

Da Distribuição Intraestadual

Art. 11. A distribuição de recursos que compõem os Fundos, nos termos do art. 3º desta Lei, no âmbito de cada Estado e do Distrito Federal, dar-se-á, na forma do Anexo desta Lei, entre o governo estadual e os seus Municípios, na proporção do número de alunos matriculados nas respectivas redes de educação básica pública presencial, nos termos do art. 8º desta Lei.

§1º A distribuição de que trata o caput deste artigo resultará no valor anual por aluno (VAAF) no âmbito de cada Fundo, anteriormente à complementação-VAAF, nos termos da alínea "a" do inciso I do caput do art. 6º desta Lei.

§2º O não cumprimento do disposto neste artigo importará em crime de responsabilidade da autoridade competente, nos termos do inciso IX do caput do art. 212-A da Constituição Federal.

1 Distribuição intraestadual

Permanecem os pilares dos fundos precedentes. O fundo é no âmbito estadual distribuído entre estado e seus municípios conforme as matrículas ponderadas nos âmbitos de atuação prioritária do ente. O não cumprimento importará em crime de responsabilidade da autoridade competente, nos termos do inciso IX do *caput* do art. 212-A da Constituição Federal, isto é, fica vedada a retenção ou qualquer restrição à entrega e ao emprego dos recursos da cesta Fundeb. Assim, é responsabilizada a autoridade na hipótese, por exemplo, da retenção do ICMS, no montante do que é devido à cesta Fundeb ou que gerar situações como a do caso Fundap.

Seção IV

Da Distribuição da Complementação da União

Art. 12. A complementação-VAAF será distribuída com parâmetro no valor anual mínimo por aluno (VAAF-MIN) definido nacionalmente, na forma do Anexo desta Lei.

§1º O valor anual mínimo por aluno (VAAF-MIN) constitui valor de referência relativo aos anos iniciais do ensino fundamental urbano, observadas as diferenças e as ponderações de que tratam os arts. 7º e 10 desta Lei, e será determinado contabilmente a partir da distribuição de que trata o art. 11 desta Lei e em função do montante destinado à complementação-VAAF, nos termos do inciso I do caput do art. 5º desta Lei.

§2º Definidos os Fundos beneficiados, no âmbito de cada Estado e do Distrito Federal, com a complementação-VAAF, os recursos serão distribuídos entre o governo estadual e os seus Municípios segundo a mesma proporção prevista no art. 11 desta Lei, de modo a resultar no valor anual mínimo por aluno (VAAF-MIN).

1 Distribuição da complementação-VAAF

Não há alteração em relação à forma de distribuição da complementação da União praticada no período do Fundeb 2007-2020, ressalvada, como assinala Tanno, a adoção dos novos ponderadores de matrícula.[45] É a mesma complementação VAAF. A distribuição é para âmbitos estaduais. O valor de referência é aquele relativo aos anos iniciais do ensino fundamental urbano, sendo aplicadas as ponderações para cada categoria de matrícula. Os recursos serão distribuídos entre o governo estadual e os seus Municípios na proporção do número de alunos matriculados nas respectivas redes de educação básica pública presencial, observados seus âmbitos de atuação prioritária para que a matrícula capte recursos do Fundeb.

---

[45] Esses ponderadores serão definidos até 31 de outubro de 2023, para aplicação no exercício de 2024 (Cf. art. 43).

Art. 13. A complementação-VAAT será distribuída com parâmetro no valor anual total mínimo por aluno (VAAT-MIN), definido nacionalmente, na forma do Anexo desta Lei.

§1º O valor anual total mínimo por aluno (VAAT-MIN) constitui valor de referência relativo aos anos iniciais do ensino fundamental urbano, observadas as diferenças e as ponderações de que tratam os arts. 7º e 10 desta Lei, e será determinado contabilmente a partir da distribuição de que tratam os arts. 11 e 12 desta Lei, consideradas as demais receitas e transferências vinculadas à educação, nos termos do §3º deste artigo, e em função do montante destinado à complementação-VAAT, nos termos do inciso II do caput do art. 5º desta Lei.

§2º Os recursos serão distribuídos às redes de ensino, de modo a resultar no valor anual total mínimo por aluno (VAAT-MIN).

§3º O cálculo do valor anual total por aluno (VAAT) das redes de ensino deverá considerar, além do resultado da distribuição de que tratam os arts. 11 e 12 desta Lei, as seguintes receitas e disponibilidades:

I – 5% (cinco por cento) do montante dos impostos e transferências que compõem a cesta de recursos do Fundeb a que se refere o art. 3º desta Lei;

II – 25% (vinte e cinco por cento) dos demais impostos e transferências, nos termos do caput do art. 212 da Constituição Federal;

III – cotas estaduais e municipais da arrecadação do salário-educação de que trata o §6º do art. 212 da Constituição Federal;

IV – parcela da participação pela exploração de petróleo e gás natural vinculada à educação, nos termos da legislação federal;

V – transferências decorrentes dos programas de distribuição universal geridos pelo Ministério da Educação.

§4º Somente são habilitados a receber a complementação-VAAT os entes que disponibilizarem as informações e os dados contábeis, orçamentários e fiscais, nos termos do art. 163-A da Constituição Federal e do art. 38 desta Lei.

§5º Para fins de apuração dos valores descritos no inciso II do caput do art. 15 e da confirmação dos registros de que trata o art. 38 desta Lei, serão considerados as informações e os dados contábeis, orçamentários e fiscais, de que trata o §4º deste artigo, que constarem, respectivamente, da base de dados do Sistema de Informações Contábeis e Fiscais do

Setor Público Brasileiro (Siconfi) e do Sistema de Informações sobre Orçamentos Públicos em Educação (Siope), ou dos sistemas que vierem a substituí-los, no dia 31 de agosto do exercício posterior ao exercício a que se referem os dados enviados.46

§6º Os programas a serem considerados na distribuição, nos termos do inciso V do §3º deste artigo, serão definidos em regulamento.

1 Receitas e disponibilidades para o cálculo do valor anual total por aluno (VAAT)

A utilização de todos os recursos vinculados à educação (e não somente à MDE) para o cálculo do VAAT visa revelar desigualdade que permanecia oculta quando se olhavam apenas os recursos da cesta Fundeb.

Assim, são computadas as seguintes receitas:
– 5% do montante dos impostos e transferências que compõem a cesta de recursos do Fundeb;
– 25% dos demais impostos e transferências;
– cotas estaduais e municipais da arrecadação do salário-educação;
– parcela da participação pela exploração de petróleo e gás natural vinculada à educação, nos termos da legislação federal;
– transferências decorrentes dos programas de distribuição universal geridos pelo Ministério da Educação (Cf. Portaria Conjunta FNDE/SEB nº 2, de 05 de dezembro de 2022).

2 Habilitação para receber a complementação-VAAT

Somente são habilitados a receber a complementação-VAAT os entes que disponibilizarem as informações e os dados contábeis, orçamentários e fiscais, nos termos do art. 163-A da Constituição

---

[46] Redação anterior: §5º Para fins de apuração dos valores descritos no inciso II do *caput* do art. 15 desta Lei, serão consideradas as informações e os dados contábeis, orçamentários e fiscais, de que trata o §4º deste artigo, que forem encaminhadas pelos entes até o dia 30 de abril do exercício posterior ao exercício a que se referem os dados enviados.

Federal (conforme periodicidade, formato e sistema estabelecidos pelo órgão central de contabilidade da União, de forma a garantir a rastreabilidade, a comparabilidade e a publicidade dos dados coletados) e do art. 38 desta Lei (registro bimestral das informações em sistema de informações sobre orçamentos públicos em educação).

O rigor é justificável, uma vez que o sistema passa a ser totalmente interligado e a incorreção de dados de um ente reflete nos demais. É verdade que, no momento inicial da adoção de um novo modelo de Fundeb, os entes não tenham desenvolvido rotinas ou expertise para acompanhar as exigências. Tanno destaca, em relação a 2021, que, "apesar do alto índice geral de habilitação (93,5%), chama a atenção o fato de Municípios de Estados das regiões Norte e Nordeste – potenciais beneficiários da complementação-VAAT – apresentarem maior índice de inabilitação, autoexcluindo-se de receber recursos adicionais em seus orçamentos" (TANNO, ET nº 15/2021). A nova redação para o §5º do art. 13 da Lei nº 14.113/2020, dada pela Lei nº 14.276, de 2021, previu prazo mais extenso (ao invés de 31 de abril, 31 de agosto).

Art. 14. A complementação-VAAR será distribuída às redes públicas de ensino que cumprirem as condicionalidades e apresentarem melhoria dos indicadores referidos no inciso III do caput do art. 5º desta Lei.

§1º As condicionalidades referidas no caput deste artigo contemplarão:

I – provimento do cargo ou função de gestor escolar de acordo com critérios técnicos de mérito e desempenho ou a partir de escolha realizada com a participação da comunidade escolar dentre candidatos aprovados previamente em avaliação de mérito e desempenho;

II – participação de pelo menos 80% (oitenta por cento) dos estudantes de cada ano escolar periodicamente avaliado em cada rede de ensino por meio dos exames nacionais do sistema nacional de avaliação da educação básica;

III – redução das desigualdades educacionais socioeconômicas e raciais medidas nos exames nacionais do sistema nacional de avaliação da educação básica, respeitadas as especificidades da educação escolar indígena e suas realidades;

IV – regime de colaboração entre Estado e Município formalizado na legislação estadual e em execução, nos termos do inciso II do parágrafo único do art. 158 da Constituição Federal e do art. 3º da Emenda Constitucional nº 108, de 26 de agosto de 2020;

V – referenciais curriculares alinhados à Base Nacional Comum Curricular, aprovados nos termos do respectivo sistema de ensino.

§2º A metodologia de cálculo dos indicadores referidos no caput deste artigo considerará obrigatoriamente:

I – o nível e o avanço, com maior peso para o avanço, dos resultados médios dos estudantes de cada rede pública estadual e municipal nos exames nacionais do sistema nacional de avaliação da educação básica, ponderados pela taxa de participação nesses exames e por medida de equidade de aprendizagem;

II – as taxas de aprovação no ensino fundamental e médio em cada rede estadual e municipal;

III – as taxas de atendimento escolar das crianças e jovens na educação básica presencial em cada ente federado, definido de modo a captar, direta ou indiretamente, a evasão no ensino fundamental e médio.

§3º A medida de equidade de aprendizagem, prevista no inciso I do §2º deste artigo:[47] (alterado pela Lei nº 14.276, de 2021)

I – será baseada na escala de níveis de aprendizagem, definida pelo Inep, com relação aos resultados dos estudantes nos exames nacionais referidos no inciso I do §2º deste artigo;

II – considerará em seu cálculo a proporção de estudantes cujos resultados de aprendizagem estejam em níveis abaixo do nível adequado, com maior peso para:

a) os estudantes com resultados mais distantes desse nível;

b) as desigualdades de resultados nos diferentes grupos de nível socioeconômico e de raça e dos estudantes com deficiência em cada rede pública.

§4º Em situação de calamidade pública, desastres naturais ou excepcionalidades de força maior em nível nacional que não permitam a realização normal de atividades pedagógicas e de aulas presenciais nas escolas participantes do Sistema de Avaliação da Educação Básica (Saeb) durante a aplicação dessa avaliação, ficará suspensa a condicionalidade prevista no inciso II do §1º deste artigo, para fins de distribuição da complementação-VAAR. " (NR) (Incluído pela Lei nº 14.276, de 2021)

1 Condicionalidades e indicadores VAAR

As condicionalidades são as previstas nos incisos do §1º deste art. 14.

Os indicadores são os referidos no inciso III do *caput* do art. 5º, isto é, aqueles indicadores de atendimento e de melhoria da aprendizagem com redução das desigualdades, nos termos do sistema nacional de avaliação da educação básica.

---

[47] Redação anterior: §3º A medida de equidade de aprendizagem, prevista no inciso I do §2º deste artigo, baseada na escala de níveis de aprendizagem, definida pelo Inep, com relação aos resultados dos estudantes nos exames nacionais referidos naquele dispositivo, considerará em seu cálculo a proporção de estudantes cujos resultados de aprendizagem estejam em níveis abaixo do nível adequado, com maior peso para os estudantes com resultados mais distantes desse nível, e as desigualdades de resultados nos diferentes grupos de nível socioeconômico e de raça e dos estudantes com deficiência em cada rede pública.

1.1 Condicionalidades

O atendimento às condicionalidades não assegura, por si só, que o ente receberá complementação VAAR. Trata-se de condição necessária, mas não suficiente. Devem ser cumpridas condicionalidades e apresentadas melhorias de indicadores de atendimento e de melhoria da aprendizagem com redução das desigualdades.

As condicionalidades referem-se a critérios para provimento do cargo ou função de gestor escolar;[48] participação de pelo menos 80% (oitenta por cento) dos estudantes de cada ano escolar em exames do Saeb/Sinaeb; redução das desigualdades educacionais socioeconômicas e raciais; regime de colaboração entre Estado e Município, com a aprovação e início da execução da legislação estadual referente à distribuição da cota municipal do ICMS a partir de indicadores de melhoria nos resultados de aprendizagem e de aumento da equidade, considerado o nível socioeconômico dos educandos e referenciais curriculares alinhados à Base Nacional Comum Curricular (BNCC).

Foram observadas algumas situações decorrentes da pandemia, de forma que, no exercício de 2023, a condicionalidade 2 (participação nos exames) fica suspensa e são automaticamente habilitados os entes federados que não contêm população de referência para a aplicação dos referidos exames (que também seriam referência para verificar a diminuição das desigualdades – condicionalidade 3). A condicionalidade 4 não se aplica ao Distrito Federal, uma vez que não há municípios em seu território. Estabeleceu-se o prazo de 1º de agosto a 15 de setembro de 2022 para os entes federados apresentarem, em sistema do Ministério da Educação, as informações relacionadas às condicionalidades dos

---

[48] A Lei nº 14.113/2020 prevê o provimento do cargo ou função de gestor escolar de acordo com critérios técnicos de mérito e desempenho **ou** a partir de escolha realizada com a participação da comunidade escolar dentre candidatos aprovados previamente em avaliação de mérito e desempenho, isto é, permite a escolha de uma das formas. Nesse sentido, difere da meta 19 do PNE, que prevê a "efetivação da gestão democrática da educação, associada a critérios técnicos de mérito e desempenho **e** à consulta pública à comunidade escolar", prevendo não uma alternativa, mas a observância simultânea de ambos os critérios.

incisos 1 (critérios para provimento de cargo ou função de gestor escolar), 4 (regime de colaboração) e 5 (referenciais curriculares alinhados à BNCC). O Inep deve realizar até 30 de agosto estudos acerca da redução das desigualdades educacionais socioeconômicas e raciais.[49]

A Comissão Intergovernamental de Financiamento para a Educação Básica de Qualidade editou a Resolução nº 1, de 27 de julho de 2022, que resolveu:

> Art. 1º Aprovar as metodologias de aferição das condicionalidades de melhoria de gestão previstas nos incisos I, IV e V do §1º do art. 14 da Lei nº 14.113, de 25 de dezembro de 2020, para fins de distribuição da Complementação VAAR, às redes públicas de ensino, para vigência no âmbito do Fundo de Manutenção e Desenvolvimento da Educação Básica e Valorização dos Profissionais da Educação (Fundeb), no exercício de 2023.
>
> Parágrafo único. A comprovação do atendimento das condicionalidades de que trata o caput deste artigo pelos entes federados deverá ser realizada por meio de *ato declaratório do dirigente máximo da Secretaria de Educação do Estado, do Distrito Federal ou do Município*, acompanhado dos respectivos documentos comprobatórios, nos termos do anexo a esta Resolução.
>
> Art. 2º Declarar *suspensa, para o exercício de 2023, a aplicação da condicionalidade prevista no inciso II do §1º do art. 14 da Lei nº 14.113, de 25 de dezembro de 2020*, conforme prevê o §4º do mesmo artigo, incluído pela Lei nº 14.276, de 27 de dezembro de 2021.
>
> Art. 3º *Declarar habilitados para as condicionalidades dos incisos II e III do §1º do art. 14 da Lei nº 14.113, de 25 de dezembro de 2020*, referentes aos exames nacionais do Sistema de Nacional de Avaliação da Educação Básica (Saeb), *os entes federados que não contêm população de referência para a aplicação dos referidos exames* para os exercícios a serem utilizados na aferição das condicionalidades previstas neste artigo.
>
> Art. 4º Conhecer a *não incidência da condicionalidade do inciso IV do §1º do art. 14 da Lei nº 14.113, de 25 de dezembro de 2020, para o Distrito Federal*, em razão da não aplicação do disposto no inciso II do parágrafo único do art. 158 da Constituição Federal de 1988, em face da vedação contida no caput do art. 32 do texto constitucional.

---

[49] A Nota Técnica Conjunta nº 41/2022, de técnicos do Inep, explicitou a metodologia para mensuração da condicionalidade: "redução das desigualdades educacionais socioeconômicas e raciais medidas nos exames nacionais do sistema nacional de avaliação da educação básica, respeitadas as especificidades da educação escolar indígena e suas realidades".

Art. 5º Estabelecer o *prazo de 1º de agosto a 15 de setembro de 2022* para os entes federados apresentarem, em sistema do Ministério da Educação, as *informações relacionadas às condicionalidades dos incisos I, IV e V do §1º do art. 14 da Lei nº 14.113, de 25 de dezembro de 2020*, aprovadas na forma do Art. 1º desta Resolução.

Parágrafo único. *São exigíveis apenas para os Estados as informações referentes à condicionalidade do inciso IV do §1º do art. 14 da Lei nº 14.113, de 25 de dezembro de 2020.*

Art. 6º Conhecer a incidência do prazo de 30 de setembro de 2022 para a apresentação das metodologias de cálculo relativas ao Saeb a que aludem os incisos V e VI do art. 14 do Decreto nº 10.656, de 22 de março de 2021, para o exercício de 2023, nos termos do art. 49 do mesmo Decreto.

Art. 7º Para a condicionalidade prevista no inciso III do §1º do art. 14 da Lei nº 14.113, de 25 de dezembro de 2020, e com fundamento no disposto no inciso IX do art.18 da mesma Lei, requisitar ao Instituto Nacional de Estudos e Pesquisas Educacionais Anísio Teixeira (Inep), a apresentação de estudos técnicos complementares para a referida condicionalidade.

Parágrafo único. O prazo final para envio, à Comissão, dos referidos estudos técnicos, pelo Inep, será o dia 30 de agosto de 2022.

Art. 8º Esta Resolução entra em vigor na data de sua publicação.

1.2 Indicadores e equidade de aprendizagem

Os indicadores de atendimento e de melhoria da aprendizagem com redução das desigualdades devem contemplar, necessariamente, a "equidade de aprendizagem",[50] cuja medida deve incluir o *nível e o avanço dos resultados médios dos estudantes* de cada rede pública estadual e municipal nos exames nacionais do sistema nacional de avaliação da educação básica; as *taxas de aprovação* no ensino fundamental e médio em cada rede estadual e municipal e as *taxas de atendimento escolar das crianças e jovens* na educação básica presencial em cada ente federado. Serão baseados na escala de níveis de aprendizagem, definida pelo Inep, com relação aos resultados dos

---

[50] A temática a que se refere a expressão "equidade de aprendizagem" referida nesta lei tem sido objeto de pesquisa do Prof. Francisco Soares, que mostra se *desigualdade de aprendizado*, utilizando a díade igualdade/desigualdade quando se refere a aprendizado ou aprendizagem, reservando a expressão equidade/iniquidade quando trata de recursos. Define, ainda "igualdade educacional" como "aquela em que quaisquer grupos de estudantes têm a mesma distribuição de desempenho cujos valores correspondem a aprendizados que os habilitam a uma inserção produtiva e pessoalmente satisfatória na sociedade" SOARES; DELGADO, 2016).

estudantes nos exames nacionais de avaliação e considerarão em seu cálculo a proporção de estudantes cujos resultados de aprendizagem estejam em níveis abaixo do nível adequado, com maior peso para:
    a) os estudantes com resultados mais distantes desse nível;
    b) as desigualdades de resultados nos diferentes grupos de nível socioeconômico e de raça e dos estudantes com deficiência em cada rede pública.

Art. 15. A distribuição da complementação da União, em determinado exercício financeiro, nos termos do Anexo desta Lei, considerará:

I – em relação à complementação-VAAF, no cálculo do VAAF e do VAAF-MIN:

a) receitas dos Fundos, nos termos do art. 3º desta Lei, estimadas para o exercício financeiro de referência, conforme disposto no art. 16 desta Lei, até que ocorra o ajuste previsto em seu §3º;

b) receitas dos Fundos, nos termos do art. 3º desta Lei, realizadas no exercício financeiro de referência, por ocasião do ajuste previsto no §3º do art. 16 desta Lei;

II – em relação à complementação-VAAT, no cálculo do VAAT e do VAAT-MIN: receitas dos Fundos, nos termos do art. 3º desta Lei, complementação da União, nos termos do inciso II do caput do art. 5º desta Lei e demais receitas e disponibilidades vinculadas à educação, nos termos do §3º do art. 13 desta Lei realizadas no penúltimo exercício financeiro anterior ao de referência;

III – em relação à complementação-VAAR: evolução de indicadores, nos termos do art. 14 desta Lei.

Parágrafo único. Para fins de apuração do VAAT, os valores referidos no inciso II do caput deste artigo serão corrigidos pelo percentual da variação nominal das receitas totais integrantes dos Fundos, nos termos do art. 3º desta Lei, para o período de 24 (vinte e quatro) meses, encerrado em junho do exercício anterior ao da transferência.

1 Fatores considerados na distribuição da complementação da União, em determinado exercício financeiro

1.1 VAAF

No cálculo do VAAF e do VAAF-MIN, serão consideradas as receitas dos Fundos (20% dos recursos dos impostos e transferências que compõem a cesta Fundeb):

– estimadas para o exercício financeiro de referência, até

que ocorra, no primeiro quadrimestre do exercício imediatamente subsequente o ajuste em função da diferença, a maior ou a menor, entre a receita estimada para o cálculo e a receita realizada do exercício de referência;
– realizadas no exercício financeiro de referência, por ocasião do referido ajuste.

1.2 VAAT

No cálculo do VAAT e do VAAT-MIN, serão consideradas as *receitas dos Fundos* (20% dos recursos dos impostos e transferências que compõem a cesta Fundeb), *a complementação da União VAAT*, e *demais receitas* e disponibilidades vinculadas à educação (5% do montante dos impostos e transferências que compõem a cesta Fundeb; 25% dos demais impostos e transferências, cotas estaduais e municipais do salário-educação; parcela da participação pela exploração de petróleo e gás natural vinculada à educação e transferências decorrentes dos programas de distribuição universal geridos pelo FNDE/MEC),[51] realizadas *no penúltimo exercício financeiro anterior ao de referência*. Essa regra deve-se à necessidade operacional de lidar com dados fidedignos, portanto dados já consolidados, o que demanda esse intervalo de tempo. Considerando que não se adota o valor do exercício, deve haver correção, sendo o critério a utilização do percentual da variação nominal das receitas totais integrantes dos Fundos, *para o período de 24 (vinte e quatro) meses*,

---

[51] Nos termos da Portaria Conjunta FNDE/SEB nº 2, de 5 de dezembro de 2022 (art. 2º), considera-se programa de distribuição universal, os programas que atendem *cumulativamente* aos seguintes critérios:
I – Instituído por legislação específica, na condição de programa; II – Destina suas ações a todos os entes estaduais, municipais e Distrito Federal; III – Presta atendimento às redes de ensino da educação básica pública; IV – Presta assistência por meio da transferência de recursos financeiros ou do fornecimento de livros e materiais didáticos; V – Utiliza dados do censo escolar como referência para a concessão de assistência financeira ou fornecimento de livros e materiais didáticos aos entes federados beneficiários;
VI – Não exige de seus beneficiários a comprovação de regularidade quanto ao pagamento de tributos, empréstimos e financiamentos devidos à entidade transferidora, bem como quanto à prestação de contas de recursos anteriormente recebidos à conta de outros programas; VII – Possui, como elemento de sua universalização, a garantia de direitos sociais, a equalização de oportunidades educacionais, as condições de acesso e o alcance de um padrão mínimo de qualidade do ensino; e VIII – Não se vincula a ato discricionário do poder concedente responsável pela execução de suas respectivas ações.

encerrado em junho do exercício anterior ao da transferência. Caberá à Secretaria do Tesouro Nacional (STN) elaborar esses índices de correção (complementação VAAT e VAAT-Min), e ao FNDE (ver art. 16, infra) divulgar sua memória de cálculo em sítio eletrônico, até 31 de dezembro de cada exercício.

Se em relação às receitas há essa defasagem, no que toca às matrículas, vale a regra geral – dados do censo escolar mais atualizado (art. 8º).

Tanno (2022) explica:

> 2. As receitas VAAT são apuradas para o penúltimo exercício financeiro anterior ao de referência de acordo com o ingresso efetivo do recurso nas contas específicas dos entes federados (regime de caixa), cabendo a aplicação de índice equivalente à correção desses 24 meses de defasagem;
> 3. As matrículas consideradas para cálculo de VAAF e VAAT são aquelas apuradas no censo escolar mais atualizado, *porém com ponderadores distintos em relação à educação infantil que são majoradas com fator de 1,5 para o caso do VAAT. Assim, o VAAT de determinado exercício financeiro considera as receitas integrantes do VAAF de dois exercícios anteriores ao de referência.* As matrículas, porém, são apuradas de forma distinta: *o VAAT não retroage às matrículas anteriores* consideradas pelo VAAF e utiliza o fator de 1,5 nas ponderações da educação infantil (TANNO, 2022, p. 5 e 6).

Em síntese, na sistemática do VAAT, os dados financeiros são os de dois anos passados, corrigidos pela variação nominal das receitas totais integrantes dos Fundos nesses 24 meses, mas as matrículas não são as de dois anos atrás, mas aquelas registradas pelo último censo escolar, sendo observadas as ponderações e o fator multiplicativo, no caso da educação infantil, válido até o exercício de 2023.

1.3 VAAR

No caso do VAAR será considerada a evolução de indicadores de atendimento e de melhoria da aprendizagem com redução das desigualdades, nos termos do sistema nacional de avaliação da educação básica.

Art. 16. O Poder Executivo federal publicará, até 31 de dezembro de cada exercício, para vigência no exercício subsequente:

I – a estimativa da receita total dos Fundos, nos termos do art. 3º desta Lei;

II – a estimativa do valor da complementação da União, nos termos do art. 5º desta Lei;

III – a estimativa dos valores anuais por aluno (VAAF) no âmbito do Distrito Federal e de cada Estado, nos termos do art. 11 desta Lei;

IV – a estimativa do valor anual mínimo por aluno (VAAF-MIN) definido nacionalmente, nos termos do art. 12 desta Lei, e correspondente distribuição de recursos da complementação-VAAF às redes de ensino;

V – os valores anuais totais por aluno (VAAT) no âmbito das redes de ensino, nos termos do §3º do art. 13 desta Lei, anteriormente à complementação-VAAT;

VI – a estimativa do valor anual total mínimo por aluno (VAAT-MIN) definido nacionalmente, nos termos do art. 13 desta Lei, e correspondente distribuição de recursos da complementação-VAAT às redes de ensino;

VII – as aplicações mínimas pelas redes de ensino em educação infantil, nos termos do art. 28 desta Lei;

VIII – as redes de ensino beneficiadas com a complementação-VAAR e respectivos valores, nos termos do art. 14 desta Lei.

1 Prazos para publicação de estimativas, aplicação mínima para a educação infantil e redes beneficiárias da complementação VAAR

Em seu papel de coordenação da política educacional, cabe à União elaborar as estimativas para dar operacionalidade e concretude ao sistema Fundeb. Dado o encadeamento de atos necessários, estabeleceu-se como prazo para publicação das estimativas, até 31 de

dezembro de cada exercício, para vigência no exercício subsequente. As estimativas referem-se a:
- receita total dos Fundos;
- valor da complementação da União;
- valores anuais por aluno (VAAF) no âmbito do Distrito Federal e de cada Estado;
- valor anual mínimo por aluno (VAAF-MIN);
- valores anuais totais por aluno (VAAT) no âmbito das redes de ensino;
- valor anual total mínimo por aluno (VAAT-MIN).

Além das estimativas, devem ser publicadas, no mesmo prazo:
- o valor das aplicações mínimas pelas redes de ensino em educação infantil, sendo adotado como parâmetro indicador para educação infantil, que estabelecerá percentuais mínimos de aplicação dos Municípios beneficiados com a complementação-VAAT, de modo que globalmente, consideradas todas as redes beneficiadas, se atinja a proporção de 50% do valor da complementação VAAT;
- a relação das redes de ensino beneficiadas com a complementação-VAAR e respectivos valores.

§1º Após o prazo de que trata o caput deste artigo, as estimativas serão atualizadas a cada 4 (quatro) meses ao longo do exercício de referência.

2 Atualização das estimativas

As estimativas são sempre uma primeira aproximação da realidade que delas podem se mostrar mais ou menos próximas, dependendo do comportamento da arrecadação. No caso da complementação da União, por exemplo, no Fundeb 2007-2020, o ajuste de contas anual era realizado no ano seguinte (até o mês de abril), quando eram refeitos os cálculos dos parâmetros do Fundeb do ano que passara, tomando como base as receitas efetivadas do exercício, em substituição às receitas estimadas. A redução do prazo de atualização das estimativas, para o intervalo de cada quatro meses ao longo do exercício de referência, visa minorar os impactos de eventuais obrigações de compensações de valores recebidos "a maior", que eram "devolvidos" (compensados) num único momento.

§2º A complementação da União observará o cronograma da programação financeira do Tesouro Nacional e contemplará pagamentos mensais de, no mínimo, 5% (cinco por cento) da complementação anual, a serem realizados até o último dia útil de cada mês, assegurados os repasses de, no mínimo, 45% (quarenta e cinco por cento) até 31 de julho, de 85% (oitenta e cinco por cento) até 31 de dezembro de cada ano e de 100% (cem por cento) até 31 de janeiro do exercício imediatamente subsequente.

3 Cronograma de pagamentos da complementação da União

O §2º é idêntico ao dispositivo da antiga Lei nº 11.494/2007 (art. 6º, §1º). A programação dos repasses mensais da Complementação da União ao Fundo, prevista no §2º, deve ser definida de modo que pelo menos 5% do valor anual seja transferido a cada mês, fechando 45% até julho e 85% até dezembro, ficando 15% para transferência em janeiro do ano seguinte. Sobre seu conteúdo, comentavam Borges e Martins:

> Dois comentários em relação a esse critério:
> Primeiramente, cabe observar que a parcela de 15%, repassada no início do ano seguinte (janeiro), justifica-se apenas como reserva financeira destinada a absorver os impactos do ajuste de contas anual no Fundo[52], de modo a evitar que haja necessidade de devoluções de recursos eventualmente recebidos a maior no decorrer do ano findo. Entretanto, como reserva técnica seu valor pode ser considerado elevado, visto que nos ajustes realizados nos repasses dos dois primeiros anos do Fundo um percentual inferior[53] cumpriria adequadamente essa função.
> O segundo comentário diz respeito ao limite mínimo de 5% do valor

---

[52] No caso do Fundeb 2007-2020, (assim como no novo Fundeb) o ajuste de contas anual era realizado no ano seguinte (até o mês de abril), quando eram refeitos os cálculos dos parâmetros do Fundeb do ano que passara, tomando como base as receitas efetivadas do exercício, em substituição às receitas estimadas.

[53] No ajuste de contas relativo ao exercício de 2007 (Portaria/MEC nº 1.462, de 01.12.2008) o valor do acerto correspondeu a 5,1% do total da Complementação anual, e no ajuste de 2008 (Portaria/MEC nº 386, de 17.04.2009), 3,6%.

da Complementação total, para fins de garantia de repasses mensal, que poderia tecnicamente ser definido entre 7% e 8%, fechando o mês de julho com repasses de 49% ou 56% do valor anual e o mês de dezembro com 84% ou 96%. Esse percentual mais elevado asseguraria maior uniformidade nos valores mensais dos repasses, sem prejuízo da manutenção da reserva financeira, que seria de 16% ou de 4%, nas hipóteses de parcelas mensais de 7% ou 8%, respectivamente.

§3º O valor da complementação da União, nos termos do art. 5º desta Lei, em função da diferença, a maior ou a menor, entre a receita estimada para o cálculo e a receita realizada do exercício de referência, será ajustado, no primeiro quadrimestre, em parcela única, do exercício imediatamente subsequente e debitada ou creditada à conta específica dos Fundos, conforme o caso.

4 Ajuste do valor da complementação da União

Este dispositivo é similar ao equivalente na Lei nº 11.494/2007. A novidade foi a inserção da expressão "em parcela única".
Borges e Martins (2013) assinalavam

> Todos os parâmetros do Fundeb – inclusive a Complementação da União – são calculados e publicados antes do início do exercício a que correspondem (a publicação deve ocorrer até 31 de dezembro do exercício anterior (...), sendo que tais cálculos são baseados em estimativas de receitas. Assim, após o término do exercício deve ser realizado o ajuste de contas, desta feita utilizando dados de receita realizada. Consequentemente, tem-se, com o ajuste, novos parâmetros para o Fundo (ajustados), gerando a necessidade de lançamentos financeiros à conta do Fundo (a crédito ou a débito, conforme o resultado), que deve ocorrer nos primeiros quatro meses do novo ano. Só após esse ajuste é que se pode considerar o Fundeb efetivamente concluído.

Observa-se que ao se analisar, conjuntamente, os dispositivos (§§2º e 3º) constata-se incongruência cronológica. O §2º estabelece o dia 31 de janeiro do exercício imediatamente subsequente como data limite para a transferência da reserva financeira de 15% da Complementação da União ao ano findo. Esta reserva só se justifica para fins do ajuste de conta anual. Já no §3º, o prazo limite de realização do ajuste deve ocorrer até o final do mês de abril do ano seguinte (fim do primeiro quadrimestre). Ora, se não é compatível o prazo para uso da reserva, de forma a favorecer a realização do ajuste de contas anual (sobretudo para amortecer os impactos financeiros negativos do ajuste, nas situações em que ocorrem), sua existência não se justifica. E se a existência da reserva não se justifica, não há razão para repassar apenas 85% a título de Complementação da União no decorrer do ano, portanto o repasse deveria ser de 100% do valor total para o respectivo exercício. Não há razão ou necessidade educacional que justifique a protelação de parcela da Complementação da União, para repasse após o exercício, sem que esse repasse seja casado com a realização do ajuste de contas anual.

Outro aspecto a ser considerado, a respeito da distribuição da Complementação da União no decorrer do exercício, e seu ajuste no 1º quadrimestre do exercício seguinte, diz respeito à importância das estimativas das receitas formadoras do FUNDEB, pois da qualidade dessas estimativas depende o impacto do ajuste da Complementação da União, ou seja, quanto maior for a defasagem entre a receita prevista (utilizada para o cálculo da distribuição) e a receita realizada (disponibilizada pelos Estados arrecadadores), mais expressivo tende a ser o valor a ser ajustado.

§4º Para o ajuste da complementação da União, de que trata o §3º deste artigo, os Estados e o Distrito Federal deverão publicar em meio oficial e encaminhar à Secretaria do Tesouro Nacional do Ministério da Economia, até o dia 31 de janeiro, os valores da arrecadação efetiva dos impostos e das transferências, nos termos do art. 3º desta Lei, referentes ao exercício imediatamente anterior.

5 Prazo para encaminhamento à STN dos valores da arrecadação efetiva dos impostos e das transferências pelos entes subnacionais

O ajuste do Fundeb baseia-se em informações acerca da arrecadação realizada pelos entes subnacionais, de forma que é razoável estabelecer prazo para o encaminhamento desses dados.

§5º O FNDE divulgará em sítio eletrônico, até 31 de dezembro de cada exercício (Incluído pela Lei nº 14.276, de 2021):

I – a memória de cálculo do índice de correção previsto no parágrafo único do art. 15 desta Lei, elaborado pela Secretaria do Tesouro Nacional do Ministério da Economia;

II – o detalhamento das parcelas de receitas e disponibilidades, nos termos dos arts. 11 e 12 e do §3º do art. 13 desta Lei, consideradas no cálculo do VAAT, por rede de ensino, a que se refere o inciso V do caput deste artigo. (NR)

6 Divulgação pelo FNDE de memória de cálculo do índice de correção referente ao VAAT-MIN e complementação VAAT

Este dispositivo traz mais transparência. Cabe ao FNDE divulgar em sítio eletrônico, até 31 de dezembro de cada exercício:
- a memória de cálculo do índice de correção elaborado pela Secretaria do Tesouro Nacional (STN) acerca dos valores referentes ao VAAT (complementação e VAAT-MIN), que correspondiam ao penúltimo exercício financeiro anterior ao de referência, *corrigidos pelo percentual da variação nominal das receitas totais integrantes dos Fundos*, para o período de 24 (vinte e quatro) meses, encerrado em junho do exercício anterior ao da transferência;
- o detalhamento das parcelas de receitas e disponibilidades consideradas no cálculo do VAAT, por rede de ensino.

Seção V

Da Comissão Intergovernamental de Financiamento para a Educação Básica de Qualidade

Art. 17. Fica mantida, no âmbito do Ministério da Educação, a Comissão Intergovernamental de Financiamento para a Educação Básica de Qualidade, instituída pelo art. 12 da Lei nº 11.494, de 20 de junho de 2007, com a seguinte composição:

I – 5 (cinco) representantes do Ministério da Educação, incluídos 1 (um) representante do Inep e 1 (um) representante do Fundo Nacional de Desenvolvimento da Educação (FNDE);

II – 1 (um) representante dos secretários estaduais de educação de cada uma das 5 (cinco) regiões político-administrativas do Brasil indicado pelas seções regionais do Conselho Nacional de Secretários de Estado da Educação (Consed);

III – 1 (um) representante dos secretários municipais de educação de cada uma das 5 (cinco) regiões político-administrativas do Brasil indicado pelas seções regionais da União Nacional dos Dirigentes Municipais de Educação (Undime).

§1º As deliberações da Comissão Intergovernamental de Financiamento para a Educação Básica de Qualidade serão registradas em ata circunstanciada, lavrada conforme seu regimento interno.

§2º As deliberações relativas à especificação das ponderações constarão de resolução publicada no Diário Oficial da União até o dia 31 de julho de cada exercício, para vigência no exercício seguinte.

§3º A participação na Comissão Intergovernamental de Financiamento para a Educação Básica de Qualidade é função não remunerada de relevante interesse público, e seus membros, quando convocados, farão jus a transporte e a diárias.

§4º Para cada um dos representantes referidos nos incisos I, II e III do caput deste artigo, será designado o respectivo suplente.

1 Manutenção da comissão intergovernamental de financiamento para a educação básica de qualidade

O *caput* do art. 17 prevê, não a criação, mas a manutenção da Comissão Intergovernamental de financiamento para a Educação Básica de Qualidade (CIF). Trata-se de comissão de natureza federativa, um colegiado intergovernamental – que não é um órgão ou instância administrativa do governo federal, embora suas despesas corram à conta das dotações orçamentárias anualmente consignadas ao Ministério da Educação – o que decorre da função de coordenação que o MEC deve exercer em relação à política educacional.

A previsão da manutenção da CIF visou evitar eventuais interpretações de invasão da competência do poder executivo.

1.1 Composição da comissão intergovernamental (CIF)

Tal como a lei precedente, a composição da Comissão contempla representação das três esferas federativas – mas inova ao trazer a paridade plena entre essas esferas. A União, que tinha apenas um representante, passa a contar com 5 membros, todos representantes do Ministério da Educação, incluídos 1 (um) representante do Inep e 1 (um) representante do Fundo Nacional de Desenvolvimento da Educação (FNDE). A Lei nº 14.113/2020 expressamente prevê a designação de suplentes para cada um dos representantes.

Ressalte-se que o Ministério da Economia tem representação no CACS federal (2 membros), mas não na Comissão Intergovernamental de Financiamento para a Educação de Qualidade.

A representação de estados e municípios é mantida no mesmo modelo anterior: um representante de cada uma das regiões político-administrativas do Brasil, perfazendo 5 para cada esfera subnacional, indicados os representantes estaduais pelo Conselho Nacional de Secretários de Estado da Educação (Consed) e os municipais pela União Nacional dos Dirigentes Municipais de Educação (Undime).

A cláusula revocatória – art. 53, faz a ressalva ao *caput* do art. 12 da Lei nº 11.494/2007, antiga Lei do Fundeb 2007-2020. A ressalva tem o sentido de expressar que não se cria nova instância – mantém-se a Comissão Intergovernamental de financiamento para a Educação Básica de Qualidade. A cautela visou evitar debate acerca de invasão da competência do poder executivo. A Comissão não é instância administrativa do governo federal – é um colegiado intergovernamental.

2 Registro das deliberações da comissão intergovernamental

As deliberações da Comissão Intergovernamental de Financiamento para a Educação Básica de Qualidade serão registradas:
- em ata circunstanciada, lavrada conforme seu regimento interno (§1º);
- quando relativas à especificação das ponderações constarão de resolução publicada no Diário Oficial da União até o dia 31 de julho de cada exercício, para vigência no exercício seguinte (§2º).

3 Natureza da participação na comissão intergovernamental de financiamento para a educação básica de qualidade (CIF)

O §3º estabelece que a participação na Comissão Intergovernamental de Financiamento para a Educação Básica de Qualidade, a exemplo do que ocorre com a participação dos conselheiros dos CACS, é função não remunerada de relevante interesse público, e seus membros, quando convocados, farão jus a transporte e a diárias.

4 Designação de suplentes

O §4º prevê que, para cada um dos representantes de gestores das diferentes esferas federativas, indicados pelo MEC (necessariamente, um do Inep e outro do FNDE, dentro os cinco assentos que lhe são reservados) e por Consed e Undime (cada qual indicando necessariamente um representante de sua esfera, em cada uma das cinco grandes regiões político-administrativas do Brasil), será designado o respectivo suplente.

A regra visa evitar que as reuniões da CIF não tenham todo seu leque de representação.

Art. 18. No exercício de suas atribuições, compete à Comissão Intergovernamental de Financiamento para a Educação Básica de Qualidade:

I – especificar anualmente, observados os limites definidos nesta Lei, as diferenças e as ponderações aplicáveis:

a) às diferentes etapas, modalidades, duração da jornada e tipos de estabelecimento de ensino da educação básica, observado o disposto no art. 9º desta Lei, considerada a correspondência ao custo médio da respectiva etapa, modalidade e tipo de estabelecimento de educação básica;

b) ao nível socioeconômico dos educandos, aos indicadores de disponibilidade de recursos vinculados à educação e aos indicadores de utilização do potencial de arrecadação tributária de cada ente federado, nos termos do art. 10 desta Lei;

II – monitorar e avaliar as condicionalidades definidas no §1º do art. 14 desta Lei, com base em proposta tecnicamente fundamentada do Inep;

III – aprovar a metodologia de cálculo do custo médio das diferentes etapas, modalidades, duração da jornada e tipos de estabelecimento de ensino da educação básica, elaborada pelo Inep, consideradas as respectivas especificidades e os insumos necessários para a garantia de sua qualidade;

IV – aprovar a metodologia de cálculo dos indicadores de nível socioeconômico dos educandos, elaborada pelo Inep, e as metodologias de cálculo da disponibilidade de recursos vinculados à educação e do potencial de arrecadação tributária de cada ente federado, elaboradas pelo Ministério da Economia;[54]

V – aprovar a metodologia de cálculo dos indicadores de atendimento e melhoria da aprendizagem com redução das desigualdades, nos termos do sistema nacional de avaliação da educação básica, referidos no inciso III do caput do art. 5º desta Lei, elaborada pelo Inep, observado o disposto no §2º do art. 14 desta Lei;

---

[54] Redação anterior: "IV – aprovar a metodologia de cálculo dos indicadores de nível socioeconômico dos educandos, de disponibilidade de recursos vinculados à educação e de potencial de arrecadação tributária de cada ente federado, elaborada pelo Inep, com apoio dos demais órgãos responsáveis do Poder Executivo federal; (…)"

VI – aprovar a metodologia de aferição das condicionalidades referidas no inciso III do caput do art. 5º desta Lei, elaborada pelo Inep, observado o disposto no §1º do art. 14 desta Lei;

VII – aprovar a metodologia de cálculo do indicador referido no parágrafo único do art. 28 desta Lei, elaborada pelo Inep, para aplicação, pelos Municípios, de recursos da complementação-VAAT na educação infantil;

VIII – aprovar a metodologia de apuração e monitoramento do exercício da função redistributiva dos entes em relação a suas escolas, de que trata o §2º do art. 25 desta Lei, elaborada pelo Ministério da Educação;

IX – elaborar ou requisitar a elaboração de estudos técnicos pertinentes, sempre que necessário;

X – elaborar seu regimento interno, por meio de portaria do Ministro de Estado da Educação;

XI – exercer outras atribuições conferidas em lei.

§1º Serão adotados como base para a decisão da Comissão Intergovernamental de Financiamento para a Educação Básica de Qualidade os dados do censo escolar anual mais atualizado realizado pelo Inep.

§2º A existência prévia de estudos sobre custos médios das etapas, modalidades e tipos de ensino, nível socioeconômico dos estudantes, disponibilidade de recursos vinculados à educação e potencial de arrecadação de cada ente federado, anualmente atualizados e publicados pelo Inep, é condição indispensável para decisão, pela Comissão Intergovernamental de Financiamento para a Educação Básica de Qualidade, de promover alterações na especificação das diferenças e das ponderações referidas no inciso I do caput deste artigo.

§3º A Comissão Intergovernamental de Financiamento para a Educação Básica de Qualidade exercerá suas competências em observância às garantias estabelecidas nos incisos I, II, III e IV do caput do art. 208 da Constituição Federal e às metas do Plano Nacional de Educação.

§4º No ato de publicação das ponderações dispostas no inciso I do caput deste artigo, a Comissão Intergovernamental de Financiamento para a Educação Básica de Qualidade deverá publicar relatório detalhado com a memória de cálculo sobre os custos médios, as fontes dos indicadores utilizados e as razões que levaram à definição dessas ponderações.

§5º A deliberação da Comissão Intergovernamental de Financiamento para a Educação Básica de Qualidade, referente ao indicador de disponibilidade de recursos vinculados à educação, de que trata o inciso IV do caput deste artigo, ocorrerá até o dia 31 de outubro do ano anterior ao exercício de referência e será registrada em ata circunstanciada, lavrada conforme seu regimento interno. (Incluído pela Lei nº 14.276, de 2021)

§6º Para fins do disposto no §5º deste artigo, a metodologia de cálculo do indicador de disponibilidade de recursos vinculados à educação deverá ser encaminhada à Comissão Intergovernamental de Financiamento para a Educação Básica de Qualidade com 30 (trinta) dias de antecedência." (NR)

1 Atribuições da comissão intergovernamental

A principal atribuição da Comissão continua a ser especificar anualmente, as diferenças e as ponderações aplicáveis às ponderações – antigas (etapas, modalidades, duração da jornada e tipos de estabelecimento de ensino) e novas (nível socioeconômico dos educandos, disponibilidade de recursos vinculados à educação e utilização do potencial de arrecadação tributária). A Comissão deverá lidar não apenas com as ponderações VAAF, mas também as VAAT e VAAR.

A Lei do novo Fundeb é enfática ao organizar o sistema de forma que haja uma instância de negociação federativa, mas cujas decisões devem ser fundamentadas tecnicamente, contando a Comissão com o apoio do Instituto Nacional de Estudos e Pesquisas Educacionais Anísio Teixeira (Inep) e da Secretaria do Tesouro Nacional (STN) e outros órgãos do Ministério da Economia, conforme o caso. Os incisos II a VIII do art. 18 dispõe que a Comissão deve aprovar metodologias de cálculo, apuração e monitoramento elaboradas pelo Inep, na maioria dos casos (condicionalidades do VAAR, custos médios das etapas, modalidades, tipos de estabelecimento e jornada, indicadores de nível socioeconômico dos educandos, indicadores de atendimento e melhoria da aprendizagem com redução das desigualdades, indicador da educação infantil para aplicação dos recursos da complementação VAAT, apuração e monitoramento do exercício da função redistributiva dos entes em relação a suas escolas) ou pelo Ministério da Economia (disponibilidade de recursos vinculados à educação e do potencial de arrecadação tributária de cada ente federado).

O §1º dispõe que serão adotados como base para a decisão da CIF, os dados do censo escolar anual mais atualizado realizado pelo Inep.

O §2º promove a **condição indispensável** para decisão, pela Comissão Intergovernamental acerca de alteração nas ponderações "a existência prévia de estudos sobre custos médios das etapas, modalidades e tipos de ensino, nível socioeconômico dos estudantes, disponibilidade de recursos vinculados à educação e potencial de arrecadação de cada ente federado, anualmente atualizados e publicados pelo Inep".

O §3º prevê que a CIF exercerá suas competências em observância às garantias estabelecidas nos incisos I, II, III e IV do *caput* do art. 208 da Constituição Federal e às metas do Plano Nacional de Educação (PNE).

O §4º dispõe que, no ato de publicação das ponderações, a CIF deverá publicar relatório detalhado com a memória de cálculo sobre os custos médios, as fontes dos indicadores utilizados e as razões que levaram à definição dessas ponderações.

O §5º prevê que a deliberação da CIF, referente ao indicador de disponibilidade de recursos vinculados à educação, ocorrerá até o dia 31 de outubro do ano anterior ao exercício de referência e será registrada em ata circunstanciada, lavrada conforme seu regimento interno.

O§6º dispõe que a metodologia de cálculo do indicador de disponibilidade de recursos vinculados à educação elaborada pelo ME) deverá ser encaminhada à CIF com 30 dias de antecedência.

> Art. 19. As despesas da Comissão Intergovernamental de Financiamento para a Educação Básica de Qualidade correrão à conta das dotações orçamentárias anualmente consignadas ao Ministério da Educação.

1 Despesas da comissão intergovernamental de financiamento para a educação básica de qualidade

Essas despesas correrão à conta das dotações orçamentárias anualmente consignadas ao Ministério da Educação. As despesas inerentes ao custeio das atividades da Comissão resumem-se, basicamente, a deslocamentos de seus membros (passagens) e estadia (diárias), nas situações em que essas despesas se fazem necessários, visto que as reuniões normalmente ocorrem em Brasília/DF, podendo haver reuniões por meio de Videoconferência via plataforma *Teams* ou outra similar ou reuniões híbridas. Cabe à União a coordenação da política nacional de educação, prevendo os meios para que realizem as reuniões da CIF. Isso não implica qualquer tipo de subordinação ao poder executivo federal, uma vez que a CIF é uma instância intergovernamental.

CAPÍTULO IV – DA TRANSFERÊNCIA E DA GESTÃO DOS RECURSOS

Art. 20. Os recursos dos Fundos serão disponibilizados pelas unidades transferidoras à Caixa Econômica Federal ou ao Banco do Brasil S.A., que realizará a distribuição dos valores devidos aos Estados, ao Distrito Federal e aos Municípios.

Parágrafo único. São unidades transferidoras a União, os Estados e o Distrito Federal em relação às respectivas parcelas do Fundo cujas arrecadação e disponibilização para distribuição sejam de sua responsabilidade.

1 Unidades transferidoras e instituições financeiras

As unidades transferidoras dos recursos do fundo são os entes federados que arrecadam ou recebem, por meio de transferências, os recursos da cesta Fundeb, que "serão disponibilizados" às instituições financeiras para distribuição aos beneficiários, isto é, não há possibilidade de retenção.

As instituições financeiras – Caixa Econômica Federal ou Banco do Brasil S.A., realizarão a distribuição dos valores devidos aos entes federados beneficiários.

Art. 21. Os recursos dos Fundos, provenientes da União, dos Estados e do Distrito Federal, serão repassados automaticamente para contas únicas e específicas dos governos estaduais, do Distrito Federal e municipais, vinculadas ao respectivo Fundo, instituídas para esse fim, e serão nelas executados, vedada a transferência para outras contas, sendo mantidas na instituição financeira de que trata o art. 20 desta Lei.

§1º Os repasses aos Fundos provenientes das participações a que se refere o inciso II do caput do art. 158 [ITR]e as alíneas "a" [FPE] e "b"[FPM] do inciso I e o inciso II [IPI] do caput do art. 159 da Constituição Federal constarão dos orçamentos da União, dos Estados e do Distrito Federal e serão creditados pela União em favor dos governos estaduais, do Distrito Federal e municipais nas contas específicas a que se refere este artigo, respeitados os critérios e as finalidades estabelecidos nesta Lei, observados os mesmos prazos, procedimentos e forma de divulgação adotados para o repasse do restante dessas transferências constitucionais em favor desses governos.

§2º Os repasses aos Fundos provenientes dos impostos previstos nos incisos I [ITCMD], II [ICMS] e III [IPVA] do caput do art. 155 combinados com os incisos III [cota municipal do IPVA]e IV incisos III [cota municipal do ICMS] do caput do art. 158 da Constituição Federal constarão dos orçamentos dos governos estaduais e do Distrito Federal e serão depositados pelo estabelecimento oficial de crédito previsto no art. 4º da Lei Complementar nº 63, de 11 de janeiro de 1990, no momento em que a arrecadação estiver sendo realizada nas contas do Fundo abertas na instituição financeira de que trata o caput deste artigo.

§3º A instituição financeira de que trata o caput deste artigo, no que se refere aos recursos dos impostos e participações mencionados no §2º deste artigo, creditará imediatamente as parcelas devidas aos governos estaduais, do Distrito Federal e municipais nas contas específicas referidas neste artigo, observados os critérios e as finalidades estabelecidos nesta Lei, e procederá à divulgação dos valores creditados de forma similar e com a mesma periodicidade utilizada pelos Estados em relação ao restante da transferência do referido imposto.

§4º Os recursos dos Fundos provenientes da parcela do IPI, de que trata o inciso II do caput do art. 159 da Constituição Federal, serão creditados pela União em favor dos governos estaduais e do Distrito Federal nas contas específicas, segundo os critérios e as finalidades estabelecidos nesta Lei, observados os mesmos prazos, procedimentos e forma de divulgação previstos na Lei Complementar nº 61, de 26 de dezembro de 1989.

§5º Do montante dos recursos do IPI de que trata o inciso II do caput do art. 159 da Constituição Federal, a parcela devida aos Municípios, na forma do disposto no art. 5º da Lei Complementar nº 61, de 26 de dezembro de 1989, será repassada pelo governo estadual ao respectivo Fundo e os recursos serão creditados na conta específica a que se refere este artigo, observados os mesmos prazos, procedimentos e forma de divulgação do restante dessa transferência aos Municípios.

§6º A instituição financeira disponibilizará, permanentemente, em sítio na internet disponível ao público e em formato aberto e legível por máquina, os extratos bancários referentes à conta do Fundo, incluídas informações atualizadas sobre:

I – movimentação;

II – responsável legal;

III – data de abertura;

IV – agência e número da conta bancária.

§7º Os recursos depositados na conta específica a que se refere o caput deste artigo serão depositados pela União, pelo Distrito Federal, pelos Estados e pelos Municípios na forma prevista no §5º do art. 69 da Lei nº 9.394, de 20 de dezembro de 1996.

§8º Sem prejuízo do disposto na Lei nº 9.452, de 20 de março de 1997, serão disponibilizados pelos Poderes Executivos de todas as esferas federativas, nos sítios na internet, dados acerca do recebimento e das aplicações dos recursos do Fundeb.

§9º A vedação à transferência de recursos para outras contas, prevista no caput deste artigo, não se aplica aos casos em que os governos estaduais, distrital ou municipais, para viabilizar o pagamento de salários, de vencimentos e de benefícios de qualquer natureza aos profissionais da educação em efetivo exercício, tenham contratado ou venham a contratar instituição financeira, que deverá receber os recursos em conta específica e observar o disposto no §6º deste artigo. (Incluído pela Lei nº 14.276, de 2021 e promulgado após derrubada do veto presidencial)

1 Procedimentos e rastreabilidade dos repasses, depósito dos recursos imediatamente ao órgão responsável pela educação, disponibilização de dados acerca do recebimento e das aplicações dos recursos do Fundeb e exceção à regra de vedação à transferência de recursos para outras contas

É previsto o repasse automático dos recursos dos Fundos, provenientes da União, dos Estados e do Distrito Federal, para *contas únicas e específicas*, vinculadas ao respectivo Fundo, instituídas para esse fim, devendo nelas serem executados, vedada a transferência para outras contas, sendo mantidas na instituição financeira de que trata o art. 20 desta Lei (Caixa Econômica Federal ou Banco do Brasil).[55]

A regra de que a execução se dê somente na conta designada da Caixa ou BB, vedada a transferência, gerou controvérsias – uma vez que no regime do Fundeb 2007-2020, após serem creditados os recursos, era possível sua transferência para outras contas-salário de outros bancos.

De um lado, há a preocupação com a transparência.

Segundo destaca o Acórdão do TCU nº 794/2021:

> A expressão "conta única e específica", embora não possua conceito definido normativamente, indica o entendimento de que os valores nela transitados, tanto créditos quanto débitos, estejam exclusivamente relacionados à finalidade ou ao objeto a que a conta se refere. Assim, no caso do Fundeb, o entendimento de conta única e específica, sob o

---

[55] Aplica-se essa regra, referente às contas únicas e específicas aos recursos provenientes da complementação da União ao Fundef e ao Fundeb, ainda que oriundos de sentença judicial (precatórios) Acórdão TCU nº 1824/2017.

aspecto da receita, é o de que todos os recursos do Fundo, relativos a cada um dos Entes, sejam creditados exclusivamente e diretamente nas respectivas contas únicas e específicas. Além disso, nessas contas podem ser creditados apenas valores relativos a recursos do Fundeb ao qual o Ente estiver vinculado, sendo inapropriados os créditos de outras origens ou para outras finalidades (Acórdão nº 794/2021, p. 5).

Técnicos do poder executivo ponderavam que a transferência para outras instituições poderia criar dificuldades à rastreabilidade. Ainda que o §6º contenha em detalhes os itens requeridos, em litígios anteriores as instituições procuravam se opor a disseminação de dados alegando possível violação da Lei Complementar nº 105/2001, que *Dispõe sobre o sigilo das operações de instituições financeiras e dá outras providências*. Nesse aspecto, o ideal teria sido expressamente incluir no §3º do art. 1º desse diploma as informações referentes às contas Fundeb, como hipótese de não violação do dever de sigilo.

De outra parte, gestores municipais argumentavam que nem todos os entes têm contas bancárias na Caixa Econômica Federal ou BB e, além disso, muitos têm contratos referentes às suas folhas de pagamento. Alegou-se, inclusive, que isso poderia prejudicar os profissionais da educação – o que não ocorre, uma vez que a legislação assegura a portabilidade de salário.[56]

Mas, de fato, há um aspecto federativo a ser avaliado, uma vez que os recursos da cesta Fundeb são dos entes subnacionais e a proibição pode configurar afronta à autonomia dos entes subnacionais.

Segundo divulgou (28.12.2021) a Confederação Nacional dos Municípios (CNM), 1.471 Municípios possuem contratos vigentes com outros bancos, "e terão de arcar com multas ou ressarcimentos em decorrência da quebra desse instrumento contratual. Quase 65% desses contratos têm vigência de três anos ou mais, e representam fonte alternativa de arrecadação própria para 582 cidades. O incremento ultrapassa R$100 mil".

---

[56] Cf. Resolução CMN nº 3.402, de 2006 e Resolução CMN nº 3.424, de 2006 (sobre serviços sem cobrança de tarifas), Circular BCB nº 3.336, de 2006 (sobre as transferências interbancárias de recursos) e Circular BCB nº 3.338, de 2006 (sobre condições adicionais para o funcionamento das contas).

Assim, o PL nº 3.418/2021 (que originou a Lei nº 14.276/2021, que alterou a Lei nº 14.113/2020) continha a proposta de §9º do art. 1º, que chegou a ser vetado pelo Executivo – veto derrubado pelo Congresso Nacional.

O §1º reitera a regra da automaticidade ao estabelecer que os repasses ao Fundeb oriundos do ITR, FPE, FPM e IPI – que constarão dos orçamentos dos entes federados – serão creditados pela União em favor dos entes subnacionais, nas contas específicas do Fundeb, respeitados os critérios e as finalidades estabelecidos nesta Lei, observados os mesmos prazos, procedimentos e forma de divulgação adotados para o repasse do restante dessas transferências constitucionais em favor desses governos.

O §2º prevê que os repasses aos Fundos provenientes do ITCMD, ICMS e IPVA e das cotas municipais do IPVA e do ICMS constarão dos orçamentos dos governos estaduais e do Distrito Federal e serão depositados pelo estabelecimento oficial de crédito previsto no art. 4º da Lei Complementar nº 63/1990, no momento em que a arrecadação estiver sendo realizada nas contas do Fundo abertas na instituição financeira de que trata o *caput* deste artigo. Nos termos do §3º, BB ou Caixa creditarão imediatamente as parcelas devidas aos governos estaduais, do Distrito Federal e municipais nas contas específicas, observados os critérios e as finalidades estabelecidos nesta Lei, e procederão à *divulgação dos valores creditados de forma similar e com a mesma periodicidade utilizada pelos Estados em relação ao restante da transferência do referido imposto.*

O §4º prevê que os recursos dos Fundos provenientes da parcela do IPI serão creditados pela União em favor dos governos estaduais e do Distrito Federal nas contas específicas, segundo os critérios e as finalidades estabelecidos nesta Lei, observados os mesmos prazos, procedimentos e forma de divulgação previstos na Lei Complementar nº 61/1989.

O §5º repete a regra de repasse, pelos governos estaduais, em relação aos recursos do IPI destinados aos municípios: observados os mesmos prazos, procedimentos e forma de divulgação do restante dessa transferência aos Municípios.

O §6º prevê que instituição financeira (Caixa, BB ou instituição financeira contratada nos termos do §9º) disponibilizará, permanentemente, em sítio na internet disponível ao público e em formato aberto e legível por máquina, os extratos bancários referentes à conta do Fundo, incluídas informações atualizadas sobre movimentação, responsável legal, data de abertura, agência e número da conta bancária.

O §7º estabelece que a União, o Distrito Federal, os Estados e os Municípios depositarão os recursos na conta específica na forma prevista no §5º do art. 69 da Lei nº 9.394/1996 (LDB), isto é, imediatamente ao órgão responsável pela educação, observados os seguintes prazos:
- recursos arrecadados do primeiro ao décimo dia de cada mês, até o vigésimo dia;
- recursos arrecadados do décimo primeiro ao vigésimo dia de cada mês, até o trigésimo dia;
- recursos arrecadados do vigésimo primeiro dia ao final de cada mês, até o décimo dia do mês subsequente.

O §8º refere-se à transparência e prevê que serão disponibilizados pelos Poderes Executivos de todas as esferas federativas, nos sítios na internet, dados acerca do recebimento e das aplicações dos recursos do Fundeb, sem prejuízo do disposto na Lei nº 9.452/1997 (que estabelece que os órgãos e entidades da administração federal direta e as autarquias, fundações públicas, empresas públicas e sociedades de economia mista federais notificarão as respectivas Câmaras Municipais da liberação de recursos financeiros que tenham efetuado, a qualquer título, para os Municípios, no prazo de dois dias úteis, contado da data da liberação e a Prefeitura do Município beneficiário da liberação de recursos, notificará os partidos políticos, os sindicatos de trabalhadores e as entidades empresariais, com sede no Município, da respectiva liberação, no prazo de dois dias úteis, contado da data de recebimento dos recursos).

O §9º, como assinalado, foi objeto de veto presidencial (Veto nº 69/2021, ao PL 3418/2021). A Mensagem nº 733 continha as razões do veto, ouvido o Ministério da Economia:

> A proposição legislativa excepciona a regra de movimentação de recursos do Fundo de Manutenção e Desenvolvimento da Educação Básica e de Valorização dos Profissionais da Educação – Fundeb em outras contas dos Estados, do Distrito Federal e dos Municípios, além das contas únicas instituídas especificamente para esse fim, em outras instituições financeiras com a finalidade de executar a folha de

pagamento de profissionais da educação. Prevê, ainda, a instituição de conta específica do Fundeb para processamento de folha de pagamento daqueles profissionais em outras instituições financeiras, além de atribuir a essas instituições financeiras a responsabilidade de disponibilizar permanentemente os extratos bancários referentes às contas específicas do Fundeb.

Todavia, em que pese a boa intenção do legislador, a proposição legislativa contraria o interesse público por *gerar impactos na publicidade, no acompanhamento e no controle social do Fundeb*, em desacordo o disposto no art. 37 da Constituição, no que diz respeito à distribuição, à transferência e à aplicação dos recursos dos fundos apenas para o cumprimento de suas finalidades constitucionais (art. 212-A da Constituição Federal).

Nesse sentido, a instituição de contas do Fundeb em outras instituições financeiras para todos os entes públicos que processem a folha de pagamento dos profissionais da educação em instituições financeiras distintas daquelas de que trata o caput do art. 20 da Lei nº 14.113, de 2020, *contrariaria o conceito de conta única e específica* de que trata o art. 21 da referida Lei, *cujo objetivo é propiciar controle, transparência e rastreabilidade da aplicação dos recursos do Fundeb* na forma prevista no Capítulo V da Lei nº 14.113, de 2020.

Ademais, a publicação dos extratos das contas específicas para processamento da folha de pagamento dos profissionais da educação na forma prevista na proposição legislativa se mostraria insuficiente como mecanismo de controle e transparência, *tendo em vista que o pagamento de servidores ocorre por meio de serviços bancários de pagamento em lote*. Assim, o extrato da conta apresentaria apenas um lançamento a débito consolidado, sem o detalhamento dos dados dos profissionais da educação – tais como nome, número de inscrição no Cadastro da Pessoa Física – CPF e valor depositado – cujas remunerações seriam pagas com os recursos do Fundeb.

Essas, Senhor Presidente, são as razões que me conduziram a vetar o dispositivo mencionado do Projeto de Lei em causa, as quais submeto à elevada apreciação dos Senhores Membros do Congresso Nacional.

O veto suscitou controvérsias e foi finalmente derrubado.

Art. 22. Nos termos do §4º do art. 211 da Constituição Federal, os Estados e os Municípios poderão celebrar convênios para a transferência de alunos, de recursos humanos, de materiais e de encargos financeiros, bem como de transporte escolar, acompanhados da transferência imediata de recursos financeiros correspondentes ao número de matrículas assumido pelo ente federado.

1 Convênios entre os entes federados

A Emenda Constitucional nº 19/1998 deu a seguinte redação ao art. 241, CF:

> Art. 241. A União, os Estados, o Distrito Federal e os Municípios disciplinarão por meio de lei os consórcios públicos e os convênios de cooperação entre os entes federados, autorizando a gestão associada de serviços públicos, bem como a transferência total ou parcial de encargos, serviços, pessoal e bens essenciais à continuidade dos serviços transferidos.

Essa previsão era relevante no período do antigo Fundef, que foi implementado nacionalmente em 1998 e, a partir da adoção do critério de matrículas ponderadas para a captação de recurso do fundo, trazia uma mudança significativa no desenho de divisão de responsabilidades na oferta do ensino fundamental – cuja responsabilidade é comum a estados e municípios. Iniciou-se processo mais acentuado de municipalização do ensino fundamental (PINTO, 2007).

Em relação ao transporte escolar, a partir de 2003 (com a inclusão na LDB de dispositivos pela Lei nº 10.709/2003) a LDB passou a prever expressamente (art. 10, VII) que cabe aos estados assumir o transporte escolar dos alunos da rede estadual e aos municípios (art. 11, VI) assumir o transporte escolar dos alunos da rede municipal.

A Lei nº 10.880/2004, que, entre outras providências, institui o Programa Nacional de Apoio ao Transporte do Escolar – PNATE, dispõe:

> Art. 2
> §5º Os Municípios poderão proceder ao atendimento do transporte escolar dos alunos matriculados nos estabelecimentos estaduais de

ensino, localizados nas suas respectivas áreas de circunscrição, desde que assim acordem os entes, sendo, nesse caso, autorizado o repasse direto do FNDE ao Município da correspondente parcela de recursos, calculados na forma do §3º deste artigo.

§6º O repasse previsto no §5º deste artigo não prejudica a transferência dos recursos devidos pelo Estado aos Municípios em virtude do transporte de alunos matriculados nos estabelecimentos de ensino estaduais nos Municípios.

A transferência direta do FNDE, mediante autorização, nesse caso, contribui para o ajuste Estado-Município, mas o FNDE não intervém ou faz mediação dos convênios entre os entes.

Art. 23. Os recursos disponibilizados aos Fundos pela União, pelos Estados e pelo Distrito Federal deverão ser registrados de forma detalhada a fim de evidenciar as respectivas transferências.

1 Registros detalhados dos recursos disponibilizados aos fundos

Mais um dispositivo que expressa a tônica da lei – a transparência. Os registros devem ser detalhados para evidenciar as transferências realizadas pelos entes federados.

Art. 24. Os eventuais saldos de recursos financeiros disponíveis nas contas específicas dos Fundos cuja perspectiva de utilização seja superior a 15 (quinze) dias deverão ser aplicados em operações financeiras de curto prazo ou de mercado aberto, lastreadas em títulos da dívida pública, na instituição financeira responsável pela movimentação dos recursos, de modo a preservar seu poder de compra.

Parágrafo único. Os ganhos financeiros auferidos em decorrência das aplicações previstas no caput deste artigo deverão ser utilizados na mesma finalidade e de acordo com os mesmos critérios e condições estabelecidos para utilização do valor principal do Fundo.

1 Aplicação dos saldos de recursos financeiros

Uma vez creditados nas contas específicas do Fundo, os recursos devem ser movimentados nessas contas, sendo que os saldos financeiros, enquanto não utilizados e com previsão de utilização em prazo superior a 15 (quinze) dias, devem ser aplicados em operações financeiras *de curto prazo ou de mercado aberto*, como *mecanismo protetor do poder de compra dos valores repassados*, evitando prejuízos ao setor educacional. Tanto que o parágrafo único determina que os ganhos financeiros sejam também aplicados na manutenção e desenvolvimento do ensino na educação básica, seguindo os mesmos critérios de utilização estabelecidos para os recursos originalmente transferidos à conta do Fundo.

É importante destacar que as operações realizadas nos mercados financeiros e de capital envolvem as negociações de títulos, valores mobiliários e ativos financeiros, que podem ser classificadas em dois grandes segmentos de mercado:

1 – Mercado de Renda Variável

Os ativos de renda variável são aqueles cuja remuneração do capital não pode ser dimensionada no momento da aplicação. São constituídos de ações, quotas ou quinhões de capital, ouro, ativo financeiro, e de contratos negociados nas bolsas de valores, de mercadorias, de futuros e assemelhadas.

2 – Mercado de Renda Fixa

Os ativos de renda fixa são aqueles cuja remuneração do capital pode ser dimensionado (definido) no momento da aplicação. Os títulos de renda fixa são públicos ou privados, conforme a natureza da entidade ou empresa que os emite.

Como títulos de renda fixa públicos citam-se o Tesouro Prefixado – LTN (Títulos com rentabilidade definida (taxa fixa) no momento da compra; Tesouro Prefixado com juros semestrais (NTN-F); Tesouro Selic – LFT (Títulos com rentabilidade diária vinculada à taxa de juros básica da economia, a taxa Selic); Tesouro IPCA + com Juros Semestrais – NTN-B (Título com rentabilidade vinculada à variação do IPCA mais os juros definidos no momento da compra); *Tesouro IPCA + ou NTN-B Principal (Título com rentabilidade ligada à variação do IPCA mais os juros definidos no momento da compra. Não há pagamento de cupom de juros semestral).*

Como exemplos de títulos de renda fixa privados – aqueles emitidos por instituições ou empresas de direito privado –, podem ser citados: Letras de Câmbio (LC), Certificados de Depósito Bancário (CDB), Recibos de Depósito Bancário (RDB) e Debêntures.

As aplicações financeiras temporárias, autorizadas com os saldos disponíveis das contas do FUNDEB devem obedecer seu critério (operações financeiras de curto prazo ou de mercado aberto, lastreadas em títulos da dívida pública) e sua finalidade (preservação de seu poder de compra).

Assim, são passíveis de realização, de acordo com o artigo em comento, *apenas em títulos públicos (ativos de renda fixa)*, emitidos pelo Poder Público com a finalidade de captar recursos para o financiamento da dívida pública. Nesses investimentos, os agentes financeiros do Fundeb (Banco do Brasil e Caixa Econômica Federal) funcionam como intermediários ao adquirirem os títulos públicos, que compõem as carteiras dos fundos, com os recursos dos Estados e Municípios (BORGES e MARTINS, 2013).

CAPÍTULO V – DA UTILIZAÇÃO DOS RECURSOS

Art. 25. Os recursos dos Fundos, inclusive aqueles oriundos de complementação da União, serão utilizados pelos Estados, pelo Distrito Federal e pelos Municípios, no exercício financeiro em que lhes forem creditados, em ações consideradas de manutenção e de desenvolvimento do ensino para a educação básica pública, conforme disposto no art. 70 da Lei nº 9.394, de 20 de dezembro de 1996.

1 Utilização dos recursos

A utilização dos recursos deve se dar em ações de MDE da educação básica, no exercício financeiro em que lhes forem creditados. Essa é a regra geral. O §3º prevê a exceção, com a admissão de que até dez por cento dos recursos possam ser utilizados no primeiro quadrimestre do exercício imediatamente subsequente.

§1º Observado o disposto nos arts. 27 e 28 desta Lei e no §2º deste artigo, os recursos poderão ser aplicados pelos Estados e pelos Municípios indistintamente entre etapas, modalidades e tipos de estabelecimento de ensino da educação básica nos seus respectivos âmbitos de atuação prioritária, conforme estabelecido nos §§2º e 3º do art. 211 da Constituição Federal.

1.1 APLICAÇÃO INDISTINTA

A aplicação dos recursos do Fundeb pelos entes subnacionais indistintamente entre etapas, modalidades e tipos de estabelecimento de ensino da educação básica nos seus respectivos âmbitos de atuação prioritária não é novidade, já era a regra da Lei nº 11.494/2007.

Embora as diferenciações de valor por aluno, calibradas pelas ponderações, e a ênfase na necessidade de estudos técnicos prévios, indiquem uma preocupação com o custo no momento da distribuição dos recursos, o art. 25, §1º admite o gasto dos recursos em qualquer etapa, isto é, não se gasta necessariamente de acordo com o custo médio ou o valor associado a determinada etapa, modalidade, jornada ou tipo de estabelecimento. Esta permissão entra em choque com a tentativa de organizar o financiamento a partir dos custos médios, como almeja o art. 18, I, "a". Esvazia-se a lógica do custo: constroem-se parâmetros para a captação, mas o gasto é livre, em qualquer categoria ou segmento de ensino básico. As ponderações não representam garantia de aplicação no respectivo segmento em que se encontram matriculados os alunos.

Sobre o potencial de indução de novas matrículas, nos casos em que os ponderadores sejam, em tese, atraentes para o gestor (seja pelo aumento das ponderações, dupla contagem ou aplicação do fator multiplicativo), por exemplo, em relação à educação infantil ou a jornada em tempo integral, ainda não houve a fundamentação acerca de se o valor da ponderação cobrirá o custo dessas etapas ou modalidades. E, ainda assim, não há a garantia de que o valor captado seja a essas integralmente dirigido.

> §2º A aplicação dos recursos referida no caput deste artigo contemplará a ação redistributiva dos Estados, do Distrito Federal e dos Municípios em relação a suas escolas, nos termos do §6º do art. 211 da Constituição Federal.

1.2 Ação redistributiva dos estados, do distrito federal e dos municípios em relação a suas escolas

A EC nº 108/2020 inseriu o§6º no art. 211 da Constituição Federal, com a previsão da ação redistributiva dos estados, do Distrito Federal e dos municípios em relação a suas escolas. Essa regra já existia na LDB, mas somente em relação aos municípios (art. 11, II, LDB). A ação redistributiva é um indicativo de boa gestão e atua para diminuir as desigualdades – um dos principais objetivos do Fundeb permanente, além de concorrer para a igualdade de condições para o acesso e permanência na escola – como prevê a CF (art. 206, I, CF).

§3º Até 10% (dez por cento) dos recursos recebidos à conta dos Fundos, inclusive relativos à complementação da União, nos termos do §2º do art. 16 desta Lei, poderão ser utilizados no primeiro quadrimestre do exercício imediatamente subsequente, mediante abertura de crédito adicional.

No caso da complementação VAAT, o percentual mínimo de 15% (quinze por cento) deve ser aplicado em despesas de capital (art. 27) e 50% (cinquenta por cento) dos recursos globais devem ser dirigidos à educação infantil (art. 28). Esse percentual não é aplicado em cada município – são os recursos globais. Deve ser adotado como parâmetro, indicador para educação infantil (IEI), que estabelecerá percentuais mínimos de aplicação dos Municípios beneficiados com a complementação-VAAT, de modo que se atinja a proporção especificada no *caput* deste artigo, que considerará, obrigatoriamente, o déficit de cobertura, considerada a oferta e a demanda anual pelo ensino e a vulnerabilidade socioeconômica da população a ser atendida (art. 18, VII).

Observadas essas duas aplicações (despesas de capital e educação infantil), os recursos poderão ser aplicados pelos Estados e pelos Municípios indistintamente entre etapas, modalidades e tipos de estabelecimento de ensino da educação básica nos seus respectivos âmbitos de atuação prioritária. Assim, a exemplo do que ocorria no período do Fundeb 2007-2020, pode-se captar recursos a partir de certas categorias de matrículas, mas não necessariamente elas serão beneficiadas pelo total de recursos que geraram.

Neste art. 25, §1º, é assegurado o poder discricionário do gestor da educação nos Estados, Distrito Federal e Municípios, em relação à aplicação dos recursos do Fundeb por segmento educacional, de modo que tal aplicação se processe nas etapas (creche, pré-escola, ensino fundamental e ensino médio), modalidades (especial, Jovens e Adultos e ensino profissional e tecnológico), tipos de estabelecimento de ensino (urbano e rural e com jornada parcial ou integral), tendo como condicionante apenas a responsabilidade constitucional de cada esfera de governo em relação à atuação prioritária no âmbito da educação básica, ou seja: ensino fundamental e na educação infantil, no caso dos municípios (art. 211, §2º, CF), ensino fundamental e médio no caso dos estados (art. 211, §3º ,CF), e todas as etapas da educação básica no caso do Distrito Federal[57] (art. 211, §3º, combinado com art. 32, §1º, CF).

Não há imposição de percentual ou limite financeiro de aplicação mínima (ou máxima) por segmento educacional.

É vedada a utilização dos recursos dos Fundos para financiamento das despesas não consideradas de manutenção e de desenvolvimento da educação básica, conforme o art. 71 da LDB, assim como para pagamento de aposentadorias e de pensões.

1.3 Utilização de recursos no primeiro quadrimestre do exercício imediatamente subsequente

O art. 21, §2º da Lei nº 11.494/2007 previa que até 5% (cinco por cento) dos recursos recebidos à conta dos Fundos, inclusive relativos à complementação da União, poderiam ser utilizados no 1º (primeiro) trimestre do exercício imediatamente subsequente, mediante abertura de crédito adicional.

A Lei nº 14.113/2020 aumentou o percentual e estendeu o prazo de utilização dos recursos no exercício seguinte, ao dispor que (art. 25, §3º) até *10% (dez por cento)* dos recursos recebidos à conta dos Fundos, inclusive relativos à complementação da União, poderão ser utilizados no primeiro *quadrimestre* do exercício imediatamente subsequente, mediante abertura de crédito adicional. O Manual do Novo Fundeb – FNDE/MEC assinala:

> Os recursos dos Fundos, inclusive aqueles oriundos de complementação da União, devem ser utilizados pelos Estados, pelo Distrito Federal e pelos Municípios, no exercício financeiro em que lhes forem creditados, em observância ao Princípio da Anualidade. Entretanto, a lei prevê uma exceção, em que os recursos recebidos à conta dos Fundos, inclusive relativos à complementação da União, poderão ser utilizados em período que não corresponda ao mesmo exercício financeiro: é o caso da parcela diferida. Até 10% dos recursos recebidos à conta dos Fundos, poderão ser utilizados no primeiro quadrimestre do exercício imediatamente subsequente, mediante abertura de crédito adicional. (Manual do Novo Fundeb – FNDE/MEC, 2021, p. 38).

---

[57] De acordo com o disposto no art. 10, Parágrafo único, da LDB, "*Ao Distrito Federal aplicar-se-ão as competências referentes aos estados e aos municípios*".

Art. 26. Excluídos os recursos de que trata o inciso III do caput do art. 5º desta Lei, proporção não inferior a 70% (setenta por cento) dos recursos anuais totais dos Fundos referidos no art. 1º desta Lei será destinada ao pagamento, em cada rede de ensino, da remuneração dos profissionais da educação básica em efetivo exercício.

§1º Para os fins do disposto no caput deste artigo, considera-se:

I – remuneração: o total de pagamentos devidos aos profissionais da educação básica em decorrência do efetivo exercício em cargo, emprego ou função, integrantes da estrutura, quadro ou tabela de servidores do Estado, do Distrito Federal ou do Município, conforme o caso, inclusive os encargos sociais incidentes;

II – profissionais da educação básica: docentes, profissionais no exercício de funções de suporte pedagógico direto à docência, de direção ou administração escolar, planejamento, inspeção, supervisão, orientação educacional, coordenação e assessoramento pedagógico, e profissionais de funções de apoio técnico, administrativo ou operacional, em efetivo exercício nas redes de ensino de educação básica;[58]

III – efetivo exercício: a atuação efetiva no desempenho das atividades dos profissionais referidos no inciso II deste parágrafo associada à regular vinculação contratual, temporária ou estatutária com o ente governamental que o remunera, não descaracterizada por eventuais afastamentos temporários previstos em lei com ônus para o empregador que não impliquem rompimento da relação jurídica existente.

1 Subvinculação à remuneração dos profissionais da educação básica em efetivo exercício

A lei prevê que proporção não inferior a 70% (setenta por cento) dos recursos anuais totais dos Fundos referidos no art. 1º desta

---

[58] Redação anterior: II – profissionais da educação básica: aqueles definidos nos termos do art. 61 da Lei nº 9.394, de 20 de dezembro de 1996, bem como aqueles profissionais referidos no art. 1º da Lei nº 13.935, de 11 de dezembro de 2019, em efetivo exercício nas redes escolares de educação básica.

Lei (excluídos os recursos de que trata o inciso III do *caput* do art. 5º, isto é, a complementação VAAR) será destinada ao pagamento, em cada rede de ensino, da remuneração dos profissionais da educação básica em efetivo exercício.

Surgiu à época do Fundef, quando muitos professores não ganhavam sequer o salário-mínimo, como instrumento concreto para a valorização dos profissionais da educação.

Considerando que são determinantes para a correta aplicação dos recursos reservados à valorização do magistério, são definidos, respectivamente, nos incisos I, II e III, os conceitos de: remuneração, profissionais da educação básica e efetivo exercício. A definição de remuneração é semelhante à do art. 22, parágrafo único da Lei nº 11.494/2007, que se referia aos profissionais do magistério. O conceito de profissionais da Lei nº 14.113/2020 é mais elástico que o da lei precedente –, que se reportava, a partir de 2009, à definição de profissionais dada pelo art. 61 da LDB.[59]

É importante destacar que, observado o princípio da anualidade, o mínimo de 70% refere-se a limite anual, o que implica afirmar que não há imposição de cumprimento desse limite em períodos fracionados do ano (mês, bimestre, trimestre, semestre etc.), muito embora seja recomendável que o gestor, ao longo de todo o exercício, não permita que as despesas se situem muito abaixo desse patamar, de modo a evitar que no final do ano ocorram acúmulos de valores não utilizados no cumprimento do limite, ocasionando

---

[59] Art. 61(LDB). Consideram-se profissionais da educação escolar básica os que, nela estando em efetivo exercício e tendo sido formados em cursos reconhecidos, são: (Redação dada pela Lei nº 12.014, de 2009)
I – professores habilitados em nível médio ou superior para a docência na educação infantil e nos ensinos fundamental e médio; (Redação dada pela Lei nº 12.014, de 2009)
II – trabalhadores em educação portadores de diploma de pedagogia, com habilitação em administração, planejamento, supervisão, inspeção e orientação educacional, bem como com títulos de mestrado ou doutorado nas mesmas áreas; (Redação dada pela Lei nº 12.014, de 2009)
III – trabalhadores em educação, portadores de diploma de curso técnico ou superior em área pedagógica ou afim. (Incluído pela Lei nº 12.014, de 2009)
IV – profissionais com notório saber reconhecido pelos respectivos sistemas de ensino, para ministrar conteúdos de áreas afins à sua formação ou experiência profissional, atestados por titulação específica ou prática de ensino em unidades educacionais da rede pública ou privada ou das corporações privadas em que tenham atuado, exclusivamente para atender ao inciso V do caput do art. 36; (Incluído pela lei nº 13.415, de 2017)
V – profissionais graduados que tenham feito complementação pedagógica, conforme disposto pelo Conselho Nacional de Educação. (Incluído pela lei nº 13.415, de 2017)

disponibilidades financeiras e, consequentemente, a realização de pagamentos extraordinários (comumente sob a forma de abonos), com o propósito de alcançar o limite anual. (BORGES e MARTINS, 2013).

Esse percentual deve ser observado tomando-se como base o total de recursos creditados na conta específica do Fundo no exercício, ou seja, o valor dos repasses usuais regularmente realizados, além dos recursos auferidos com aplicações financeiras, como também valores repassados por conta de eventuais acertos e ajustes realizados, gerando créditos financeiros.

Cabe destacar que os profissionais podem se encontrar sujeitos ao regime celetista (disciplinado pela Consolidação das Leis do Trabalho – CLT, portanto submetidos ao Regulamento Geral da Previdência Social – RGPS) ou estatutário (disciplinado por estatuto ou regime próprio de previdência social do respectivo ente público), na forma prevista no art. 39 da Constituição Federal. Em qualquer das situações, a remuneração é representada pela soma dos salários ou vencimentos constantes das respectivas tabelas ou escalas salariais, acrescidas de outros pagamentos de natureza remuneratória, devidos aos profissionais, em face da contraprestação dos serviços correspondentes ao desempenho dos cargos e funções de magistério. Não se incluem, nesse cômputo, os pagamentos de natureza indenizatória, os quais, segundo a caracterização e exemplificação do Professor Paulo Modesto:[60]

> são valores ou vantagens pecuniárias que apresentam as seguintes características definitórias:
> a) são eventuais (não são necessárias, ou inerentes, ao exercício do cargo público, mas decorrentes de fatos ou acontecimentos especiais previstos na norma);
> b) são isoladas, não se incorporando ou integrando aos vencimentos, subsídios ou proventos para qualquer fim;
> c) são compensatórias, pois estão sempre relacionadas a acontecimentos, atividades ou despesas extraordinárias feitas pelo servidor ou agente pelo exercício da função;
> d) são referenciadas a fatos e não à pessoa do servidor.
> Exemplos de parcelas indenizatórias:

---

[60] Artigo "Teto Constitucional de Remuneração dos Agentes Públicos: uma crônica de mutações e emendas constitucionais", disponível em: http://www.planalto.gov.br/ccivil_03/revista/rev_21/artigos/art_paulo.htm, (acessado por Borges em 27.10.2011).

a) diárias;
b) ajuda de custo de mudança;
c) auxílio moradia, na forma de ressarcimento, quando inexiste apartamento funcional disponível;
d) remuneração do serviço extraordinário, que a própria Constituição obriga que seja superior, no mínimo, em cinquenta por cento à do normal;
e) "gratificações eleitorais", na verdade, parcelas percebidas em caráter compensatório por agentes em função especial temporária, paralelamente ao exercício de função permanente, sem possibilidade de incorporação ao provento, vencimento ou subsídio.

De acordo com o Regulamento Geral da Previdência Social – RGPS,[61] remuneração constitui *"a totalidade dos rendimentos pagos, devidos ou creditados a qualquer título, durante o mês, destinados a retribuir o trabalho, qualquer que seja a sua forma, inclusive os ganhos habituais sob a forma de utilidades"*.[62] Essa remuneração forma o salário de contribuição, que por sua vez é considerado no cálculo do valor do salário de benefício, devido ao profissional ao se aposentar, observado o limite fixado em regulamento (BORGES e MARTINS, 2013).

---

[61] Art. 201, §1º, do Decreto nº 3.048, de 06.05.1999, e alterações posteriores;
[62] As utilidades que entram na composição da remuneração (art. 458 da CLT) estão relacionadas aos pagamentos "in natura", como alimentação, habitação, vestuário (desde que não utilizado para prestação dos serviços objeto da remuneração) e vedado o pagamento com bebidas alcoólicas ou drogas nocivas. Essa forma de pagamento, entretanto, não é comum no setor público.

§2º Os recursos oriundos do Fundeb, para atingir o mínimo de 70% (setenta por cento) dos recursos anuais totais dos Fundos destinados ao pagamento, em cada rede de ensino, da remuneração dos profissionais da educação básica em efetivo exercício, poderão ser aplicados para reajuste salarial sob a forma de bonificação, abono, aumento de salário, atualização ou correção salarial. " (NR)

2 Possibilidade de aplicação dos recursos do fundeb, para atingir o mínimo de 70%, em reajuste salarial sob a forma de bonificação, abono, aumento de salário, atualização ou correção salarial

Este dispositivo foi inserido pela Lei nº 14.276/2021 e sua origem foi a Emenda de Plenário nº 5, da Deputada Professora Dorinha Seabra Rezende ao PL nº 3.418/2021, que trazia a seguinte justificativa:

> A proposta visa deixar claro que é possível utilizar recursos do FUNDEB para cumprir os 70% de recursos constitucionalmente subvinculados para pagar bonificação, abono, correção salarial e aumento de salário. Cabe destacar recente manifestação da procuradoria de contas do TCE do Espírito Santo: "Importa ressaltar a ausência de hierarquia entre a Lei Complementar Federal nº 173/2020 e a Lei Federal no 14.113/2020 (lei ordinária). Trata-se de âmbito de competência delimitado e distinto. Logo, *diante da ausência de hierarquia, não há possibilidade de se considerar que a Lei Complementar nº 173/2020 é capaz de impor restrição ao legislador*, impedindo-o de elaborar lei regulamentadora de norma constitucional, que dá efetividade ao direito fundamental à educação".

O relator da matéria, na Câmara, Deputado Gastão Vieira, opinou no seguinte sentido: "Acolhemos a Emenda de Plenário nº 5, para deixar clara a supremacia da Constituição em relação a suas normas de valorização dos profissionais da Educação". Além do art. 206, *caput*, combinado com o inciso V, que reconhecem a valorização dos profissionais da educação escolar, como um dos princípios a partir dos quais ensino será ministrado, o art. 212-A, I, que se refere ao Fundeb que tem por um de seus objetivos a Valorização dos Profissionais da Educação, recorde-se que há a supremacia do princípio constitucional sensível que é a vinculação à MDE, com a aplicação do mínimo exigido da receita resultante de impostos estaduais, compreendida a proveniente de transferências, na manutenção e desenvolvimento do ensino (art. 34, VII, "e").

Art. 26-A. Os Estados, o Distrito Federal e os Municípios poderão remunerar, com a parcela dos 30% (trinta por cento) não subvinculada aos profissionais da educação referidos no inciso II do §1º do art. 26 desta Lei, os portadores de diploma de curso superior na área de psicologia ou de serviço social, desde que integrantes de equipes multiprofissionais que atendam aos educandos, nos termos da Lei nº 13.935 de 11 de dezembro de 2019, observado o disposto no caput do art. 27 desta Lei. (Incluído pela Lei nº 14.276, de 2021)

1 Possibilidade de remuneração, com a parcela dos 30% (trinta por cento) não subvinculada aos profissionais da educação, de profissionais de outras áreas que não a educação stricto sensu, das áreas de psicologia ou de serviço social, desde que integrantes de equipes multiprofissionais que atendam aos educandos

Este dispositivo foi inserido pela Lei nº 14.276/2021. Dá a faculdade ao gestor de, por meio dos recursos Fundeb não subvinculados à remuneração dos profissionais da educação (70%), utilizar a parcela dos 30%, para pagamento dos profissionais da psicologia e da assistência social referidos na Lei nº 13.935/2019 – desde que integrantes de equipes multiprofissionais que atendam aos educandos, embora não sejam profissionais da educação, no sentido estrito, tal como define o art. 26, §1º, II.[63] O *caput* do art. 212-A da Constituição Federal, que remeta à remuneração condigna de "seus profissionais", referindo-se aos entes subnacionais, parece ser

---

[63] Profissionais da educação básica: docentes, profissionais no exercício de funções de suporte pedagógico direto à docência, de direção ou administração escolar, planejamento, inspeção, supervisão, orientação educacional, coordenação e assessoramento pedagógico, e profissionais de funções de apoio técnico, administrativo ou operacional, em efetivo exercício nas redes de ensino de educação básica.

dirigido apenas aos profissionais da educação, no sentido estrito. A própria Constituição prevê a elaboração de orçamento da seguridade social, que deve integrar as áreas da saúde, previdência social e assistência social (art. 195, §2º, CF). O sistema único de saúde deve ser financiado com recursos do orçamento da seguridade social (art. 198, §1º, CF).

Art. 27. Percentual mínimo de 15% (quinze por cento) dos recursos da complementação-VAAT, previstos no inciso II do caput do art. 5º desta Lei, será aplicado, em cada rede de ensino beneficiada, em despesas de capital.

1 Destinação de 15% dos recursos da complementação-VAAT para despesas de capital

A obrigação de destinação de 15% dos recursos da complementação-VAAT para despesas de capital está prevista no art. 212-A, XI, da Constituição Federal (redação inserida pela EC nº 108/2020).[64]

O glossário de termos da Secretaria do Tesouro Nacional (STN) define como **Despesas de Capital**,

> As realizadas com o propósito de formar e/ou adquirir ativos reais, abrangendo, entre outras ações, o planejamento e a execução de obras, a compra de instalações, equipamentos, material permanente, títulos representativos do capital de empresas ou entidades de qualquer natureza, bem como as amortizações de dívida e concessões de empréstimos (https://sisweb.tesouro.gov.br)

A previsão refere-se aos recursos da complementação-VAAT, portanto as redes não beneficiadas por essa modalidade de complementação não estão obrigadas a essa vinculação.

---

[64] Segundo dados do Inep, as despesas de capital como porcentagem do gasto público vêm declinando, a partir de 2014, quando o patamar do gasto público direto era de 7,2%, caindo nos anos seguintes até chegar a 3,4% em 2018. A subvinculação de 15% refere-se apenas à complementação-VAAT, não trazendo muito impacto para modificar esse patamar (BRASIL, INEP, 2020).

> Art. 28. Realizada a distribuição da complementação-VAAT às redes de ensino, segundo o art. 13 desta Lei, será destinada à educação infantil, nos termos do Anexo desta Lei, proporção de 50% (cinquenta por cento) dos recursos globais a que se refere o inciso II do caput do art. 5º desta Lei.

1 Destinação à educação infantil, de 50% (cinquenta por cento) dos recursos globais da complementação-VAAT

Este dispositivo decorre de previsão, constitucional, o §3º do art. 212-A da Constituição Federal, que dispõe:

> §3º Será destinada à educação infantil a proporção de 50% (cinquenta por cento) *dos recursos globais* a que se refere a alínea "b" do inciso V do *caput* deste artigo, nos termos da lei.

Revela a intenção de priorizar a educação infantil (objetivo que conta com outros mecanismos na lei, como o fator multiplicativo da ponderação da educação infantil, para fins de distribuição da complementação-VAAT, nos exercícios de 2021, 2022 e 2023).

A destinação é "em termos globais", isto é, não é a proporção indicada para cada ou todos os municípios. Da mesma forma que as metas do PNE não implicam que as proporções sejam copiadas por todos os entes.

A destinação dos recursos globais prevista no *caput* do art. 28 refere-se à *aplicação* de recursos – momento *posterior* aquele em que é realizada a *distribuição* da complementação-VAAT. Não se confundem os momentos da distribuição e da aplicação dos recursos do fundo. A subvinculação global dá-se no momento da aplicação (CAPUZZO, TANNO e MARTINS, 2020).

Parágrafo único. Os recursos vinculados nos termos do caput deste artigo serão aplicados pelos Municípios, adotado como parâmetro indicador para educação infantil, que estabelecerá percentuais mínimos de aplicação dos Municípios beneficiados com a complementação-VAAT, de modo que se atinja a proporção especificada no caput deste artigo, que considerará obrigatoriamente:

I – o déficit de cobertura, considerada a oferta e a demanda anual pelo ensino;

II – a vulnerabilidade socioeconômica da população a ser atendida.

1.2 Definição pelo indicador para educação infantil (IEI), dos percentuais mínimos de aplicação dos municípios beneficiados com a complementação-VAAT

O percentual de aplicação será variável de acordo com indicador para a educação infantil (IEI), que estabelecerá percentuais mínimos de aplicação dos Municípios beneficiados com a complementação-VAAT, de modo que, globalmente, se atinja a proporção 50 %. O indicador será definido até 31 de outubro 2023, prazo da atualização da lei (art. 43, III), sendo elaborado pelo Inep e aprovado pela Comissão Intergovernamental (art. 18, VII). Até lá pode ser adotada metodologia provisória elaborada pelo Inep e chancelada pela Comissão Intergovernamental (art. 43, §1º, III).

Art. 29. É vedada a utilização dos recursos dos Fundos para:

I – financiamento das despesas não consideradas de manutenção e de desenvolvimento da educação básica, conforme o art. 71 da Lei nº 9.394, de 20 de dezembro de 1996;

1 Vedação da utilização dos recursos dos fundos para financiamento das despesas não consideradas de MDE, nos termos da LDB

O contraponto do que se pode realizar com os recursos do Fundeb é a reafirmação daquilo que não se pode. Assim, esse dispositivo, para definir os impedimentos de uso dos recursos do Fundeb, remete ao §7º do art. 212 da Constituição Federal (vedação de utilização para pagamento aos aposentados) e ao art. 71 da LDB, que dispõe:

Art. 71. Não constituirão despesas de manutenção e desenvolvimento do ensino aquelas realizadas com:
I – pesquisa, quando não vinculada às instituições de ensino, ou, quando efetivada fora dos sistemas de ensino, que não vise, precipuamente, ao aprimoramento de sua qualidade ou à sua expansão;
II – subvenção a instituições públicas ou privadas de caráter assistencial, desportivo ou cultural;
III – formação de quadros especiais para a administração pública, sejam militares ou civis, inclusive diplomáticos;
IV – programas suplementares de alimentação, assistência médico-odontológica, farmacêutica e psicológica, e outras formas de assistência social;
V – obras de infraestrutura, ainda que realizadas para beneficiar direta ou indiretamente a rede escolar;
VI – pessoal docente e demais trabalhadores da educação, quando em desvio de função ou em atividade alheia à manutenção e desenvolvimento do ensino.

É importante destacar, em relação a esses impedimentos, que há na educação básica programas específicos voltados para a garantia de assistência direta aos alunos, como é o caso do Programa Nacional de Alimentação Escolar (PNAE), de que trata a Lei nº 11.947/2009, por meio do qual é assegurada alimentação diária nas escolas públicas, o Programa Saúde na Escola (PSE), de que tratam o Decreto nº 6.286/2007 e a Portaria Interministerial nº 1.055, de 25 de abril de 2017, que asseguram ações de assistência à saúde aos estudantes. No entanto, apesar de o fato da assistência dessa natureza voltar-se ao atendimento dos alunos da educação básica, as despesas correspondentes a essa assistência não são consideradas no cômputo das despesas com MDE, independentemente da origem dos recursos que as financiam.

Cabe enfatizar, como o fazia Borges, que o impedimento de uso dos recursos do Fundeb para alimentação escolar restringe-se à aquisição dos gêneros alimentícios utilizados nas refeições, cabendo sua utilização em despesas associadas aos bens e serviços necessários à garantia desse atendimento, a exemplo, da aquisição de equipamentos e utensílios, pagamentos de pessoal encarregado dos serviços de preparação e fornecimento das refeições, por se constituírem despesas que se enquadram no bojo da garantia do adequado funcionamento dos estabelecimentos de ensino, em consonância com o art.70, II e V, da LDB (BORGES e MARTINS, 2013).

> II – pagamento de aposentadorias e de pensões, nos termos do §7º do art. 212 da Constituição Federal;

2 Vedação da utilização dos recursos dos fundos para financiamento do pagamento de aposentadorias e de pensões, nos termos da Constituição Federal (EC nº 108/2020, art. 212, §7º, CF)

Este dispositivo remete ao art. 212, §7º, inserido pela EC nº 108/2020. Trata-se de regra que dá maior transparência e fidedignidade aos dados e corrige grave desvio de finalidade e distorção nas estatísticas educacionais. Sua efetivação, eventualmente, requererá termos de ajuste de conduta, com fixação de prazos, por parte dos ministérios públicos, uma vez que essa prática foi, ao arrepio dos princípios constitucionais, tolerada por alguns órgãos de controle (MARTINS, 2011).

Aposentadorias e pensões são despesas previdenciárias, não de MDE. Suas fontes orçamentárias e base de financiamento devem ser identificadas em rubricas contábeis específicas relacionadas à seguridade social (art. 194, *caput* e VI, CF).

Observe-se que, também despesas com contribuições complementares destinadas a cobrir déficit financeiro de regime próprio de previdência (RPPS) de servidores aposentados e pensionistas originários da área da educação não são admitidas como despesa com manutenção e desenvolvimento de ensino.

*Ver ADIN 5691

Dada sua natureza, diversa das fontes da educação, o que precede a outras discussões sequer caberia conjecturar acerca de sua (não) admissão como despesas de MDE, como fez o Parecer nº 26/1997 do CNE, que já assinalava

> É evidente que os inativos não contribuem nem para a manutenção nem para o desenvolvimento do ensino. Afastados que estão da 11 atividade, não poderiam contribuir para a manutenção das ações que dizem respeito ao ensino. Se não podem sequer contribuir para tanto, menos ainda para o desenvolvimento – democratização, expansão e melhoria da qualidade – do ensino

III – garantia ou contrapartida de operações de crédito, internas ou externas, contraídas pelos Estados, pelo Distrito Federal ou pelos Municípios que não se destinem ao financiamento de projetos, de ações ou de programas considerados ação de manutenção e de desenvolvimento do ensino para a educação básica.

3 Vedação de garantia ou contrapartida de operações de crédito, internas ou externas, contraídas pelos entes subnacionais que não se destinem ao financiamento de projetos, de ações ou de programas de MDE

O inciso III reafirma e complementa os incisos I e II, ao enfatizar a necessidade de contínua observância da aplicação dos recursos do Fundeb apenas em projetos e ações de MDE, seja no financiamento direto dessas ações ou sob a forma de contrapartida de operações de crédito (ou da própria amortização da operação de crédito) voltadas ao custeio dessas ações, vedada, sempre, a utilização dos recursos do Fundo fora do universo da MDE (BORGES e MARTINS, 2013).

CAPÍTULO VI – DO ACOMPANHAMENTO, DA AVALIAÇÃO, DO MONITORAMENTO, DO CONTROLE SOCIAL, DA COMPROVAÇÃO E DA FISCALIZAÇÃO DOS RECURSOS

Seção I

Da Fiscalização e do Controle

Art. 30. A fiscalização e o controle referentes ao cumprimento do disposto no art. 212 da Constituição Federal e do disposto nesta Lei, especialmente em relação à aplicação da totalidade dos recursos dos Fundos, serão exercidos:

I – pelo órgão de controle interno no âmbito da União e pelos órgãos de controle interno no âmbito dos Estados, do Distrito Federal e dos Municípios;

II – pelos Tribunais de Contas dos Estados, do Distrito Federal e dos Municípios, perante os respectivos entes governamentais sob suas jurisdições;

III – pelo Tribunal de Contas da União, no que tange às atribuições a cargo dos órgãos federais, especialmente em relação à complementação da União;

IV – pelos respectivos conselhos de acompanhamento e controle social dos Fundos, referidos nos arts. 33 e 34 desta Lei.

1 Definição dos órgãos de fiscalização e controle referentes ao cumprimento da aplicação de recursos mínimos em MDE em geral e aplicações da totalidade dos recursos do Fundeb

São definidas como instâncias fiscalizadoras e de exercício de controle interno os órgãos de controle interno competentes nas esferas da União, estados e DF e municípios.

Exercerão o controle externo, os Tribunais de Contas dos Estados, do Distrito Federal e dos Municípios, perante os respectivos entes governamentais sob suas jurisdições e o Tribunal de Contas da União (TCU), no que tange às atribuições a cargo dos órgãos federais, especialmente em relação à complementação da União.

O controle social será efetuado pelos respectivos conselhos de acompanhamento e controle social dos Fundos (CACS).

Art. 31. Os Estados, o Distrito Federal e os Municípios prestarão contas dos recursos dos Fundos conforme os procedimentos adotados pelos Tribunais de Contas competentes, observada a regulamentação aplicável.

Parágrafo único. As prestações de contas serão instruídas com parecer do conselho responsável, que deverá ser apresentado ao Poder Executivo respectivo em até 30 (trinta) dias antes do vencimento do prazo para a apresentação da prestação de contas prevista no caput deste artigo.

1 Procedimentos de prestação de contas

Os entes subnacionais prestarão contas dos recursos do Fundeb conforme os procedimentos adotados pelos Tribunais de Contas competentes, observada a regulamentação aplicável. As prestações de contas serão instruídas com parecer do CACS competente, que deverá ser apresentado ao Poder Executivo respectivo em até 30 (trinta) dias antes do vencimento do prazo para a apresentação da prestação de contas prevista no *caput*.

Art. 32. A defesa da ordem jurídica, do regime democrático, dos interesses sociais e individuais indisponíveis, relacionada ao pleno cumprimento desta Lei, compete ao Ministério Público dos Estados e do Distrito Federal e Territórios e ao Ministério Público Federal, especialmente quanto às transferências de recursos federais.

§1º A legitimidade do Ministério Público prevista no caput deste artigo não exclui a de terceiros para a propositura de ações a que se referem o inciso LXXIII do caput do art. 5º e o §1º do art. 129 da Constituição Federal, assegurado a eles o acesso gratuito aos documentos mencionados nos arts. 31 e 36 desta Lei.

§2º Admitir-se-á litisconsórcio facultativo entre os Ministérios Públicos da União, do Distrito Federal e Territórios e dos Estados para a fiscalização da aplicação dos recursos dos Fundos que receberem complementação da União.

1 Controles interno, externo e social no Fundeb

A Constituição Federal estabelece que a fiscalização contábil, financeira, orçamentária, operacional e patrimonial da União e das entidades da administração direta e indireta, quanto à legalidade, legitimidade, economicidade, aplicação das subvenções e renúncia de receitas, será exercida pelo Congresso Nacional, mediante controle externo, e pelo sistema de controle interno de cada Poder (art. 70, CF).

O art. 212-A, X, "d" prevê que a lei regulamentadora do Fundeb, disporá sobre "a transparência, o monitoramento, a fiscalização e o controle interno, externo e social dos fundos referidos no inciso I do *caput* deste artigo, assegurada a criação, a autonomia, a manutenção e a consolidação de conselhos de acompanhamento e controle social, admitida sua integração aos conselhos de educação". O art. 30 da Lei nº 14.113/2020 trata do controle interno, o art. 31 do controle externo e o art. 33 do controle social. O art. 32 é dedicado ao papel do Ministério Público, em relação à defesa da ordem jurídica, do regime democrático, dos interesses sociais e individuais indisponíveis, relacionada ao pleno cumprimento desta Lei.

1.1 Controle interno

O Controle interno é realizado por órgãos e entidades integrantes da própria estrutura da Administração Pública e tem por objetivo assegurar a regularidade da realização da receita e da despesa. É um controle de legalidade, oportunidade e eficiência. (MEIRELLES, 1973; SCHIRATO, 2015).

Para Marques Neto (2009), a característica essencial do sistema de controle interno é ser permanente, coexistindo competências de monitoramento e fiscalização ao lado de competências corretivas – que têm como mecanismos as atividades de auditoria e correcionais.

No caso do monitoramento e fiscalização dos recursos do Fundeb são instrumentos importantes o Sistema de Informações sobre Orçamentos Públicos em Educação (Siope) e o Sistema de Informações Contábeis e Fiscais do Setor Público Brasileiro (Siconfi): o art. 39, V da Lei nº 14.113/2020, prevê que o Ministério da Educação atuará no monitoramento da aplicação dos recursos dos Fundos, por meio de sistema de informações orçamentárias e financeiras e de cooperação com os Tribunais de Contas dos Estados e Municípios e do Distrito Federal.

O Sistema de Controle Interno no âmbito da União é disciplinado pela Lei nº 10.180/2001, que dispõe:

> Art. 22. Integram o Sistema de Controle Interno do Poder Executivo Federal:
> I – a Secretaria Federal de Controle Interno, como órgão central;
> II – órgãos setoriais.

Nos termos da Lei nº 13.844/2019, que estabelece a organização básica dos órgãos da Presidência da República e dos Ministérios, a Secretaria Federal de Controle Interno integra a estrutura básica da Controladoria-Geral da União – CGU (art. 53, V).

Este diploma prevê que constitui área de competência da CGU, a coordenação e gestão do Sistema de Controle Interno do Poder Executivo federal (art. 51, XII).

Estados e municípios devem ter, também, seus sistemas de controle interno, o que é expressamente previsto no caso do município (art. 31, CF).

1.2 Controle externo

A Carta Magna dispõe (art. 71) que o controle externo, a cargo do Congresso Nacional, será exercido com o auxílio do Tribunal de Contas da União (TCU).[65] O exercício do controle externo pelo Legislativo pode se efetivar diretamente pelo Parlamento ou por meio do Tribunal de Contas da União.

Segundo Meirelles, o controle externo é, "por excelência, um controle político e de legalidade contábil e financeira, o primeiro aspecto a cargo do Legislativo, o segundo, do Tribunal de Contas" (MEIRELLES, 1973, p. 31).

Nos casos em que o controle é exercido diretamente pelo Congresso Nacional, é realizado sobretudo pelas Comissões permanentes[66] de ambas as casas, que têm competência para exercer a fiscalização orçamentária da União, o acompanhamento e a fiscalização contábil, financeira, orçamentária, operacional e patrimonial da União e das entidades da administração direta e indireta e a fiscalização e o controle dos atos do Poder Executivo (art. 22, I, IX e XI, RICD; art. 90, X, RISF). Sem prejuízo do trabalho dessas comissões, há, ainda, comissões permanentes cujo objeto é a fiscalização:
- na Câmara dos Deputados, a Comissão de Fiscalização Financeira e Controle, com uma série de competências fiscalizatórias, entre as quais efetuar o "acompanhamento e fiscalização contábil, financeira, orçamentária, operacional e patrimonial da União e das entidades da administração direta e indireta, incluídas as sociedades e fundações instituídas e mantidas pelo Poder Público federal";
- no Senado Federal, a Comissão de Transparência, Governança, Fiscalização e Controle e Defesa do Consumidor, a quem compete (art. 102-A, I, RISF) "exercer a fiscalização

---

[65] Essa regra, conforme o princípio da simetria, vale para os entes subnacionais, com seus legislativos e tribunais de contas competentes. No caso do Município, a Constituição Federal traz disposição expressa no art. 31,§1º, que prevê: "O controle externo da Câmara Municipal será exercido com o auxílio dos Tribunais de Contas dos Estados ou do Município ou dos Conselhos ou Tribunais de Contas dos Municípios, onde houver".

[66] As Comissões Parlamentares de Inquérito– CPIs devem apurar fato determinado e têm caráter temporário. Assim também, as comissões externas, que recebem missão específica e são temporárias.

e o controle dos atos do Poder Executivo, incluídos os da administração indireta".

Nesses casos, recorre-se à proposta de fiscalização e controle (PFC).

As comissões permanentes podem propor, por meio de decreto legislativo, a sustação dos atos normativos do Poder Executivo que exorbitem do poder regulamentar ou dos limites de delegação legislativa, elaborando o respectivo decreto legislativo (art. 24 XII, RICD; art. 90, VII, RISF).[67]

O trabalho mais sistemático de realização de controle externo, em âmbito federal, é feito pelo Tribunal de Contas da União (TCU).

Os incisos do art. 71, CF, preveem extenso rol de competências do TCU. Algumas interessam particularmente ao Fundeb:

1 – a previsão de realização – inclusive por iniciativa própria, ou das Casas Legislativas e suas comissões – de inspeções e auditorias de natureza contábil, financeira, orçamentária, operacional e patrimonial, nas unidades administrativas dos Poderes Legislativo, Executivo e Judiciário, e entidades da administração direta e indireta, incluídas as fundações e sociedades instituídas e mantidas pelo Poder Público federal (art. 71, IV). O TCU tem promovido auditorias operacionais referentes aos programas e políticas públicas, entre os quais o Fundeb. O Acórdão nº 734/2020 referiu-se à análise do modelo do Fundeb 2007-2020, a fim de subsidiar as discussões então em curso no Congresso Nacional acerca do seu novo marco jurídico (PECs nºs 15/2015, 65/2019 e 33/2019). Foram identificados riscos e oportunidades de melhoria na sua concepção, operacionalização e *accountability*. O Acórdão nº 794/2021 identificou que pode ter havido desrespeito ao princípio de conta única e específica, pois alguns estados e o Distrito Federal tiveram créditos estranhos ao Fundeb nesse tipo de conta. Segundo seu relatório "as contas correntes vinculadas ao Fundeb de 19 unidades da federação, as quais deveriam

---

[67] As propostas de decreto legislativo com a intenção de sustar atos do executivo têm efeito mais político que a sustação, que dificilmente é aprovada. Foi o caso dos os Projetos de Decreto Legislativo nºs. 489, 490, 492, 498, 501, 507, 508, 509, 513, 517, 521, 523, 529 e 549, todos de 2020, que visavam sustar os efeitos da Portaria Interministerial n. 3, de 25 de novembro de 2020, do Ministério da Educação e do Ministério da Economia, que que alterava parâmetros operacionais do Fundo de Manutenção e Desenvolvimento da Educação Básica e de Valorização dos Profissionais da Educação – Fundeb, para o exercício de 2020".

ser únicas e específicas, receberam recursos estranhos ao respectivo Fundo no período de 1º.1 a 30.6.2020. Esse fato caracteriza indício de descumprimento do princípio da conta única e específica".

2 – o julgamento das contas dos administradores e demais responsáveis por dinheiros, bens e valores públicos da administração direta e indireta. O TCU tem competência para fiscalizar os recursos decorrentes da complementação da União ao Fundeb.[68]

1.3 Controle social

Desde o advento do antigo Fundef já eram previstos os conselhos de acompanhamento e controle social. Há um movimento de institucionalização de organismos de representação da sociedade no cumprimento das funções do ente estatal. Na experiência do Fundef, o controle social por meio dos conselhos de acompanhamento e controle social – CACS, nas esferas estadual e municipal, foi considerado frágil (MARTINS, 2011). A Lei do Fundeb 2007-2020 tentou sanar esse problema, estabelecendo mecanismos, visando imprimir efetividade aos CACS. Entre eles, buscou dar mais autonomia aos conselhos frente ao poder executivo; conferir caráter terminativo às suas decisões (não sujeitas à homologação por parte do executivo); possibilitar-lhes a convocação do secretário de educação (municipais e estaduais); realizar visitas *in loco* para verificar a utilização correta dos recursos; requisitar documentos comprobatórios da utilização dos recursos; assegurar a eleição, pelos pares, de cada representante de professores, pais de alunos e funcionários nos conselhos. Não houve, contudo, estudo sistematizado acerca da utilização desses mecanismos por parte dos conselhos ou da realização de litisconsórcio facultativo pelos MPs.

A Lei nº 14.113/2020 manteve esses mecanismos e acrescentou algumas regras, visando aprimorar a configuração institucional

---

[68] No julgamento da ADI nº 5.791, realizado na sessão virtual do STF, finalizada em 02.09.2022, a Corte considerou que os recursos do Fundeb oriundos da complementação da União são de titularidade da União. Nesse caso, a fiscalização da aplicação dos recursos federais é atribuição do TCU. O relator, que proferiu o voto condutor, ministro Ricardo Lewandowski destacou que "caso se faça necessária a complementação da União, o TCU atuará, sem prejuízo da atuação do respectivo Tribunal de Contas estadual, já que o fundo é composto por recursos estaduais e municipais".

dos conselhos (não coincidência dos mandatos com os titulares do executivo, fixação de prazos para encaminhamento de documentos e apresentação de autoridades convocadas, inclusão de representantes de organizações da sociedade civil e no caso dos CACS estaduais e municipais, onde houver, de representante das escolas indígenas, e escolas quilombolas). Nos CACS, municipais é previsto representante das escolas do campo.

Marques Neto (2009) aponta:

> (...) 23. O exercício do controle, no entanto, não se restringe apenas ao controle por parte dos Poderes estatais. É conferido também aos participantes da sociedade civil, o que acarreta maior legitimação à governança, maior transparência à atuação da máquina administrativa e, fundamentalmente, maior controle sobre suas atividades.
> (...) 41. Atrelada à permeabilidade de instrumentos jurídicos voltados à transparência da atividade da Administração, nos últimos anos o controle social tem ganho importância significativa, como forma de os administrados exercerem seu direito subjetivo público à fiscalização adequada das atividades exercidas na Administração.

Embora de outra natureza, o controle social colabora com os demais controles. Tanto assim que seu parecer é uma peça de instrução da prestação de contas e deverá ser apresentado ao Poder Executivo respectivo em até 30 dias antes do vencimento do prazo para a apresentação da prestação de contas ao controle externo.

Além dessa regular e periódica prestação de contas e da comprovação da aplicação de recursos, mensalmente realizada junto aos CACS (art. 36), os poderes executivos devem publicar bimestralmente o *Relatório Resumido de Execução Orçamentária-RREO* (art. 167, §3º, da CF) discriminado as despesas com MDE, entre as quais as do Fundeb (art. 72 da LDB).

1.4 O papel do MP

O art. 32, ao tratar da atuação do Ministério Público em relação ao que estabelece a lei do Fundeb, reafirma a necessidade e a particular importância dessa instituição, na defesa dos interesses educacionais, visto que, a rigor, o que é delineado no presente artigo já se encontra estampado no art. 127 da Constituição Federal, na Lei Orgânica

Nacional do Ministério Público (Lei nº 8.625/1993) e na Lei Complementar nº 75/1993, que trata da organização e atribuições do Ministério Público, definindo sua função institucional nos seguintes termos:

> Constituição Federal (CF):
> Art. 127. O Ministério Público é instituição permanente, essencial à função jurisdicional do Estado, incumbindo-lhe a defesa da ordem jurídica, do regime democrático e dos interesses sociais e individuais indisponíveis.
> Lei nº 8.625/1993 (LOMP):
> Art. 1º O Ministério Público é instituição permanente, essencial à função jurisdicional do Estado, incumbindo-lhe a defesa da ordem jurídica, do regime democrático e dos interesses sociais e individuais indisponíveis.
> LC nº 75/1993:
> Art. 1º O Ministério Público da União, organizado por esta lei Complementar, é instituição permanente, essencial à função jurisdicional do Estado, incumbindo-lhe a defesa da ordem jurídica, do regime democrático, dos interesses sociais e dos interesses individuais indisponíveis.

Esse dispositivo, portanto, não inova em relação à responsabilidade e atribuições do Ministério Público, mas sinaliza, reitera e reforça a importância, a singularidade e o caráter prioritário que a garantia e a adequada aplicação dos recursos da educação devem merecer no âmbito das instituições responsáveis pelo controle e defesa dos interesses sociais e individuais indisponíveis.

O Supremo Tribunal Federal, assim, manifestou-se acerca das competências específicas do cada Ministério Público (Federal e Estadual), em relação ao Fundef e ao Fundeb:

> *A jurisprudência deste Supremo Tribunal assentou a atribuição do Ministério Público Federal para a adoção de medidas judiciais em matéria penal contra gestores responsáveis pela malversação de recursos do Fundef ou Fundeb, independentemente da complementação, ou não, desses fundos com recursos federais. A instauração de inquérito civil para apurar responsabilidade no âmbito cível, por outro lado, é atribuída ao Ministério Público Estadual, por competir à Justiça comum estadual processar e julgar eventual ação civil pública ou ação por improbidade administrativa ajuizadas contra agentes públicos estaduais ou municipais. Essa regra de competência residual da Justiça comum estadual somente pode ser excepcionada se a União, suas autarquias ou fundações públicas tiverem interesse legítimo em atuar no feito na qualidade de autoras, rés, assistentes ou oponentes, circunstância que atrairá a competência da Justiça Federal (art. 109, inc. I, da Constituição da República) e, consequentemente, a atuação do Ministério Público Federal.* (ACO nº 1.808/CE).

O §2º do art. 32 possibilita a união de forças entre os dois Ministérios Públicos (Federal e Estadual/Distrital), mediante litisconsórcio, que permite ampliar a capilaridade e a capacidade de controle, no âmbito das Unidades Federadas contempladas com recursos federais de Complementação da União ao Fundo. Trata-se de inovação inserida pelo Fundeb 2007-2022, mas que ainda não foi avaliada quanto a sua recorrência e eficácia. Há outras formas de atuação conjunta, com a criação de rede de fiscalização, como fizeram o Ministério Público do Maranhão (MPMA), o Ministério Público Federal (MPF) e o Ministério Público de Contas do Maranhão, em relação aos recursos advindos dos precatórios referentes ao Fundef.

O Grupo Nacional de Direitos Humanos, órgão do Conselho Nacional dos Procuradores-Gerais de Justiça, que congrega membros dos Ministérios Públicos da União, do Distrito Federal e de todos os Estados, tem como parte integrante de sua estrutura, a Comissão Permanente de Educação (COPEDUC).[69] Esta comissão tem criado uma rede nacional dos integrantes dos MPs federal, distrital e estaduais; edita enunciados, que são diretrizes sobre a atuação dos Promotores e Procuradores de Justiça que atuam na área de Educação; formula notas técnicas e tem promovido encontros nacionais de Promotores e Promotoras de Justiça da Educação, tendo a terceira edição se realizado em 2022, em Florianópolis, juntamente com o IV Simpósio Nacional de Educação (Sined).

Há, portanto, uma intensificação da atuação do MP na defesa do direito à educação e na fiscalização do principal instrumento de financiamento da educação básica, o Fundeb.

---

[69] O Conselho Nacional de Procuradores-Gerais dos Ministérios Públicos dos Estados e da União (CNPG) criou, em 2005, o Grupo Nacional dos Direitos Humanos (GNDH), com a finalidade de promover, proteger e defender os direitos fundamentais dos cidadãos. A GNDH atua por meio de comissões nas seguintes áreas: saúde, educação, infância e juventude, direitos humanos em sentido estrito, defesa da pessoa com deficiência e do idoso, combate a violência doméstica contra a mulher, e meio ambiente e urbanismo. Em 2011, foi criada como comissão específica a Comissão Permanente da Educação (COPEDUC) – que era uma subcomissão que integrava a Comissão Permanente da Infância e Juventude–COPEIJ (SÁ, 2014). Segundo informa o site institucional do CNPG, a Comissão Permanente de Educação (COPEDUC) "tem como meta a criação de um banco de dados nacional com peças jurídicas sobre o tema produzidas em todos os Estados do país. Também estão entre os objetivos principais da Comissão o fomento à criação de Centros de Apoio e Promotorias especializadas na área. Estimular, fiscalizar e apoiar o funcionamento dos Conselhos de Controle Social (Conselho de Alimentação e Conselho do Fundeb) também é uma das metas da COPEDUC" (cnpg.org.br).

Seção II

Dos Conselhos de Acompanhamento e de Controle Social

Art. 33. O acompanhamento e o controle social sobre a distribuição, a transferência e a aplicação dos recursos dos Fundos serão exercidos, perante os respectivos governos, no âmbito da União, dos Estados, do Distrito Federal e dos Municípios, por conselhos instituídos especificamente para esse fim.

1 Conselhos de acompanhamento e controle social-CACS

O controle social dos recursos do Fundeb permanente é efetuado por conselhos de acompanhamento e controle social, em todas as esferas federativas, a exemplo do que ocorreu com o Fundef e o Fundeb 2007-2020. Na proposta original do Fundef (PL nº 2.380/1996), apresentada pelo Executivo, não constava conselho de acompanhamento e controle social na esfera federal, que foi incluído pelo relator, Deputado Ubiratan Aguiar, em seu substitutivo.

O CACS Fundeb, no âmbito da União, deve se ocupar do acompanhamento das atividades dos órgãos e instituições federais, ou de alcance nacional, que têm atribuições relacionadas ao Fundeb:

– *Ministério da Economia*: Define e publica, conjuntamente com o MEC, a portaria interministerial que estabelece os parâmetros referenciais anuais do Fundo de Manutenção e Desenvolvimento da Educação Básica e de Valorização dos Profissionais da Educação – Fundeb para cada exercício, nas modalidades Valor Anual por Aluno – VAAF e Valor Anual Total por Aluno – VAAT; apura e atualiza dados referentes à utilização do potencial de arrecadação tributária (art. 10, §1º, III); elaborar as metodologias de cálculo da disponibilidade de recursos vinculados à educação e do potencial de arrecadação tributária de cada ente federado (art. 18, IV); tem 2 representantes no CACS federal (art. 34, I, "b"); elabora estudos e os encaminha até 31 de julho de 2023 à Comissão Intergovernamental de Financiamento para a Educação Básica de Qualidade para subsidiar à definição das ponderações (art. 43, §3º);

– *Ministério da Economia/STN*: juntamente com o FNDE atua no cálculo dos indicadores referentes à disponibilidade de recursos, com base no VAAT (art. 10, §1º, II); recebe até o dia 31 de janeiro os valores da arrecadação efetiva dos impostos e das transferências referentes ao exercício imediatamente anterior, encaminhados pelos Estados e pelo Distrito Federal, para o ajuste da complementação da União (art. 16, §4º); elabora a memória de cálculo do índice de correção aplicado o percentual da variação nominal das receitas totais integrantes dos Fundos, das receitas que compõem o VAAT (art. 16, I);

– **Ministério da Educação**: participa com 5 representantes na Comissão Intergovernamental de Financiamento para a Educação Básica de Qualidade (art. 17,I) e com 3 representantes no CACS federal (art. 34,I, "a").

Atua nas competências previstas no art. 39, referentes a:
- apoio técnico relacionado aos procedimentos e aos critérios de aplicação dos recursos dos Fundos, perante os Estados, o Distrito Federal e os Municípios e as instâncias responsáveis pelo acompanhamento, pela fiscalização e pelo controle interno e externo;
- coordenação de esforços para capacitação dos membros dos conselhos e para elaboração de materiais e guias de apoio à sua função, com a possibilidade de cooperação com instâncias de controle interno, Tribunais de Contas e Ministério Público;
- divulgação de orientações sobre a operacionalização do Fundo e de dados sobre a previsão, a realização e a utilização dos valores financeiros repassados, por meio de publicação e distribuição de documentos informativos e em meio eletrônico de livre acesso público;
- realização de estudos técnicos com vistas à definição do valor referencial anual por aluno que assegure padrão mínimo de qualidade do ensino;
- monitoramento da aplicação dos recursos dos Fundos, por meio de sistema de informações orçamentárias e financeiras e de cooperação com os Tribunais de Contas dos Estados e Municípios e do Distrito Federal;

– realização de avaliações dos resultados da aplicação desta Lei, com vistas à adoção de medidas operacionais e de natureza político-educacional corretivas, devendo a primeira dessas medidas ser realizada em até 2 (dois) anos após a implantação do Fundo.

– *FNDE/MEC*: apura e atualiza dados referentes à disponibilidade de recursos, com base no VAAT (art. 10, §1º, II); divulga em sítio eletrônico, até 31 de dezembro de cada exercício: I – a memória de cálculo do índice de correção previsto no parágrafo único do art. 15 desta Lei, elaborado pela Secretaria do Tesouro Nacional do Ministério da Economia; II – o detalhamento das parcelas de receitas e disponibilidades consideradas no cálculo do VAAT, por rede de ensino; participa como um dos 5 representantes do MEC na Comissão Intergovernamental de Financiamento para a Educação Básica de Qualidade (art. 17, I); recebe parecer conclusivo encaminhado pelos CACS sobre a aplicação de recursos do PNATE e da EJA (art. 33, §2º, III); coordena as atividades das redes de conhecimento dos conselheiros (art. 35, §2º);

– *INEP/MEC*: realiza o censo escolar e fornece os dados mais atualizados (art. 8º); apura dados atualizados para os cálculos em relação ao nível socioeconômico dos educandos (art. 10, §1º, I); define a escala de níveis de aprendizagem com relação aos resultados dos estudantes nos exames nacionais do Saeb/Sinaeb (art. 14, §3º, I); participa como um dos 5 representantes do MEC na Comissão Intergovernamental de Financiamento para a Educação Básica de Qualidade (art. 17, I), elaborar proposta tecnicamente fundamentada acerca das condicionalidades do VAAR e aferição de sua metodologia (art. 18, II e VI), elaborar metodologia de cálculo dos indicadores de nível socioeconômico dos educandos (art. 18, IV), elaborar metodologia de cálculo dos indicadores de atendimento e melhoria da aprendizagem com redução das desigualdades, nos termos do sistema nacional de avaliação da educação básica (art. 18, V), elaborar metodologia de cálculo do indicador referente à educação infantil (art. 18, VII), elaborar, atualizar e publicar, anualmente, estudos sobre custos médios das etapas, modalidades e tipos de ensino, nível socioeconômico dos estudantes, disponibilidade de recursos vinculados à educação e potencial de arrecadação de cada ente federado (art. 18, §2º), realizar a cada 2 anos a avaliação dos efeitos redistributivos, da melhoria dos indicadores educacionais e da ampliação do atendimento e estudos para avaliação da eficiência, da eficácia e da efetividade na aplicação dos recursos dos Fundos (art. 40, I e II);

– *Banco do Brasil*: recebe os recursos dos Fundos disponibilizados pelas unidades transferidoras e realizar a distribuição dos valores devidos aos Estados, ao Distrito Federal e aos Municípios (art. 20); abre contas únicas e específicas dos governos estaduais, do Distrito Federal e municipais, vinculadas ao respectivo Fundo, instituídas para o repasse automático dos recursos, que serão nelas executados, vedada a transferência para outras contas, salvo o disposto no art. 21, §9º (art. 21); credita, no que se refere ao ITCMD, ICMS, IPVA e cotas municipais do IPVA e ICMS, imediatamente as parcelas devidas aos governos estaduais, ao Distrito Federal e municipais nas contas específicas e divulgação dos valores creditados de forma similar e com a mesma periodicidade utilizada pelos Estados em relação ao restante da transferência do referido imposto (art. 21, §3º); disponibiliza, permanentemente, em sítio na internet disponível ao público e em formato aberto e legível por máquina, os extratos bancários referentes à conta do Fundo, incluídas informações atualizadas sobre: I – movimentação; II – responsável legal; III – data de abertura; IV – agência e número da conta bancária (art. 21, §6º, I, II, III, e IV);

– *Caixa Econômica Federal*: recebe os recursos dos Fundos disponibilizados pelas unidades transferidoras e realiza a distribuição dos valores devidos aos Estados, ao Distrito Federal e aos Municípios (art. 20); abre contas únicas e específicas dos governos estaduais, do Distrito Federal e municipais, vinculadas ao respectivo Fundo, instituídas para o repasse automático dos recursos, que serão nelas executados, vedada a transferência para outras contas, salvo o disposto no art. 21, §9º (art. 21); credita, no que se refere ao ITCMD, ICMS, IPVA e cotas municipais do IPVA e ICMS, imediatamente as parcelas devidas aos governos estaduais, ao Distrito Federal e municipais nas contas específicas e divulgação dos valores creditados de forma similar e com a mesma periodicidade utilizada pelos Estados em relação ao restante da transferência do referido imposto (art. 21, §3º); disponibiliza, permanentemente, em sítio na internet disponível ao público e em formato aberto e legível por máquina, os extratos bancários referentes à conta do Fundo, incluídas informações atualizadas sobre: I – movimentação; II – responsável legal; III – data de abertura; IV – agência e número da conta bancária (art. 21, §6º, I, II, III, e IV).

Nos Estados e no Distrito Federal, os Conselhos se ocupam, tanto do acompanhamento da maior parcela dos recursos do Fundeb (já que o ICMS é o principal imposto), cuja arrecadação e disponibilização é de responsabilidade de cada governo estadual/distrital; quanto da verificação da aplicação da parcela desses recursos que é creditada na conta do Fundo do próprio governo estadual. No caso dos estados, cabe ainda verificar se há retenção dos impostos estaduais que compõem a cesta.

Nos Municípios, a principal ocupação dos conselhos em relação ao Fundeb está relacionada à aplicação dos valores creditados nas contas, em ações finalísticas de manutenção e desenvolvimento da educação básica, já que os municípios não atuam na arrecadação das receitas que entram na composição do Fundo. Cabe aos conselhos municipais, ainda, verificar as aplicações mínimas dos recursos da complementação VAAT em educação infantil pelas respectivas redes de ensino (arts. 16, VII e 28, parágrafo único).

Aos conselhos de todos os entes subnacionais cabe, também, verificar se os poderes executivos de seus entes tomaram as providências para habilitá-lo às complementações VAAT e VAAR.

§1º Os conselhos de âmbito estadual, distrital e municipal poderão, sempre que julgarem conveniente:

I – apresentar ao Poder Legislativo local e aos órgãos de controle interno e externo manifestação formal acerca dos registros contábeis e dos demonstrativos gerenciais do Fundo, dando ampla transparência ao documento em sítio da internet;

II – convocar, por decisão da maioria de seus membros, o Secretário de Educação competente ou servidor equivalente para prestar esclarecimentos acerca do fluxo de recursos e da execução das despesas do Fundo, devendo a autoridade convocada apresentar-se em prazo não superior a 30 (trinta) dias;

III – requisitar ao Poder Executivo cópia de documentos, os quais serão imediatamente concedidos, devendo a resposta ocorrer em prazo não superior a 20 (vinte) dias, referentes a:

a) licitação, empenho, liquidação e pagamento de obras e de serviços custeados com recursos do Fundo;

b) folhas de pagamento dos profissionais da educação, as quais deverão discriminar aqueles em efetivo exercício na educação básica e indicar o respectivo nível, modalidade ou tipo de estabelecimento a que estejam vinculados;

c) convênios com as instituições a que se refere o art. 7º desta Lei;

d) outras informações necessárias ao desempenho de suas funções;

IV – realizar visitas para verificar, in loco, entre outras questões pertinentes:

a) o desenvolvimento regular de obras e serviços efetuados nas instituições escolares com recursos do Fundo;

b) a adequação do serviço de transporte escolar;

c) a utilização em benefício do sistema de ensino de bens adquiridos com recursos do Fundo para esse fim.

§2º Aos conselhos incumbe, ainda:

I – elaborar parecer das prestações de contas a que se refere o parágrafo único do art. 31 desta Lei;

II – supervisionar o censo escolar anual e a elaboração da proposta orçamentária anual, no âmbito de suas respectivas esferas governamentais de atuação, com o objetivo de concorrer para o regular e tempestivo tratamento e encaminhamento dos dados estatísticos e financeiros que alicerçam a operacionalização dos Fundos;

III – acompanhar a aplicação dos recursos federais transferidos à conta do Programa Nacional de Apoio ao Transporte do Escolar (PNATE) e do Programa de Apoio aos Sistemas de Ensino para Atendimento à Educação de Jovens e Adultos (PEJA) e, ainda, receber e analisar as prestações de contas referentes a esses programas, com a formulação de pareceres conclusivos acerca da aplicação desses recursos e o encaminhamento deles ao FNDE.

§3º Os conselhos atuarão com autonomia, sem vinculação ou subordinação institucional ao Poder Executivo local e serão renovados periodicamente ao final de cada mandato dos seus membros.

§4º Os conselhos não contarão com estrutura administrativa própria, e incumbirá à União, aos Estados, ao Distrito Federal e aos Municípios garantir infraestrutura e condições materiais adequadas à execução plena das competências dos conselhos e oferecer ao Ministério da Educação os dados cadastrais relativos à criação e à composição dos respectivos conselhos.

1.2 Competências e instrumentos à disposição dos CACS

Os parágrafos do art. 33 asseguram poder e enumeram as ações que orientam a atuação dos conselhos, que têm a prerrogativa de se manifestar formalmente acerca dos registros contábeis e dos demonstrativos gerenciais do Fundo e encaminhar os resultados dessa análise aos órgãos responsáveis pelo controle interno e externo, além de exercer atividades que vão além da verificação de documentos usualmente fornecidos pelo Poder Executivo, como convocar o gestor educacional para, em até 30 dias, prestar esclarecimentos; requisitar documentos, dados e informações adicionais, realizar visitas de verificação do que se está fazendo ou sobre o que se fez com os recursos do Fundo.

Os CACS acompanham a aplicação dos recursos federais que não são recursos do Fundeb, mas de programas do FNDE, financiados pelo salário-educação: o Programa Nacional de Apoio ao Transporte do Escolar (PNATE) e o Programa de Apoio aos Sistemas de Ensino para Atendimento à Educação de Jovens e Adultos (PEJA), procedendo à análise de suas prestações de contas, com a formulação e encaminhamento ao FNDE, de pareceres conclusivos acerca da aplicação desses recursos.

Essas prerrogativas já existiam na Lei nº 11.494/2007, tendo sido acrescentados alguns aperfeiçoamentos, como o prazo de 20 dias para a resposta às requisições e a ampla divulgação em sítio da internet da manifestação do CACS acerca dos acerca dos registros contábeis e dos demonstrativos gerenciais. Não há informações consolidadas acerca do grau de utilização desses instrumentos pelos CACS no período do Fundeb 2007-2020.

Os conselhos são de acompanhamento e controle social. Não substituem ou punem os gestores. Não deliberam sobre liberação de recursos (que se processa de forma automática), ou sobre sua aplicação (que deve ocorrer, observadas as subvinculações, em ações de manutenção e desenvolvimento da educação básica, de acordo com necessidades, prioridades e diretrizes do respectivo ente governamental), ou ainda, sobre penalização de agentes responsáveis por eventuais irregularidades (afeta às autoridades administrativas ou judiciais competentes).

O exercício do poder conferido por esse dispositivo da lei materializa-se com o efetivo acompanhamento das ações realizadas pelos conselheiros e instituições responsáveis, e gera corresponsabilidade do colegiado em relação aos dados e informações obtidas em decorrência da sua atuação, de forma que essas informações devem receber o tratamento e o encaminhamento apropriados, especialmente aquelas de caráter sigiloso, a exemplo, das informações constantes da folha de pagamento dos profissionais pagos com recursos do Fundo, cuja divulgação deve obedecer a critérios que preservem dados de cunho pessoal, observando-se os princípios e normas da Lei nº 13.709/2018 – Lei Geral de Proteção de Dados Pessoais (LGPD).

1.3 Natureza dos CACS e sua infraestrutura

Os conselhos são autônomos sem vinculação ou subordinação institucional ao Poder Executivo local. Um conselho de *controle social* é, por definição, autônomo – pressupõe independência entre controlador e controlado.

Embora os CACS sejam instâncias de representação social que não se constituem como unidades administrativas de governo, incumbirá à União, aos Estados, ao Distrito Federal e aos Municípios garantir infraestrutura e condições materiais adequadas à execução plena das competências dos respectivos conselhos.

As regras referentes a impedimentos para integrar o conselho ou exercer sua presidência visam reforçar sua autonomia.

Os instrumentos à disposição dos CACS e sua plena autonomia contribuem para o que Silva denomina "controlabilidade social", "compreendida como a capacidade da instituição controladora, constituída pela sociedade civil organizada, manter-se adequada ao exercício pleno do controle social" (SILVA, 2013, p. 71).

Art. 34. Os conselhos serão criados por legislação específica, editada no respectivo âmbito governamental, observados os seguintes critérios de composição:

I – em âmbito federal:

a) 3 (três) representantes do Ministério da Educação;

b) 2 (dois) representantes do Ministério da Economia;

c) 1 (um) representante do Conselho Nacional de Educação (CNE);

d) 1 (um) representante do Conselho Nacional de Secretários de Estado da Educação (Consed);

e) 1 (um) representante da Confederação Nacional dos Trabalhadores em Educação (CNTE);

f) 1 (um) representante da União Nacional dos Dirigentes Municipais de Educação (Undime);

g) 2 (dois) representantes dos pais de alunos da educação básica pública;

h) 2 (dois) representantes dos estudantes da educação básica pública, dos quais 1 (um) indicado pela União Brasileira dos Estudantes Secundaristas (Ubes);

i) 2 (dois) representantes de organizações da sociedade civil;

II – em âmbito estadual:

a) 3 (três) representantes do Poder Executivo estadual, dos quais pelo menos 1 (um) do órgão estadual responsável pela educação básica;

b) 2 (dois) representantes dos Poderes Executivos municipais;

c) 2 (dois) representantes do Conselho Estadual de Educação;

d) 1 (um) representante da seccional da União Nacional dos Dirigentes Municipais de Educação (Undime);

e) 1 (um) representante da seccional da Confederação Nacional dos Trabalhadores em Educação (CNTE);

f) 2 (dois) representantes dos pais de alunos da educação básica pública;

g) 2 (dois) representantes dos estudantes da educação básica pública, dos quais 1 (um) indicado pela entidade estadual de estudantes secundaristas;

h) 2 (dois) representantes de organizações da sociedade civil;

i) 1 (um) representante das escolas indígenas, quando houver;

j) 1 (um) representante das escolas quilombolas, quando houver;

III – no Distrito Federal, com a composição determinada pelo disposto no inciso II deste caput, excluídos os membros mencionados nas suas alíneas "b" e "d";

IV – em âmbito municipal:

a) 2 (dois) representantes do Poder Executivo municipal, dos quais pelo menos 1 (um) da Secretaria Municipal de Educação ou órgão educacional equivalente;

b) 1 (um) representante dos professores da educação básica pública;

c) 1 (um) representante dos diretores das escolas básicas públicas;

d) 1 (um) representante dos servidores técnico-administrativos das escolas básicas públicas;

e) 2 (dois) representantes dos pais de alunos da educação básica pública;

f) 2 (dois) representantes dos estudantes da educação básica pública, dos quais 1 (um) indicado pela entidade de estudantes secundaristas.

§1º Integrarão ainda os conselhos municipais dos Fundos, quando houver:

I – 1 (um) representante do respectivo Conselho Municipal de Educação (CME);

II – 1 (um) representante do Conselho Tutelar a que se refere a Lei nº 8.069, de 13 de julho de 1990, indicado por seus pares;

III – 2 (dois) representantes de organizações da sociedade civil;

IV – 1 (um) representante das escolas indígenas;

V – 1 (um) representante das escolas do campo;

VI – 1 (um) representante das escolas quilombolas.

1 Composição dos CACS e indicação dos conselheiros

O CACS/Fundeb no âmbito da União terá, com essa definição, *15 membros*. A maioria das representações constava da Lei nº

11.494/2007: os representantes dos antigos ministérios da Fazenda e Planejamento (um de cada) foram unificados na representação do ministério da Economia (2 representantes) e o MEC passa a ter de "até 4" representantes para 3 representantes. A novidade são os dois representantes de organizações da sociedade civil.

Nos conselhos de acompanhamento e controle social estaduais há de *15 a 17 membros*. São previstas representações de escolas indígenas e escolas quilombolas, "quando houver". Em relação à composição anterior, estas são as inovações, ao lado dos dois representantes de organizações da sociedade civil.

O CACS/DF tem de *13 a 15 membros*. A representação é a mesma do CACS estadual, excluídos os representantes dos executivos municipais e da Undime, já que o DF não tem municípios. Há previsão de representações de escolas indígenas e escolas quilombolas, "quando houver".

Como assinalava Borges (BORGES e MARTINS, 2013), é pertinente destacar que no Distrito Federal, além da composição diferenciada do conselho, as atribuições do governo distrital incluem toda a educação básica, para fins de aplicação dos recursos e de garantia de atendimento dos alunos. Ademais, o Distrito Federal é contemplado com recursos federais assegurados no cômputo de Fundo Constitucional do Distrito Federal – FCDF (art. 21, XIV, da CF), repassados pela União para custeio de despesas nas áreas de educação, saúde e segurança, aspecto que o diferencia da situação dos Estados, exigindo, por conseguinte, a necessidade de particular atenção dos conselheiros, em relação à efetiva aplicação dos recursos do Fundeb, em face da destinação dos recursos, tanto do Fundeb quanto do FCDF, ao atendimento da educação básica.

Os CACS municipais têm de *9 a 16 membros*. A composição básica é a mesma do período do Fundeb 2007-2020. Há previsão, quando houver, de representantes de:

– Conselho Municipal de Educação (CME);
– Conselho Tutelar;
– organizações da sociedade civil;
– escolas indígenas;
– escolas do campo;
– escolas quilombolas.

O CME e o Conselho Tutelar já eram previstos no período do Fundeb 2007-2020. As inovações no CACS municipal são as representações de organizações da sociedade civil (2), escolas indígenas, escolas do campo e escolas quilombolas (1 representante para cada). A inclusão obrigatória dessas representações nos conselhos municipais do Fundeb enriquece a participação social no colegiado.[70]

Observe-se que, ao contrário do que dispunha a Lei nº 11.494/2007, a composição dos CACS não é mais indicada com a expressão "no mínimo", sendo adotado o *numerus clausus*, sem a possibilidade de criação de novas representações.

O FNDE mantém sistema informatizado de Cadastro dos Conselhos do Fundeb.

---

[70] Segundo dados do IBGE (Pesquisa de Informações Básicas Municipais (Munic – 2018), dos 5.570 municípios existentes em 2018, 92,8% declararam ter conselho municipal de educação. Segundo estabelece o ECA (art. 132), todo município deve ter pelo menos um Conselho Tutelar composto por cinco conselheiros escolhidos pela comunidade local. Conforme a última atualização do Cadastro Nacional de Conselheiros Tutelares, em outubro de 2012, 99% dos municípios brasileiros contavam com conselhos.

§2º Os membros dos conselhos previstos no caput e no §1º deste artigo, observados os impedimentos dispostos no §5º deste artigo, serão indicados até 20 (vinte) dias antes do término do mandato dos conselheiros anteriores, da seguinte forma:

I – nos casos das representações dos órgãos federais, estaduais, municipais e do Distrito Federal e das entidades de classes organizadas, pelos seus dirigentes;

II – nos casos dos representantes dos diretores, pais de alunos e estudantes, pelo conjunto dos estabelecimentos ou entidades de âmbito nacional, estadual ou municipal, conforme o caso, em processo eletivo organizado para esse fim, pelos respectivos pares;

III – nos casos de representantes de professores e servidores, pelas entidades sindicais da respectiva categoria;

IV – nos casos de organizações da sociedade civil, em processo eletivo dotado de ampla publicidade, vedada a participação de entidades que figurem como beneficiárias de recursos fiscalizados pelo conselho ou como contratadas da Administração da localidade a título oneroso.

2 Prazos para indicações de conselheiros e definição dos responsáveis pela indicação

Em cada esfera governamental faz-se necessária a edição de ato legal específico de criação do conselho, que se dá, usualmente, por meio de lei. No entanto, essa criação pode ocorrer também por Decreto ou mesmo Portaria, o que não significa descumprimento da norma federal, dado que esta se refere à "legislação específica", sem indicar a espécie normativa. O ato legal estabelecerá, respeitadas as disposições desta Lei nº 14.113/2020, a composição do CACS local indicando quais instituições ou representações terão assento no colegiado, tendo em conta que há distintas situações: pode ou não haver no local conselho tutelar, conselho municipal de educação, escolas indígenas, do campo ou quilombolas.

Os conselheiros serão indicados até 20 (vinte) dias antes do término do mandato dos conselheiros anteriores:
- nos casos das representações dos órgãos federais, estaduais, municipais e do Distrito Federal e das entidades de classes organizadas, *pelos seus dirigentes*;
- nos casos dos representantes dos diretores, pais de alunos e estudantes, pelo conjunto dos estabelecimentos ou entidades de âmbito nacional, estadual ou municipal, conforme o caso, em *processo eletivo* organizado para esse fim, pelos respectivos pares;
- nos casos de representantes de professores e servidores, *pelas entidades sindicais* da respectiva categoria;
- nos casos de organizações da sociedade civil, *em processo eletivo* dotado de ampla publicidade, vedada a participação de entidades que figurem como beneficiárias de recursos fiscalizados pelo conselho ou como contratadas da Administração da localidade a título oneroso.

A previsão do prazo de 20 dias antes do término do mandato dos conselheiros anteriores é prudente, para que se possam organizar os processos eletivos e se prepare a transição com o repasse de informações aos novos conselheiros. Essa regra já era prevista na Lei nº 11.494/2007.

§3º As organizações da sociedade civil a que se refere este artigo:

I – são pessoas jurídicas de direito privado sem fins lucrativos, nos termos da Lei nº 13.019, de 31 de julho de 2014;

II – desenvolvem atividades direcionadas à localidade do respectivo conselho;

III – devem atestar o seu funcionamento há pelo menos 1 (um) ano contado da data de publicação do edital;

IV – desenvolvem atividades relacionadas à educação ou ao controle social dos gastos públicos;

V – não figuram como beneficiárias de recursos fiscalizados pelo conselho ou como contratadas da Administração da localidade a título oneroso.

3 Caracterização e requisitos para que organizações da sociedade civil possam se habilitar a indicar conselheiros dos CACS

Em relação à admissão das organizações da sociedade civil que podem indicar representantes no CACS, foram estabelecidas as seguintes regras:
- são pessoas jurídicas de direito privado sem fins lucrativos, nos termos da Lei nº 13.019, de 31 de julho de 2014;
- desenvolvem atividades direcionadas à localidade do respectivo conselho;
- devem atestar o seu funcionamento há pelo menos 1 (um) ano contado da data de publicação do edital;
- desenvolvem atividades relacionadas à educação ou ao controle social dos gastos públicos;
- não figuram como beneficiárias de recursos fiscalizados pelo conselho ou como contratadas da Administração da localidade a título oneroso.

Essas regras visam preservar a autonomia dos CACS e evitar sua ocupação por entidades que tenham ou visem benefícios financeiros ou que não tenham atuação no local em que funcionam e nas áreas da educação e controle social.

§4º Indicados os conselheiros, na forma dos incisos I, II, III e IV do §2º deste artigo, o Ministério da Educação designará os integrantes do conselho previsto no inciso I do caput deste artigo, e o Poder Executivo competente designará os integrantes dos conselhos previstos nos incisos II, III e IV do caput deste artigo.

4 Indicação e nomeações dos conselheiros

Enquanto a indicação dos conselheiros se processa de acordo com a formalização por parte do dirigente da instituição ou segmento social representado ou, ainda, por meio de processo eletivo, a nomeação desses membros compete ao Ministro de Estado da Educação, ao Governador de cada Estado e do Distrito Federal e ao Prefeito de cada Município, nos casos dos conselhos no âmbito da União, dos Estados e Distrito Federal e dos Municípios, respectivamente.

§5º São impedidos de integrar os conselhos a que se refere o caput deste artigo:

I – titulares dos cargos de Presidente e de Vice-Presidente da República, de Ministro de Estado, de Governador e de Vice-Governador, de Prefeito e de Vice-Prefeito e de Secretário Estadual, Distrital ou Municipal, bem como seus cônjuges e parentes consanguíneos ou afins, até o terceiro grau;

II – tesoureiro, contador ou funcionário de empresa de assessoria ou consultoria que prestem serviços relacionados à administração ou ao controle interno dos recursos do Fundo, bem como cônjuges, parentes consanguíneos ou afins, até o terceiro grau, desses profissionais;

III – estudantes que não sejam emancipados;

IV – pais de alunos ou representantes da sociedade civil que:

a) exerçam cargos ou funções públicas de livre nomeação e exoneração no âmbito dos órgãos do respectivo Poder Executivo gestor dos recursos; ou

b) prestem serviços terceirizados, no âmbito dos Poderes Executivos em que atuam os respectivos conselhos.

§6º O presidente dos conselhos previstos no caput deste artigo será eleito por seus pares em reunião do colegiado, sendo impedido de ocupar a função o representante do governo gestor dos recursos do Fundo no âmbito da União, dos Estados, do Distrito Federal e dos Municípios.

5 Impedimentos

Durante experiência do Fundef apontou-se que havia um traço patrimonialista na construção dos conselhos de acompanhamento e controle social e era frequente a captura pelos representantes do poder local, com a indicação de pessoas ligadas aos titulares das instâncias que deveriam ser acompanhadas e controladas.

Assim, sob a inspiração da legislação eleitoral e de proposições que tramitavam no Congresso Nacional, foram estabelecidos pela legislação do Fundeb 2007-2020 (SENA, 2008) impedimentos, com o objetivo de dificultar o controle do Executivo sobre esses conselhos e que alcançam os parentes de membros do Executivo, prestadores de serviços, pais que ocupem cargos ou funções de confiança.

As autoridades públicas que não podem ter parentes nos conselhos do Fundeb ocupam seus cargos em decorrência de processo eletivo (caso dos chefes dos poderes executivos federal, estaduais e municipal, e respectivos vices) ou de livre nomeação para funções de confiança (ministros e secretários).

Sobre a graduação dos parentescos, o art. 1.594 da Lei nº 10.406/2002 (Código Civil), define que *"contam-se, na linha reta, os graus de parentesco pelo número de gerações, e, na colateral, também pelo número delas, subindo de um dos parentes até ao ascendente comum, e descendo até encontrar o outro parente"*.

Além disso, o parentesco se dá por consanguinidade ou por afinidade, sendo que até o 3º grau são os sintetizados no Quadro 12.

QUADRO 12 – Linha de parentesco até o 3º grau

Linha do parentesco	Natureza do parentesco	Grau de parentesco		
		1º grau	2º grau	3º grau
Linha reta	Por consanguinidade (ascendentes)	Pais	Avós	Bisavós
	Por consanguinidade (descendentes)	Filhos	Netos	Bisnetos
	Por afinidade (1)	Sogros, genros ou noras, enteados, madrastas ou padrastos	–	–
Linha colateral	Por consanguinidade	–	Irmãos	Tios e sobrinhos
	Por afinidade	–	Cunhados	–

Obs: Na linha reta, a afinidade não se extingue com a dissolução do casamento ou da união estável. Fonte: Elaboração – Vander Borges.

Além dos parentes das autoridades dirigentes das instituições gestoras dos recursos do Fundo, também são impedidos de participar do conselho alguns profissionais da área técnica (servidores efetivos ou prestadores de serviços) dessas instituições, e seus parentes até o terceiro grau, assegurando ao controle social condições legais de garantia de isenção aos conselheiros, para que exerçam seu papel sem vinculações em relação às pessoas cujas atividades são acompanhadas.

Em relação aos estudantes não emancipados, o impedimento decorre das disposições do Código Civil (Lei nº 10.406/2002):

> Art. 3º São absolutamente incapazes de exercer pessoalmente os atos da vida civil os menores de 16 (dezesseis) anos.
> Art. 4º São incapazes, relativamente a certos atos ou à maneira de os exercer:
> I – os maiores de dezesseis e menores de dezoito anos;
> (…)
> Art. 5º A menoridade cessa aos dezoito anos completos, quando a pessoa fica habilitada à prática de todos os atos da vida civil.
> Parágrafo único. Cessará, para os menores, a incapacidade:
> I – pela concessão dos pais, ou de um deles na falta do outro, mediante instrumento público, independentemente de homologação judicial, ou por sentença do juiz, ouvido o tutor, se o menor tiver dezesseis anos completos;
> II – *pelo casamento;*
> III – *pelo exercício de emprego público efetivo;*
> IV – *pela colação de grau em curso de ensino superior;*
> V – *pelo estabelecimento civil ou comercial, ou pela existência de relação de emprego, desde que, em função deles, o menor com dezesseis anos completos tenha economia própria.*

Dispõe o Decreto nº 10.655/2021, que *Institui o Conselho de Acompanhamento e Controle Social do Fundo de Manutenção e Desenvolvimento da Educação Básica e de Valorização dos Profissionais da Educação da União*:

> Art. 3º
> §4º Os estudantes da educação básica pública poderão ser representados no Conselho pelos alunos do ensino regular, da educação de jovens e adultos ou por outro representante escolhido pelos alunos para essa função, desde que tenha, no mínimo, dezoito anos de idade ou seja emancipado.

A emancipação pode ser do próprio aluno indicado ou de outro representante escolhido pelos alunos.

Também ficam impedidos de participar do conselho do Fundeb, mesmo que a atuação não seja diretamente relacionada à execução ou aplicação dos recursos do Fundo, os pais de alunos que atuam no poder executivo responsável pela gestão e aplicação dos recursos, objeto de acompanhamento e controle social por parte do conselho, tanto no exercício de cargos ou funções públicas de livre nomeação e exoneração quanto na condição de prestadores de serviços terceirizados. A intenção é evitar a indicação de conselheiros sujeitos a vínculos de subordinação às autoridades fiscalizadas ou que tenham interesse por prestarem serviços à administração.

Este impedimento é absoluto, em face da atuação do pai ou mãe de aluno, junto ao executivo, isto é, deve ser observado, tanto em relação à participação na condição de representante de pais de alunos quanto na condição de representante do próprio poder executivo.

Finalmente, há o impedimento para que representante do governo gestor dos recursos do Fundo no âmbito da União, dos Estados, do Distrito Federal e dos Municípios possa ocupar a função de presidente do conselho. Esse dispositivo visa reforçar a autonomia do conselho.

§7º A atuação dos membros dos conselhos dos Fundos:

I – não é remunerada;

II – é considerada atividade de relevante interesse social;

III – assegura isenção da obrigatoriedade de testemunhar sobre informações recebidas ou prestadas em razão do exercício de suas atividades de conselheiro e sobre as pessoas que lhes confiarem ou deles receberem informações;

IV – veda, quando os conselheiros forem representantes de professores e diretores ou de servidores das escolas públicas, no curso do mandato:

a) exoneração ou demissão do cargo ou emprego sem justa causa ou transferência involuntária do estabelecimento de ensino em que atuam;

b) atribuição de falta injustificada ao serviço em função das atividades do conselho;

c) afastamento involuntário e injustificado da condição de conselheiro antes do término do mandato para o qual tenha sido designado;

V – veda, quando os conselheiros forem representantes de estudantes em atividades do conselho, no curso do mandato, atribuição de falta injustificada nas atividades escolares.

6 Natureza da atuação dos membros dos CACS e proteção aos conselheiros

A atuação dos membros dos conselhos de acompanhamento e controle social do Fundeb é considerada atividade de relevante interesse social, mas não é remunerada, como são, por exemplo, os integrantes dos conselhos tutelares (art. 134, parágrafo único, ECA). Os incisos do §7º são praticamente os mesmos que constavam da lei anterior. Borges e Martins (2013) destacavam que o impedimento de assegurar qualquer forma de remuneração aos conselheiros (inciso I) pode gerar, por um lado, desinteresse de participação por parte de cidadãos que, potencialmente, seriam bons representantes de suas categorias, caso obtivessem remuneração pela atuação. Por outro lado, a não remuneração reforça a natureza voluntária e colaborativa que deve caracterizar a atividade e afasta outras formas de interesses, que não sejam exclusivamente de contribuir com a verificação da adequada aplicação dos recursos da educação.

Além desses aspectos, normalmente os conselheiros são profissionais que atuam em suas atividades próprias, em relação às quais percebem suas respectivas remunerações. Assim, a participação do conselho deixa de ser um meio de obtenção de rendimentos adicionais, o que poderia gerar interesses, disputas, ou até mesmo interferências político-partidárias, cujas ocorrências desvirtuariam o objetivo da própria existência do colegiado.

A consideração da atividade de conselheiro como de relevante interesse social (inciso II), além de significar o reconhecimento pela prestimosa colaboração do cidadão, incentiva, faz justiça e registra essa participação, enriquecendo o histórico pessoal e o currículo profissional daquele(a) que se dispõe a exercer, de forma altruística e colaborativa, essa função. Nesse sentido, a atividade dos conselheiros é protegida para que não sejam alvo de pressões ou retaliações.

O inciso III assegura liberdade de atuação ao conselheiro do Fundeb, deixando-o desobrigado de oferecer seu testemunho em relação às informações e às pessoas que as tenham lhe confiado, na condição e no exercício das atividades de conselheiro. Tal garantia legal valoriza a atividade e a reveste de sigilo que facilita a obtenção de informações relacionadas às ocorrências e apresentação de denúncias de irregularidades.

Os representantes dos professores, dos diretores e servidores das escolas públicas não podem ser demitidos (profissionais regidos pela CLT) ou exonerados (profissionais regidos por regime jurídico próprio) do emprego ou cargo que ocupam, sem justa causa, ou mesmo serem transferidos dos estabelecimentos de ensino em que atuam, durante o período em que se encontrarem no exercício do mandato de conselheiro, na forma do. Com isso, procura-se evitar perseguições das autoridades em relação aos conselheiros, nas situações em que estes apresentam e encaminham denúncias de eventuais irregularidades praticadas por aqueles.

O art. 34, §7º, IV "b", assegura aos professores, diretores ou servidores das escolas públicas, a participação das reuniões do colegiado, sem que as ausências das atividades usuais signifiquem faltas ao trabalho, nas situações em que essas ausências ocorram para participação de reuniões ou de outras atividades e compromissos do conselho, inclusive relacionados a visitas *in loco* a obras, instalações e outros objetos executados com recursos do Fundeb.

Uma vez indicado e nomeado, o conselheiro que se encontra no exercício de sua relevante função social não pode, involuntária e injustificadamente, ser afastado do colegiado, seja pela própria entidade ou representação que o indicou, seja pela autoridade que o nomeou (art. 34, §7º, IV "c").

Os estudantes, da mesma forma que os professores, diretores e servidores das escolas públicas (inciso V), gozam do direito de terem suas ausências às atividades escolares justificadas, quando essas ausências se derem no cumprimento de atividades do conselho. Não obstante, a melhor alternativa a ser adotada nessas situações é a conciliação dos interesses, evitando-se a marcação de compromissos para o colegiado (reuniões, visitas etc.) em horários coincidentes com as atividades escolares, sendo recomendável, nas situações em que isso não for possível, que o conselho forneça ao conselheiro estudante comprovante de participação da reunião, para que este possa apresentá-lo na escola, justificando sua ausência às atividades escolares que eventualmente tenha deixado de comparecer naquele horário.

§8º Para cada membro titular deverá ser nomeado um suplente, representante da mesma categoria ou segmento social com assento no conselho, que substituirá o titular em seus impedimentos temporários, provisórios e em seus afastamentos definitivos, ocorridos antes do fim do mandato.

§9º O mandato dos membros dos conselhos do Fundeb será de 4 (quatro) anos, vedada a recondução para o próximo mandato, e iniciar-se-á em 1º de janeiro do terceiro ano de mandato do respectivo titular do Poder Executivo.

7 Suplência e mandatos

A Lei nº 11.494/2007 era omissa quanto à questão dos suplentes, de sorte que a inclusão do dispositivo é oportuna.

Em relação aos mandatos, a lei anterior dispunha que os membros dos conselhos de acompanhamento e controle teriam mandato de, no máximo, dois anos, permitida uma recondução por igual período (art. 24, §11). O art. 34, §9º da vigente Lei nº 14.113/2020 prevê mandato de quatro anos, vedada a recondução para o próximo mandato. Outra inovação relevante é a não coincidência entre mandatos dos conselheiros e do titular do Poder Executivo: o mandato nos CACS inicia-se no terceiro ano de mandato do respectivo titular do Poder Executivo. Por este motivo, o art. 42, §2º dispõe que, no caso dos conselhos municipais, o primeiro mandato dos conselheiros extinguir-se-á em 31 de dezembro de 2022.

§10. Na hipótese de inexistência de estudantes emancipados, representação estudantil poderá acompanhar as reuniões do conselho com direito a voz.

8 Direito à voz de estudantes não emancipados

Em decorrência da legislação civil (falta de capacidade civil), há impedimento para que de estudantes não emancipados integrem os CACS (art. 34, §5º, III). Entretanto, é um segmento da comunidade educacional que é beneficiário dos recursos do Fundeb e que muito pode contribuir para sua fiscalização, já que tem capilaridade e está presente nas escolas. Podem provocar visitas *in loco* do conselho, por exemplo, em caso de ações previstas que não tenham ocorrido. Além disso, a voz dos estudantes, ainda que por representante que necessariamente será por eles escolhido, – no caso do CACS federal, nos termos do art. 3º, §4º do Decreto nº 10.655/2021 – mantém o caráter democrático e participativo que os CACS devem ter. Ainda assim, a lei garante o direito de participação (analogamente ao garantido em outras situações pelo art. 53, §4º, do ECA) de estudantes não emancipados, com direito à voz.

§11. A União, os Estados, o Distrito Federal e os Municípios disponibilizarão em sítio na internet informações atualizadas sobre a composição e o funcionamento dos respectivos conselhos de que trata esta Lei, incluídos:

I – nomes dos conselheiros e das entidades ou segmentos que representam;

II – correio eletrônico ou outro canal de contato direto com o conselho;

III – atas de reuniões;

IV – relatórios e pareceres;

V – outros documentos produzidos pelo conselho.

9 Informações atualizadas sobre a composição e o funcionamento dos respectivos conselhos

O dispositivo responde ao princípio constitucional da publicidade (art. 37, CF) e ao comando constitucional para que a lei regulamentadora do Fundeb disponha sobre a transparência (art. 212-A, X, "d", CF). As informações acerca dos nomes e canais de contato com o conselho permitem a interação da cidadania e a fiscalização sobre a eficácia e a regularidade das ações do próprio conselho. Assim também as atas, relatórios e pareceres, que dão transparência às questões que são objeto do acompanhamento.[71]

---

[71] O FNDE mantém o Sistema CACS-FUNDEB, disponível na internet para cadastramento dos conselheiros do Fundeb de todos os entes federados, com o objetivo de dar publicidade aos dados do conselho (endereço, número do telefone, e-mail e nome dos conselheiros).

§12. Os conselhos reunir-se-ão, no mínimo, trimestralmente ou por convocação de seu presidente.

10 Periodicidade das reuniões dos CACS

Trata-se de outra inovação da lei vigente. A Lei nº 11.494/2007 não previa a periodicidade das reuniões. No caso do CACS federal, o Decreto nº 10.656/2021 prevê reuniões ordinárias trimestrais e extraordinárias, sempre que houver solicitação de, no mínimo, oito membros, ou por convocação de seu Presidente (art. 9º). Além disso, dispõe:

> Art. 10. Os membros do Conselho de Acompanhamento e Controle Social do Fundo de Manutenção e Desenvolvimento da Educação Básica da União que se encontrarem no Distrito Federal se reunirão presencialmente ou por meio de videoconferência, nos termos do disposto no Decreto nº 10.416, de 7 de julho de 2020, e os membros que se encontrarem em outros entes federativos participarão da reunião por meio de videoconferência.

Assim, no CACS federal, admite-se reuniões "semipresenciais", ou não presenciais por parte dos conselheiros que não estejam na localidade. Essa forma pode ser reproduzida nas demais esferas, mas, sobretudo, no caso dos municípios é recomendável que sejam previstas reuniões presenciais.

Art. 35. O Poder Executivo federal poderá criar e manter redes de conhecimento dos conselheiros, com o objetivo de, entre outros:

I – gerar, compartilhar e disseminar conhecimento e experiências;

II – formular propostas de padrões, políticas, guias e manuais;

III – discutir sobre os desafios enfrentados e as possibilidades de ação quanto aos gastos públicos do Fundeb e à sua eficiência;

IV – prospectar novas tecnologias para o fornecimento de informações e o controle e a participação social por meios digitais.

§1º Será assegurada a participação de todos os conselheiros de todas as esferas de governo nas redes de conhecimento, admitida a participação de instituições científicas, tecnológicas e de inovação interessadas.

§2º Será estabelecido canal de comunicação permanente com o FNDE, a quem cabe a coordenação das atividades previstas neste artigo.

§3º Será facilitada a integração entre conselheiros do mesmo Estado da Federação, de modo a dinamizar o fluxo de comunicação entre os conselheiros.

§4º O Poder Executivo federal poderá criar redes de conhecimento e de inovação dirigidas a outros agentes envolvidos no Fundeb, como gestores públicos e comunidade escolar.

1 Redes de conhecimento

Nos termos da lei, a criação de redes de conhecimento, seja para conselheiros (*caput*) ou outros agentes envolvidos no Fundeb (§4º), é uma faculdade do Poder Executivo federal. Entretanto, uma vez criada, é imperativo assegurar a participação de todos os conselheiros de todas as esferas de governo nas redes de conhecimento, admitida a participação de instituições científicas, tecnológicas e de inovação interessadas (§1º).

A coordenação das redes de conhecimento e a facilitação da integração entre conselheiros do mesmo Estado da Federação serão promovidas pelo FNDE.

Seção III

Do Registro de Dados Contábeis, Orçamentários e Fiscais

Art. 36. Os registros contábeis e os demonstrativos gerenciais mensais, atualizados, relativos aos recursos repassados e recebidos à conta dos Fundos, assim como os referentes às despesas realizadas, ficarão permanentemente à disposição dos conselhos responsáveis, bem como dos órgãos federais, estaduais e municipais de controle interno e externo, e ser-lhes-á dada ampla publicidade, inclusive por meio eletrônico.

1 Disponibilade dos registros contábeis e dos demonstrativos gerenciais mensais

Há a obrigatoriedade de disponibilização direta, ou por meio de publicação, de documentos, dados e informações, sobre o Fundeb, por parte dos gestores públicos, para que a sociedade, por intermédio dos conselhos, tenha elementos e meios para, efetivamente, exercer o controle social e as instituições de fiscalização possam proceder ao controle externo sobre os recursos da educação.

Alinha-se, portanto, ao direito à informação pública de interesse coletivo, a que se referem o art. 5º, XXXIII da Constituição Federal, o art. 8º da sua lei regulamentadora, a Lei nº 12.527/2011 (Lei de Acesso à Informação – LAI), o art. 49 da LRF e o art. 4º da Lei nº 8.159/1991, que assim estabelecem (BORGES e MARTINS, 2013):

Constituição Federal (CF):

Art. 5º:....................................
....

XXXIII – todos têm direito a receber dos órgãos públicos informações de seu interesse particular, ou de interesse coletivo ou geral, que serão prestadas no prazo da lei, sob pena de responsabilidade, ressalvadas aquelas cujo sigilo seja imprescindível à segurança da sociedade e do Estado;

Lei nº 12.527/2011 (LAI):

Art. 8º É dever dos órgãos e entidades públicas promover, independentemente de requerimentos, a divulgação em local de fácil acesso, no âmbito de suas competências, de informações de interesse coletivo ou geral por eles produzidas ou custodiadas.
*§1º Na divulgação das informações a que se refere o **caput**, deverão constar, no mínimo:*
I – registro das competências e estrutura organizacional, endereços e telefones das respectivas unidades e horários de atendimento ao público;
II – registros de quaisquer repasses ou transferências de recursos financeiros;
III – registros das despesas;
IV – informações concernentes a procedimentos licitatórios, inclusive os respectivos editais e resultados, bem como a todos os contratos celebrados;
V – dados gerais para o acompanhamento de programas, ações, projetos e obras de órgãos e entidades; e
VI – respostas a perguntas mais frequentes da sociedade.

LC nº 101/200 (LRF):

Art. 49. As contas apresentadas pelo Chefe do Poder Executivo ficarão disponíveis, durante todo o exercício, no respectivo Poder Legislativo e no órgão técnico responsável pela sua elaboração, para consulta e apreciação pelos cidadãos e instituições da sociedade.

Lei nº 8.159/1991:

Art. 4º Todos têm direito a receber dos órgãos públicos informações de seu interesse particular ou de interesse coletivo ou geral, contidas em documentos de arquivos, que serão prestadas no prazo da lei, sob pena de responsabilidade, ressalvadas aquelas cujo sigilo seja imprescindível à segurança da sociedade e do Estado, bem como à inviolabilidade da intimidade, da vida privada, da honra e da imagem das pessoas.

Art. 37. As informações e os dados contábeis, orçamentários e fiscais disponibilizados pelos Estados, pelo Distrito Federal e pelos Municípios, conforme previsto no art. 163-A da Constituição Federal, deverão conter os detalhamentos relacionados ao Fundeb e à manutenção e ao desenvolvimento do ensino.

1 Detalhamentos das informações e dados relacionados ao Fundeb e à manutenção e ao desenvolvimento do ensino

O art. 163-A foi inserido na Constituição Federal pela Emenda Constitucional nº 108/2020, que instituiu o Fundeb permanente e prevê que a União, os Estados, o Distrito Federal e os Municípios disponibilizarão suas informações e dados contábeis, orçamentários e fiscais, conforme periodicidade, formato e sistema estabelecidos pelo *órgão central de contabilidade da União*, de forma a garantir a rastreabilidade, a comparabilidade e a publicidade dos dados coletados, os quais deverão ser divulgados em meio eletrônico de amplo acesso público. O art. 37 desta Lei nº 14.113/2020 dispõe que as informações deverão conter os detalhamentos relacionados ao Fundeb e à manutenção e ao desenvolvimento do ensino-MDE.

Art. 38. A verificação do cumprimento dos percentuais de aplicação dos recursos do Fundeb, estabelecidos nos arts. 212 e 212-A da Constituição Federal, em ações de manutenção e de desenvolvimento do ensino, nas esferas estadual, distrital e municipal, será realizada por meio de registro bimestral das informações em sistema de informações sobre orçamentos públicos em educação, mantido pelo Ministério da Educação.

§1º A ausência de registro das informações de que trata o caput deste artigo, no prazo de até 30 (trinta) dias após o encerramento de cada bimestre, ocasionará a suspensão das transferências voluntárias e da contratação de operações de crédito, exceto as destinadas ao refinanciamento do principal atualizado da dívida mobiliária, até que a situação seja regularizada.

§2º O sistema de que trata o caput deste artigo deve possibilitar o acesso aos dados e a sua análise pelos presidentes dos conselhos de controle social do Fundeb e pelos Tribunais de Contas dos Estados, do Distrito Federal e dos Municípios.

§3º O sistema de que trata o caput deste artigo deverá observar padrões de interoperabilidade e a necessidade de integração de dados com os demais sistemas eletrônicos de dados contábeis, orçamentários e fiscais no âmbito do Poder Executivo federal e dos Tribunais de Contas, como formas de simplificação e de eficiência nos processos de preenchimento e de disponibilização dos dados, e garantir o acesso irrestrito aos dados, os quais devem ser legíveis por máquina e estar disponíveis em formato aberto, respeitadas as Leis nºs 12.527, de 18 de novembro de 2011, e 13.709, de 14 de agosto de 2018.

1 Siope e cumprimento dos percentuais de aplicação dos recursos do Fundeb

A Lei nº 14.113/2020 procurou fortalecer o Sistema de Informações sobre Orçamentos Públicos em Educação (Siope). Os entes subnacionais realizarão o registro bimestral das informações no sistema – que deve possibilitar o acesso aos dados e a sua análise pelos presidentes dos conselhos de acompanhamento e controle social do Fundeb e pelos Tribunais de Contas dos Estados, do Distrito Federal e dos Municípios. Além disso, o Siope deve observar padrões de interoperabilidade e a necessidade de integração de dados com os demais sistemas eletrônicos de dados contábeis, orçamentários e fiscais no âmbito do Poder Executivo federal – como o Sistema de Informações Contábeis e Fiscais do Setor Público Brasileiro (Siconfi) – e os sistemas dos Tribunais de Contas. O objetivo declarado na própria norma é promover a simplificação e eficiência nos processos de preenchimento e de disponibilização dos dados, garantindo que o acesso a esses seja irrestrito, além de sua legibilidade por máquina. Devem, ainda, estar disponíveis em formato aberto, respeitadas as Leis nºs 12.527/2011 (Lei de Acesso à Informação – LAI), e nº 13.709/2018 (Lei Geral de Proteção de Dados Pessoais – LGPD).

As prestações de contas dos recursos do Fundo nos âmbitos estadual e municipal são feitas perante os órgãos de controle externo competentes – tribunais locais (estaduais/municipais) responsáveis pela fiscalização, de conformidade com a Lei nº 14.113/2020 e com os procedimentos, orientações e instruções emanadas dessas cortes de contas. Assim, mesmo nas situações em que o Fundeb conta com recursos federais provenientes das complementações VAAF, VAAT ou VAAR, na sua composição (em alguns estados e municípios), a fiscalização e o exame das correspondentes contas (nas quais se incluem os recursos federais) estão a cargo desses tribunais locais, sem prejuízo da competência do TCU quando houver complementação da União. O TCU atuará, sem prejuízo da atuação do respectivo Tribunal de Contas estadual ou municipal, já que o fundo é composto por recursos estaduais e municipais. Há, nesse caso, *competência* fiscalizatória *concorrente* entre os entes, os municípios, estados e a União (Cf. ADI nº 5.791).

Seção IV

Do Apoio Técnico e da Avaliação

Art. 39. O Ministério da Educação atuará:

I – no apoio técnico relacionado aos procedimentos e aos critérios de aplicação dos recursos dos Fundos, perante os Estados, o Distrito Federal e os Municípios e as instâncias responsáveis pelo acompanhamento, pela fiscalização e pelo controle interno e externo;

II – na coordenação de esforços para capacitação dos membros dos conselhos e para elaboração de materiais e guias de apoio à sua função, com a possibilidade de cooperação com instâncias de controle interno, Tribunais de Contas e Ministério Público;

III – na divulgação de orientações sobre a operacionalização do Fundo e de dados sobre a previsão, a realização e a utilização dos valores financeiros repassados, por meio de publicação e distribuição de documentos informativos e em meio eletrônico de livre acesso público;

IV – na realização de estudos técnicos com vistas à definição do valor referencial anual por aluno que assegure padrão mínimo de qualidade do ensino;

V – no monitoramento da aplicação dos recursos dos Fundos, por meio de sistema de informações orçamentárias e financeiras e de cooperação com os Tribunais de Contas dos Estados e Municípios e do Distrito Federal;

VI – na realização de avaliações dos resultados da aplicação desta Lei, com vistas à adoção de medidas operacionais e de natureza político-educacional corretivas, devendo a primeira dessas medidas ser realizada em até 2 (dois) anos após a implantação do Fundo.

1 ATUAÇÃO DO MEC

Ao exercer sua função redistributiva e supletiva, como no caso do Fundeb, a União deve, além da assistência financeira aos entes subnacionais, prestar-lhes apoio técnico (art. 211, §1º, CF). A União tem um importante papel de coordenação. Dispõe a LDB:

> Art. 8º A União, os Estados, o Distrito Federal e os Municípios organizarão, em regime de colaboração, os respectivos sistemas de ensino.
> §1º Caberá à União *a coordenação da política nacional* de educação, articulando os diferentes níveis e sistemas e exercendo função normativa, redistributiva e supletiva em relação às demais instâncias educacionais.
> §2º Os sistemas de ensino terão liberdade de organização nos termos desta Lei.

Essa coordenação envolve a capacitação dos membros dos CACS (inciso II), a divulgação de orientações sobre a operacionalização do Fundo (inciso III), monitoramento da aplicação dos recursos dos Fundos, por meio do Siope (inciso V) – trabalhos que vem sendo desenvolvidos pelo FNDE.

Cabe à União, também, o papel de realizar estudos técnicos com vistas à definição do valor referencial anual por aluno que assegure padrão mínimo de qualidade do ensino (inciso IV) e avaliar os resultados da aplicação desta Lei, com vistas à adoção de medidas operacionais e de natureza político-educacional corretivas (inciso VI). Estas ações serão efetuadas pelo INEP.

O Ministério da Educação é o órgão do Poder Executivo com essas competências (Lei nº 13.844/2019).

Art. 40. A partir da implantação dos Fundos, a cada 2 (dois) anos o Inep realizará:

I – a avaliação dos efeitos redistributivos, da melhoria dos indicadores educacionais e da ampliação do atendimento;

II – estudos para avaliação da eficiência, da eficácia e da efetividade na aplicação dos recursos dos Fundos.

§1º Os dados utilizados nas análises da avaliação disposta no caput deste artigo deverão ser divulgados em diversos formatos eletrônicos, inclusive abertos e não proprietários, tais como planilhas e texto, de modo a facilitar a análise das informações por terceiros.

§2º As revisões a que se refere o art. 60-A do Ato das Disposições Constitucionais Transitórias considerarão os resultados das avaliações previstas no caput deste artigo.

§3º Em até 24 (vinte e quatro) meses do início da vigência desta Lei, o Ministério da Educação deverá expedir normas para orientar sua atuação, de forma a incentivar e a estimular, inclusive com destinação de recursos, a realização de pesquisas científicas destinadas a avaliar e a inovar as políticas públicas educacionais direcionadas à educação infantil, devendo agir em colaboração com as Fundações de Amparo à Pesquisa (FAPs) estaduais, o Conselho Nacional de Desenvolvimento Científico e Tecnológico (CNPq) e a Coordenação de Aperfeiçoamento de Pessoal de Nível Superior (Capes).

1 Efeitos da aplicação da lei e papel do INEP

A Lei nº 14.113/2020 deu grandes responsabilidades ao INEP (Cf. comentário ao art. 33), dada a qualidade de seus quadros, sua expertise e a grande contribuição que dá ao monitoramento do Plano Nacional de Educação (PNE).

1.1 Efeitos redistributivos, melhoria dos indicadores educacionais e ampliação do atendimento

A cada dois anos o Inep realizará a avaliação dos efeitos redistributivos, da melhoria dos indicadores educacionais e da ampliação do atendimento. Nos termos constitucionais (art. 212, §3º) o financiamento da educação preocupa-se com essas três dimensões indissociáveis: acesso, qualidade e equidade. Esse é o objetivo do Fundeb, daí a importância dessa avaliação bienal.

1.2 Eficiência, eficácia e efetividade na aplicação dos recursos dos fundos

No mesmo período, o Inep procederá a estudos para avaliação da eficiência, da eficácia e da efetividade na aplicação dos recursos dos Fundos. Essa tríade representa um conjunto de parâmetros para a avaliação de políticas públicas. A inclusão parece ter se inspirado em matrizes e práticas dos órgãos de controle. O Manual de auditoria operacional do Tribunal de Contas da União (2018) traz as seguintes definições (grifos nossos):

> *1.4.2 Eficiência* A eficiência é definida como a relação entre os produtos (bens e serviços) gerados por uma atividade e os custos dos insumos empregados para produzi-los, em um determinado período de tempo, mantidos os padrões de qualidade (ISSAI 3100/39, 2016). Essa *dimensão refere-se ao esforço do processo de transformação de insumos em produtos*. Pode ser examinada sob duas perspectivas: minimização do custo total ou dos meios necessários para obter a mesma quantidade e qualidade de produto; ou otimização da combinação de insumos para maximizar o produto quando o gasto total está previamente fixado (COHEN; FRANCO, 1993). *A eficiência é um conceito relativo. Isso significa que em uma auditoria sobre eficiência, é preciso algum tipo de comparação.* Auditorias orientadas para eficiência podem também examinar os processos, desde os insumos até o produto, para expor as deficiências nesses processos ou na sua implementação (ISSAI 3100/41, 2016).
>
> *1.4.3 Eficácia* A eficácia é definida como o *grau de alcance das metas programadas* (bens e serviços) em um determinado período de tempo, independentemente dos custos implicados (COHEN; FRANCO, 1993). O conceito de eficácia diz respeito à *capacidade da gestão de cumprir objetivos imediatos, traduzidos em metas de produção ou de atendimento*, ou seja, a capacidade de prover bens ou serviços de acordo com o estabelecido

no planejamento das ações. É importante observar que a análise de eficácia deve considerar os critérios adotados para fixação da meta a ser alcançada. *Uma meta subestimada pode levar a conclusões equivocadas a respeito da eficácia do programa ou da atividade sob exame.* Além disso, fatores externos como restrições orçamentárias podem comprometer o alcance das metas planejadas e devem ser levados em conta durante a análise da eficácia.

1.4.4 Efetividade A efetividade diz respeito ao *alcance dos resultados pretendidos, a médio e longo prazo*. Refere-se à *relação entre os resultados de uma intervenção ou programa, em termos de efeitos sobre a população-alvo (impactos observados), e os objetivos pretendidos (impactos esperados), traduzidos pelos objetivos finalísticos da intervenção*. Trata-se de verificar a ocorrência de *mudanças na população-alvo que se poderia razoavelmente atribuir às ações do programa avaliado* (COHEN; FRANCO, 1993). Portanto, ao examinar a efetividade de uma intervenção governamental, pretende-se ir além do cumprimento de objetivos imediatos ou específicos, em geral consubstanciados em metas de produção ou de atendimento (exame da eficácia da gestão). Trata-se de verificar se os resultados observados foram realmente causados pelas ações desenvolvidas e não por outros fatores (ISSAI 3100/42, 2016). A avaliação da efetividade pressupõe que bens e/ou serviços foram ofertados de acordo com o previsto. *O exame da efetividade ou avaliação de impacto requer tratamento metodológico específico que busca estabelecer a relação de causalidade entre as variáveis do programa e os efeitos observados*, comparando-os com uma estimativa do que aconteceria caso o programa não existisse. É possível, em uma auditoria operacional, priorizar apenas um dos quatro Es. Porém, não é recomendável examinar aspectos de economicidade, eficiência, eficácia ou efetividade de atividades em total isolamento. Por exemplo, olhar para a economicidade sem considerar também, pelo menos sucintamente, o resultado de uma política pode levar a intervenções baratas, porém não efetivas. Inversamente, em uma auditoria de efetividade, o auditor pode também querer considerar aspectos de economicidade, eficiência e eficácia (ISSAI 3100/47).

Segundo Jannuzzi (2020):

> De forma simplificada, a eficácia de um programa ou projeto é um atributo relacionado ao grau de cumprimento de seus objetivos ou de atendimento da demanda motivadora do programa. A efetividade diz respeito aos efeitos de médio e longo prazo sobre os beneficiários e a sociedade, direta ou indiretamente atribuíveis ao programa ou projeto. A eficiência, por outro lado, está associada à forma como os recursos são utilizados na produção dos resultados do programa.

O autor propugna por uma avaliação sistêmica das políticas públicas, uma vez que a avaliação não é neutra e poder-se-ia ter alguns vieses distintos e eventualmente em disputa, como uma "eficiência econômica", ao lado de uma "eficácia procedural" ou uma "efetividade social" (2016).

2 Divulgação e abertura dos dados utilizados nas análises da avaliação

O §1º refere-se ao *caput* cujo comando é acerca da periodicidade das ações previstas nos incisos I e II. Assim, os dados utilizados nas análises da avaliação dos efeitos redistributivos, da melhoria dos indicadores educacionais e da ampliação do atendimento e dos *estudos* para avaliação da eficiência, da eficácia e da efetividade na aplicação dos recursos dos Fundos deverão ser divulgados em diversos formatos eletrônicos, inclusive abertos e não proprietários, tais como planilhas e texto, de modo a facilitar a análise das informações por terceiros.

3 Consideração dos resultados das avaliações nas revisões decenais acerca dos critérios de distribuição da complementação da União e dos fundos

O §2º remete às revisões decenais (sendo a primeira no sexto ano de vigência da EC nº 108/2020) a que se refere o art. 60-A do Ato das Disposições Constitucionais Transitórias (critérios de distribuição da complementação da União e dos fundos considerarão os resultados das avaliações previstas no caput deste artigo). Dispõe que *estas* revisões considerarão os resultados das avaliações bienais realizadas pelo Inep, previstas "no *caput* deste artigo" (na realidade, nos incisos I e II).

O §3º dispõe que, em até 24 meses do início da vigência desta Lei (até 25 de dezembro de 2022), o MEC deverá expedir normas para orientar sua atuação, de forma a incentivar e a estimular, inclusive com destinação de recursos, a realização de pesquisas científicas destinadas a avaliar e a inovar as políticas públicas educacionais direcionadas à educação infantil, devendo agir em colaboração com as Fundações de Amparo à Pesquisa (FAPs) estaduais, o Conselho Nacional de Desenvolvimento Científico e Tecnológico (CNPq) e a Coordenação de Aperfeiçoamento de Pessoal de Nível Superior (Capes).

CAPÍTULO VII – DISPOSIÇÕES FINAIS E TRANSITÓRIAS

Seção I

Disposições Transitórias

Art. 41. A complementação da União referida no art. 4º desta Lei será implementada progressivamente até alcançar a proporção estabelecida no art. 5º desta Lei, a partir do primeiro ano subsequente ao da vigência desta Lei, nos seguintes valores mínimos:

I – 12% (doze por cento), no primeiro ano;

II – 15% (quinze por cento), no segundo ano;

III – 17% (dezessete por cento), no terceiro ano;

IV – 19% (dezenove por cento), no quarto ano;

V – 21% (vinte e um por cento), no quinto ano;

VI – 23% (vinte e três por cento), no sexto ano.

§1º A parcela da complementação de que trata o inciso II do caput do art. 5º desta Lei observará, no mínimo, os seguintes valores:

I – 2 (dois) pontos percentuais, no primeiro ano;

II – 5 (cinco) pontos percentuais, no segundo ano;

III – 6,25 (seis inteiros e vinte e cinco centésimos) pontos percentuais, no terceiro ano;

IV – 7,5 (sete inteiros e cinco décimos) pontos percentuais, no quarto ano;

V – 9 (nove) pontos percentuais, no quinto ano;

VI – 10,5 (dez inteiros e cinco décimos) pontos percentuais, no sexto ano.

§2º A parcela da complementação de que trata o inciso III do caput do art. 5º desta Lei observará os seguintes valores:

I – 0,75 (setenta e cinco centésimos) ponto percentual, no terceiro ano;

II – 1,5 (um inteiro e cinco décimos) ponto percentual, no quarto ano;

III – 2 (dois) pontos percentuais, no quinto ano;

IV – 2,5 (dois inteiros e cinco décimos) pontos percentuais, no sexto ano.

1 Progressividade da implantação da complementação da União

Os incisos do *caput* do art. 41 referem-se à progressividade do atingimento pleno da complementação da União, consideradas suas três modalidades (VAAF, VAAT e VAAR). No modelo híbrido, o VAAF já está plenamente implementado, não havendo, portanto, progressividade em relação a essa modalidade de complementação. O §1º refere-se à progressividade da complementação VAAT e o §2º, à progressividade da complementação VAAR.

A implementação de uma nova política pública pode trazer diferentes impactos, muitos não previstos, como a política de fundos inaugurada com o Fundef. Assim, é importante que esses não sejam abruptos e se possa calibrar a política ao longo de seu período de execução, dando oportunidade para que os atores que serão seus executores possam se apropriar da lógica e das regras da política, identificar e minimizar eventuais conflitos federativos, bem como atuar para seu aperfeiçoamento.

Alterações significativas da política de financiamento provieram da experiência histórica de sua trajetória, que revelou, em cada momento, suas virtudes e insuficiências e envolveram ajustes em seu desenho (mudança do alcance de, apenas o ensino fundamental no Fundef para toda a educação básica no Fundeb 2007-2020; criação do modelo com três modalidades de complementação da União no Fundeb permanente, com a distribuição por redes no caso do VAAT etc.). Assim, é prudente a progressividade, como ocorreu no caso do Fundef (aprovado em 1996, mas implementado nacionalmente em 1998, com exceção do estado do Pará, que optou por iniciar em 1997). Também o Fundeb 2007-2020 foi implantado progressivamente:

- porcentagem dos recursos de constituição dos Fundos, foi alcançada gradativamente nos primeiros 3 (três) anos de vigência dos Fundos;
- a complementação da União tornou-se plena e com a nova regra (então, o mínimo de 10% do que aportavam os entes subnacionais);
- para a educação infantil, para o ensino médio e para a educação de jovens e adultos houve a consideração de 1/3

(um terço) das matrículas no primeiro ano, 2/3 (dois terços) no segundo ano e sua totalidade a partir do terceiro ano.

E, ao longo de sua vigência, o Fundeb 2007-2020 contou com sucessivas alterações/ajustes/negociações federativas em torno das ponderações.

O novo Fundeb permanente assume feição de uma teia na qual cada eventual incorreção em relação um ente federado afeta todos os demais, o que trouxe a necessidade de assegurar a fidedignidade dos dados de todas as redes.

A progressividade contribui para a construção de indicadores necessários à implementação plena (por exemplo, das novas ponderações e do VAAR), verificação de impactos e para a realização de ajustes.

§3º No primeiro ano de vigência dos Fundos:

– os entes disponibilizarão as informações e os dados contábeis, orçamentários e fiscais, de que trata o §4º do art. 13 desta Lei, relativos aos exercícios financeiros de 2019 e 2020, nos termos de regulamento;[72]

II – o cronograma mensal de pagamentos da complementação-VAAT, referido no §2º do art. 16 desta Lei iniciar-se-á em julho e será ajustado pelo Tesouro Nacional, de modo que seja cumprido o prazo previsto para o seu pagamento integral;

III – o Poder Executivo federal publicará até 30 de junho as estimativas previstas nos incisos V e VI do caput do art. 16 desta Lei relativas às transferências da complementação-VAAT em 2021.

2 Transição em relação a obrigações dos entes

Há a necessidade de se apropriar das novas regras, capacitar as equipes administrativas envolvidas com os prazos e dados que alimentam os sistemas do Fundeb (Siope e Siconfi). Para esse momento, a utilização de regulamentos emanados do poder executivo dão mais flexibilidade e agilidades ações necessárias que passarão a ser nos termos da lei, assim que o sistema encontre um patamar de acomodação às novas regras.

---

[72] Redação anterior: I – os entes disponibilizarão as informações e os dados contábeis, orçamentários e fiscais, de que trata o §4º do art. 13 desta Lei, relativos ao exercício financeiro de 2019, nos termos de regulamento;

Art. 42. Os novos conselhos dos Fundos serão instituídos no prazo de 90 (noventa) dias, contado da vigência dos Fundos.

§1º Até que sejam instituídos os novos conselhos, no prazo referido no caput deste artigo, caberá aos conselhos existentes na data de publicação desta Lei exercer as funções de acompanhamento e de controle previstas na legislação.

§2º No caso dos conselhos municipais, o primeiro mandato dos conselheiros extinguir-se-á em 31 de dezembro de 2022.

1 Transição em relação aos novos CACS

Para evitar que houvesse um hiato no controle social, os antigos conselhos continuaram com suas competências até a instituição dos novos CACS no prazo de 90 (noventa) dias, contado da vigência dos Fundos.

No caso dos conselhos municipais, o primeiro mandato dos conselheiros extinguir-se-á em 31 de dezembro de 2022, de forma a observar a regra de não coincidência de mandatos com os titulares dos poderes executivos submetidos ao controle social.

> Art. 43. Esta Lei será atualizada até 31 de outubro de 2023, para aplicação no exercício de 2024, com relação a:[73]
>
> I – diferenças e ponderações quanto ao valor anual por aluno entre etapas, modalidades, duração da jornada e tipos de estabelecimento de ensino, nos termos do art. 7º desta Lei;
>
> II – diferenças e ponderações quanto ao valor anual por aluno relativas ao nível socioeconômico dos educandos e aos indicadores de disponibilidade de recursos vinculados à educação e de potencial de arrecadação tributária de cada ente federado, nos termos do art. 10 desta Lei;
>
> III – indicador para educação infantil, nos termos do art. 28 desta Lei.

1 Atualização da lei em relação às antigas e novas ponderações

A atualização da lei em relação às antigas e novas ponderações e à metodologia não provisória do indicador para educação infantil era pretendida, inicialmente, para 31 de outubro de 2021, que se revelou prazo exíguo para a complexidade da tarefa, com o agravante de avançar para o ano de 2022, ano eleitoral, não propício a ambiente de debate técnico que escape de reflexos das discussões político-eleitorais.

---

[73] Redação anterior: Art. 43. Esta Lei será atualizada até 31 de outubro de 2021, com relação a: (…)

§1º Nos exercícios financeiros de 2021, 2022 e 2023 serão atribuídos:[74]

I – para as diferenças e as ponderações de que trata o inciso I do caput deste artigo:

a) creche em tempo integral:

1. pública: 1,30 (um inteiro e trinta centésimos); e

2. conveniada: 1,10 (um inteiro e dez centésimos);

b) creche em tempo parcial:

1. pública: 1,20 (um inteiro e vinte centésimos); e

2. conveniada: 0,80 (oitenta centésimos);

c) pré-escola em tempo integral: 1,30 (um inteiro e trinta centésimos);

d) pré-escola em tempo parcial: 1,10 (um inteiro e dez centésimos);

e) anos iniciais do ensino fundamental urbano: 1,00 (um inteiro);

f) anos iniciais do ensino fundamental no campo: 1,15 (um inteiro e quinze centésimos);

g) anos finais do ensino fundamental urbano: 1,10 (um inteiro e dez centésimos);

h) anos finais do ensino fundamental no campo: 1,20 (um inteiro e vinte centésimos);

i) ensino fundamental em tempo integral: 1,30 (um inteiro e trinta centésimos);

j) ensino médio urbano: 1,25 (um inteiro e vinte e cinco centésimos);

k) ensino médio no campo: 1,30 (um inteiro e trinta centésimos);

l) ensino médio em tempo integral: 1,30 (um inteiro e trinta centésimos);

m) ensino médio articulado à educação profissional: 1,30 (um inteiro e trinta centésimos);

n) educação especial: 1,20 (um inteiro e vinte centésimos);

o) educação indígena e quilombola: 1,20 (um inteiro e vinte centésimos);

---

[74] Redação anterior: §1º No exercício financeiro de 2021, serão atribuídos:

p) educação de jovens e adultos com avaliação no processo: 0,80 (oitenta centésimos);

q) educação de jovens e adultos integrada à educação profissional de nível médio, com avaliação no processo: 1,20 (um inteiro e vinte centésimos);

r) formação técnica e profissional prevista no inciso V do caput do art. 36 da Lei nº 9.394, de 20 de dezembro de 1996: 1,30 (um inteiro e trinta centésimos);

2 Manutenção até 2023 dos valores das ponderações antigas (etapas, modalidades, duração da jornada e tipos de estabelecimento de ensino)

A atribuição dos mesmos valores das antigas ponderações existentes ao final do Fundeb 2007-2020 (referentes a etapas, modalidades, duração da jornada e tipos de estabelecimento), para os exercícios financeiros de 2021, 2022 e 2023, permite o aprofundamento dos estudos técnicos e favorece a construção dos consensos técnico e federativo. Ao mesmo tempo, respeita, como ponto de partida, o patamar de acomodação resultado da experiência de catorze anos de negociações federativas no Fundeb 2007-2020.

II – para as diferenças e as ponderações de que trata o inciso II do caput deste artigo, valores unitários, nos termos especificados no Anexo desta Lei;

3 Valor neutro das novas ponderações até que tenham sido aprovados seus critérios e metodologias

Para as novas ponderações (nível socioeconômico dos educandos e aos indicadores de disponibilidade de recursos vinculados à educação e de potencial de arrecadação tributária) optou-se, na transição, até que sejam construídos e aprovados os critérios e metodologias, pela adoção de valor neutro que não implica em alteração da distribuição.

III – para indicador de que trata o inciso III do caput deste artigo:

a) poderá ser adotada metodologia provisória de cálculo definida pelo Inep, observado o disposto no art. 28 desta Lei, nos termos de regulamento do Ministério da Educação;

b) será adotado o número de matrículas em educação infantil de cada rede municipal beneficiária da complementação-VAAT, caso não haja a definição prevista na alínea "a" deste inciso.

§2º Para fins de distribuição da complementação-VAAT, no exercício financeiro de 2021, 2022 e 2023, as diferenças e as ponderações especificadas nas alíneas "a", "b", "c" e "d" do inciso I do §1º deste artigo terão a aplicação de fator multiplicativo de 1,50 (um inteiro e cinquenta centésimos).[75]

4 Transição em relação ao indicador da educação infantil (IEI)

Em relação ao indicador da educação infantil, o Inep adotou, para 2021, metodologia provisória, conforme a Portaria nº 276/2021, que *Dispõe sobre o indicador para educação infantil de que trata o parágrafo único do art. 28 da Lei nº 14.113, de 2020, que definirá os percentuais mínimos da complementação Valor Aluno Ano Total – VAAT – a serem aplicados pelos Municípios à educação infantil*. Para o exercício de 2022, a metodologia foi definida pela Resolução nº 1, de 28 de outubro de 2021, da Comissão Intergovernamental, com base na Nota Técnica nº 21/2021/CGIME/DIRED do Inep.

Obedecendo aos parâmetros fixados nos incisos do Parágrafo único do art. 28, a metodologia provisória assim os contemplou:

– *Déficit de cobertura*: a estimativa da taxa de cobertura da educação infantil por município foi calculada com base em variáveis

---

[75] Redação anterior: §2º Para fins de distribuição da complementação-VAAT, no exercício financeiro de 2021, as diferenças e as ponderações especificadas nas alíneas "a", "b", "c" e "d" do inciso I do §1º deste artigo terão a aplicação de fator multiplicativo de 1,50 (um inteiro e cinquenta centésimos).

coletadas no Censo Escolar da Educação Básica, realizado em caráter censitário anualmente em todas as escolas públicas e privadas do país. Foi utilizada como *proxy* da população em idade de 0 a 5 anos, público-alvo da educação infantil, a população de 6 anos de idade completos até o dia 31 de março de cada ano, registrada pelo Censo Escolar.

– *Vulnerabilidade socioeconômica*: baseada no Indicador de Nível Socioeconômico dos Educandos (INSE) elaborado pelo Inep, com base em dados coletados nos questionários contextuais dos estudantes, do Saeb e do Enem, referentes ao ano de 2015.

O indicador da educação infantil (IEI) para cada município beneficiado pela complementação-VAAT foi calculado atribuindo-se peso de *90% ao desvio da taxa de cobertura* do município em relação à média do grupo de municípios beneficiários da complementação-VAAT, expresso na escala de 0 a 1; e peso de *10% ao desvio do INSE* do município em relação à média do INSE para os municípios beneficiados, também na escala de 0 a 1.

5 Fator multiplicativo incidente sobre as ponderações da educação infantil na complementação-VAAT até 2023

A disposição segundo a qual (art. 28) realizada a distribuição da complementação-VAAT às redes de ensino será destinada *à educação infantil*, proporção de 50% (cinquenta por cento) dos recursos globais da complementação-VAAT, revela a intenção de priorizar essa etapa da educação básica.

O art. 9º, parágrafo único, dispõe que as diferenças e as ponderações entre etapas, modalidades, duração da jornada e tipos de estabelecimento de ensino aplicáveis à distribuição de recursos da complementação-VAAT deverão priorizar a educação infantil. O fator multiplicativo é o instrumento, no momento provisório, de concretização dessa prioridade. Por incidir na complementação-VAAT, que envolve recursos novos, há, em tese, mais flexibilidade do que alterações nas ponderações VAAF.

§3º Para vigência em 2024, as deliberações de que trata o §2º do art. 17 [relativas à especificação das ponderações] desta Lei constarão de resolução publicada no Diário Oficial da União até o dia 31 de outubro de 2023, com base em estudos elaborados pelo Inep e pelo Ministério da Economia, nos termos do art. 18 desta Lei, e encaminhados à Comissão Intergovernamental de Financiamento para a Educação Básica de Qualidade até 31 de julho de 2023.[76]

6 Prazo para encaminhamento à CIF dos estudos do ME e Inep, referentes às ponderações

O Inep e o Ministério da Economia devem realizar os estudos que lhes competem acerca das ponderações e encaminhá-los à Comissão Intergovernamental até 31 de julho de 2023 que deve deliberar até o dia 31 de outubro de 2023 para vigência em 2024. O dispositivo expressa os valores abraçados pela lei: decisões tomadas pela Comissão Intergovernamental apoiadas em estudos técnicos e publicidade.

---

[76] Redação anterior: §3º Para vigência em 2022, as deliberações de que trata o §2º do art. 17 desta Lei constarão de resolução publicada no Diário Oficial da União até o dia 31 de outubro de 2021, com base em estudos elaborados pelo Inep e encaminhados à Comissão Intergovernamental de Financiamento para a Educação Básica de Qualidade até 31 de julho de 2021.

§4º Para o exercício financeiro de 2023, os indicadores referidos no inciso III do caput do art. 5º desta Lei serão excepcionalmente definidos por regulamento, de forma a considerar os impactos da pandemia da Covid-19 nos resultados educacionais. (NR)

7 Definição em regulamento das condicionalidades e indicadores da complementação-VAAR para o exercício financeiro de 2023

O art. 5º, III, refere-se à complementação-VAAR e suas condicionalidades e indicadores.

Esses indicadores são acerca de atendimento e de melhoria da aprendizagem com redução das desigualdades, nos termos do sistema nacional de avaliação da educação básica (Sinaeb).

A definição em caráter excepcional por regulamento deve-se ao fato de não terem, ainda, sido ultimados os estudos por parte do Inep ao mesmo tempo que dá espaço para maiores debates na Comissão Intergovernamental.

Há a obrigatoriedade de considerar os impactos da pandemia da Covid-19 nos resultados educacionais: absenteísmo, condições estruturais e psicológicas adversas etc.

Art. 43-A. O indicador de potencial de arrecadação tributária, de que trata o inciso III do caput do art. 10 desta Lei, será implementado a partir do exercício de 2027.

1 Maior prazo para definição do indicador de potencial de arrecadação tributária

Trata-se, como comentado, (Cf. comentários referentes às novas ponderações, supra) do indicador de formulação mais complexa e potencialmente controversa. Dessa forma, é justificável a concessão de maior prazo – mas o curioso é que este se estende para além da primeira revisão dos critérios de distribuição da complementação da União e dos fundos, prevista para 2026 (art. 60-A, ADCT). A metodologia deve ser elaborada pelo Ministério da Economia.

Art. 43-B. As informações a que se refere o inciso II do §3º do art. 14 desta Lei serão aferidas, a partir de 2022, de forma progressiva, de acordo com a implementação do novo ensino médio, nas redes de ensino, em consonância com a Lei nº 13.415, de 16 de fevereiro de 2017.

1 Informações acerca da medida de equidade de aprendizagem aferidas de forma progressiva

O inciso II do §3º do art. 14 trata da medida de equidade de aprendizagem, que deve ser baseada na escala de níveis de aprendizagem, definida pelo Inep, com relação aos resultados dos estudantes nos exames nacionais e considerará em seu cálculo a proporção de estudantes cujos resultados de aprendizagem estejam em níveis abaixo do nível adequado, com maior peso para:
   a) os estudantes com resultados mais distantes desse nível;
   b) as desigualdades de resultados nos diferentes grupos de nível socioeconômico e de raça e dos estudantes com deficiência em cada rede pública.

A progressividade acompanhará a implementação do novo ensino médio. A Lei nº 13.415/2017 altera a LDB – teria sido mais apropriado fazer a remissão a esse diploma, especificamente aos arts. 35-A (que prevê que a Base Nacional Comum Curricular – BNCC definirá direitos e objetivos de aprendizagem do ensino médio, conforme diretrizes do Conselho Nacional de Educação) e 36 (que dispõe que o currículo do ensino médio será composto pela Base Nacional Comum Curricular e por itinerários formativos).

Art. 44. No primeiro trimestre de 2021, será mantida a sistemática de repartição de recursos prevista na Lei nº 11.494, de 20 de junho de 2007, mediante a utilização dos coeficientes de participação do Distrito Federal, de cada Estado e dos Municípios, referentes ao exercício de 2020.

Parágrafo único. Em relação à complementação da União, será adotado o cronograma de distribuição estabelecido para o primeiro trimestre de 2020.

1 Manutenção, no primeiro trimestre de 2021, dos coeficientes de participação dos entes subnacionais referentes ao exercício de 2020

Trata-se de regra de transição. A manutenção dos coeficientes de participação do Distrito Federal, de cada Estado e dos Municípios, referentes ao exercício de 2020, visa dar estabilidade à transição e tempo para que se desenvolvam os estudos que irão fundamentar eventuais mudanças. Da mesma forma, mantém-se a operacionalidade, com a manutenção do cronograma de distribuição.

Art. 45. A partir de 1º de abril de 2021, a distribuição dos recursos dos Fundos será realizada na forma prevista por esta Lei.

1 Definição da regra de distribuição dos recursos dos fundos, a partir de 1º de abril de 2021

Trata-se de reiterar a regra permanente, após o período de transição equivalente ao primeiro trimestre. A nova lei do novo Fundeb permanente vigora desde sua publicação, mas traz em si algumas regras de transição. Assim, da mesma forma que o art. 44 (supra) prevê que, no primeiro trimestre de 2021, será mantida a sistemática de repartição de recursos prevista na Lei nº 11.494/2007, mediante a utilização dos coeficientes de participação do Distrito Federal, de cada Estado e dos Municípios, referentes ao exercício de 2020, o art. 45 dispõe que, a partir de 1º de abril de 2021, a distribuição dos recursos dos Fundos será realizada na forma prevista por esta Lei.

> Art. 46. O ajuste da diferença observada entre a distribuição dos recursos realizada no primeiro trimestre de 2021 e a distribuição conforme a sistemática estabelecida nesta Lei será realizado no mês de maio de 2021.

1 Prazo para o ajuste da diferença observada entre a distribuição dos recursos realizada no primeiro trimestre de 2021 e a distribuição conforme a sistemática estabelecida nesta lei

Trata-se de regra de transição já aplicada.

Art. 47. Os repasses e a movimentação dos recursos dos Fundos de que trata esta Lei deverão ocorrer por meio das contas únicas e específicas mantidas em uma das instituições financeiras de que trata o art. 20 desta Lei.

§1º Os saldos dos recursos dos Fundos instituídos pela Lei nº 11.494, de 20 de junho de 2007, existentes em contas-correntes mantidas em instituição financeira diversa daquelas de que trata o art. 20 desta Lei, deverão ser integralmente transferidos, até 31 de janeiro de 2021, para as contas de que trata o caput deste artigo.

§2º Os ajustes de que trata o §2º do art. 6º da Lei nº 11.494, de 20 de junho de 2007, realizados a partir de 1º de janeiro de 2021, serão processados nas contas de que trata o caput deste artigo, e os valores processados a crédito deverão ser utilizados nos termos desta Lei.

1 Repasses e movimentação dos recursos do Fundeb por meio das contas únicas e específicas

Os dispositivos do art. 47 dialogam com a previsão do art. 20, no sentido de centralizar os recursos nas contas únicas e específicas do Fundeb, nas instituições previstas no dispositivo (Banco do Brasil ou Caixa Econômica Federal). Os saldos dos recursos mantidos em instituição financeira diversa deveriam ser transferidos para uma dessas instituições, até 31 de janeiro de 2021. Essa regra de transição gerou oposição, tendo sido, finalmente, adotada a exceção prevista no art. 21, §9º, referente a não aplicação da vedação de transferências das contas do BB ou CEF para outras instituições, nos casos em que os governos estaduais, distrital ou municipais tenham contratado ou venham a contratar instituição financeira diversa para viabilizar o pagamento de salários, de vencimentos e de benefícios de qualquer natureza aos profissionais da educação em efetivo exercício.

Art. 47-A. Serão utilizados na mesma finalidade e de acordo com os mesmos critérios e condições estabelecidos para utilização do valor principal dos Fundos os recursos extraordinários recebidos pelos Estados, pelo Distrito Federal e pelos Municípios em decorrência de decisões judiciais relativas ao cálculo do valor anual por aluno para a distribuição dos recursos: (Incluído pela Lei nº 14.325, de 2022)

I – dos fundos e da complementação da União ao Fundo de Manutenção e Desenvolvimento do Ensino Fundamental e de Valorização do Magistério (Fundef), previstos na Lei nº 9.424, de 24 de dezembro de 1996;

II – dos fundos e da complementação da União ao Fundo de Manutenção e Desenvolvimento da Educação Básica e de Valorização dos Profissionais da Educação (Fundeb) 2007-2020, previstos na Lei nº 11.494, de 20 de junho de 2007;

III – dos fundos e das complementações da União, nas modalidades VAAF e VAAT, ao Fundo de Manutenção e Desenvolvimento da Educação Básica e de Valorização dos Profissionais da Educação (Fundeb) permanente, previstos nesta Lei.

§1º Terão direito ao rateio de que trata o caput deste artigo[77]:

I – os profissionais do magistério da educação básica que estavam em cargo, emprego ou função, integrantes da estrutura, quadro ou tabela de servidores do Estado, do Distrito Federal ou do Município, com vínculo estatutário, celetista ou temporário, desde que em efetivo exercício das funções na rede pública durante o período em que ocorreram os repasses a menor do Fundef 1997-2006 ou do Fundeb 2007-2020 a que se referem os incisos I e II do caput deste artigo;

II – os profissionais da educação básica que estavam em cargo, emprego ou função, integrantes da estrutura, quadro ou tabela de servidores do Estado, do Distrito Federal ou do Município, com vínculos estatutário,

---

[77] A Lei nº 14.325/2022 prevê:
Art. 2º Os Estados, o Distrito Federal e os Municípios definirão em leis específicas os percentuais e os critérios para a divisão do rateio entre os profissionais beneficiados.
Art. 3º A União suspenderá o repasse de transferências voluntárias para os Estados e os Municípios que descumprirem a regra de destinação dos precatórios estabelecida no art. 47-A da Lei nº 14.113, de 25 de dezembro de 2020, inclusive em relação aos percentuais destinados aos profissionais do magistério e aos demais profissionais da educação básica.

celetista ou temporário, desde que em efetivo exercício das funções na rede pública durante o período em que ocorreram os repasses a menor do Fundeb permanente a que se refere o inciso III do caput deste artigo;

III – os aposentados que comprovarem efetivo exercício nas redes públicas escolares, nos períodos dispostos nos incisos I e II do caput deste artigo, ainda que não tenham mais vínculo direto com a administração pública que os remunerava, e os herdeiros, em caso de falecimento dos profissionais alcançados por este artigo.

§2º O valor a ser pago a cada profissional:

I – é proporcional à jornada de trabalho e aos meses de efetivo exercício no magistério e na educação básica, no caso dos demais profissionais da educação básica previstos no inciso III do caput do art. 61 da Lei nº 9.394, de 20 de dezembro de 1996;

II – tem caráter indenizatório e não se incorpora à remuneração dos servidores ativos ou aos proventos dos inativos que fizerem parte do rateio definido no §1º deste artigo. (Incluído pela Lei nº 14.325, de 2022)

1 Precatórios em relação a recursos dos fundos

Os recursos de precatórios originados por decisões judiciais acerca do Fundef, Fundeb 2007-2020 e novo Fundeb permanente devem ser utilizados na mesma finalidade e de acordo com os mesmos critérios e condições estabelecidos para utilização do valor principal dos Fundos. Assim, mantém-se sua natureza de recursos de MDE da educação básica, devendo ser gastos neste nível de ensino, aplicáveis as restrições do art. 212, §7º (vedação de pagamento de aposentadorias e de pensões) e do art. 71 da LDB. E, em consonância com esse dispositivo e com o art. 8º, parágrafo único da LRF, são mantidas as vinculações e, por óbvio, as subvinculações.

A EC nº 114/2021 estabeleceu:

Art. 4º Os precatórios decorrentes de demandas relativas à complementação da União aos Estados e aos Municípios por conta do Fundo de Manutenção e Desenvolvimento do Ensino Fundamental e de Valorização do Magistério (Fundef) serão pagos em 3 (três) parcelas anuais e sucessivas, da seguinte forma:

I – 40% (quarenta por cento) no primeiro ano;
II – 30% (trinta por cento) no segundo ano;
III – 30% (trinta por cento) no terceiro ano.
Parágrafo único. Não se incluem nos limites estabelecidos nos arts. 107 e 107-A do Ato das Disposições Constitucionais Transitórias, a partir de 2022, as despesas para os fins de que trata este artigo.
Art. 5º As receitas que os Estados e os Municípios receberem a título de pagamentos da União por força de ações judiciais que tenham por objeto a complementação de parcela desta no Fundo de Manutenção e Desenvolvimento do Ensino Fundamental e de Valorização do Magistério (Fundef) *deverão ser aplicadas na manutenção e desenvolvimento do ensino fundamental público e na valorização de seu magistério, conforme destinação originária do Fundo.*
Parágrafo único. Da aplicação de que trata o *caput* deste artigo, *no mínimo 60% (sessenta por cento) deverão ser repassados aos profissionais do magistério, inclusive aposentados e pensionistas, na forma de abono, vedada a incorporação na remuneração, na aposentadoria ou na pensão.*

Mantida, pois, a subvinculação em relação aos profissionais do período do Fundef, na forma de abono, vedada a incorporação na remuneração, na aposentadoria ou na pensão.

Seção II

Disposições Finais

Art. 48. Os Municípios poderão integrar, nos termos da legislação local específica e desta Lei, o Conselho do Fundo ao Conselho Municipal de Educação, com instituição de câmara específica para o acompanhamento e o controle social sobre a distribuição, a transferência e a aplicação dos recursos do Fundo, observado o disposto no inciso IV do caput e nos §§1º, 2º, 4º e 5º do art. 34 desta Lei.

§1º A câmara específica de acompanhamento e de controle social sobre a distribuição, a transferência e a aplicação dos recursos do Fundeb a que se refere o caput deste artigo terá competência deliberativa e terminativa.

§2º Aplicar-se-ão para a constituição dos conselhos municipais de educação as regras previstas no §5º do art. 34 desta Lei.

1 CACS integrados aos CMEs, com instituição de câmara específica para o acompanhamento e o controle social do Fundeb

Este artigo oferece aos municípios a alternativa de cumprimento da obrigação legal de criação do Conselho de Acompanhamento e Controle Social do Fundeb – CACS/FUNDEB mediante adaptação do Conselho Municipal de Educação, instituindo neste, câmara específica, com competência deliberativa e terminativa cujas atribuições serão as de acompanhamento e controle social do Fundeb.

Os CMEs que procederem à integração deverão obedecer às mesmas regras previstas no §5º do art. 34 desta Lei, isto é, em relação aos impedimentos. Note-se que a lei não se refere à câmara específica do CME, mas a todo o conselho.

A proposta pretende fortalecer tanto os CACS como os CMEs.

Foi defendida para a antiga Lei nº 11.494/2007, pela União Nacional dos Conselhos Municipais de Educação (Uncme), que chegou a propugnar pela obrigatoriedade dessa integração –

que permaneceu facultativa – em audiência pública na Câmara dos Deputados, em 29.10.2020, referente ao Pl nº 4.372/2020, que propunha regulamentar o novo Fundeb e deu origem à Lei nº 14.113/2020. O presidente da entidade informou que mais de 25% dos Conselhos Municipais de Educação do Brasil exercitavam esta composição, permitida na Lei nº 11.494/2007 e tinham obtido resultados satisfatórios em seu resultado do Controle Social. Apontou como experiências exitosas: Palmas/ TO; Maceió/AL; Canindé do São Francisco/SE e Floresta/MT (que agrega, além do o Conselho do FUNDEB, o Conselho de Alimentação Escolar (CAE), como Câmara do CME).

Art. 49. A União, os Estados, o Distrito Federal e os Municípios deverão assegurar no financiamento da educação básica, previsto no art. 212 da Constituição Federal, a melhoria da qualidade do ensino, de forma a garantir padrão mínimo de qualidade definido nacionalmente.

§1º É assegurada a participação popular e da comunidade educacional no processo de definição do padrão nacional de qualidade referido no caput deste artigo.

§2º As diferenças e as ponderações aplicáveis entre etapas, modalidades, duração da jornada e tipos de estabelecimento de ensino da educação básica, bem como seus custos médios, de que trata esta Lei, considerarão as condições adequadas de oferta e terão como referência o Custo Aluno Qualidade (CAQ), quando regulamentado, nos termos do §7º do art. 211 da Constituição Federal.

1 Padrão mínimo de qualidade definido nacionalmente

O texto reproduz o *caput* e o então único parágrafo do dispositivo correspondente na Lei nº 11.494/2007, que aponta o objetivo a ser perseguido pelas três esferas de governos, de permanente busca da melhoria da qualidade do ensino, com garantia de padrão mínimo de qualidade definido nacionalmente. Reafirmou a centralidade do padrão mínimo de qualidade definido nacionalmente, mas deixou de adotar a formulação da EC nº 59/2009, que é posterior à EC nº 53/2006, do Fundeb 2007-2020, que mencionava, no art. 212, §3º, CF, a universalização e a garantia de padrão de qualidade e equidade.

Finalmente, prevê que as ponderações aplicáveis entre etapas, modalidades, duração da jornada e tipos de estabelecimento de ensino da educação básica, bem como seus custos médios, considerarão as condições adequadas de oferta e terão como referência o Custo Aluno Qualidade (CAQ) – quando regulamentado pela lei complementar referente ao Sistema Nacional de Educação (SNE).[78]

Como nota Tanno, fica estabelecida a correlação entre VAAT (disponibilidade de recursos) e CAQ (necessidade de financiamento) *por meio das ponderações*. Nesse sentido, já propuséramos a necessidade de diálogo e convergência entre VAAT e CAQ (MARTINS, 2019). Pode-se indagar se o padrão mínimo de qualidade definido nacionalmente implica, necessariamente, em um CAQ nacional. Nesse sentido, Capuzzo (2022, p. 62, 104 e 105) nota que, nos estudos e debates que envolveram a aprovação da PEC nº 15/2015 (que originou a EC nº 108/2020) " não foram problematizados, por exemplo, as diferenças entre o custo de vida e poder de compra regionais e sua relação com as remunerações e os planos de carreira dos professores, sendo sempre adotados CAQS únicos nacionais" e que, quando da audiência pública da Comissão Especial referente à PEC nº 15/2015, em 14.03.17, o então secretário da SASE/MEC, Marcos Silva Ozorio, propôs a discussão da possibilidade de CAQs regionais. Capuzzo aponta o SIMCAQ como importante ferramenta para subsidiar esse debate.

2 Participação popular e da comunidade educacional na definição do padrão mínimo de qualidade

Os mecanismos por excelência desta participação são a Conferência Nacional de Educação (Conae) e a Conferência Nacional Popular de Educação (Conape).[79]

As Casas legislativas, como representantes do povo, têm mecanismos institucionais de participação.

Na Câmara dos Deputados, há o direito de encaminhar às comissões – no caso, entendemos que à Comissão de Educação –

---

[78] Cf. nota de rodapé nº 5.
[79] Com a edição da Portaria MEC nº 577/2017, algumas entidades tradicionais do segmento educacional deixaram de compor o Fórum Nacional de Educação (FNE), instância coordenadora da Conae, e em resposta constituíram o Fórum Nacional Popular de Educação (FNPE), responsável pela Conape, que se realizou, pela primeira vez, em 2018.

petições, reclamações ou representações de qualquer pessoa contra atos ou omissões das autoridades ou entidades públicas (art. 24, VI, RICD), encaminhar à (art. 32, XII, RICD) – Comissão de Legislação Participativa:
  a) sugestões de iniciativa legislativa apresentadas por associações e órgãos de classe, sindicatos e entidades organizadas da sociedade civil, exceto Partidos Políticos;
  b) pareceres técnicos, exposições e propostas oriundas de entidades científicas e culturais e de qualquer das entidades mencionadas na alínea deste inciso.

Na Câmara Federal, a sessão plenária pode, ainda, ser convertida em comissão geral, com acesso e voz franqueada a convidados dos partidos (art. 91, RICD).

No Senado Federal, compete à Comissão de Direitos Humanos e Legislação Participativa opinar sobre sugestões legislativas apresentadas por associações e órgãos de classe, sindicatos e entidades organizadas da sociedade civil, exceto partidos políticos com representação política no Congresso Nacional (art. 102-E, I, RISF). De forma análoga à Câmara, às comissões – como, por exemplo, a Comissão de Educação, Cultura e Esporte do Senado Federal – compete receber petições, reclamações, representações ou queixas de qualquer pessoa contra atos ou omissões das autoridades ou entidades públicas.

O MEC como instância coordenadora da política nacional ou mesmo o Conselho Nacional de Educação (CNE) ou a Comissão Intergovernamental podem promover consultas públicas.

> Art. 50. A União desenvolverá e apoiará políticas de estímulo às iniciativas de melhoria de qualidade do ensino, de acesso e de permanência na escola, promovidas pelas unidades federadas, em especial aquelas direcionadas à inclusão de crianças e adolescentes em situação de risco social.
>
> Parágrafo único. A União, os Estados e o Distrito Federal desenvolverão, em regime de colaboração, programas de apoio ao esforço para conclusão da educação básica dos alunos regularmente matriculados no sistema público de educação:
>
> I – que cumpram pena no sistema penitenciário, ainda que na condição de presos provisórios;
>
> II – aos quais tenham sido aplicadas medidas socioeducativas nos termos da Lei nº 8.069, de 13 de julho de 1990.

1 Apoio da União a políticas dos entes subnacionais para a inclusão de crianças e adolescentes em situação de risco social e conclusão da educação básica dos alunos que cumpram pena no sistema penitenciário ou aos quais tenham sido aplicadas medidas socioeducativas

O artigo reproduz dispositivos da lei anterior, que mostra particular preocupação com o atendimento e inclusão de crianças e adolescentes em situação de risco social, e alunos que cumpram pena no sistema penitenciário ou aos quais tenham sido aplicadas medidas socioeducativas nos termos do Estatuto da Criança e do Adolescente (ECA). Impõe a necessidade de estímulo a políticas de colaboração com esse objetivo. A preocupação permanece.

Art. 51. Os Estados, o Distrito Federal e os Municípios deverão implantar planos de carreira e remuneração dos profissionais da educação básica, de modo a assegurar:

I – remuneração condigna dos profissionais na educação básica da rede pública;

II – integração entre o trabalho individual e a proposta pedagógica da escola;

III – melhoria da qualidade do ensino e da aprendizagem;

IV – medidas de incentivo para que profissionais mais bem avaliados exerçam suas funções em escolas de locais com piores indicadores socioeconômicos ou que atendam estudantes com deficiência, transtornos globais do desenvolvimento e altas habilidades ou superdotação.

1 Planos de carreira dos profissionais da educação básica

A Constituição Federal prevê, entre os princípios com base nos quais o ensino será ministrado a "valorização dos profissionais da educação escolar, garantidos, na forma da lei, *planos de carreira*, com ingresso exclusivamente por concurso público de provas e títulos, aos das redes públicas" (art. 206, V).

A Lei de Diretrizes e Bases da Educação Nacional (LDB) dispõe:

> Art. 67. Os sistemas de ensino promoverão a valorização dos profissionais da educação, assegurando-lhes, inclusive nos termos dos estatutos e dos *planos de carreira do magistério público*:
> I – ingresso exclusivamente por concurso público de provas e títulos;
> II – aperfeiçoamento profissional continuado, inclusive com licenciamento periódico remunerado para esse fim;
> III – piso salarial profissional;
> IV – progressão funcional baseada na titulação ou habilitação, e na avaliação do desempenho;

V – período reservado a estudos, planejamento e avaliação, incluído na carga de trabalho;
VI – condições adequadas de trabalho.

O Plano Nacional de Educação (PNE) prevê:

17.3) implementar, no âmbito da União, dos Estados, do Distrito Federal e dos Municípios, planos de Carreira para os (as) profissionais do magistério das redes públicas de educação básica, observados os critérios estabelecidos na Lei nº 11.738, de 16 de julho de 2008, com implantação gradual do cumprimento da jornada de trabalho em um único estabelecimento escolar;

Meta 18: assegurar, no prazo de 2 (dois) anos, a existência de planos de Carreira para os (as) profissionais da educação básica e superior pública de todos os sistemas de ensino e, para o plano de Carreira dos (as) profissionais da educação básica pública, tomar como referência o piso salarial nacional profissional, definido em lei federal, nos termos do inciso VIII do art. 206 da Constituição Federal.

18.4) prever, nos planos de Carreira dos profissionais da educação dos Estados, do Distrito Federal e dos Municípios, licenças remuneradas e incentivos para qualificação profissional, inclusive em nível de pós-graduação stricto sensu;

18.7) priorizar o repasse de transferências federais voluntárias, na área de educação, para os Estados, o Distrito Federal e os Municípios que tenham aprovado lei específica estabelecendo planos de Carreira para os (as) profissionais da educação;

18.8) estimular a existência de comissões permanentes de profissionais da educação de todos os sistemas de ensino, em todas as instâncias da Federação, para subsidiar os órgãos competentes na elaboração, reestruturação e implementação dos planos de Carreira.

Assim, a obrigação de implementar plano de carreira, prevista no *caput* do art. 51, já está contida em dispositivo constitucional (art. 206, V).

A LDB, embora mencione a valorização dos profissionais da educação, prevê expressamente apenas para o magistério público garantias que devem ser asseguradas nos planos de carreira (art. 67). Já o PNE tem como meta (Meta 18) assegurar, no prazo de dois anos (2016), a existência de planos de Carreira para os (as) profissionais da educação básica e superior pública de todos os sistemas de ensino e, para o plano de Carreira dos (as) profissionais da educação básica pública, tomar como referência o piso salarial nacional profissional,

definido em lei federal. A fixação de prazo não foi bem-sucedida em tentativas anteriores:
- A Lei do antigo Fundef (Lei nº 9.424/1996, art. 9º) estabelecia o prazo de seis meses para criação desses Planos (portanto até junho de 1997); a Lei do PNE 2001-2010 (Lei nº 10.172, de 09.01.2001, Capítulo IV, item 10.3) estabelecia que tais Planos deveriam ser implantados no prazo de um ano, ou seja, até 10.01.2002.

O presente artigo, de forma similar à LDB, contempla a obrigatoriedade, sem fixação de prazo.

Toledo (2022), enxerga no estabelecimento do sistema nacional de educação (SNE), um elemento viabilizador de uma política nacional de carreira docente.

Parágrafo único. Os planos de carreira deverão contemplar capacitação profissional especialmente direcionada à formação continuada com vistas à melhoria da qualidade do ensino.

2 Capacitação profissional direcionada à formação continuada

O parágrafo único reafirma, em relação ao magistério, o disposto no art. 67, II, da LDB, que evidencia a necessidade de previsão, nos Planos de Carreira, de programas de formação continuada para o magistério, ao mesmo tempo que amplia a necessidade para os demais profissionais da educação básica.

Art. 52. Na hipótese prevista no §8º do art. 212 da Constituição Federal, inclusive quanto a isenções tributárias, deverão ser avaliados os impactos nos Fundos e os meios para que não haja perdas ao financiamento da educação básica.

Parágrafo único. Para efeitos do disposto no caput deste artigo, deve-se buscar meios para que o montante dos recursos vinculados ao Fundeb nos entes federativos seja no mínimo igual à média aritmética dos 3 (três) últimos exercícios, na forma de regulamento.

1 Preservação dos recursos da educação em caso de alterações decorrentes de reforma tributária

Há anos e especialmente a cada ciclo eleitoral, são elaboradas propostas de reforma tributária. Há um consenso acerca da progressividade do sistema tributário brasileiro, dos riscos e prejuízos da guerra fiscal e da necessidade de modernização. Em relação à educação, cujo financiamento é baseado na vinculação da receita de impostos, tem-se como objetivo preservar os valores dos recursos. Nesse sentido, a EC nº 108/2020 acrescentou parágrafo ao art. 212 da Constituição Federal, nos seguintes termos:

> §8º Na hipótese de extinção ou de substituição de impostos, serão redefinidos os percentuais referidos no caput deste artigo e no inciso II do caput do art. 212-A, de modo que resultem recursos vinculados à manutenção e ao desenvolvimento do ensino, bem como os recursos subvinculados aos fundos de que trata o art. 212-A desta Constituição, em aplicações equivalentes às anteriormente praticadas.

Havendo reforma tributária – processo sempre longo, complexo e conflitivo, devem ser feitas as adaptações para preservar tanto o Fundeb como os demais recursos vinculados à MDE. O objetivo, expresso no *caput* do art. 52, é preservar o valor os recursos da cesta para que não haja perdas ao financiamento da educação básica.

O Parágrafo único prevê que se deve buscar meios para que o montante dos recursos vinculados ao Fundeb nos entes federativos seja no mínimo igual à média aritmética dos 3 (três) últimos exercícios, na forma de regulamento.

Art. 53. Fica revogada, a partir de 1º de janeiro de 2021, a Lei nº 11.494, de 20 de junho de 2007, ressalvado o caput do art. 12 e mantidos seus efeitos financeiros no que se refere à execução dos Fundos relativa ao exercício de 2020. (NR)

1 Revogação da lei do Fundeb 2007-2020, com ressalva ao caput do art.12

A primeira redação da Lei nº 14.113/2020 referia-se ao art. 12. Tecnicamente, caberia ressalva *ao caput* do art. 12, uma vez que seus incisos previam a composição da Comissão Intergovernamental, tema que é tratado nos incisos I a III da nova lei do novo Fundeb permanente – com a inclusão de mais quatro representes do poder executivo federal. A ressalva tem o sentido de expressar que não se cria nova instância – mantém-se a Comissão Intergovernamental de financiamento para a Educação Básica de Qualidade. A cautela visou evitar debate acerca de invasão da competência do poder executivo. A Comissão não é instância administrativa do governo federal – é um colegiado intergovernamental.

Art. 54. Esta Lei entra em vigor na data da sua publicação.

1 Início da vigência

A Lei nº 14.113/2020 entrou em vigor na data da sua publicação.

Como mencionado, há alguns prazos de transição e gradatividade, por exemplo, em relação ao atingimento pleno do patamar da complementação da União. Mas a vigência da lei é imediata.

REFERÊNCIAS

ABE. *O problema educacional e a nova Constituição.* São Paulo: Companhia Editora Nacional, 1934.

AFONSO, José Roberto; CASTRO, Kleber Pacheco de. A dificuldade para financiamento municipal via imposto sobre propriedade urbana no Brasil. *Jornadas Ibero-Americanas de financiamento local,* III, p. 1-20, 2014.

ARANTES T. FILHO, Sócrates. *Fundos Públicos.* Câmara dos Deputados, 2021.

ARAÚJO, Raimundo Luiz Silva. *Limites e possibilidades da redução das desigualdades territoriais por meio do financiamento da educação básica.* 2014. Tese (Doutorado em Educação) – Faculdade de Educação, Universidade Federal de São Paulo, São Paulo, 2014.

AZEVEDO, Fernando de. *A educação entre dois mundos.* São Paulo: Melhoramentos, 1958.

BARROS, Gabriela Thamara de Freitas; OLIVEIRA, Adolfo Samuel de. Proposta de indicador de nível socioeconômico dos educandos: subsídios para a distribuição de recursos do Fundeb e para a construção de um indicador oficial do INEP. *In*: MORAES, Gustavo Henrique; ALBUQUERQUE, Ana Elizabeth M. de. (Org.). *Cadernos de Estudos e Pesquisas em Políticas Educacionais*: estratégias do Plano Nacional de Educação I. v. 5. Brasília: Instituto Nacional de Estudos e Pesquisas Educacionais Anísio Teixeira, 2021. p. 181-208.

BASSI, Camillo de Moraes. *Fundos Especiais e Políticas Públicas*: uma discussão sobre a fragilização do mecanismo de financiamento. TD 2458. Rio de Janeiro: IPEA, 2019.

BOMFIM, Manoel. *Cultura e educação do povo brasileiro*: pela diffusão da instrucção primaria. [S.l.: s.n.], 1932.

BORGES, Vander Oliveira. *Fundo de Manutenção e Desenvolvimento da Educação Básica e de Valorização dos Profissionais da Educação – FUNDEB*: impactos financeiros junto aos governos estaduais e municipais nos primeiros cinco anos de sua implantação. 2007. Dissertação (Mestrado em Educação) – Faculdade de Educação, Universidade de Brasília, Brasília, DF, 2007.

BORGES e MARTINS. Lei do Fundeb (2007-2020). Documento de trabalho, 2013.

BRASIL. *Cadastro Nacional dos Conselhos Tutelares*: Histórico, Objetivos, Metodologia e Resultados. Andrei Suárez Dillon Soares (Org.). Brasília: Secretaria de Direitos Humanos da Presidência da República, 2013.

BRASIL. INEP. *Indicadores Financeiros Educacionais.* Publicado em 26 nov. 2020. Disponível em: https://www.gov.br/inep/pt-br/acesso-a-informacao/dados-abertos/indicadores-educacionais/indicadores-financeiros-educacionais. Acesso em: 12 maio 2023.

BRASIL. *Lei nº 4.024, de 20 de dezembro de 1961.* Fixa as Diretrizes e Bases da Educação Nacional. (antiga Lei de Diretrizes e Bases da Educação Nacional).

BRASIL. *Manual de Demonstrativos Fiscais.* STN, Brasília, 2021.

BRASIL. *Manual do Novo Fundeb*. FNDE/MEC, Brasília, 2021.

BRASIL. *Panorama da Educação*: destaques do *Education at a glance*, 2019. Brasília: INEP/MEC, 2019.

BRASIL. Panorama da Educação: destaques do Education at a Glance, 2021. Brasília: INEP/MEC, 2021.

BRASIL. MUNIC. *Perfil dos Municípios Brasileiros* 2018. IBGE RJ 2019.

BREMAEKER, François Eugene Jean de. *O potencial de arrecadação do IPTU*. Rio de Janeiro: dez. 2016. Observatório de informações municipais.

BREMAEKER, François Eugene Jean de. *O potencial de arrecadação do ISS*. Rio de Janeiro: dez. 2016. Observatório de informações municipais.

BRITTO, Tatiana Feitosa de. *O que é que a Finlândia tem?* Notas sobre um sistema educacional de alto desempenho. Núcleo de estudos e pesquisas. Consultoria legislativa. Senado Federal. Textos para Discussão 129, maio/2013.

BUCCI, Maria Paula Dallari. O conceito de política pública em direito. *In*: BUCCI, Maria Paula Dallari (Org.). *Políticas públicas*: reflexões sobre o conceito jurídico. São Paulo: Saraiva, 2006.

CAMARGO, Aspásia. A Reforma-Mater Os riscos (e os custos) do federalismo incompleto. *Parcerias Estratégicas*, n. 6, mar./1999.

CAPUZZO, Alisson Minduri. *Financiamento da Educação Básica*: análise da construção do Fundeb permanente na Câmara dos Deputados de 2017 a 2020. 2022. Dissertação (Mestrado em Educação) – Faculdade de Educação, Universidade de Brasília, Brasília, 2022.

CAPUZZO, Alisson Minduri; TANNO, Cláudio Riyudi; MARTINS, Paulo de Sena. *Novo Fundeb*: destinação para educação infantil. Nota Técnica Conjunta. Brasília: CONLE/CONOF, 2020.

CARVALHO JUNIOR, Pedro Humberto Bruno de. *Panorama do IPTU*: um retrato da administração tributária em 53 cidades selecionadas. Rio de Janeiro: IPEA, out. 2018. TD 2419.

COSTA, Leonardo da Silva Guimarães Martins da. *Fundos Federais* – abordagem transdisciplinar diante do Projeto da Lei de Finanças Públicas. Tesouro Nacional. TD nº 29, 2017.

DARLING-HAMMOND, Linda. Valuing Teachers: The Making of a Profession. Teachers College Record. Volume 87 Issue 2, December, 1985.

DE CESARE, Claudia M. *Condições básicas para garantir a funcionalidade da tributação recorrente ao patrimônio imobiliário urbano e rural*. Plataforma política social. Texto para discussão 23. Reforma Tributária. 03/2018.

DE CESARE, Claudia M. *et al*. La diversidad del reto: factores críticos del desempeño del impuestoa la propiedad inmobiliaria en Brasil. *In*: *El potencial oculto*: Factores determinantes y oportunidades del impuesto a la propiedad inmobiliaria en América Latina. Jaime Bonet, Andrés Muñoz y Carlos Pineda Mannheim Editores, BID, 2014.

DOLTON, Peter; MARCENARO, Oscar; DE VRIES, Robert; SHE, Po-Wen. *Global Teacher Status Index 2018*. Varkey Foundation, 2018. Disponível em: https://www.varkeyfoundation.org/media/4867/gts-index-13-11-2018.pdf. Acesso em: 14 jun. 2023.

FERRAZ, Anna Cândida da Cunha. A transição constitucional e o ato das disposições constitucionais transitórias da Constituição de 05.10.1988. *Revista dos Tribunais*, São Paulo, n. 26, p. 54-68, jan./mar. 1999.

GOMES, Candido Alberto. Manutenção e desenvolvimento do ensino: propostas para a reformulação da Lei 7.348/85. *Em Aberto*, Brasília, ano 8, n. 42, p. 34-41, abr./jun. 1989.

HARADA, Kiyoshi. *Direito Financeiro e Tributário*. 7. ed. São Paulo: Ed. Atlas, 2001.

JANNUZZI, Paulo de Martino. Eficiência econômica, eficácia procedural ou efetividade social: Três valores em disputa na Avaliação de Políticas e Programas Sociais. *Desenvolvimento em Debate*, v. 4, n. 1, p. 117-142, 2016.

JANNUZZI, Paulo de Martino. Relevância e sustentabilidade: dimensões esquecidas na avaliação de programas sociais. *Nexo Jornal*, 24 ago. 2020. Disponível em: https://pp.nexojornal.com.br/ponto-de-vista/2020/Relev%C3%A2ncia-e-sustentabilidade-dimens%C3%B5es-esquecidas-na-avalia%C3%A7%C3%A3o-de-programas-sociais. Acesso em: 15 maio 2023.

MARQUES NETO, Floriano de Azevedo. Os grandes desafios do controle da Administração Pública. *In*: MODESTO, Paulo (Coord.). *Nova organização administrativa brasileira*. Belo Horizonte: Fórum, 2009. p. 221-222.

MARTINS, Paulo de Sena. Financiamento da educação básica: critérios, conceitos e diretrizes. *In*: LIMA, Maria José Rocha (Coord.); ALMEIDA, Maria do Rosário; DIDONET, Vital (Org.). *FUNDEB*: dilemas e perspectivas. Brasília: Edição Independente, 2005.

MARTINS, Paulo de Sena. *FUNDEB, federalismo e regime de colaboração*. Campinas: Autores Associados, 2011.

MARTINS, Paulo de Sena. Federalismo, Vinculação, Fundeb, VAAT e CAQ. *Revista Retratos da Escola*, Brasília, v. 13, n. 26, p. 361-377, maio/ago. 2019. Disponível em: http://retratosdaescola.emnuvens.com.br/rde. Acesso em: 02 maio 2023.

MARTINS, Paulo de Sena. *A EC 108/2020* – Fundeb Permanente, 2021. NT Conle/Câmara dos Deputados.

MEIRELLES, Hely Lopes. A Administração Pública e seus controles. *R. Dir. adm.*, Rio de janeiro, n.114, p. 23-33, out./dez. 1973.

MELO, Carlos Antônio de Almeida. Ato das Disposições Constitucionais Transitórias: proposta de um critério objetivo para o estabelecimento do referencial temporal implícito. *Revista de Informação Legislativa*, Brasília, ano 38, n. 152, out. /dez. 2001.

MIRANDA, Pontes de. *Comentários* à *Constituição da República dos E.U. do Brasil, de 1934*, tomo II. Rio de Janeiro: Editora Guanabara, 1936.

MONLEVADE, João Antônio. *Educação Pública no Brasil*: contos & de$contos. 1. ed. Brasília: Idéa, 1997.

MOTTA, Fabrício; SICCA, Gerson. Qualidade da educação e controvérsias sobre o piso do magistério. *Conjur*, 09 mar. 2023. Disponível em: https://www.conjur.com.br/2023-mar-09/interesse-publico-qualidade-educacao-controversias-piso-magisterio. Acesso em: 14 jun. 2023.

NORREGAARD, J. Taxing Immovable Property: revenue potential and implementation challenges. *IMF Working Paper*, New York, n. 13/129, FMI, 2013.

OLIVEIRA, Ricardo Mariz de. Desafios para a interpretação no Direito Tributário: a problemática da remissão. *Revista Fórum de Direito Tributário*, Belo Horizonte, ano 17, n. 101, p. 9-25, set./out. 2019.

ORAIR, Rodrigo Octávio; ALBUQUERQUE, Pedro Henrique Melo. *Capacidade de arrecadação do IPTU*: estimação por fronteira estocástica com dados em painel. Brasília: IPEA, jun. 2017. TD 2309.

PINTO, José Marcelino de Rezende. *A política recente de fundos para o financiamento da educação e seus efeitos no pacto federativo*. Educ. Soc. 28 (100). Out 2007.

RAVITCH, Diane. *Vida e morte do grande sistema escolar americano*: como os testes padronizados e o modelo de mercado ameaçam a educação. Trad. de Marcelo Duarte. Porto Alegre: Sulina, 2011.

RAVITCH, Diane. *Reign of error*: the hoax of the privatization movement and the danger to America's public schools. New York: Alfred A. Knopf, 2014.

REALE, Miguel. Educação e Cultura na Constituição Brasileira. *Revista Brasileira de Estudos Pedagógicos*, Brasília, n. 151, INEP, 1984.

REIS, Sólon Borges dos. *Relatório Final da Comissão Parlamentar de Inquérito destinada a investigar a aplicação, pelo Ministério da Educação, dos recursos provenientes da Emenda Calmon*. Brasília, 1992. p. 13.

ROCHA, Carmen Lúcia Antunes Rocha. Natureza e eficácia das disposições constitucionais transitórias. *In*: GRAU, Eros Roberto; GUERRA FILHO, Willis Santiago (Org.). *Direito constitucional*: estudos em homenagem a Paulo Bonavides. São Paulo: Malheiros, 2001.

SÁ, Itanieli Rotondo. *Reflexões sobre o Ministério Público Estadual brasileiro*: um estudo sobre o papel do promotor de justiça na defesa do Direito à Educação de qualidade. 2014. Dissertação (Mestrado em Direito) – Universidade Federal do Ceará, Fortaleza, 2014.

SAHLBERG, Pasi. *A short history of educational reform in Finland*, 2009.

SAHLBERG, Pasi. Teachers as Leaders in Finland, 2013. *Educational Leadership/October*, p. 36-40, 2013. Disponível em: https://pasisahlberg.com/. Acesso em: 02 maio 2023.

SANCHES, Osvaldo Maldonado. Fundos federais: origens, evolução e situação atual na administração federal. *Revista de informação legislativa*, v. 39, n. 154, p. 269-299, abr./jun. 2002, 04/2002.

SCHIRATO, Vitor Rhein. O Controle Interno da Administração Pública e seus mecanismos. *Revista dos Tribunais*, São Paulo, ano 104, v. 956, p. 25 e ss., jul. 2015.

SENA, Paulo. A legislação do Fundeb. *Cadernos de Pesquisa*, v. 38, n. 134, p. 319-340, maio/ago. 2008.

SENA, Paulo. Dois pisos e duas medidas. *JusBrasil*, 2023. Disponível em: https://www.jusbrasil.com.br/artigos/dois-pisos-e-duas-medidas/1803702503#_ftn2. Acesso em: 14 jun. 2023.

SENRA, Carolina Maria Gurgel. Princípio da proibição da insuficiência: o dever do Estado de proteção mínima aos direitos sociais fundamentais. *Revista do Ministério Público do Estado do Rio de Janeiro*, n. 81, jul./set. 2021.

SILVA, Gene Maria Vieira Lyra. Controlabilidade social: o financiamento da educação pública pelas mãos dos conselhos estaduais do Fundeb. Tese (Doutorado em Educação) – Faculdade de Educação, Universidade Estadual de Campinas, Campinas, 2013.

SILVA, José Afonso da. *Aplicabilidade das normas constitucionais*. São Paulo: Malheiros Editores, 2000.

SILVA, José Afonso da. *Comentário contextual* à *Constituição*. 6. ed. São Paulo: Malheiros, 2009.

SOARES, José Francisco; PEREIRA XAVIER, Flávia. Pressupostos educacionais e estatísticos do Ideb. *Educação & Sociedade*, Campinas, v. 34, n. 124, p. 903-923, jul./set. 2013. Disponível em: http://www.redalyc.org. Acesso em: 02 maio 2023.

SOARES, José Francisco; DELGADO, Victor Maia Senna. Medida das desigualdades de aprendizado entre estudantes de ensino fundamental. *Est. Aval. Educ.*, São Paulo, v. 27, n. 66, p. 754-780, set./dez. 2016.

TANNO, Claudio Riyudi. *Universalização, Qualidade e Equidade na Alocação de Recursos do Fundo de Manutenção e Desenvolvimento da Educação Básica e de Valorização dos Profissionais da Educação (FUNDEB)*: Proposta de Aprimoramento para a Implantação do Custo Aluno Qualidade (CAQ). Estudo Técnico nº 24/2017.

TANNO, Claudio Riyudi. *Estudo técnico nº 20/2018*. Revisão orçamentária 2019 diagnóstico para educação: possibilidades e perspectivas. 2019.

TANNO, Claudio Riyudi. *Estudo Técnico nº 22/2020 – PEC 15/2015 FUNDEB*: texto aprovado na Câmara Dos Deputados. Novo mecanismo redistributivo: resultados esperados, avaliação e proposta de regulamentação.

TANNO, Claudio Riyudi. *ET nº 15 – FUNDEB 2021 e Complementação-VAAT*: Condicionantes Legais, Transferências Resultantes, Projeções e Convergência com o Custo Aluno Qualidade.

TANNO, Claudio Riyudi. *NT nº 23/2022 – Valor Aluno-Ano FUNDEB (VAAF) e Valor Aluno-Ano Total (VAAT)*: Metodologia de Cálculos e Aspectos Conceituais.

TARTUCE, Gisela Lobo B. P.; NUNES, Marina Muniz Rossa; ALMEIDA, Patrícia Cristina Albieri de (Coord.). *A atratividade da carreira docente no Brasil*. Relatório final. Fundação Victor Civita/ Fundação Carlos Chagas, 2009.

TEIXEIRA, Anísio. A municipalização do ensino primário. *Revista Brasileira de Estudos Pedagógicos*, Rio de Janeiro, v. XXVII, n. 65, jan./mar. 1957.

TOLEDO, Carlos José Teixeira de. Políticas públicas e valorização do professor da educação básica: um estudo jurídico-institucional. Belo Horizonte: Fórum, 2022.

VELLOSO, Jacques. *A Emenda Calmon e os Recursos da União*: Cadernos de Pesquisa, São Paulo, 1990, p. 20. Belo Horizonte: Fórum, 2022.

APÊNDICE A

LEI DO FUNDEB PERMANENTE (LEI Nº 11.494/07) – ÍNDICE TEMÁTICO

Abono
– forma de reajuste salarial admitida para atingir o mínimo de 70% destinado ao pagamento salarial – (ao lado de bonificação, aumento de salário, atualização ou correção salarial) – art. 26, §2º

Acesso
– obrigação das instituições conveniadas de oferecer **acesso** (e permanência) em igualdade de condições a todos os seus alunos (inclusive com o atendimento educacional gratuito a todos os seus alunos) – art.7º, §4º, I
– apoio da União a políticas de estímulo às iniciativas de melhoria de qualidade do ensino, de **acesso** e de permanência na escola, promovidas pelas unidades federadas, em especial aquelas direcionadas à inclusão de crianças e adolescentes em situação de risco social – art.50, **caput**.
– **acesso gratuito** – aos documentos mencionados nos arts. 31 (parecer do CACS responsável) e 36 desta Lei (registros contábeis e os demonstrativos gerenciais mensais, atualizados, relativos aos recursos repassados e recebidos à conta dos Fundos, assim como os referentes às despesas realizadas) – art. 32,§1º
– **livre acesso público** – ao meio eletrônico em que o MEC divulgará orientações sobre a operacionalização do Fundo e dados sobre a previsão, a realização e a utilização dos valores financeiros repassados – art.39, III

Adicional – da alíquota do ICMS de que trata o §1º do art. 82 do ADCT (adicional de até dois pontos percentuais na alíquota do

Imposto sobre Circulação de Mercadorias e Serviços – ICMS, para financiamento dos Fundos de Combate e Erradicação da Pobreza). Incluído na base de cálculo da receita Fundeb (em substituição aos recursos da Lei Kandir, que integravam a base do Fundeb 2007–2020) – art.3º, §1º

Alíquota do ICMS de que trata o §1º do art. 82 do ADCT – adicional (de até 2% na alíquota do ICMS, para financiamento do Fundo de Combate e Erradicação da Pobreza) inclui–se na base de cálculo dos recursos da cesta Fundeb

Alternância, formação por – cômputo das matrículas das instituições reconhecidas como centros familiares de formação por alternância que atuam na educação do campo – art. 7º, §3º, I, "b"

Âmbito **de atuação prioritária** – critério obrigatório para cômputo das matrículas para distribuição dos recursos do fundo – art.8º, §1º

Âmbito de cada Estado e do DF – art. 1º – instituição do fundo no(…)
Âmbito de cada Estado – critério da distribuição da complementação-VAAF
Âmbito de cada Estado – distribuição no(…) – art. 7º

Ampliação do atendimento – item (ao lado dos efeitos redistributivos e da melhoria dos indicadores educacionais) que constará da avaliação realizada pelo Inep, a cada 2 anos – art. 40, I

Anos iniciais do ensino fundamental urbano
– referência (fator 1 – um) para a ponderação entre diferentes etapas, modalidades, duração da jornada e tipos de estabelecimento de ensino

Aposentados
– não são pagos com recursos do Fundeb (art. 26,II) ou de MDE e salário educação (art. 212,§7º,CF – EC nº 108/2020)
– têm direito ao rateio dos recursos extraordinários recebidos pelos Estados, pelo Distrito Federal e pelos Municípios em decorrência de decisões judiciais relativas ao cálculo do valor anual por aluno para a

distribuição dos recursos (precatórios): os que comprovarem efetivo exercício nas redes públicas escolares, nos períodos do Fundef e Fundeb 2007-2020, ainda que não tenham mais vínculo direto com a Administração Pública que os remunerava, e os herdeiros, em caso de falecimento dos profissionais alcançados por este artigo – art. 47-A, §1º,III

Ato das Disposições Constitucionais Transitórias (ADCT)
– Inclui–se ainda na base de cálculo dos recursos referidos nos incisos I a IX do **caput** deste artigo o adicional na alíquota do ICMS de que trata o §1º do art. 82 do Ato das Disposições Constitucionais Transitórias – art. 3º, §1º
– as revisões a que se refere o art. 60-A do Ato das Disposições Constitucionais Transitórias considerarão os resultados das avaliações previstas no **caput** deste artigo (I – a avaliação dos efeitos redistributivos, da melhoria dos indicadores educacionais e da ampliação do atendimento; II – estudos para avaliação da eficiência, da eficácia e da efetividade na aplicação dos recursos dos Fundos) – art. 40, §2º
– art.107, §6º, I excluía as cotas do salário-educação e a complementação da União ao Fundeb, do teto de gastos

Atualização salarial
– forma de reajuste salarial admitida para atingir o mínimo de 70% destinado ao pagamento salarial – (ao lado de abono, bonificação, aumento de salário, correção salarial) – art. 26, §2º

Atualização da lei
– a Lei será atualizada até 31 de outubro de 2023, para aplicação no exercício de 2024 – art. 43.
A atualização será quanto a:
– diferenças e ponderações quanto ao valor anual por aluno entre etapas, modalidades, duração da jornada e tipos de estabelecimento de ensino
– diferenças e ponderações quanto ao valor anual por aluno relativas ao nível socioeconômico dos educandos e aos indicadores de disponibilidade de recursos vinculados à educação e de potencial de arrecadação tributária de cada ente federado,
– indicador para educação infantil (IEI)

Aumento de salário
– forma de reajuste salarial admitida para atingir o mínimo de 70% destinado ao pagamento salarial – (ao lado de abono, bonificação, atualização ou correção salarial) – art. 26, §2º

Banco do Brasil – recebimento das unidades transferidoras e distribuição aos fundos – art.20

Bonificação
– forma de reajuste salarial admitida para atingir o mínimo de 70% destinado ao pagamento salarial – (ao lado de abono, aumento de salário e atualização ou correção salarial) – art. 26, §2º

Caixa Econômica Federal – recebimento das unidades transferidoras e distribuição aos fundos – art.20

Calamidade pública
Em situação de calamidade pública, desastres naturais ou excepcionalidades de força maior em nível nacional que não permitam a realização normal de atividades pedagógicas e de aulas presenciais nas escolas participantes do Sistema de Avaliação da Educação Básica (Saeb) durante a aplicação dessa avaliação, ficará suspensa a condicionalidade referente à participação de pelo menos 80% (oitenta por cento) dos estudantes de cada ano escolar periodicamente avaliado em cada rede de ensino por meio dos exames nacionais do sistema nacional de avaliação da educação básica, para fins de distribuição da complementação--VAAR. – art. 14, §4º

Capacitação dos membros dos CACS
– coordenação de esforços exercida pelo MEC, para capacitação dos membros dos conselhos – art.39, II

Capacitação profissional
– planos de carreira deverão contemplar capacitação profissional especialmente direcionada à formação continuada – art. 51, parágrafo único.

Câmara específica
– CACS do Fundeb integrado como(…) ao Conselho Municipal de Educação – art. 48, **caput**
– art. 48, §1º – competência deliberativa e terminativa

Categorias de despesa previstas no art. 70 da LDB – os recursos destinados às instituições conveniadas somente poderão ser destinados a essas categorias de despesa, que são as reconhecidas como de MDE

Censo escolar anual mais atualizado:
– art. 7º, §3º, I, "c" – para apuração das matrículas das pré-escolas conveniadas
– art. 8º – referência para a distribuição de recursos financeiros
– art.8º,§5º – retificação de dados por Estados, Distrito Federal e Municípios, no prazo de trinta dias, contado da publicação dos dados preliminares do Censo Escolar da Educação Básica, sob pena de responsabilização administrativa, nos termos da Lei nº 14.230, de 25 de outubro de 2021
– art. 8º, §7º – vedação de alteração nos dados após realizada a publicação final das informações do censo escolar
– art. 18, §1º – dados do censo mais atualizado adotados como base para a decisão da Comissão Intergovernamental de Financiamento para a Educação Básica de Qualidade.
– art. 33, §2º, II – competência dos CACS para supervisionar o censo escolar anual

Certificação de Entidade Beneficente de Assistência Social
V Uma das condicionalidades que as FCCs devem atender para que possam receber recursos do Fundeb art.7º, §4º, V

Cesta–Fundeb – art. 3º – 20% dos seguintes recursos:
ITCM – Imposto sobre transmissão *causa mortis* e doação de quaisquer bens ou direitos – art.3º, I
ICMS – Imposto sobre operações relativas à circulação de mercadorias e sobre prestação de serviços de transportes interestadual e intermunicipal e de comunicação – art.3º, II

IPVA – Imposto sobre a propriedade de veículos automotores – art.3º, III
Imposto a ser eventualmente instituído – art.3º, IV
ITR – Imposto sobre a propriedade territorial rural – art.3º, V
– parcela do produto da arrecadação do Imposto sobre a Renda e Proventos de Qualquer Natureza e do Imposto sobre Produtos Industrializados (IPI) devida ao Fundo de Participação dos Estados e do Distrito Federal (FPE) – art. 3º, VI
– parcela do produto da arrecadação do Imposto sobre a Renda e Proventos de Qualquer Natureza e do IPI devida ao Fundo de Participação dos Municípios (FPM) – art. 3º, VII
– parcela do produto da arrecadação do IPI devida aos Estados e ao Distrito Federal – art. 3º, VIII
– adicional da alíquota do ICMS (até 2%) de que trata o §1º do art. 82 do Ato das Disposições Constitucionais Transitórias – art. 3º, §1º

Comissão Intergovernamental de Financiamento para a Educação Básica de Qualidade
– manutenção – art. 17, **caput**
– composição – incisos I, II e III
– registro das deliberações – art. 17, §1º
– publicação no D.O.U. até 31 de julho – art.17, §2º
– função não remunerada, direito a transporte e diárias – art. 17, §3º
– designação de suplentes – art. 17,§4º
– competências – art. 18
– aprovar a metodologia de cálculo dos indicadores de nível socioeconômico dos educandos, elaborada pelo Inep, e as metodologias de cálculo da disponibilidade de recursos vinculados à educação e do potencial de arrecadação tributária de cada ente federado, elaboradas pelo Ministério da Economia – art. 18, IV
– adoção dos dados do censo escolar anual mais atualizado realizado pelo Inep – art. 18,§1º
– existência prévia de estudos atualizados sobre custos médios como condição para deliberação – art. 18, §2º
– exercício das competências em observância às garantias estabelecidas nos incisos I, II, III e IV do **caput** do art. 208 da Constituição Federal e às metas do Plano Nacional de Educação (PNE) – art. 18, §3º

– publicação de relatório detalhado com a memória de cálculo sobre os custos médios, as fontes dos indicadores utilizados e as razões que levaram à definição dessas ponderações – art. 18, §4º
– deliberação referente ao indicador de disponibilidade de recursos vinculados à educação ocorrerá até o dia 31 de outubro do ano anterior ao exercício de referência e será registrada em ata circunstanciada, lavrada conforme seu regimento interno – art. 18, §5º
– a metodologia de cálculo do indicador de disponibilidade de recursos vinculados à educação deverá ser encaminhada à Comissão Intergovernamental de Financiamento para a Educação Básica de Qualidade com 30 (trinta) dias de antecedência – art. 18, §6º
– despesas da Comissão Intergovernamental – art. 19

Competência deliberativa e terminativa
– do CACS integrados ao conselho municipal de educação – art. 48, §1º

Complementação da União
– previsão – art.4º, **caput**
– percentual mínimo em relação ao aporte dos entes subnacionais – art. 5º
– cronograma de programação financeira – art.16º, §2º
– ajuste – art.16, §3º
– estimativa publicada pelo poder executivo federal, até 31.12 – art.16, II
– progressividade – art. 41

Complementação-VAAF – art. 5º, I

Complementação-VAAT – art. 5º, II
– Somente são habilitados a receber a complementação-VAAT os entes que disponibilizarem as informações e os dados contábeis, orçamentários e fiscais, nos termos do art. 163-A da Constituição Federal e do art. 38 desta Lei – art.13, §4º
– fatores levados em consideração – art. 15. Na complementação-VAAT, disponibilidades realizadas no penúltimo exercício financeiro anterior ao de referência

– gradualismo para implementação plena da complementação-VAAT – art.41, §1º

Complementação VAAR – art. 5º, III
– gradualismo para implementação plena da complementação-VAAT – art.41, §2º

Condicionalidades
– para a complementação-VAAR: de melhoria de gestão, que alcançarem evolução de indicadores a serem definidos, de atendimento e de melhoria da aprendizagem com redução das desigualdades, nos termos do sistema nacional de avaliação da educação básica – **art. 5º, III**
– contemplarão: provimento do cargo ou função de gestor escolar de acordo com **critérios técnicos de mérito e desempenho** ou a partir de escolha realizada com a participação da comunidade escolar dentre candidatos aprovados previamente em avaliação de mérito e desempenho; participação de pelo menos 80% **dos estudantes** de cada ano escolar periodicamente avaliado em cada rede de ensino por meio dos exames nacionais do sistema nacional de avaliação da educação básica; **redução das desigualdades educacionais** socioeconômicas e raciais medidas nos exames nacionais do sistema nacional de avaliação da educação básica, respeitadas as especificidades da educação escolar indígena e suas realidades; **regime de colaboração** entre Estado e Município formalizado na legislação estadual e em execução, nos termos do inciso II do parágrafo único do art. 158 da Constituição Federal e do art. 3º da Emenda Constitucional nº 108, de 26 de agosto de 2020; **referenciais curriculares** alinhados à Base Nacional Comum Curricular, aprovados nos termos do respectivo sistema de ensino – art. 14,§1º, incisos I a V
– monitoradas e avaliadas, e com metodologia de aferição feita pelo Inep e aprovada pela Comissão Intergovernamental de Financiamento para a Educação de Qualidade – art. 18,II

Confederação Nacional de Trabalhadores em Educação – CNTE
– indicação de representante para o CACS em nível federal – art.34, §1º, "e"

– indicação de representante da seccional para o CACS em nível estadual – art.34, §2º, "e"

Conselhos de Acompanhamento e Controle Social – CACS
– previsão e fim específico – art. 33, **caput**
– instrumentos à disposição dos CACS – art.33, §1º
– incumbências adicionais (parecer das prestações de contas, supervisão do censo escolar e acompanhamento da aplicação dos recursos federais transferidos ao Programa Nacional de Apoio ao Transporte do Escolar (PNATE) e ao Programa de Apoio aos Sistemas de Ensino para Atendimento à Educação de Jovens e Adultos (PEJA) – art. 33, §2º
– atuação com autonomia, sem vinculação ou subordinação institucional ao Poder Executivo local e renovação periódica ao final de cada mandato dos seus membros – art.33, §3º
– garantia de infraestrutura e condições materiais adequadas à execução plena das competências – art.33, §4º
– criação por legislação específica em cada âmbito governamental e critérios de composição – art. 34
– indicação de conselheiros até 20 (vinte) dias antes do término do mandato dos conselheiros anteriores – art. 34, §2º
– caracterização das organizações da sociedade civil que podem integrar os CACS – art. 34, §4º
– impedimentos – art. 34, §5º
– eleição do presidente do CACS por seus pares em reunião do colegiado, sendo impedido de ocupar a função o representante do governo gestor dos recursos – art. 34, §6º
– natureza da atividade dos conselheiros (não remunerada, de relevante interesse social e com isenção da obrigatoriedade de testemunhar sobre informações recebidas ou prestadas em razão do exercício de suas atividades de conselheiro e sobre as pessoas que lhes confiarem ou deles receberem informações) – art. 34, §7º
– garantias aos conselheiros – art. 34, §7 º, IV
– nomeação de suplentes – art. 34, §8º
– duração dos mandatos (4 anos, vedada a recondução) – art. 34, §9º
– direito a voz de estudantes não emancipados – art. 34, §10

– disponibilização pelos entes federados, em sítio na internet, de informações atualizadas sobre a composição e o funcionamento dos respectivos conselhos – art. 34, §11
– periodicidade das reuniões (no mínimo, trimestralmente ou por convocação de seu presidente) – art. 34, §12
– redes de conhecimento dos conselheiros – art. 35
– CACS em âmbito federal – composição mínima – art. 34, I
– CACS em âmbito estadual – composição mínima – art. 34, II
– CACS no âmbito do DF – composição mínima – art. 34, III
– CACS em âmbito municipal – composição mínima – art. 34, IV
– representação do Conselho Municipal de Educação no CACS municipal – art.34, IV, I
– representação do Conselho Tutelar no CACS municipal – art. 34, IV, II
– indicação de representantes pelas instâncias de governo e entidades de classe – art. 34, §2º
– indicação de representantes de diretores, pais de alunos e estudantes – art. 34, §2º, II
– indicação de representantes de professores e servidores pelas entidades sindicais da categoria – art. 34, §2º, III
– indicação de representantes de organizações da sociedade civil, em processo eletivo dotado de ampla publicidade, vedada a participação de entidades que figurem como beneficiárias de recursos fiscalizados pelo conselho ou como contratadas da Administração da localidade a título oneroso – art. 34, §2º, IV
– apresentação ao Poder Legislativo local e aos órgãos de controle interno e externo manifestação formal acerca dos registros contábeis e dos demonstrativos gerenciais do Fundo, dando ampla transparência ao documento em sítio da internet – art.33, §1º, I
– convocação do secretário de educação – art.33, §1º, II
– requisição de documentos referentes à licitação, empenho, liquidação, pagamento, folha de pagamento discriminada, convênios e outros – art.33, §1º, III
– realização de visitas e inspetorias *in loco* – art.33, §1º, IV
– parecer para instrução da prestação de contas – art.33, 2º, I
– capacitação dos membros, sob a coordenação do MEC – art.39, II
– prazo para instituição (90 dias, contado da vigência dos Fundos) – art.42

– no caso dos conselhos municipais, o primeiro mandato dos conselheiros extinguir-se-á em 31 de dezembro de 2022 – art. 42, §2º
– integração ao Conselho Municipal de Educação como Câmara específica com competência deliberativa e terminativa – art.48, **caput**

Conselhos Municipais de Educação
– possibilidade de transformação dos conselhos do Fundeb em câmara específica
– art. 48, **caput**
– aplicação das mesmas regras de impedimentos adotadas na constituição dos conselhos do Fundeb – art. 48, §2º

Conselho Nacional de Educação
– representação no CACS de âmbito federal – art.34, I, "c"

Conselho Nacional de Secretários de Estado de Educação – CONSED
– indicação de representantes das regiões para a Comissão Intergovernamental de Financiamento para a Educação Básica de Qualidade – art.17, II
– indicação de representante para o CACS em nível federal – art.34, I, "d"

Contas únicas e específicas
– Instituídas pelos entes subnacionais para fim de repasse automático dos recursos do Fundeb, onde deverão ser executados – art. 21
– disponibilização pela instituição financeira, (BB ou CEF) permanentemente, em sítio na internet acessível ao público e em formato aberto e legível por máquina, os extratos bancários referentes à conta do Fundo, incluídas informações atualizadas sobre: movimentação; responsável legal; data de abertura; agência e número da conta bancária. – art.21, §6º
– repasses e a movimentação dos recursos dos Fundos de que trata esta Lei deverão ocorrer por meio das contas únicas e específicas mantidas em uma das instituições financeiras de que trata o art. 20 desta Lei (BB ou CEF) – art. 47

Conveniadas:
– instituições comunitárias, confessionais ou filantrópicas sem fins lucrativos – art. 7º, 3º, I
– educação infantil oferecida em creches para crianças de até 3 (três) anos art. 7º, §3º, I, "a"
– educação do campo oferecida em instituições reconhecidas como centros familiares de formação por alternância – art. 7º, §3º, I, "b"
– pré-escolas conveniadas – art. 7º, §3º, I, "c"
– instituições de educação especial conveniadas – art. 7º, §3º, I, "d"
– aplicação de recursos nas categorias de despesas admitidas pelo art.70 da LDB – art.7º, §5º

Convênios:
– informações relativas aos convênios devem ser anualmente declaradas pelos entes ao MEC, no âmbito do sistema de informações sobre orçamentos públicos em educação (Siope), – art.7º, §6º
– entre Estados e Municípios, para transferência de alunos, recursos humanos e materiais, encargos financeiros e transporte escolar, acompanhados da transferência imediata de recursos financeiros correspondentes ao número de matrículas assumido pelo ente federado. – art.22
– acompanhamento e o controle social pelos CACS – art. 33, §1º, III, "c"

Correção salarial
– forma de reajuste salarial admitida para atingir o mínimo de 70% destinado ao pagamento salarial admitida para atingir o mínimo de 70% destinado ao pagamento – (ao lado de abono, bonificação e aumento de salário) – art. 26, §2º

Crianças e Adolescentes – apoio da União a políticas de estímulo às iniciativas de melhoria de qualidade do ensino, de acesso e de permanência na escola, promovidas pelas unidades federadas, em especial aquelas direcionadas à inclusão de crianças e adolescentes em situação de risco social – art. 50

Crianças e jovens – a metodologia de cálculo para a complementação-VAAR deverá considerar as taxas de atendimento escolar na educação básica presencial – art.14, §2º, III

Crime de responsabilidade
– art.4º,§4º (vedação ao uso do salário-educação para a complementação e limite de 30% dos recursos federais de MDE para utilização na complementação)
– art. 11, §2º (distribuição intraestadual)

Custo Aluno Qualidade (CAQ)
– as diferenças e as ponderações aplicáveis entre etapas, modalidades, duração da jornada e tipos de estabelecimento de ensino da educação básica, bem como seus custos médios, considerarão as condições adequadas de oferta e terão como referência o Custo Aluno Qualidade (CAQ), quando regulamentado – art. 50, §2º

Custo(s) médio(s)
– é considerada a correspondência do custo médio, para a definição das ponderações referentes às diferentes etapas, modalidades, duração da jornada e tipos de estabelecimento de ensino da educação básica – art. 18, I, "a";
– metodologia de cálculo, elaborada pelo Inep, do custo médio das diferentes etapas, modalidades, duração da jornada e tipos de estabelecimento de ensino da educação básica art. 18, III;
– existência prévia de estudos, ao lado de outros, sobre custos médios das etapas, modalidades e tipos de ensino, anualmente atualizados e publicados pelo Inep, é condição indispensável para decisão, pela Comissão Intergovernamental de Financiamento para a Educação Básica de Qualidade, de promover alterações na especificação das ponderações – 18, §2º

Déficit de cobertura, considerada a oferta e a demanda anual pelo ensino – elemento a ser considerado no indicador de educação infantil – art. 28, parágrafo único, I

Demonstrativos gerencias
– apresentação pelos CACS, de manifestação formal ao Poder Legislativo local e aos órgãos de controle interno e externo, acerca dos registros contábeis e dos demonstrativos gerenciais do Fundo – art. 33, §1º, I

– demonstrativos gerenciais **mensais**, atualizados, relativos aos recursos repassados e recebidos à conta dos Fundos, assim como os referentes às despesas realizadas, ficarão permanentemente à disposição dos conselhos responsáveis, bem como dos órgãos federais, estaduais e municipais de controle interno e externo, e ser-lhes-á dada ampla publicidade, inclusive por meio eletrônico – art. 36

Desempenho
– critério (ao lado critério de mérito) para provimento do cargo ou função de gestor escolar – art.14, §1º, I

Destinação dos fundos (manutenção e ao desenvolvimento da educação básica pública e à valorização dos profissionais da educação, incluída sua condigna remuneração) – art. 2º

Destinação de patrimônio – no caso do encerramento de suas atividades, a outra escola comunitária, filantrópica ou confessional, como requisito para eventual conveniamento – art. 7º, §4º, III

Destinação de recursos pelo MEC, para a realização de pesquisas científicas destinadas a avaliar e a inovar as políticas públicas educacionais direcionadas à educação infantil – art.40, §3º

Direito
– à educação infantil assegurado às crianças até o término do ano letivo em que completarem 6 anos – art.7, §2º

– direito à educação e à aprendizagem ao longo da vida – art. 7º, 3º, I, "d"

– à voz dos estudantes nos CACS, na inexistência de estudantes emancipados –art. 34, §10

Diretores das escolas básicas públicas
– Representação no CACS em nível municipal – art. 34, IV, "c"
– vedação de exoneração ou demissão sem justa causa ou transferência involuntária, no caso de diretor membro do CACS – art. 34, §7º, IV

Disponibilidade de recursos vinculados à educação
– nova ponderação – art. 10, II
– art.10, §1º, II – indicador com base no VAAT, conforme dados apurados e atualizados pelo Fundo Nacional de Desenvolvimento da Educação (FNDE) e pela Secretaria do Tesouro Nacional do Ministério da Economia.

Disponibilização
– dos extratos bancários, pela instituição financeira (BB ou CEF) – art. 21, §6º
– pelos entes federados, em sítio na internet, de informações atualizadas sobre a composição e o funcionamento dos respectivos CACS – art. 34, §11
– dos registros contábeis permanentemente à disposição dos CACS e órgãos de controle – art. 36

Dívida ativa tributária (referente aos impostos da cesta Fundeb)
– integra a cesta –Fundeb – art. 3º, IX

Dupla matrícula – art. 8º, §3º
– da educação regular da rede pública que recebem atendimento educacional especializado – art. 8º, §3º, I
– da educação profissional técnica de nível médio articulada, prevista no art. 36-C da Lei nº 9.394, de 20 de dezembro de 1996, e do itinerário de formação técnica e profissional do ensino médio, previsto no inciso V do **caput** do art. 36 da referida Lei – art. 8º, §3º, II

Educação infantil
– direito assegurado às crianças até o término do ano letivo em que completarem 6 anos – art.7, §2º
– possibilidade de conveniamento – art. 7º, III, "a" e "c"
– as diferenças e as ponderações entre etapas, modalidades, duração da jornada e tipos de estabelecimento de ensino, aplicáveis à distribuição de recursos da complementação-VAAT, deverão priorizar a educação infantil – art. 9º, parágrafo único.
– publicação pelo Poder Executivo federal publicará, até 31 de dezembro de cada exercício das aplicações mínimas pelas redes de ensino em educação infantil – art. 16,VII

– competência da Comissão Intergovernamental de Financiamento para a Educação Básica de Qualidade, para aprovar a metodologia de cálculo do indicador referido no parágrafo único do art. 28 desta Lei, elaborada pelo Inep, para aplicação, pelos Municípios, de recursos da complementação-VAAT na educação infantil – art. 18
– Realizada a distribuição da complementação-VAAT às redes de ensino, será destinada à educação infantil, nos termos do Anexo desta Lei, proporção de 50% (cinquenta por cento) dos recursos globais da complementação-VAAT – art. 28
– Indicador para a educação infantil – art. 28, parágrafo único.
– pesquisas científicas destinadas a avaliar e a inovar as políticas públicas educacionais direcionadas à educação infantil – art. 40, §3º

Educação de Jovens e Adultos
– fiscalização do programa de apoio aos sistemas de ensino para atendimento à EJA pelos conselhos do Fundeb – art.33, IV, §2º, III
– ponderação para o exercício de 2021– 43, §1º, "p" (com avaliação no processo) e "q" (integrada à educação profissional de nível médio, com avaliação no processo)

Educação do campo – art. 7º, §3º, I, "b" – cômputo das matrículas das instituições que atuam na educação do campo oferecida em instituições reconhecidas como centros familiares de formação por alternância

Efetivo exercício
– subvinculação para a remuneração dos profissionais da educação básica em efetivo exercício – art. 26, **caput**
– definição de efetivo exercício – art.26, §1º, III
– profissionais (do magistério) cedidos às conveniadas considerados como – art.8º, §4º
– possibilidade de requisição pelos CACS de folhas de pagamento, com discriminação dos profissionais em efetivo exercício – art. 33, 3º, "b"

Entidade estadual de estudantes secundaristas
– indicação de 1 dos dois representantes de estudantes para o CACS em nível estadual – art. 34, II, "g"

– indicação de 1 dos dois representantes de estudantes para o CACS em nível municipal – art. 34, IV, "f"

Equidade de aprendizagem
– elemento que deve ser considerado na metodologia de indicadores referentes ao VAAR – art.14, §2º, I e art. 14, §3º

Especificidades
– consideradas, ao lado dos insumos necessários para a garantia de sua qualidade, para definição das ponderações referentes a etapas, modalidades, duração da jornada e tipos de estabelecimento de ensino – art. 7º, **caput**
– redução das desigualdades educacionais socioeconômicas e raciais medidas nos exames nacionais do sistema nacional de avaliação da educação básica, respeitadas as especificidades da educação escolar indígena e suas realidades – condicionalidade para a complementação-VAAR – art.14, §1º, III
– consideradas, ao lado dos insumos necessários para a garantia de sua qualidade, para a aprovação pela Comissão Intergovernamental de Financiamento para a Educação Básica de Qualidade da metodologia de cálculo, elaborada pelo Inep, do custo médio das diferentes etapas, modalidades, duração da jornada e tipos de estabelecimento de ensino da educação básica – art. 18, III

Estudante(s)
– dupla matrícula de(…) – art. 8º, §3º
– matriculado no ensino médio presencial em instituição da rede pública estadual e na instituição conveniada ou celebrante de parceria – ponderações serão aplicadas às duas matrículas – art. 8º, §6º
– condicionalidade referente ao VAAR: participação de pelo menos 80% dos estudantes de cada ano escolar periodicamente avaliado em cada rede de ensino por meio dos exames nacionais do sistema nacional de avaliação da educação básica; – art. 14, §1º, II
– representantes (2) no CACS em nível estadual – art. 34, II, "g"
– representação no CACS em nível municipal – art. 34, IV, "f"
– que não sejam emancipados – impedidos de integrar os CACS – art. 34, §5º

– atuação dos membros dos conselhos dos Fundos veda, quando os conselheiros forem representantes de estudantes em atividades do conselho, no curso do mandato, atribuição de falta injustificada nas atividades escolares – art. 34, §7º, V
– na hipótese de inexistência de estudantes emancipados, representação estudantil poderá acompanhar as reuniões do conselho com direito a voz – art. 34, 10º

Etapas, modalidades e tipos de estabelecimento – art. 43
– atualização das diferenças e ponderações – art. 43, I
– atribuição dos valores das diferenças e ponderações para os exercícios financeiros de 2021, 2022 e 2023 – art. 43, §1º, I

Extratos bancários – disponibilização pela instituição financeira – art.21, §6º

Exploração de petróleo e gás natural vinculada à educação, nos termos da legislação federal (Lei nº 12.858/2013. A PEC nº 188/2019 propõe sua revogação) – parcela considerada para o cálculo do valor anual total por aluno (VAAT) das redes de ensino – art.13, IV

Fator Multiplicativo (das ponderações VAAT)
– válido para os exercícios de 2021, 2022 e 2023, nos quais, mantidas as ponderações do Fundeb 2007-2020, é prevista, em relação à complementação-VAAT, sua aplicação (sobre o valores de cada ponderação) de 1,50 (um inteiro e cinquenta centésimos) para as seis categorias da educação infantil (creche em tempo integral pública, creche em tempo integral conveniada, creche em tempo parcial pública, creche em tempo parcial conveniada, pré-escola em tempo integral e pré-escola em tempo parcial – art. 43, §2º.

Fiscalização e controle
– previsão – art. 30. Incisos I a IV – instâncias responsáveis
– apoio técnico do MEC às instâncias responsáveis pelo acompanhamento, pela fiscalização e pelo controle interno e externo – art.39, I

Fundo Nacional de Desenvolvimento da Educação (FNDE)
– divulgará em sítio eletrônico, até 31 de dezembro de cada exercício: a memória de cálculo do índice de correção das receitas dos Fundos, complementação da União, e demais receitas e disponibilidades vinculadas à educação, elaborado pela Secretaria do Tesouro Nacional do Ministério da Economia e o detalhamento das parcelas de receitas e disponibilidades consideradas no cálculo do VAAT, por rede de ensino – art.16, §5º
– indica um dos cinco membros da representação da esfera federal na Comissão Intergovernamental de Financiamento para a Educação Básica de Qualidade – art. 17, I
– parecer conclusivo do CACS encaminhado ao FNDE, sobre a aplicação de recursos do PNATE e do PEJA – art. 33, §2º, III
– será estabelecido canal de comunicação permanente com o FNDE, a quem cabe a coordenação das atividades das redes de conhecimento dos conselheiros – art. 35, §2º

Fundos
– natureza contábil – art. 1º
– destinação – art. 2º
– composição – art. 3º
– critérios para distribuição de recursos – art. 7º
– estimativa da receita total publicada pelo poder executivo federal, até 31.12 – art. 16, **caput** e inciso I
– exercício financeiro da utilização dos recursos dos fundos – art. 25
– aplicação dos recursos dos fundos indistintamente e etapas, modalidades e tipos de estabelecimento – art. 25, §1º
– subvinculação de 70% dos recursos ao pagamento, em cada rede de ensino, da remuneração dos profissionais da educação básica em efetivo exercício – art. 26, **caput**

Garantias aos conselheiros dos CACS
– isenção de obrigatoriedade de testemunhar sobre informações recebidas ou prestadas em razão do exercício de suas atividades e sobre pessoas que lhes confiaram as informações – art. 34, §7º, III
– vedação de exoneração ou demissão sem justa causa ou transferência involuntária de professores, diretores e servidores – art. 34, §7º, IV, "a"

– vedação de atribuição de falta injustificada em função das atividades do conselho – art. 34, §7º, IV, "b"
– afastamento involuntário da condição de conselheiro – art. 34, 7º, IV, "c"
– vedação de atribuição de falta injustificada às atividades escolares, em função das atividades do conselho, quando os conselheiros forem estudantes – art. 34, 7º, V

Habilitação para receber a complementação-VAAT – Somente são habilitados a receber a complementação-VAAT os entes que disponibilizarem as informações e os dados contábeis, orçamentários e fiscais, nos termos do art. 163-A da Constituição Federal e do art. 38 desta Lei – art.13, §4º

Impedimentos para compor os CACS – art. 34, §5º
– titulares dos cargos de Presidente e de Vice-Presidente da República, de Ministro de Estado, de Governador e de Vice-Governador, de Prefeito e de Vice-Prefeito e de Secretário Estadual, Distrital ou Municipal, bem como seus cônjuges e parentes consanguíneos ou afins, até o terceiro grau – art. 34, §5º, I

– tesoureiro, contador ou funcionário de empresa de assessoria ou consultoria que prestem serviços relacionados à administração ou ao controle interno dos recursos do Fundo, bem como cônjuges, parentes consanguíneos ou afins, até o terceiro grau, desses profissionais – art. 34, §5º, II
– estudantes que não sejam emancipados – art. 34, §5º, III
– pais de alunos ou representantes da sociedade civil que:
a) exerçam cargos ou funções públicas de livre nomeação e exoneração no âmbito dos órgãos do respectivo Poder Executivo gestor dos recursos; ou
b) prestem serviços terceirizados, no âmbito dos Poderes Executivos em que atuam os respectivos conselhos – art. 34, §5º, IV
– representante do governo gestor – art. 34, §6º

Impostos
ITCD – Imposto sobre transmissão *causa mortis* e doação de quaisquer bens ou direitos – art.3º, I

ICMS – Imposto sobre operações relativas à circulação de mercadorias e sobre prestação de serviços de transportes interestadual e intermunicipal e de comunicação – art. 3º, II
IPVA – Imposto sobre a propriedade de veículos automotores – art.3º, III
Parcela do Imposto a ser eventualmente instituído pela União – art. 3º, IV
ITR – Imposto sobre a propriedade territorial rural – art. 3º, V
Parcela do **Imposto sobre a Renda** e Proventos de Qualquer Natureza e do Imposto sobre Produtos Industrializados **(IPI) devida ao Fundo de Participação dos Estados e do Distrito Federal (FPE)** – **art. 3º, VI**
Parcela do produto da arrecadação do **Imposto sobre a Renda** e Proventos de Qualquer Natureza e do **IPI devida ao Fundo de Participação dos Municípios (FPM)** – art. 3º, VII
IPI – Imposto sobre produtos industrializados – art. 3º, VIII
– dívida ativa de impostos, juros e multas, referentes aos impostos da cesta – art. 3º, IX

Inclusão – de crianças e adolescentes em situação de risco social – art. 50

Indicadores
– indicadores a serem definidos, de atendimento e de melhoria da aprendizagem com redução das desigualdades, nos termos do sistema nacional de avaliação da educação básica – art. 5º, III
– nível socioeconômico dos educandos – art. 10, I
– disponibilidade de recursos vinculados à educação de cada ente federado – art. 10, II
– utilização do potencial de arrecadação tributária de cada ente federado – art. 10, II
– para educação infantil – art. 28, parágrafo único
– medidas de incentivo para que profissionais mais bem avaliados exerçam suas funções em escolas de locais com piores indicadores – art. 51, **caput**
– avaliação realizada pelo Inep, a cada 2 anos, dos efeitos redistributivos, da melhoria dos indicadores educacionais e da ampliação do atendimento – art. 40, I

– o indicador de potencial de arrecadação tributária será implementado a partir do exercício de 2027 – art. 43-A.

Informações e dados contábeis, orçamentários e fiscais
v serão considerados as, que constarem, respectivamente, da base de dados do Sistema de Informações Contábeis e Fiscais do Setor Público Brasileiro (Siconfi) e do Sistema de Informações sobre Orçamentos Públicos em Educação (Siope), ou dos sistemas que vierem a substituí-los, para fins de apuração dos valores do VAAT e do VAAT –MIN] e da confirmação dos registros bimestrais das informações em sistema de informações sobre orçamentos públicos em educação, mantido pelo Ministério da Educação para verificação do cumprimento dos percentuais de aplicação dos recursos do Fundeb, em ações de MDE], no dia 31 de agosto do exercício posterior ao exercício a que se referem os dados enviados – art. 13, §5º
– os entes disponibilizarão as informações e os dados contábeis, orçamentários e fiscais, de que trata o §4º do art. 13 desta Lei, relativos aos exercícios financeiros de 2019 e 2020, nos termos de regulamento – art. 41, §3º, I

Instituições comunitárias, confessionais e filantrópicas (FCCs)
– educação infantil oferecida em creches – art.7, §3º, I, "a"
– educação do campo oferecida em instituições reconhecidas como centros familiares de formação por alternância – art. 8º, §3º, I , "b"
– pré-escolas – art.7, §3º, I, "c"
– educação especial – art.7, §3º, I, "d"

Instituições conveniadas
– instituições comunitárias, confessionais ou filantrópicas sem fins lucrativos – art. 7º,3º,I
– educação infantil oferecida em creches para crianças de até 3 (três) anos art. 7º, §3º,I, "a"
– educação do campo oferecida em instituições reconhecidas como centros familiares de formação por alternância – art. 7º, §3º, I, "b"
– pré-escolas conveniadas – art. 7º, §3º, I, "c"
– instituições de educação especial conveniadas – art. 7º, §3º, I, "d"
– aplicação de recursos nas categorias de despesas admitidas pelo art. 70 da LDB – art. 7º, §5º

Instituição financeira
– Caixa Econômica Federal e Banco do Brasil – art. 20
– onde serão abertas as contas únicas e específicas dos governos estaduais, do Distrito Federal e municipais, vinculadas ao respectivo Fundo, instituídas para o repasse automático dos recursos, que serão nelas executados, vedada a transferência para outras contas, salvo o disposto no §9º
– divulgação dos valores creditados de forma similar e com a mesma periodicidade utilizada pelos Estados em relação ao restante da transferência do referido imposto – art. 21, §3º
– disponibilização pela instituição financeira em sítio na internet disponível ao público e em formato aberto e legível por máquina, os extratos bancários referentes à conta do Fundo, incluídas informações atualizadas sobre: movimentação; responsável legal; data de abertura; agência e número da conta bancária – art. 21, §6º

Instituto Nacional de Estudos e Pesquisas Educacionais Anísio Teixeira – INEP
– censo escolar mais atualizado realizado pelo(...) – art. 8º
– apuração e atualização dos dados referentes ao nível socioeconômico dos educandos, para cálculo do respectivo indicador – art. 10, §1º, I
– definição de escala de níveis de aprendizagem com relação aos resultados dos estudantes nos exames nacionais do Sinaeb – art. 14, 3º, I
– indica 1 dos cinco representantes da esfera federal na comissão intergovernamental – art. 17, I
– elaboração de proposta tecnicamente fundamentada acerca das condicionalidades referentes à complementação-VAAR, para subsidiar a decisão da Comissão Intergovernamental de Financiamento para a Educação de Qualidade – art. 18, II
– elaboração da metodologia de cálculo do custo médio das diferentes etapas, modalidades, duração da jornada e tipos de estabelecimento de ensino da educação básica – art. 18, III
– elaboração da metodologia de cálculo dos indicadores de nível socioeconômico dos educandos – art. 18, IV
– elaboração da metodologia de cálculo dos indicadores de atendimento e melhoria da aprendizagem com redução das desigualdades, nos termos do sistema nacional de avaliação da educação básica – art. 18, V

– elaboração da metodologia de aferição das condicionalidades referentes à complementação-VAAR – art. 18, VI
– elaboração da metodologia de cálculo do indicador referido no parágrafo único do art. 28, sobre os percentuais mínimos de aplicação pelos Municípios dos recursos da complementação-VAAT
– avaliação, a cada 2 anos, dos efeitos redistributivos, da melhoria dos indicadores educacionais e da ampliação do atendimento – art. 40, I
– elaboração, a cada 2 anos, de estudos para avaliação da eficiência, da eficácia e da efetividade na aplicação dos recursos dos Fundos – art. 40, II
– elaboração de metodologia provisória de cálculo do indicador para educação infantil referente à complementação-VAAT – art. 43, §1º, III, "a"
Obs: embora não haja referência expressa, pode-se inferir que os estudos acerca dos custos médios serão elaborados pelo INEP (no regime da lei anterior cabia ao Inep a realização de estudos de custos acerca da correspondência entre as ponderações e os custos reais das etapas, modalidades e tipos de estabelecimento – art. 13, I, Lei nº 11.494/2007)

Insumos
– necessários para a garantia da qualidade – art. 7º, **caput** e art. 18, III

Integração
– entre conselheiros do mesmo Estado da Federação – art. 36, §3º
– de dados do sistema de informações sobre orçamentos públicos em educação (Siope) com os demais sistemas eletrônicos de dados contábeis, orçamentários e fiscais no âmbito do Poder Executivo federal e dos Tribunais de Contas – art. 38, §3º
– entre o trabalho individual e a proposta pedagógica da escola, como elemento do plano de careira – art. 51, II

Juros e multas (referentes aos impostos da cesta)
– integram a cesta-Fundeb – art. 3º, IX

Lei nº 5.172/1966 (Código Tributário Nacional)
– parcela de arrecadação do IPI devida ao FPE e FPM – art. 3º, VI e VII

Lei nº 8.069/1990 – Estatuto da Criança e do Adolescente (ECA)
– esforço para conclusão da educação básica dos alunos regularmente matriculados no sistema público de educação aos quais tenham sido aplicadas medidas socioeducativas nos termos da Lei nº 8.069/1990 (ECA) – art.50, parágrafo único, I e II.

Lei de Diretrizes e Bases – LDB (Lei nº 9.394/1996)
– entes subnacionais não isentos de aplicar em MDE, na forma do art.10, VI e parágrafo único e 11, I da LDB – art. 1º, parágrafo único
– recursos destinados às conveniadas devem ser gastos nas categorias reconhecidas como MDE (art.70 da LDB) – art.7º, §5º
– recursos depositados na conta específica o serão na forma do art.69, §5º da LDB (repasses ao órgão da educação em determinados prazos) – art.21, §7º
– recursos dos fundos utilizados em ações de MDE, conforme o art. 70 da LDB – art. 25, **caput**
– vedada a utilização de recursos dos fundos no financiamento de despesas não consideradas como MDE (art. 71, LDB) – art. 29, I

Lei nº 9.452/1997 (obrigatoriedade de notificação das Câmaras Municipais da liberação de recursos federais para os respectivos Municípios)
– disponibilizados pelos Poderes Executivos de todas as esferas federativas, nos sítios na internet, dados acerca do recebimento e das aplicações dos recursos do Fundeb, sem prejuízo do disposto na Lei nº 9.452/1997 – art. 21, §8º

Lei nº 11.494/2007 (Lei do Fundeb 2007-2020)
– revogada (salvo o **caput** do art. 12) – ementa e art. 53
– mantida, no âmbito do Ministério da Educação, a Comissão Intergovernamental de Financiamento para a Educação Básica de Qualidade, instituída pelo art. 12 da Lei nº 11.494/2007 – art. 17
– No primeiro trimestre de 2021, será mantida a sistemática de repartição de recursos prevista na Lei nº 11.494/2007, mediante a utilização dos coeficientes de participação do Distrito Federal, de cada Estado e dos Municípios, referentes ao exercício de 2020 – art. 44
– os saldos dos recursos dos Fundos instituídos pela Lei nº 11.494/2007, existentes em contas-correntes mantidas em instituição

financeira diversa daquelas de que trata o art. 20 desta Lei, deverão ser integralmente transferidos, até 31 de janeiro de 2021, para as contas na Caixa Econômica Federal ou no Banco do Brasil – art. 47, §1º
– Os ajustes de que trata o §2º do art. 6º da Lei nº 11.494/2007, realizados a partir de 1º de janeiro de 2021, serão processados nas contas de que trata o **caput** deste artigo, e os valores processados a crédito deverão ser utilizados nos termos desta Lei – art. 47, §2º

Lei nº 13.019/2014
– organizações da sociedade civil referidas no art. 34 são pessoas jurídicas de direito privado sem fins lucrativos, nos termos da Lei nº 13.019, de 31 de julho de 2014 – art. 34, §3º, I

Lei nº 13.146/2015 (Estatuto da Pessoa com Deficiência)
– avaliação biopsicossocial, periodicamente realizada por equipe multiprofissional e interdisciplinar – **art.7º, §3º, I, "d"**

Lei nº 13.935/2019 (profissionais de psicologia e serviço social)
– Os Estados, o Distrito Federal e os Municípios poderão remunerar, com a parcela dos 30% (trinta por cento) não subvinculada aos profissionais da educação referidos no inciso II do §1º do art. 26 desta Lei, os portadores de diploma de curso superior na área de psicologia ou de serviço social, desde que integrantes de equipes multiprofissionais que atendam aos educandos, nos termos da Lei nº 13.935, de 11 de dezembro de 2019, observado o disposto no **caput** do art. 27 desta Lei. (profissionais de psicologia e serviço social integrantes de equipes multiprofissionais) – art. 26-A

Litisconsórcio facultativo
– entre MPs federal e estadual – possibilidade – art. 32, §2º

Mandato
– vedação da recondução para o próximo mandato de conselheiro do CACS – art. 34, IX
– indicação de conselheiros até 20 (vinte) dias antes do término do mandato dos conselheiros anteriores – art. 34, §2º
– garantias aos conselheiros no curso do mandato – art. 34, §7º, IV

– duração de 4 anos, vedada a recondução para o próximo mandato. Início em 1º de janeiro do terceiro ano de mandato do respectivo titular do Poder Executivo – art. 34, §9º
– mandato tampão: no caso dos conselhos municipais, o primeiro mandato dos conselheiros extinguir-se-á em 31 de dezembro de 2022 – art. 42, §2º

MDE – Manutenção e Desenvolvimento do Ensino
– Obrigatoriedade de aplicação na MDE – art. 1º, parágrafo único
– instituição dos fundos não isenta Estados e Municípios da(...)
– entes subnacionais não isentos de aplicar em MDE, na forma do art. 10, VI e parágrafo único e 11,I da LDB – art.1º, parágrafo único
– a União poderá utilizar, no máximo, 30% do valor de complementação ao Fundeb para cumprimento da aplicação mínima em MDE – art.4º, §3º
– recursos destinados às conveniadas devem ser gastos nas categorias reconhecidas como MDE (art. 70 da LDB) – art.7º, §5º
– recursos dos fundos utilizados em ações de MDE, conforme o art. 70 da LDB – art. 25, **caput**
– vedada a utilização de recursos dos fundos no financiamento de despesas não consideradas como MDE (art. 71, LDB) – art. 29, I
– as informações e os dados contábeis, orçamentários e fiscais disponibilizados pelos Estados, pelo Distrito Federal e pelos Municípios, conforme previsto no art. 163-A da Constituição Federal, deverão conter os detalhamentos relacionados ao Fundeb e à manutenção e ao desenvolvimento do ensino – art. 37

Matrículas
– critério para distribuição de recursos dos fundos – art. 7º, **caput**
– efetivadas na educação infantil oferecida em creches em instituições comunitárias, confessionais e filantrópicas – art. 7º, §3º, I, "a"
– efetivadas na educação do campo, em instituições comunitárias, confessionais e filantrópicas – art.7º, §3º, I, "b"
– efetivadas na pré-escola, em instituições comunitárias, confessionais e filantrópicas – art. 7º, §3º, I, "c"
– das pré-escolas comunitárias, confessionais e filantrópicas – art. 7º, §3º, I

– na educação especial oferecida em instituições comunitárias, confessionais e filantrópicas – art. 7º, §3º, I , "d"
– presenciais efetivas – computadas para efeito de distribuição – art. 8º, **caput**
– base de cálculo para distribuição entre os entes, nos respectivos âmbitos de atuação prioritária – art. 8º, **caput**
– matrículas assumidas pelo ente federado como critério para transferência imediata de recursos financeiros decorrente dos convênios para a transferência de alunos, de recursos humanos, de materiais e de encargos financeiros, bem como de transporte escolar – art. 22
– adotado o número de matrículas em educação infantil de cada rede municipal beneficiária da complementação-VAAT, caso não haja a definição do indicador de educação infantil para distribuição da complementação-VAAT – art. 43, §1º, III, "b"

Meio eletrônico
– publicidade de registros contábeis e demonstrativos gerenciais mensais atualizados, relativos aos recursos repassados e recebidos à conta dos fundos, assim como os referentes às despesas realizadas – art. 36
– de livre acesso – divulgação pelo MEC sobre a previsão, realização e utilização dos valores financeiros repassados – art. 39, III

Metodologia de aferição das condicionalidades
– de melhoria de gestão, que alcançarem evolução de indicadores de atendimento e de melhoria da aprendizagem com redução das desigualdades – art.18, VI

Metodologia de apuração e monitoramento do exercício da função redistributiva dos entes em relação a suas escolas – art. 18, VIII

Metodologia de cálculo do custo médio das diferentes etapas, modalidades, duração da jornada e tipos de estabelecimento de ensino da educação básica
– competência da Comissão Intergovernamental de Financiamento para a Educação Básica de Qualidade – art. 18, III

Metodologia de cálculo do indicador para educação infantil
– estabelecerá percentuais mínimos de aplicação dos Municípios beneficiados com a complementação-VAAT, de modo que se atinja a aplicação em termos globais de 50% da complementação-VAAT – art. 18, VII

Metodologia dos indicadores de atendimento e melhoria da aprendizagem com redução das desigualdades
– deve considerar o nível e avanço com maior peso para o avanço, dos resultados médios dos estudantes de cada rede pública estadual e municipal nos exames nacionais do Sinaeb – art. 14, §2º, I
– deve considerar as taxas de aprovação no ensino fundamental e médio em cada rede estadual e municipal – art. 14, §2º, II;
– aprovados pela Comissão Intergovernamental de Financiamento para a Educação Básica de Qualidade – art. 18
– As informações a que se refere o inciso II do §3º do art. 14 desta Lei [resultados de aprendizagem em níveis abaixo do nível adequado] serão aferidas, a partir de 2022, de forma progressiva, de acordo com a implementação do novo ensino médio, nas redes de ensino, em consonância com a Lei nº 13.415, de 16 de fevereiro de 2017 – art. 43-B

Metodologia de cálculo dos indicadores de nível socioeconômico dos educandos, de disponibilidade de recursos vinculados à educação e de potencial de arrecadação tributária de cada ente federado
– elaborada pelo Inep e aprovados pela Comissão Intergovernamental de Financiamento para a Educação Básica de Qualidade – art. 18, IV

Metodologia provisória
– elaborada pelo Inep, poderá ser adotada pra indicador para educação infantil até 31 de outubro de 2021 – art. 43, III, "a"

Ministério da Educação (MEC)
– indicação de cinco representantes para a Comissão Intergovernamental de Financiamento para a Educação básica de Qualidade – art. 17, I
– representação (4) no CACS de âmbito federal – art. 34, I, "a"
– atuação – art. 39

– apoio técnico relacionado a procedimentos e critérios de aplicação dos recursos dos fundos – art. 39, I
– coordenação de esforços para capacitação dos membros dos conselhos – art. 39, II
– divulgação de orientações – art. 30, III
– realização de estudos técnicos com vistas à definição do valor referencial anual por aluno que assegure padrão mínimo de qualidade – art. 39, IV
– monitoramento da aplicação dos recursos dos fundos – art. 39, V
– avaliação dos resultados da aplicação da Lei do Fundeb – art. 39, VI
– pesquisas científicas destinadas a avaliar e a inovar as políticas públicas educacionais direcionadas à educação infantil, em colaboração com as Fundações de Amparo à Pesquisa (FAPs) estaduais, o Conselho Nacional de Desenvolvimento Científico e Tecnológico (CNPq) e a Coordenação de Aperfeiçoamento de Pessoal de Nível Superior (Capes) – art. 40, §3º

Ministério da Economia (ME)
– aprova a metodologia de cálculo dos indicadores de disponibilidade de recursos vinculados à educação e de potencial de arrecadação tributária de cada ente federado – art. 18, IV
– representação no CACS de âmbito federal – art. 34, §1º, II

Ministério Público (MP)
 – defesa da ordem jurídica, do regime democrático, dos interesses sociais e individuais indisponíveis – art. 32
– litisconsórcio facultativo entre MP federal e estaduais – art. 32, §2º
– possibilidade de cooperação com o MEC em esforços para capacitação dos membros dos conselhos e para elaboração de materiais e guias de apoio à sua função – art. 39, II

Natureza contábil dos fundos – art. 1º

Nível socioeconômico dos educandos (nova ponderação) – art.10, I
– A existência prévia de estudos, entre outros, sobre nível socioeconômico dos estudantes, anualmente atualizados e publicados pelo Inep, é condição indispensável para decisão, pela

Comissão Intergovernamental de Financiamento para a Educação Básica de Qualidade, de promover alterações na especificação das diferenças e das ponderações – art. 18, §2º

Obrigatoriedade de aplicação na MDE
– instituição dos fundos não isenta Estados e Municípios da(...) – art. 1º, parágrafo único

Padrão Mínimo de Qualidade
– atendimento a padrões mínimos de qualidade, definidos pelo órgão normativo do sistema de ensino como condição para cômputo de matrículas de instituições conveniadas – art.7º, §4º, IV
– atuação do MEC na realização de estudos técnicos com vistas à definição do valor referencial anual por aluno que assegure **padrão mínimo de qualidade** do ensino – art. 39, IV.
– garantia de financiamento pelos entes federados para atingir, no financiamento da educação básica, a melhoria da qualidade do ensino, de forma a garantir **padrão mínimo de qualidade** definido nacionalmente – Art. 49.

Padrões de interoperabilidade
– entre sistemas eletrônicos de dados contábeis, orçamentários e fiscais no âmbito do Poder Executivo federal e dos Tribunais de Contas – art. 38, §3º

Pais de alunos
 – representação para o CACS em nível federal – art. 34, I, "g"
 – representação no CACS em nível estadual – art. 34, II, "f"
 – representação no CACS em nível municipal – art. 34, IV, "e"

Parcela única – para ajuste, no primeiro quadrimestre, do exercício imediatamente subsequente e debitada ou creditada à conta específica dos Fundos o valor da complementação da União, em função da diferença, a maior ou a menor, entre a receita estimada para o cálculo e a receita realizada do exercício de referência, será ajustado, no primeiro quadrimestre, do exercício imediatamente subsequente e debitada ou creditada à conta específica dos Fundos, conforme o caso.

Pareceres do CACS
– sobre a prestação de contas – art. 33, 2º, I
– parecer conclusivo encaminhado ao FNDE, sobre a aplicação de recursos do PNATE e da EJA – art. 33, §2º, III

Participação popular
– e da comunidade educacional na definição de padrão mínimo de qualidade – art. 49, §1º

Planos de Carreira e Remuneração
– os Estados, o Distrito Federal e os Municípios deverão implantar planos de carreira e remuneração dos profissionais da educação básica, de modo a assegurar: remuneração condigna dos profissionais na educação básica da rede pública; integração entre o trabalho individual e a proposta pedagógica da escola; melhoria da qualidade do ensino e da aprendizagem; medidas de incentivo para que profissionais mais bem avaliados exerçam suas funções em escolas de locais com piores indicadores socioeconômicos ou que atendam estudantes com deficiência, transtornos globais do desenvolvimento e altas habilidades ou superdotação – art. 51, **caput** e incisos I a IV
– planos de carreira deverão contemplar capacitação profissional especialmente direcionada à formação continuada – art. 51, parágrafo único.

Plano Nacional de Educação (PNE)
– a Comissão Intergovernamental de Financiamento para a Educação de Qualidade exerce suas competências em observância às metas de universalização da educação básica estabelecidas no PNE – art.18, §3º

Poder Executivo Estadual
– representação (3) nos CACS de âmbito estadual – art. 34, 21º, "a"

Poder Executivo Federal
– deve publicar, até 31 de dezembro de cada exercício, para vigência no exercício subsequente: a estimativa da receita total dos Fundos e a estimativa do valor da complementação da União – art. 16

Poderes Executivos Municipais
– representação (2) nos CACS de âmbito estadual – art. 34, II, "b"
– representação (2) nos CACS de âmbito municipal – art. 34, IV, "a"

Poder Legislativo local
– recebe, ao lado dos órgãos de controle, manifestação formal do CACS acerca dos registros contábeis e dos demonstrativos gerenciais do Fundo

Ponderações
– quanto ao valor anual por aluno (VAAF, VAAT ou VAAR) entre etapas, modalidades, duração da jornada e tipos de estabelecimento de ensino – art. 7, **caput**
– valor de referência – fator 1 – anos iniciais do ensino fundamental – art. 7, §1º
– possibilidade de atribuição de valores distintos nas ponderações utilizadas na complementação-VAAR e na complementação-VAAT – art. 9º
– competência da Comissão Intergovernamental de Financiamento para a Educação Básica de Qualidade – art.18, I
– atualização até 31 de outubro de 2021 – art. 43, I
– definição dos valores para o primeiro ano de vigência do novo Fundeb (exercício de 2021) – art. 43, §1º
– novas ponderações: nível socioeconômico dos estudantes, disponibilidade de recursos vinculados à educação e potencial de arrecadação de cada ente federado – art. 10, incisos I, II e III.

Potencial de arrecadação tributária (nova ponderação)
– a partir de indicador calculado conforme dados apurados e atualizados pelo Ministério da Economia, com base nas características sociodemográficas e econômicas, entre outras – art. 10, III e 10, §1º, III
– o indicador de potencial de arrecadação tributária será implementado a partir do exercício de 2027 – art. 43-A.

Prazos
– direito à educação infantil assegurado **até o término do ano letivo em que completarem 6 anos de idade** – art.7º, §2º

– cômputo das matrículas das pré-escolas conveniadas – art. 7º, §3º, I, "c" – até a universalização desta etapa de ensino
– recurso acerca dos dados do censo (30 dias contados da publicação dos dados preliminares) – art. 8º, §5º
– publicação pelo Executivo federal de estimativas da receita total dos fundos, valor da complementação da União e valores anuais por aluno no âmbito do DF e de cada Estado, VAAF-MIN e VAAT-MIN (até 31.12) – art. 16
– atualização das estimativas do poder executivo federal, referentes ao VAAF e VAAT – **a cada 4 meses** – art.16, §1º
– cronograma da complementação da União – art. 16, §2º – complementação da União observará o cronograma da programação financeira do Tesouro Nacional e contemplará pagamentos mensais de, no mínimo, 5% (cinco por cento) da complementação anual, a serem realizados **até o último dia útil de cada mês**, assegurados os repasses de, no mínimo, 45% (quarenta e cinco por cento) **até 31 de julho**, de 85% (oitenta e cinco por cento) até **31 de dezembro** de cada ano e de 100% (cem por cento) até **31 de janeiro do exerc**ício **imediatamente subsequente.**
– encaminhamento pelos Estados e DF à STN dos valores da arrecadação efetiva **dos impostos e das transferências** referentes ao exercício anterior (até 31.01) – art. 16, §4º
– o FNDE divulgará em sítio eletrônico, **até 31 de dezembro** de cada exercício: (Incluído pela Lei nº 14.276, de 2021)
I – a memória de cálculo do índice de correção previsto no parágrafo único do art. 15 desta Lei, elaborado pela Secretaria do Tesouro Nacional do Ministério da Economia; II – o detalhamento das parcelas de receitas e disponibilidades, nos termos dos arts. 11 e 12 e do §3º do art. 13 desta Lei, consideradas no cálculo do VAAT, por rede de ensino, a que se refere o inciso V do **caput** deste artigo. – art. 16, §5º, I e II
– resolução com as ponderações para o ano seguinte (até 31.07) – art. 17, §2º. Exceção para vigência em 2024, a resolução será publicada até 31.10.2023 – Cf. art. 43, §3º
– deliberação referente ao indicador de disponibilidade de recursos vinculados à educação ocorrerá **até o dia 31 de outubro** do ano anterior ao exercício de referência e será registrada em ata circunstanciada, lavrada conforme seu regimento interno – art. 18, §5º

– a metodologia de cálculo do indicador de disponibilidade de recursos vinculados à educação deverá ser encaminhada à Comissão Intergovernamental de Financiamento para a Educação Básica de Qualidade com 30 (trinta) dias de antecedência – art. 18, §6º
– apresentação do parecer do CACS ao poder executivo (até 30 dias antes do vencimento do prazo para a apresentação da prestação de contas aos tribunais de contas) – art. 31, parágrafo único
– apresentação de autoridade convocada pelos CACS – até 30 dias – art.33, §1º, II
– indicação dos membros dos conselhos de acompanhamento e controle social – CACS, até 20 dias antes do término do mandato dos conselheiros anteriores – art. 34, §2º
– mandato dos membros dos conselhos do Fundeb será de 4 (quatro) anos, vedada a recondução para o próximo mandato, e iniciar-se-á em **1º de janeiro do terceiro ano** de mandato do respectivo titular do Poder Executivo – Art. 34, §9º
– realização de avaliações dos resultados da aplicação desta Lei, com vistas à adoção de medidas operacionais e de natureza político-educacional corretivas, devendo a primeira dessas medidas ser realizada em até 2 (dois) anos após a implantação do Fundo – art. 39, VI
– a avaliação realizada pelo Inep, dos efeitos redistributivos, da melhoria dos indicadores educacionais e da ampliação do atendimento – a cada 2 anos – art. 40, I
– estudos elaborados pelo Inep, para avaliação da eficiência, da eficácia e da efetividade na aplicação dos recursos dos Fundos – a cada 2 anos – art. 40, II
– para vigência em 2024, as deliberações acerca da especificação das ponderações constarão de resolução publicada no Diário Oficial da União **até o dia 31 de outubro** de 2023, com base em estudos elaborados pelo Inep e pelo Ministério da Economia, nos termos do art. 18 desta Lei, e encaminhados à Comissão Intergovernamental de Financiamento para a Educação Básica de Qualidade até 31 de julho de 2023 – art. 43, §3º
– aferição das informações a que se refere o inciso II do §3º do art. 14 desta Lei [resultados de aprendizagem em níveis abaixo do nível adequado], **a partir de 2022**, de forma progressiva, de acordo com a implementação do novo ensino médio, nas redes de ensino, em consonância com a Lei nº 13.415/2017 – art. 43-B

– saldos dos recursos dos Fundos instituídos pela Lei nº 11.494/2007, existentes em contas-correntes mantidas em instituição financeira diversa daquelas de que trata o art. 20 desta Lei, **deverão ser integralmente transferidos, até 31 de janeiro de 2021, para as contas de que trata o caput deste artigo** – art. 47, §1º
– ajustes de que trata o §2º do art. 6º da Lei nº 11.494/2007, **realizados a partir de 1º de janeiro de 2021, serão processados nas contas de que trata o caput** deste artigo, e os valores processados a crédito deverão ser utilizados nos termos desta Lei – art. 47, §2º
– Fica **revogada, a partir de 1º de janeiro de 2021**, a Lei nº 11.494, de 20 de junho de 2007, ressalvado o **caput** do art. 12 – art. 53.

Precatórios (Fundef e Fundeb)
– direito ao rateio dos recursos extraordinários recebidos pelos Estados, pelo Distrito Federal e pelos Municípios em decorrência de decisões judiciais relativas ao cálculo do valor anual por aluno para a distribuição dos recursos – art. 47-A, §1º
– valor pago é proporcional à jornada de trabalho e aos meses de efetivo exercício no magistério e na educação básica, no caso dos demais profissionais da educação básica – art. 47-A, §2º, I
– valor pago tem caráter indenizatório e não se incorpora à remuneração dos servidores ativos ou aos proventos dos inativos

Prestação de contas
– instrução com parecer do respectivo CACS – art. 31, parágrafo único

Professores
– representação no CACS em nível municipal – art.34, IV, "b"
– indicados ao CACS pelas entidades sindicais da respectiva categoria – art. 34, §2º, III

Profissionais da educação básica
– os fundos destinam-se à sua valorização, incluída sua condigna remuneração – art. 2º
– definição – art. 26, §1º, II: docentes, profissionais no exercício de funções de suporte pedagógico direto à docência, de direção ou administração escolar, planejamento, inspeção, supervisão, orientação

educacional, coordenação e assessoramento pedagógico, e profissionais de funções de apoio técnico, administrativo ou operacional, em efetivo exercício nas redes de ensino de educação básica;
– subvinculação de 70% dos recursos (excluídos os advindos do VAAR) ao pagamento da remuneração dos profissionais do magistério – art. 26, **caput**
– CACS podem solicitar as folhas de pagamento dos profissionais da educação, as quais deverão discriminar aqueles em efetivo exercício na educação básica e indicar o respectivo nível, modalidade ou tipo de estabelecimento a que estejam vinculados – art. 33, §1º, III, "b"
– os Estados, o Distrito Federal e os Municípios deverão implantar planos de carreira e remuneração dos profissionais da educação básica de modo a assegurar: remuneração condigna dos profissionais na educação básica da rede pública; integração entre o trabalho individual e a proposta pedagógica da escola; melhoria da qualidade do ensino e da aprendizagem; medidas de incentivo para que profissionais mais bem avaliados exerçam suas funções em escolas de locais com piores indicadores socioeconômicos ou que atendam estudantes com deficiência, transtornos globais do desenvolvimento e altas habilidades ou superdotação – art. 51, **caput** e incisos I a IV

Profissionais do magistério
– cedidos – considerados como em efetivo exercício na rede pública – art.8º, §4º
– profissionais do magistério da educação básica que estavam em cargo, emprego ou função, integrantes da estrutura, quadro ou tabela de servidores do Estado, do Distrito Federal ou do Município, com vínculo estatutário, celetista ou temporário, desde que em efetivo exercício das funções na rede pública durante o período em que ocorreram os repasses a menor do Fundef 1997-2006 ou do Fundeb 2007-2020 – têm direito ao rateio dos recursos extraordinários recebidos pelos Estados, pelo Distrito Federal e pelos Municípios em decorrência de decisões judiciais relativas ao cálculo do valor anual por aluno para a distribuição dos recursos (precatórios) – art. 47-A, §1º,I
– profissionais da educação básica que estavam em cargo, emprego ou função, integrantes da estrutura, quadro ou tabela de servidores do Estado, do Distrito Federal ou do Município, com vínculos

estatutário, celetista ou temporário, desde que em efetivo exercício das funções na rede pública durante o período em que ocorreram os repasses a menor do Fundeb permanente – têm direito ao rateio dos recursos extraordinários recebidos pelos Estados, pelo Distrito Federal e pelos Municípios em decorrência de decisões judiciais relativas ao cálculo do valor anual por aluno para a distribuição dos recursos (precatórios) – art. 47-A, §1º, I;
– os aposentados que comprovarem efetivo exercício nas redes públicas escolares, nos períodos do Fundef e Fundeb 2007-2020, ainda que não tenham mais vínculo direto com a Administração Pública que os remunerava, e os herdeiros, em caso de falecimento dos profissionais alcançados pelo art. 47-A.

Programa de Apoio aos Sistemas de Ensino para Atendimento à **Educação de Jovens e Adultos (PEJA)**
– fiscalização pelos conselhos do Fundeb – art. 33, IV
– parecer conclusivo do CACS encaminhado ao FNDE, sobre a aplicação de recursos do PNATE e da EJA – art. 33, §2º, III

Programas de distribuição universal geridos pelo Ministério da Educação –considerados no cálculo do VAAT – art. 13, §3º, V

Programa Nacional de Transporte Escolar (PNATE)
– fiscalização pelos conselhos do Fundeb – art. 33, IV
– parecer conclusivo do CACS encaminhado ao FNDE, sobre a aplicação de recursos do PNATE e da EJA – art. 33, §2º, III

Projeto Pedagógico
– aprovação como elemento do atendimento ao padrão mínimo de qualidade, condição para cômputo de matrículas de instituições conveniadas – art. 7º, §4º, IV

Qualidade
– obrigação das instituições conveniadas e instituições de atender a padrões mínimos de(...) – art. 7º, §4º, IV
– manutenção da Comissão Intergovernamental de Financiamento para a Educação Básica de(...) – art. 17
– insumos necessários para a garantia da(...) – art. 7º, **caput** e art. 18, III

– atuação do MEC na realização de estudos com vistas a definição de valor que assegure padrão mínimo de(...) – art. 39, IV
– obrigação de que os entes federados assegurem, no financiamento, a melhoria da qualidade de forma a garantir padrão mínimo de qualidade definido nacionalmente – art. 49
– garantia de participação popular e da comunidade educacional na definição de padrão mínimo de(...) – art. 49, §1º
– políticas de estímulo às iniciativas de melhoria da qualidade do ensino, especialmente as voltadas para crianças e adolescentes em situação de risco social – art. 50
– planos de carreira devem assegurar a melhoria da qualidade do ensino e da aprendizagem – art. 51, III
– formação continuada com vistas na melhoria da qualidade do ensino – art. 51, parágrafo único

Rateio (direito ao) – (Incluído pela Lei nº 14.325, de 2022)
– têm direito ao rateio dos recursos extraordinários recebidos pelos Estados, pelo Distrito Federal e pelos Municípios em decorrência de decisões judiciais relativas ao cálculo do valor anual por aluno para a distribuição dos recursos (precatórios):
– profissionais do magistério da educação básica que estavam em cargo, emprego ou função, integrantes da estrutura, quadro ou tabela de servidores do Estado, do Distrito Federal ou do Município, com vínculo estatutário, celetista ou temporário, desde que em efetivo exercício das funções na rede pública durante o período em que ocorreram os repasses a menor do Fundef 1997-2006 ou do Fundeb 2007-2020 – art. 47-A, §1º, I;
– profissionais da educação básica que estavam em cargo, emprego ou função, integrantes da estrutura, quadro ou tabela de servidores do Estado, do Distrito Federal ou do Município, com vínculos estatutário, celetista ou temporário, desde que em efetivo exercício das funções na rede pública durante o período em que ocorreram os repasses a menor do Fundeb permanente – art. 47-A, §1º, I;
– aposentados que comprovarem efetivo exercício nas redes públicas escolares, nos períodos dispostos nos incisos I e II do **caput** deste artigo, ainda que não tenham mais vínculo direto com a Administração Pública que os remunerava, e os herdeiros, em caso de falecimento dos profissionais alcançados por este artigo.

– dos recursos extraordinários recebidos pelos Estados, pelo Distrito Federal e pelos Municípios em decorrência de decisões judiciais relativas ao cálculo do valor anual por aluno para a distribuição dos recursos – art. 47-A, §1º
– valor pago é proporcional à jornada de trabalho e aos meses de efetivo exercício no magistério e na educação básica, no caso dos demais profissionais da educação básica – art. 47-A, §2º, I
– valor pago tem caráter indenizatório e não se incorpora à remuneração dos servidores ativos ou aos proventos dos inativos – 47-A, §2º, II
obs: a Lei nº 14.325/2022 prevê :
"Art. 2º Os Estados, o Distrito Federal e os Municípios definirão em leis específicas os percentuais e os critérios para a divisão do rateio entre os profissionais beneficiados".

Reajuste salarial
– os recursos oriundos do Fundeb, para atingir o mínimo de 70% (setenta por cento) dos recursos anuais totais dos Fundos destinados ao pagamento, em cada rede de ensino, da remuneração dos profissionais da educação básica em efetivo exercício poderão ser aplicados para reajuste salarial sob a forma de bonificação, abono, aumento de salário, atualização ou correção salarial. " – art. 26, §2º

Recursos Extraordinários
– recebidos pelos Estados, pelo Distrito Federal e pelos Municípios em decorrência de decisões judiciais relativas ao cálculo do valor anual por aluno para a distribuição dos recursos – art. 47-A, **caput**
– utilizados na mesma finalidade e de acordo com os mesmos critérios e condições estabelecidos para utilização do valor principal dos Fundos – art. 47-A, **caput**

Recursos oriundos da arrecadação da contribuição social do salário-educação
– vedada sua utilização na complementação da União ao Fundeb – art. 4º, §2º

Recursos do Fundeb
– sua aplicação não isenta os entes subnacionais de aplicar em MDE – art. 1º, parágrafo único

– da cesta-Fundeb – art. 3º – incisos I a IX e §1º
– até 30% dos recursos da complementação da União podem vir da fonte 112 (MDE) – art.4º, §3º
– distribuição – art. 6º, incisos I a III e art. 7º, **caput**
– admitida sua distribuição para instituições comunitárias, confessionais ou filantrópicas sem fins lucrativos e conveniadas com o poder público – art. 7º, §3º
– somente poderão ser destinados despesas de MDE – art. 7º, §5º
– consideradas exclusivamente as matrículas presenciais efetivas para sua distribuição – art. 8º
– distribuídos ao Distrito Federal e aos Estados e seus Municípios considerando-se exclusivamente as matrículas nos âmbitos de atuação prioritária, nos termos do art. 211, CF – art. 8º, §1º
– admissão de dupla matrícula para efeito de sua distribuição, no caso de educação regular da rede pública que ofereça atendimento educacional especializado e educação profissional técnica de nível médio articulada, prevista no art. 36-C da LDB – art. 8º, §3º
– distribuição de recursos dar-se-á na forma do Anexo desta Lei – art. 10
– distribuição intraestadual – entre estado e seus municípios, na proporção do número de alunos matriculados nas respectivas redes de educação básica pública presencial – art. 11
– em relação à complementação-VAAF, serão distribuídos entre o governo estadual e os seus Municípios de modo a resultar no valor anual mínimo por aluno (VAAF-MIN) – art. 12, §2º
– em relação à complementação-VAAT, os recursos serão distribuídos às redes de ensino, de modo a resultar no valor anual total mínimo por aluno (VAAT-MIN) – art. 13, §2º
– serão disponibilizados pelas unidades transferidoras à Caixa Econômica Federal ou ao Banco do Brasil S.A, que realizarão a distribuição dos valores devidos aos Estados, ao Distrito Federal e aos Municípios. – art. 20
– repassados automaticamente para contas únicas e específicas dos governos dos entes subnacionais – art. 21
– registrados de forma detalhada a fim de evidenciar as respectivas transferências – art. 23
– utilização pelos entes no exercício financeiro em que lhes forem creditados, em ações consideradas de manutenção e de desenvolvimento do ensino para a educação básica pública – art. 25

– aplicação pelos entes subnacionais indistintamente entre etapas, modalidades e tipos de estabelecimento de ensino da educação básica nos seus respectivos âmbitos de atuação prioritária – art. 25, §1º
– aplicação dos recursos contemplará a ação redistributiva dos Estados, do Distrito Federal e dos Municípios em relação a suas escolas – art. 25, §2º
– Até 10% dos recursos recebidos à conta dos Fundos, inclusive relativos à complementação da União, poderão ser utilizados no primeiro quadrimestre do exercício imediatamente subsequente, mediante abertura de crédito adicional – art. 25, §3º
– subvinculação à remuneração: excluídos os referentes ao VAAR, proporção não inferior a 70% dos recursos anuais totais dos Fundos será destinada ao pagamento, em cada rede de ensino, da remuneração dos profissionais da educação básica em efetivo exercício – art. 26, **caput**
– subvinculação dos recursos da complementação-VAAT a despesas de capital: percentual mínimo de 15% dos recursos da complementação-VAAT, será aplicado, em cada rede de ensino beneficiada, em despesas de capital – art. 27
– destinação à educação infantil, da proporção de 50% dos recursos globais da complementação-VAAT – art. 28
– vedação da utilização dos recursos dos Fundos para: financiamento das despesas não consideradas de MDE; pagamento de aposentadorias e de pensões; e garantia ou contrapartida de operações de crédito, internas ou externas, contraídas pelos Estados, pelo Distrito Federal ou pelos Municípios que não se destinem ao financiamento de projetos, de ações ou de programas considerados ação de MDE para a educação básica – art. 29
– fiscalização e controle dos recursos – art. 30. Incisos I a IV – instâncias responsáveis
– acompanhamento e controle social sobre a distribuição, a transferência e a aplicação dos recursos dos Fundos serão exercidos pelos CACS de cada âmbito federativo – art. 33
– requisição pelos CACS de documentos referentes à licitação, empenho, liquidação e pagamento de obras e de serviços custeados com recursos do Fundo – art. 33, §1º, III, "a"

– realização pelos CACS, de visitas para verificar, *in loco*, entre outras questões pertinentes ao desenvolvimento regular de obras e serviços efetuados nas instituições escolares com recursos do Fundo – art. 33, §1º, IV, "a"
– realização pelos CACS, de visitas para verificar, *in loco*, entre outras questões pertinentes à utilização em benefício do sistema de ensino de bens adquiridos com recursos do Fundo para esse fim – art. 33, §1º, IV, "c"
– disponibilização dos registros contábeis referentes aos recursos permanentemente à disposição dos CACS e órgãos de controle – art. 36
– verificação do cumprimento dos percentuais de aplicação dos recursos do Fundeb, em ações de MDE, será realizada por meio de registro bimestral das informações em sistema de informações sobre orçamentos públicos em educação, mantido pelo Ministério da Educação (Siope) – art. 38
– apoio técnico do MEC aos procedimentos e critérios de aplicação dos recursos dos Fundos – art. 39, I
– atuação do MEC no monitoramento da aplicação dos recursos dos Fundos, por meio de sistema de informações orçamentárias e financeiras e de cooperação com os Tribunais de Contas dos Estados e Municípios e do Distrito Federal – art. 39, V
– estudos do Inep, para avaliação da eficiência, da eficácia e da efetividade na aplicação dos recursos dos Fundos – art. 40, II

Redução das desigualdades
– educacionais socioeconômicas e raciais medidas nos exames nacionais do sistema nacional de avaliação da educação básica, respeitadas as especificidades da educação escolar indígena e suas realidades – condicionalidade para a complementação-VAAR – art. 14, §1º, II, na metodologia de cálculo dos indicadores de atendimento e de melhoria da aprendizagem **com redução das desigualdades** – art. 14, §2º, I
– metodologia dos indicadores de melhoria da aprendizagem **com redução das desigualdades** aprovados pela Comissão Intergovernamental de Financiamento para a Educação Básica de Qualidade – art. 18

Referenciais curriculares
– alinhados à Base Nacional Comum Curricular, aprovados nos termos do respectivo sistema de ensino – condicionalidade para a complementação-VAAR – art.14, §1º, V

Regime de colaboração
– condicionalidade para a complementação-VAAR – art. 14, §1º, IV
– A União, os Estados e o Distrito Federal desenvolverão, **em regime de colaboração**, programas de apoio ao esforço para conclusão da educação básica dos alunos regularmente matriculados no sistema público de educação (a) que cumpram pena no sistema penitenciário, ainda que na condição de presos provisórios; (b) aos quais tenham sido aplicadas medidas socioeducativas nos termos da Lei nº 8.069/1990 (ECA) – art. 50, parágrafo único, I e II.

Registro bimestral – das informações no Siope, para verificação do cumprimento dos percentuais de aplicação dos recursos do Fundeb, estabelecidos nos arts. 212 e 212-A da Constituição Federal, em ações de manutenção e de desenvolvimento do ensino – art. 38

Registro detalhado dos recursos disponibilizados aos fundos – art.23

Registros contábeis – permanentemente à disposição dos CACS e órgãos de controle – art. 36

Regulamento
– Admitir-se-á, para efeito da distribuição dos recursos do Fundeb, em relação às instituições comunitárias, confessionais ou filantrópicas sem fins lucrativos e conveniadas com o poder público, o cômputo das matrículas na educação do campo oferecida em instituições reconhecidas como centros familiares de formação por alternância, observado o disposto em regulamento – art. 7º, §3º, I, "b";
– As instituições a que se refere o inciso I do §3º deste artigo [comunitárias, confessionais ou filantrópicas – FCCs sem fins lucrativos e conveniadas com o poder público, que atuam na educação infantil, especial e do campo, com formação por alternância] deverão

obrigatória e cumulativamente (em relação aos requisitos dos demais incisos) ter Certificação de Entidade Beneficente de Assistência Social, na forma de regulamento – art. 7º, §4º, V;
– as informações relativas aos convênios firmados com as FCCs, com a especificação do número de alunos considerados e valores repassados, incluídos os correspondentes a eventuais profissionais e a bens materiais cedidos, serão declaradas anualmente ao Ministério da Educação, pelos Estados, pelo Distrito Federal e pelos Municípios, no âmbito do sistema de informações sobre orçamentos públicos em educação, na forma de regulamento – art. 7º, §6º;
– os programas de distribuição universal geridos pelo Ministério da Educação, a serem considerados na distribuição da complementação-VAAT serão definidos em regulamento – art. 13, §6º;
– os entes disponibilizarão as informações e os dados contábeis, orçamentários e fiscais, de que trata o §4º do art. 13 desta Lei, relativos aos exercícios financeiros de 2019 e 2020, nos termos de regulamento; (Redação dada pela Lei nº 14.276, de 2021) – art. 41, §3º, I;
– poderá ser adotada metodologia provisória de cálculo definida pelo Inep, para o indicador para educação infantil – IEI –, com distribuição da complementação-VAAT à educação infantil, na proporção de 50% (cinquenta por cento) dos recursos globais, nos termos de regulamento do Ministério da Educação – art. 43, §1º, III, "a";
– para o exercício financeiro de 2023, os indicadores referidos no inciso III do **caput** do art. 5º desta Lei [de atendimento e de melhoria da aprendizagem com redução das desigualdades, nos termos do sistema nacional de avaliação da educação básica] serão excepcionalmente definidos por regulamento, de forma a considerar os impactos da pandemia da Covid-19 nos resultados educacionais. (Incluído pela Lei nº 14.276, de 2021) art. 43, §4º;
– Na hipótese de extinção ou de substituição de impostos, serão redefinidos os percentuais vinculados À MDE e à cesta Fundeb, de modo que resultem recursos quer lhes são vinculados, inclusive quanto a isenções tributárias, deverão ser avaliados os impactos nos Fundos e os meios para que não haja perdas ao financiamento da educação básica, devendo-se buscar meios para que o montante dos recursos vinculados ao Fundeb nos entes federativos seja no mínimo igual à média aritmética dos 3 (três) últimos exercícios, na forma de regulamento – art. 52, Parágrafo único.

Relevante interesse social
– natureza da participação na Comissão Intergovernamental de Financiamento para a Educação Básica de Qualidade – art. 17, §3º
– natureza da atuação dos membros dos CACS – art. 34, §7º, II

Remuneração
– definição – art. 26, §1º, I

Remuneração condigna – elemento dos planos de carreira que devem ser implementados pelos entes federados art. 51, I

Repasse automático (crédito imediato) dos recursos dos fundos – art.21, **caput** e §3º

Resultados médios – dos estudantes de cada rede pública estadual e municipal nos exames nacionais do sistema nacional de avaliação da educação básica – art. 14, §2º, I

Retificação, quando necessário, por Estados, o Distrito Federal e os Municípios, no prazo de 30 dias, contado da publicação dos dados preliminares do censo, sob pena de responsabilização administrativa, nos termos da Lei nº 14.230, de 25 de outubro de 2021. (Redação dada pela Lei nº 14.276, de 2021) – art. 8º, §5º

Revisões
– as revisões a que se refere o art. 60-A do ADCT (critérios de distribuição da complementação da União e dos fundos) considerarão os resultados das avaliações previstas no **caput** deste artigo (I – a avaliação dos efeitos redistributivos, da melhoria dos indicadores educacionais e da ampliação do atendimento; II – estudos para avaliação da eficiência, da eficácia e da efetividade na aplicação dos recursos dos Fundos) – art. 40, §2º

Salário-educação
– vedação de utilização como fonte da complementação – art. 4º, §2º
– cotas estaduais e municipais da arrecadação do salário-educação incluídas no cálculo do VAAT – art. 13, §3º, III

Saldos financeiros eventuais
– regras de aplicação – art. 24
– aplicação dos ganhos financeiros – art.24, parágrafo único

Serviços sociais autônomos que integram o sistema federal de ensino (Sistema S)
– admitido o cômputo de suas matrículas, para efeito da distribuição dos recursos do Fundeb – art. 7º, §3º, II

Servidores técnico-administrativos das escolas básicas públicas
– Representação no CACS em nível municipal – art. 34, IV, "d"
– indicados ao CACS pelas entidades sindicais da respectiva categoria – art. 34, §2º, III

Sistema de ensino
– órgão normativo do(...) define padrões mínimos de qualidade para instituições conveniadas – art.7º, §4º, IV
– referenciais curriculares alinhados à Base Nacional Comum Curricular – art. 14, §1º, V

Sistema de informações sobre orçamentos públicos em educação – Siope – art. 7º, §6º
– registro bimestral das informações no(...) para verificação do cumprimento dos percentuais de aplicação dos recursos do Fundeb, estabelecidos nos arts. 212 e 212-A da Constituição Federal, em ações de manutenção e de desenvolvimento do ensino – art.38
– instrumento do MEC para monitoramento da aplicação dos recursos dos Fundos – art. 39, V

Sistema nacional de avaliação da educação básica (sinaeb)
– delimita os termos para o cumprimento das condicionalidades referentes à complementação-VAAR – art. 5º, III
– participação de 80% dos alunos nos exames nacionais do(...) – art. 14, §1º, II
– redução das desigualdades nos exames nacionais do(...) – art. 14, §1º, III

– consideração do nível e avanço nos exames do sinaeb, na metodologia de cálculo dos indicadores de atendimento e de melhoria da aprendizagem com redução das desigualdades – art. 14, §2º, I

Sistema penitenciário
– esforço para conclusão da educação básica dos alunos regularmente matriculados no sistema público de educação que cumpram pena no(…) – art. 50, parágrafo único, I

Subvinculação
– ao pagamento da remuneração dos profissionais da educação básica em efetivo exercício – art. 26, **caput**
– os recursos oriundos do Fundeb, para atingir o mínimo de 70% (setenta por cento) dos recursos anuais totais dos Fundos destinados ao pagamento, em cada rede de ensino, da remuneração dos profissionais da educação básica em efetivo exercício, poderão ser aplicados para reajuste salarial sob a forma de bonificação, abono, aumento de salário, atualização ou correção salarial." – art. 26, §2º
– de 15% dos recursos da complementação-VAAT para despesas de capital – art. 27
– global para a educação infantil, de 50% dos recursos da complementação-VAAT, sendo a aplicação de cada município definida conforme o indicador IEI

Suspensão das transferências voluntárias
– em caso de ausência de registro bimestral das informações no Siope – art. 38, §1º
– para os Estados e os Municípios que descumprirem a regra de destinação dos precatórios estabelecida no art. 47-A da Lei nº 14.113/2020 – art. 3º – Lei nº 14.325/2022

Tempo parcial
– creche pública – art. 43, §1 º, I, "b", 1
– creche conveniada – art. 43, §1 º, I, "b", 2
– pré-escola – art. 43, §1 º, I, "d"

Tempo integral
– creche pública – art. 43, §1 º, I, "a", 1

– creche conveniada – art. 43, §1º, I, "a", 2
– pré-escola – art. 43, §1º, I, "c"
– ensino fundamental – art. 43, §1º, I, "i"
– ensino médio – art. 43, §1º, I, "l"

Teto de gastos
– não incide sobre a complementação da União ao Fundeb – art. 107, §6º, I, ADCT

Tetos
– até 30% – utilização para a complementação da União de recursos da fonte 112 (MDE) – art. 4º, §3º
– até 10% dos recursos recebidos à conta dos Fundos, inclusive relativos à complementação da União – utilização no 1º quadrimestre do exercício imediatamente subsequente, mediante abertura de crédito adicional – art. 25, §3º

Transferências (constitucionais)
– Fundo de Participação dos Estados e do Distrito Federal – FPE – art. 3º, VI
– Fundo de Participação dos Municípios – FPM – art. 3º, VII

Transferências voluntárias
– suspensão em caso de ausência de registro bimestral das informações no Siope – art. 38, §1º

Transporte escolar
– possibilidade de convênios entre estados e municípios com transferência imediata de recursos – art. 22
– fiscalização do PNATE pelos CACS – art. 33, IV, 2º, III
– adequação do serviço – fiscalização pelos CACS por meio de visitas e inspetorias – art. 33, 1º, IV, "b"

União
– imposto eventualmente criado pela(...) possível receita do Fundeb no futuro – art. 3º, IV
– Complementação da(...) – arts. 4º e 5º
Unidades transferidoras – art. 20, parágrafo único

– apoio a políticas de estímulo às iniciativas de melhoria da qualidade, acesso e permanência na escola – promovidas pelas unidades federadas – art. 50

União Brasileira de Estudantes Secundaristas – UBES
– indicação de dois representantes de estudantes para o CACS em nível federal – art. 34, I, "h"

União Nacional dos Dirigentes Municipais da Educação – UNDIME
– indicação de representantes das regiões para a Comissão Intergovernamental de Financiamento para a Educação Básica de Qualidade – art. 17, III
– indicação de representante para o CACS em nível federal – art. 34, I, "f"
– indicação de representante da seccional para o CACS em nível estadual – art. 34, II, "d"

Unidades transferidoras
– União, DF e estados, em relação às respectivas parcelas do Fundo cuja arrecadação e disponibilização para distribuição sejam de sua responsabilidade – art. 20, parágrafo único

Valor anual por aluno (VAAF)
– decorrente da distribuição de recursos que compõem os Fundos, no âmbito de cada Estado e do Distrito Federal: a razão entre os recursos recebidos relativos às receitas definidas no art. 3º desta Lei e o número de alunos matriculados nas respectivas redes de ensino, nos termos do art. 8º desta Lei
– decorrente da distribuição de recursos de que trata a complementação-VAAF: a razão entre os recursos recebidos relativos às receitas definidas no art. 3º e no inciso I do **caput** do art. 5º desta Lei e o número de alunos matriculados nas respectivas redes de ensino, nos termos do art. 8º desta Lei – art. 6º, I, "a" e "b".

– estimativa publicada pelo poder executivo federal, até 31.12 – art. 16, III

Valor anual total por aluno (VAAT)
– apurado após distribuição da complementação-VAAF e antes da distribuição da complementação-VAAT: a razão entre os recursos recebidos relativos às receitas definidas no art. 3º e no inciso I do **caput** do art. 5º desta Lei, acrescidas das disponibilidades previstas no §3º do art. 13 desta Lei e o número de alunos matriculados nas respectivas redes de ensino, nos termos do art. 8º desta Lei;
– decorrente da distribuição de recursos após complementação-VAAT: a razão entre os recursos recebidos relativos às receitas definidas no art. 3º e nos incisos I e II do **caput** do art. 5º desta Lei, acrescidas das disponibilidades previstas no §3º do art. 13 desta Lei e o número de alunos matriculados nas respectivas redes de ensino, nos termos do art. 8º desta Lei – art. 6º, II, "a" e "b".

Valor anual por aluno (VAAR) – decorrente da complementação-VAAR: a razão entre os recursos recebidos relativos às receitas definidas no inciso III do **caput** do art. 5º desta Lei e o número de alunos matriculados nas respectivas redes de ensino, nos termos do art. 8º desta Lei.

Valor anual mínimo por aluno definido nacionalmente (VAAF MIN) – art. 12
estimativa publicada pelo poder executivo federal, até 31.12 – art. 16, IV

Valor anual total mínimo por aluno (VAAT-MIN) – art. 13
– estimativa publicada pelo poder executivo federal, até 31.12 – art. 16, VI

Valor de referência
– O valor anual mínimo por aluno (VAAF-MIN) constitui valor de referência relativo aos anos iniciais do ensino fundamental urbano – art. 12, §1º
– O valor anual total mínimo por aluno (VAAT-MIN) constitui valor de referência relativo aos anos iniciais do ensino fundamental urbano – art. 13, §1º

Vedações
– é vedada a utilização dos recursos oriundos da arrecadação da contribuição social do salário-educação na complementação da União aos Fundos.
– é vedada a utilização de recursos dos fundos no financiamento de despesas não consideradas como MDE (art.71, LDB) – art. 29, I
– é vedada a transferência para outras contas, sendo mantidas na Caixa Econômica Federal ou no Banco do Brasil – art. 21
– é vedada a utilização dos recursos dos Fundos para: financiamento das despesas não consideradas de MDE; pagamento de aposentadorias e de pensões; garantia ou contrapartida de operações de crédito, internas ou externas, contraídas pelos Estados, pelo Distrito Federal ou pelos Municípios que não se destinem ao financiamento de projetos, de ações ou de programas considerados ação de MDE para a educação básica – art. 29, incisos I, II e III
– na indicação de representantes de organizações da sociedade civil, para o CACS, é vedada a participação de entidades que figurem como beneficiárias de recursos fiscalizados pelo conselho ou como contratadas da Administração da localidade a título oneroso – art. 34, §2º, IV
– vedação de, quando os conselheiros forem representantes de professores e diretores ou de servidores das escolas públicas, no curso do mandato: (a) exoneração ou demissão do cargo ou emprego sem justa causa ou transferência involuntária do estabelecimento de ensino em que atuam; (b) atribuição de falta injustificada ao serviço em função das atividades do conselho; (c) afastamento involuntário e injustificado da condição de conselheiro antes do término do mandato para o qual tenha sido designado – art. 34, §7º, IV
– vedação de, quando os conselheiros forem representantes de estudantes em atividades do conselho, no curso do mandato, atribuição de falta injustificada nas atividades escolares – art. 34, §7º, V
– é vedada a recondução para o próximo mandato de conselheiro do CACS – art. 34, IX

Vulnerabilidade socioeconômica – elemento a ser considerado no indicador de educação infantil – art. 28, parágrafo único, II

APÊNDICE B

LEI Nº 14.113, DE 25 DE DEZEMBRO DE 2020 – FUNDEB PERMANENTE

MAPA DE REMISSÕES

DISPOSITIVO DA LEI Nº 14.113/2020 QUE FAZ REMISSÃO A OUTRO	DISPOSITIVOS CITADOS COM O TEMA OU CONTEÚDO DA REMISSÃO
Art.1º – Fica instituído, no âmbito de cada Estado e do Distrito Federal, um Fundo de Manutenção e Desenvolvimento da Educação Básica e de Valorização dos Profissionais da Educação (Fundeb), de natureza contábil, **nos termos do art. 212-A da Constituição Federal.**	**art. 212-A, CF** – institui o novo Fundeb permanente Art. 212-A. Os Estados, o Distrito Federal e os Municípios destinarão parte dos recursos a que se refere o **caput** do art. 212 desta Constituição à manutenção e ao desenvolvimento do ensino na educação básica e à remuneração condigna de seus profissionais, respeitadas as seguintes disposições: (Incluído pela Emenda Constitucional nº 108, de 2020) Regulamento I – a distribuição dos recursos e de responsabilidades entre o Distrito Federal, os Estados e seus Municípios é assegurada mediante a instituição, no âmbito de cada Estado e do Distrito Federal, de um Fundo de Manutenção e Desenvolvimento da Educação Básica e de Valorização dos Profissionais da Educação (Fundeb), de natureza contábil; (Incluído pela Emenda Constitucional nº 108, de 2020)
Art.1º, Parágrafo único – A instituição dos Fundos previstos no **caput** deste artigo e a aplicação de seus recursos não isentam os Estados, o Distrito Federal e os Municípios da obrigatoriedade da aplicação na manutenção e no desenvolvimento do ensino, na forma prevista no **art. 212 da Constituição Federal e no inciso VI do caput e parágrafo único do art. 10 e no inciso V do caput do art. 11 da Lei nº 9.394, de 20 de dezembro de 1996** , de: I – pelo menos 5% (cinco por cento) do montante dos impostos e transferências que compõem a cesta de recursos do Fundeb, a que se referem os incisos I, II, III, IV, V, VI, VII, VIII e IX do **caput** e o §1º do art. 3º desta Lei, de modo que os recursos previstos no art. 3º desta Lei somados aos referidos neste inciso garantam a aplicação do mínimo de 25% (vinte e cinco por cento) desses impostos e transferências em favor da manutenção e do desenvolvimento do ensino; II – pelo menos 25% (vinte e cinco por cento) dos demais impostos e transferências.	**art. 212, CF** – prevê a vinculação da receita de impostos e transferências à MDE Art. 212. A União aplicará, anualmente, nunca menos de dezoito, e os Estados, o Distrito Federal e os Municípios vinte e cinco por cento, no mínimo, da receita resultante de impostos, compreendida a proveniente de transferências, na manutenção e desenvolvimento do ensino. **art. 10, VI, LDB** – Os Estados incumbir-se-ão de: assegurar o ensino fundamental e oferecer, com prioridade, o ensino médio a todos que o demandarem, respeitado o disposto no art. 38 desta Lei **art. 10, parágrafo** único, **LDB** – ao Distrito Federal aplicar-se-ão as competências referentes aos Estados e aos Municípios.

Art. 1º, I – pelo menos 5% (cinco por cento) do montante dos impostos e transferências que compõem a cesta de recursos do Fundeb, a que se referem os incisos **I, II, III, IV, V, VI, VII, VIII e IX do caput e o §1º** do **art. 3º** desta Lei, de modo que os recursos previstos no art. 3º desta Lei somados aos referidos neste inciso garantam a aplicação do mínimo de 25% (vinte e cinco por cento) desses impostos e transferências em favor da manutenção e do desenvolvimento do ensino;	**art. 3º, incisos I, II, III, IV, V, VI, VII, VIII e IX** – impostos que compõem a cesta
	art. 3º, §1º – adicional na alíquota do ICMS referente aos fundos de pobreza
Art. 3º – Os Fundos, no âmbito de cada Estado e do Distrito Federal, são compostos por 20% (vinte por cento) das seguintes fontes de receita: [(…)]	Incisos indicam referência constitucional aos recursos da cesta:
	inciso I do **caput** do art. 155 da Constituição Federal – ITCD
	inciso II do **caput** do art. 155 combinado com o inciso IV do **caput** do art. 158 da Constituição Federal – ICMS
	inciso III do **caput** do art. 155 combinado com o inciso III do **caput** do art. 158 da Constituição Federal – IPVA
	inciso I do **caput** do art. 154 da Constituição Federal, prevista no inciso II do **caput** do art. 157 da Constituição Federal – imposto que a União venha a instituir
	inciso II do **caput** do art. 158 da Constituição Federal – ITR
	alínea "a" do inciso I do **caput** do art. 159 da Constituição Federal e na Lei nº 5.172/1966 (Código Tributário Nacional) – FPE
	alínea "b" do inciso I do **caput** do art. 159 da Constituição Federal e na Lei nº 5.172/1966 (Código Tributário Nacional) FPM
	inciso II do **caput** do art. 159 da Constituição Federal e na Lei Complementar nº 61, de 26 de dezembro de 1989;
Art.3º§1º – inclui-se ainda na base de cálculo dos recursos referidos nos incisos I a IX do **caput** deste artigo o adicional na alíquota do ICMS de que trata o §1º do art. 82 do Ato das Disposições Constitucionais Transitórias.	**§1º do art. 82 do Ato das Disposições Constitucionais Transitórias** – adicional até 2% alíquota ICMS para fundos de combate à pobreza
Art. 3º, §2º – Além dos recursos mencionados nos incisos I a IX do **caput** e no §1º deste artigo, os Fundos contarão com a complementação da União, nos termos da **Seção II deste Capítulo.**	**I a IX do caput** – impostos que compõem a cesta
	§1º deste artigo – adicional na alíquota do ICMS referente aos fundos de pobreza
	A seção II trata da finalidade da complementação (exclusivamente a assegurar recursos financeiros aos Fundos), da restrição à utilização de fontes (vedada a utilização dos recursos oriundos da arrecadação da contribuição social do salário-educação), limite de 30% do valor de complementação ao Fundeb para cumprimento da aplicação mínima em MDE, previsão de crime de responsabilidade da autoridade competente em caso de não cumprimento do disposto dessas limitações/restrições, previsão do valor mínimo da complementação da União (23%, no total) e dos valores de cada uma de suas modalidades: VAAF (10%),VAAT (10,5%) e VAAR (2,5%)

DISPOSITIVO DA LEI Nº 14.113/2020 QUE FAZ REMISSÃO A OUTRO	DISPOSITIVOS CITADOS COM O TEMA OU CONTEÚDO DA REMISSÃO
	art. 11, V, LDB : Os Municípios incumbir-se-ão de : oferecer a educação infantil em creches e pré-escolas, e, com prioridade, o ensino fundamental, permitida a atuação em outros níveis de ensino somente quando estiverem atendidas plenamente as necessidades de sua área de competência e com recursos acima dos percentuais mínimos vinculados pela Constituição Federal à manutenção e desenvolvimento do ensino.
Art.4º, §1º – A complementação da União destina-se exclusivamente a assegurar recursos financeiros aos Fundos, aplicando-se o disposto no caput do art. 160 da Constituição Federal.	Art. 160 da Constituição Federal – É vedada a retenção ou qualquer restrição à entrega e ao emprego dos recursos atribuídos, nesta seção, aos Estados, ao Distrito Federal e aos Municípios, neles compreendidos adicionais e acréscimos relativos a impostos.
Art.4º, §2º – É vedada a utilização dos recursos oriundos da arrecadação da contribuição social do salário-educação a que se refere o §5º do art. 212 da Constituição Federal na complementação da União aos Fundos.	§5º do art. 212 da Constituição Federal – prevê o salário-educação como fonte adicional do financiamento da educação básica pública Art.212(…)(…)(…)(…)(…)(…)(…)(…)(…)(…)(…)(…)(…).. 5º A educação básica pública terá como fonte adicional de financiamento a contribuição social do salário-educação, recolhida pelas empresas na forma da lei. (Redação dada pela Emenda Constitucional nº 53, de 2006)
Art.4º, §3º – A União poderá utilizar, no máximo, 30% (trinta por cento) do valor de complementação ao Fundeb previsto no caput deste artigo para cumprimento da aplicação mínima na manutenção e no desenvolvimento do ensino estabelecida no art. 212 da Constituição Federal.	Art. 212, CF – prevê a vinculação da receita de impostos e transferências à MDE Art. 212. A União aplicará, anualmente, nunca menos de dezoito, e os Estados, o Distrito Federal e os Municípios vinte e cinco por cento, no mínimo, da receita resultante de impostos, compreendida a proveniente de transferências, na manutenção e desenvolvimento do ensino.
Art.5º – A complementação da União será equivalente a, no mínimo, 23% (vinte e três por cento) do total de recursos a que se refere o art. 3º desta Lei, nas seguintes modalidades:	art. 3º desta Lei – define os recursos da cesta Fundeb
Art.5º,I – complementação-VAAF: 10 (dez) pontos percentuais no âmbito de cada Estado e do Distrito Federal, sempre que o valor anual por aluno (VAAF), nos termos da alínea a do inciso I do caput do art. 6º desta Lei não alcançar o mínimo definido nacionalmente;	alínea "a" do inciso I do caput do art. 6º desta Lei – definição do valor anual por aluno (VAAF): I – valor anual por aluno (VAAF): a) decorrente da distribuição de recursos que compõem os Fundos, no âmbito de cada Estado e do Distrito Federal: a razão entre os recursos recebidos relativos às receitas definidas no art. 3º desta Lei e o número de alunos matriculados nas respectivas redes de ensino, nos termos do art. 8º desta Lei; b) decorrente da distribuição de recursos de que trata a complementação–VAAF: a razão entre os recursos recebidos relativos às receitas **definidas no art. 3º e no inciso I do caput do art. 5º desta Lei** e o número de alunos matriculados nas respectivas redes de ensino, **nos termos do art. 8º desta Lei;**

DISPOSITIVO DA LEI Nº 14.113/2020 QUE FAZ REMISSÃO A OUTRO	DISPOSITIVOS CITADOS COM O TEMA OU CONTEÚDO DA REMISSÃO
Art.5º, II – complementação-VAAT: no mínimo, 10,5 (dez inteiros e cinco décimos) pontos percentuais, em cada rede pública de ensino municipal, estadual ou distrital, sempre que o valor anual total por aluno (VAAT), **nos termos da alínea a do inciso II do caput do art. 6º desta Lei** não alcançar o mínimo definido nacionalmente;	alínea "a" do inciso II do caput do art. 6º desta Lei – definição do valor anual total por aluno (VAAT) Art.6º(…). II – valor anual total por aluno (VAAT): a) apurado após distribuição da complementação-VAAF e antes da distribuição da complementação-VAAT: a razão entre os recursos recebidos relativos às receitas definidas no **art. 3º e no inciso I do caput do art. 5º desta Lei**, acrescidas das disponibilidades **previstas no §3º do art. 13 desta Lei** e o número de alunos matriculados nas respectivas redes de ensino, **nos termos do art. 8º desta Lei;**
Art.5º, III – complementação-VAAR: 2,5 (dois inteiros e cinco décimos) pontos percentuais nas redes públicas que, cumpridas condicionalidades de melhoria de gestão, alcançarem evolução de indicadores a serem definidos, de atendimento e de melhoria da aprendizagem com redução das desigualdades, nos termos do sistema nacional de avaliação da educação básica, **conforme disposto no art. 14 desta Lei.**	art. 14 desta Lei Art. 14. A complementação-VAAR será distribuída às redes públicas de ensino que cumprirem as condicionalidades e apresentarem melhoria dos indicadores **referidos no inciso III do caput do art. 5º desta Lei.**
Art. 6º, I, "a"	art. 3º desta Lei – define os recursos da cesta Fundeb art. 8º desta Lei Art. 8º Para os fins da distribuição dos recursos de que trata esta Lei, serão consideradas exclusivamente as matrículas presenciais efetivas, conforme os dados apurados no censo escolar mais atualizado, realizado anualmente pelo Instituto Nacional de Estudos e Pesquisas Educacionais Anísio Teixeira (Inep), observadas as diferenças e as ponderações mencionadas nos **arts. 7º e 10 desta Lei.**

Art. 6º, I, "b"
b) decorrente da distribuição de recursos de que trata a complementação–VAAF: a razão entre os recursos recebidos relativos às receitas definidas no **art. 3º e no inciso I do caput do art. 5º desta Lei** e o número de alunos matriculados nas respectivas redes de ensino, nos termos do **art. 8º desta Lei;**
	art. 3º desta Lei – define os recursos da cesta Fundeb
	inciso I do caput do art. 5º desta Lei
	    I – complementação–VAAF: 10 (dez) pontos percentuais no âmbito de cada Estado e do Distrito Federal, sempre que o valor anual por aluno (VAAF), nos termos **da alínea "a" do inciso I do caput do art. 6º desta Lei** não alcançar o mínimo definido nacionalmente;
	art. 8º desta Lei
	    Art. 8º Para os fins da distribuição dos recursos de que trata esta Lei, serão consideradas exclusivamente as matrículas presenciais efetivas, conforme os dados apurados no censo escolar mais atualizado, realizado anualmente pelo Instituto Nacional de Estudos e Pesquisas Educacionais Anísio Teixeira (Inep), observadas as diferenças e as ponderações mencionadas nos **arts. 7º e 10 desta Lei.**

DISPOSITIVO DA LEI Nº 14.113/2020 QUE FAZ REMISSÃO A OUTRO	DISPOSITIVOS CITADOS COM O TEMA OU CONTEÚDO DA REMISSÃO

Art. 6º, II, "a"
II – valor anual total por aluno (VAAT):
a) apurado após distribuição da complementação-VAAF e antes da distribuição da complementação-VAAT: a razão entre os recursos recebidos relativos às receitas definidas no **art. 3º e no inciso I do caput do art. 5º** desta Lei, acrescidas das disponibilidades previstas **no §3º do art. 13** desta Lei e o número de alunos matriculados nas respectivas redes de ensino, nos termos do **art. 8º** desta Lei;
	art. 3º – define os recursos da cesta Fundeb
	
	inciso I do caput do art. 5º desta Lei
	    I – complementação-VAAF: 10 (dez) pontos percentuais no âmbito de cada Estado e do Distrito Federal, sempre que o valor anual por aluno (VAAF), nos termos **da alínea "a" do inciso I do caput do art. 6º** desta Lei não alcançar o mínimo definido nacionalmente;
	
	§3º do art. 13 desta Lei
	§3º O cálculo do valor anual total por aluno (VAAT) das redes de ensino deverá considerar, além do resultado da distribuição de que tratam **os arts. 11 e 12 desta Lei**, as seguintes receitas e disponibilidades:
	
	art. 8º desta Lei
	    Art. 8º Para os fins da distribuição dos recursos de que trata esta Lei, serão consideradas exclusivamente as matrículas presenciais efetivas, conforme os dados apurados no censo escolar mais atualizado, realizado anualmente pelo Instituto Nacional de Estudos e Pesquisas Educacionais Anísio Teixeira (Inep), observadas as diferenças e as ponderações mencionadas nos **arts. 7º e 10 desta Lei**.

Art. 6º, II, "b" b) decorrente da distribuição de recursos após complementação-VAAT: a razão entre os recursos recebidos relativos às receitas definidas no **art. 3º e nos incisos I e II do caput do art. 5º desta Lei**, acrescidas das disponibilidades previstas no **§3º do art. 13 desta Lei** e o número de alunos matriculados nas respectivas redes de ensino, nos termos do **art. 8º desta Lei**;	**art. 3º** – define os recursos da cesta Fundeb **incisos I e II do caput do art. 5º desta Lei** **§3º do art. 13 desta Lei** §3º O cálculo do valor anual total por aluno (VAAT) das redes de ensino deverá considerar, além do resultado da distribuição de que tratam **os arts. 11 e 12 desta Lei**, as seguintes receitas e disponibilidades: **art. 8º desta Lei** Art. 8º Para os fins da distribuição dos recursos de que trata esta Lei, serão consideradas exclusivamente as matrículas presenciais efetivas, conforme os dados apurados no censo escolar mais atualizado, realizado anualmente pelo Instituto Nacional de Estudos e Pesquisas Educacionais Anísio Teixeira (Inep), observadas as diferenças e as ponderações mencionadas nos **arts. 7º e 10 desta Lei**.

DISPOSITIVO DA LEI Nº 14.113/2020 QUE FAZ REMISSÃO A OUTRO	DISPOSITIVOS CITADOS COM O TEMA OU CONTEÚDO DA REMISSÃO
Art. 6º, III III – valor anual por aluno (VAAR) decorrente da complementação-VAAR: a razão entre os recursos recebidos relativos às receitas definidas no inciso III do **caput do art. 5º desta Lei** e o número de alunos matriculados nas respectivas redes de ensino, **nos termos do art. 8º desta Lei.**	**art. 5º desta Lei** Art. 5º A complementação da União será equivalente a, no mínimo, 23% (vinte e três por cento) do total de recursos a que se refere o **art. 3º desta Lei**, nas seguintes modalidades: **art. 8º desta Lei** Art. 8º Para os fins da distribuição dos recursos de que trata esta Lei, serão consideradas exclusivamente as matrículas presenciais efetivas, conforme os dados apurados no censo escolar mais atualizado, realizado anualmente pelo Instituto Nacional de Estudos e Pesquisas Educacionais Anísio Teixeira (Inep), observadas as diferenças e as ponderações mencionadas nos **arts. 7º e 10 desta Lei.**
Art. 7º A distribuição de recursos que compõem os Fundos, **nos termos do art. 3º** desta Lei, no âmbito de cada Estado e do Distrito Federal e da complementação da União, **conforme o art. 5º desta Lei**, dar-se-á, na forma do Anexo desta Lei, em função do número de alunos matriculados nas respectivas redes de educação básica pública presencial, observadas as diferenças e as ponderações quanto ao valor anual por aluno (VAAF, VAAT ou VAAR) entre etapas, modalidades, duração da jornada e tipos de estabelecimento de ensino e consideradas as respectivas especificidades e os insumos necessários para a garantia de sua qualidade, bem como o **disposto no art. 10 desta Lei.**	**art. 3º desta Lei** – define os recursos da cesta Fundeb **art. 5º desta Lei** Art. 5º A complementação da União será equivalente a, no mínimo, 23% (vinte e três por cento) do total de recursos a que se refere o **art. 3º desta Lei**, nas seguintes modalidades: [(...)] **art. 10 desta Lei** Art. 10. Além do disposto no **art. 7º desta Lei**, a distribuição de recursos dar-se-á, **na forma do Anexo desta Lei**, em função do número de alunos matriculados nas respectivas redes de educação básica pública presencial, observadas as diferenças e as ponderações quanto ao valor anual por aluno (VAAF e VAAT) relativas: I – ao nível socioeconômico dos educandos; II – aos indicadores de disponibilidade de recursos vinculados à educação de cada ente federado; III – aos indicadores de utilização do potencial de arrecadação tributária de cada ente federado.
Art. 7º, §3º §3º Admitir-se-á, para efeito da distribuição dos recursos previstos no **caput do art. 212-A da Constituição Federal:**	**caput do art. 212-A da Constituição Federal** Art. 212-A. Os Estados, o Distrito Federal e os Municípios destinarão parte dos recursos a que se **refere o caput do art. 212 desta Constituição** à manutenção e ao desenvolvimento do ensino na educação básica e à remuneração condigna de seus profissionais, respeitadas as seguintes disposições: (Incluído pela Emenda Constitucional nº 108, de 2020)

DISPOSITIVO DA LEI Nº 14.113/2020 QUE FAZ REMISSÃO A OUTRO	DISPOSITIVOS CITADOS COM O TEMA OU CONTEÚDO DA REMISSÃO
Art. 7º, §3º, I, "d" d) na educação especial, oferecida, **nos termos do §3º do art. 58 da Lei nº 9.394, de 20 de dezembro de 1996,** pelas instituições com atuação exclusiva nessa modalidade para atendimento educacional especializado no contraturno para estudantes matriculados na rede pública de educação básica e inclusive para atendimento integral a estudantes com deficiência constatada em avaliação biopsicossocial, periodicamente realizada por equipe multiprofissional e interdisciplinar, **nos termos da Lei nº 13.146, de 6 de julho de 2015,** com vistas, sempre que possível, à inclusão do estudante na rede regular de ensino e à garantia do direito à educação e à aprendizagem ao longo da vida;	**§3º do art. 58 da Lei nº 9.394/1996(LDB)** §3º A oferta de educação especial, nos termos do **caput** deste artigo, tem início na educação infantil e estende-se ao longo da vida, **observados o inciso III do art. 4º e o parágrafo** único **do art. 60 desta Lei.** Lei nº 13.146/2015 (Estatuto da Pessoa com Deficiência).
Art. 7º, §3º, II II – em relação a instituições públicas de ensino, autarquias e fundações públicas da administração indireta e demais instituições de educação profissional técnica de nível médio dos serviços sociais autônomos que integram o sistema federal de ensino, conveniadas ou em parceria com a administração estadual direta, o cômputo das matrículas referentes à educação profissional técnica de nível médio articulada, prevista no **art. 36-C da Lei nº 9.394, de 20 de dezembro de 1996,** e das matrículas relativas ao itinerário de formação técnica e profissional, previsto no **inciso V do caput do art. 36 da referida Lei.** (Redação dada pela Lei nº 14.276, de 2021)	**art. 36-C da Lei nº 9.394/1996 (LDB)** Art. 36-C. A educação profissional técnica de nível médio articulada, prevista no inciso I do **caput** do art. 36-B desta Lei, será desenvolvida de forma: I – integrada, oferecida somente a quem já tenha concluído o ensino fundamental, sendo o curso planejado de modo a conduzir o aluno à habilitação profissional técnica de nível médio, na mesma instituição de ensino, efetuando-se matrícula única para cada aluno; II – concomitante, oferecida a quem ingresse no ensino médio ou já o esteja cursando, efetuando-se matrículas distintas para cada curso, e podendo ocorrer: a) na mesma instituição de ensino, aproveitando-se as oportunidades educacionais disponíveis; b) em instituições de ensino distintas, aproveitando-se as oportunidades educacionais disponíveis c) em instituições de ensino distintas, mediante convênios de intercomplementaridade, visando ao planejamento e ao desenvolvimento de projeto pedagógico unificado. **inciso V do caput do art. 36 da referida Lei** V – formação técnica e profissional.

DISPOSITIVO DA LEI Nº 14.113/2020 QUE FAZ REMISSÃO A OUTRO	DISPOSITIVOS CITADOS COM O TEMA OU CONTEÚDO DA REMISSÃO
Art. 7º, §4º §4º As instituições a que **se refere o inciso I do §3º deste artigo** deverão obrigatória e cumulativamente: I – oferecer igualdade de condições para o acesso e a permanência na escola e o atendimento educacional gratuito a todos os seus alunos; II – comprovar finalidade não lucrativa e aplicar seus excedentes financeiros em educação na etapa ou na modalidade **previstas no §3º deste artigo;** III – assegurar a destinação de seu patrimônio a outra escola comunitária, filantrópica ou confessional com atuação na etapa ou na modalidade previstas no §3º deste artigo ou ao poder público no caso do encerramento de suas atividades; IV – atender a padrões mínimos de qualidade definidos pelo órgão normativo do sistema de ensino, inclusive, obrigatoriamente, ter aprovados seus projetos pedagógicos; V – ter Certificação de Entidade Beneficente de Assistência Social, na forma de regulamento.	**inciso I do §3º deste artigo** §3º Admitir-se-á, para efeito da distribuição dos recursos **previstos no caput do art. 212-A da Constituição Federal**: I – em relação às instituições comunitárias, confessionais ou filantrópicas sem fins lucrativos e conveniadas com o poder público, o cômputo das matrículas: a) na educação infantil oferecida em creches para crianças de até 3 (três) anos; b) na educação do campo oferecida em instituições reconhecidas como centros familiares de formação por alternância, observado o disposto em regulamento; c) nas pré-escolas, até a universalização desta etapa de ensino, que atendam às crianças de 4 (quatro) e 5 (cinco) anos, observadas as condições previstas nos incisos I, II, III, IV e V do §4º deste artigo, efetivadas, conforme o censo escolar mais atualizado; d) na educação especial, oferecida, **nos termos do §3º do art. 58 da Lei nº 9.394, de 20 de dezembro de 1996**, pelas instituições com atuação exclusiva nessa modalidade para atendimento educacional especializado no contraturno para estudantes matriculados na rede pública de educação básica e inclusive para atendimento integral a estudantes com deficiência constatada em avaliação biopsicossocial, periodicamente realizada por equipe multiprofissional e interdisciplinar, nos termos da Lei nº 13.146, de 6 de julho de 2015, com vistas, sempre que possível, à inclusão do estudante na rede regular de ensino e à garantia do direito à educação e à aprendizagem ao longo da vida;
Art. 7º, §4º, II II – comprovar finalidade não lucrativa e aplicar seus excedentes financeiros em educação na etapa ou na modalidade previstas **no §3º deste artigo;**	**§3º deste artigo** §3º Para efeito da distribuição dos recursos dos Fundos, será admitida a dupla matrícula dos estudantes: I – da educação regular da rede pública que recebem atendimento educacional especializado; II – da educação profissional técnica de nível médio articulada, prevista no art. 36-C da Lei nº 9.394, de 20 de dezembro de 1996, e do itinerário de formação técnica e profissional do ensino médio, previsto no **inciso V do caput do art. 36 da referida Lei** V – formação técnica e profissional.

DISPOSITIVO DA LEI Nº 14.113/2020 QUE FAZ REMISSÃO A OUTRO	DISPOSITIVOS CITADOS COM O TEMA OU CONTEÚDO DA REMISSÃO
Art. 7º, §4º, III III – assegurar a destinação de seu patrimônio a outra escola comunitária, filantrópica ou confessional com atuação na etapa ou na modalidade **previstas no §3º deste artigo** ou ao poder público no caso do encerramento de suas atividades;	**§3º deste artigo** §3º Para efeito da distribuição dos recursos dos Fundos, será admitida a dupla matrícula dos estudantes: I – da educação regular da rede pública que recebem atendimento educacional especializado; II – da educação profissional técnica de nível médio articulada, prevista no art. 36-C da Lei nº 9.394, de 20 de dezembro de 1996, e do itinerário de formação técnica e profissional do ensino médio, previsto no **inciso V do caput do art. 36 da referida Lei.**
Art. 7º, §5º §5º Os recursos destinados às instituições de que trata o §3º deste artigo somente poderão ser destinados às categorias de despesa **previstas no art. 70 da Lei nº 9.394, de 20 de dezembro de 1996.**	**§3º deste artigo** §3º Para efeito da distribuição dos recursos dos Fundos, será admitida a dupla matrícula dos estudantes: I – da educação regular da rede pública que recebem atendimento educacional especializado; II – da educação profissional técnica de nível médio articulada, prevista no art. 36-C da Lei nº 9.394, de 20 de dezembro de 1996, e do itinerário de formação técnica e profissional do ensino médio, previsto no **inciso V do caput do art. 36 da referida Lei.** **art. 70 da Lei nº 9.394/1996(LDB)** – define as despesas admitidas como de MDE
Art. 7º, §6º – As informações relativas aos convênios firmados **nos termos do §3º deste artigo,** com a especificação do número de alunos considerados e valores repassados, incluídos os correspondentes a eventuais profissionais e a bens materiais cedidos, serão declaradas anualmente ao Ministério da Educação, pelos Estados, pelo Distrito Federal e pelos Municípios, no âmbito do sistema de informações sobre orçamentos públicos em educação, na forma de regulamento.	**§3º deste artigo** §3º Para efeito da distribuição dos recursos dos Fundos, será admitida a dupla matrícula dos estudantes: I – da educação regular da rede pública que recebem atendimento educacional especializado; II – da educação profissional técnica de nível médio articulada, prevista no art. 36-C da Lei nº 9.394, de 20 de dezembro de 1996, e do itinerário de formação técnica e profissional do ensino médio, previsto no **inciso V do caput do art. 36 da referida Lei.**

DISPOSITIVO DA LEI Nº 14.113/2020 QUE FAZ REMISSÃO A OUTRO	DISPOSITIVOS CITADOS COM O TEMA OU CONTEÚDO DA REMISSÃO
Art. 7º, §7º §7º As **condições de que tratam os incisos I, II, III, IV e V do §4º deste artigo,** para o cômputo das matrículas das instituições comunitárias, confessionais ou filantrópicas sem fins lucrativos e conveniadas com o poder público, deverão ser comprovadas pelas instituições convenentes e conferidas e validadas pelo Poder Executivo do respectivo ente subnacional, em momento anterior à formalização do instrumento de convênio e ao repasse dos recursos recebidos no âmbito do Fundeb para a cobertura das matrículas mantidas pelas referidas instituições. (Incluído pela Lei nº 14.276, de 2021)	incisos I, II, III, IV e V do §4º deste artigo §4º As instituições a que se refere o inciso I do §3º deste artigo deverão obrigatória e cumulativamente: I – oferecer igualdade de condições para o acesso e a permanência na escola e o atendimento educacional gratuito a todos os seus alunos; II – comprovar finalidade não lucrativa e aplicar seus excedentes financeiros em educação na etapa ou na modalidade previstas no §3º deste artigo; III – assegurar a destinação de seu patrimônio a outra escola comunitária, filantrópica ou confessional com atuação na etapa ou na modalidade previstas no §3º deste artigo ou ao poder público no caso do encerramento de suas atividades; IV – atender a padrões mínimos de qualidade definidos pelo órgão normativo do sistema de ensino, inclusive, obrigatoriamente, ter aprovados seus projetos pedagógicos; V – ter Certificação de Entidade Beneficente de Assistência Social, na forma de regulamento.
Art. 8º Para os fins da distribuição dos recursos de que trata esta Lei, serão consideradas exclusivamente as matrículas presenciais efetivas, conforme os dados apurados no censo escolar mais atualizado, realizado anualmente pelo Instituto Nacional de Estudos e Pesquisas Educacionais Anísio Teixeira (Inep), observadas as diferenças e as ponderações **mencionadas nos arts. 7º e 10 desta Lei.**	**arts. 7º e 10 desta Lei** Art. 7º A distribuição de recursos que compõem os Fundos, nos termos do **art. 3º desta Lei,** no âmbito de cada Estado e do Distrito Federal e da complementação da União, conforme o **art. 5º desta Lei,** dar-se-á, na forma do Anexo desta Lei, em função do número de alunos matriculados nas respectivas redes de educação básica pública presencial, observadas as diferenças e as ponderações quanto ao valor anual por aluno (VAAF, VAAT ou VAAR) entre etapas, modalidades, duração da jornada e tipos de estabelecimento de ensino e consideradas as respectivas especificidades e os insumos necessários para a garantia de sua qualidade, bem como o disposto no **art. 10 desta Lei.** (...)(...)(...)(...)(...)(...)(...)(...).. Art. 10. Além do disposto no **art. 7º desta Lei,** a distribuição de recursos dar-se-á, na forma do Anexo desta Lei, em função do número de alunos matriculados nas respectivas redes de educação básica pública presencial, observadas as diferenças e as ponderações quanto ao valor anual por aluno (VAAF e VAAT) relativas:

DISPOSITIVO DA LEI Nº 14.113/2020 QUE FAZ REMISSÃO A OUTRO	DISPOSITIVOS CITADOS COM O TEMA OU CONTEÚDO DA REMISSÃO
Art. 8º,§1º Os recursos serão distribuídos ao Distrito Federal e aos Estados e seus Municípios, considerando-se exclusivamente as matrículas nos respectivos âmbitos de atuação prioritária, **conforme os §§2º e 3º do art. 211 da Constituição Federal**, observado o disposto no **§1º do art. 25 desta Lei**.	**§§2º e 3º do art. 211 da Constituição Federal** §2º Os Municípios atuarão prioritariamente no ensino fundamental e na educação infantil §3º Os Estados e o Distrito Federal atuarão prioritariamente no ensino fundamental e médio. **§1º do art. 25 desta Lei** §1º Observado o disposto nos **arts. 27 e 28 desta Lei e no §2º deste artigo**, os recursos poderão ser aplicados pelos Estados e pelos Municípios indistintamente entre etapas, modalidades e tipos de estabelecimento de ensino da educação básica nos seus respectivos âmbitos de atuação prioritária, **conforme estabelecido nos §§2º e 3º do art. 211 da Constituição Federal.**
Art. 8º, §2º Serão consideradas, para a educação especial, as matrículas na rede regular de ensino, em classes comuns ou em classes especiais de escolas regulares, e em escolas especiais ou especializadas, observado o disposto na alínea **"d" do inciso I do §3º do art. 7º desta Lei**.	**alínea "d" do inciso I do §3º do art. 7º desta Lei** d) na educação especial, oferecida, nos termos do §3º do art. 58 da Lei nº 9.394, de 20 de dezembro de 1996, pelas instituições com atuação exclusiva nessa modalidade para atendimento educacional especializado em contraturno para estudantes matriculados na rede pública de educação básica e inclusive para atendimento integral a estudantes com deficiência constatada em avaliação biopsicossocial, periodicamente realizada por equipe multiprofissional e interdisciplinar, nos termos da Lei nº 13.146, de 6 de julho de 2015, com vistas, sempre que possível, à inclusão do estudante na rede regular de ensino e à garantia do direito à educação e à aprendizagem ao longo da vida;
Art. 8º, §3º, II §3º Para efeito da distribuição dos recursos dos Fundos, será admitida a dupla matrícula dos estudantes: (...) II – da educação profissional técnica de nível médio articulada, prevista **no 1996,** e do itinerário de formação técnica e profissional do ensino médio, **previsto no inciso V do caput do art. 36 da referida Lei.**	**art. 36-C da Lei nº 9.394/1996 (LDB)** Art. 36-C. A educação profissional técnica de nível médio articulada, prevista no inciso I do **caput** do art. 36-B desta Lei, será desenvolvida de forma: I – integrada, oferecida somente a quem já tenha concluído o ensino fundamental, sendo o curso planejado de modo a conduzir o aluno à habilitação profissional técnica de nível médio, na mesma instituição de ensino, efetuando-se matrícula única para cada aluno; II – concomitante, oferecida a quem ingresse no ensino médio ou já o esteja cursando, efetuando-se matrículas distintas para cada curso, e podendo ocorrer: a) na mesma instituição de ensino, aproveitando-se as oportunidades educacionais disponíveis; b) em instituições de ensino distintas, aproveitando-se as oportunidades educacionais disponíveis c) em instituições de ensino distintas, mediante convênios de intercomplementaridade, visando ao planejamento e ao desenvolvimento de projeto pedagógico unificado. **inciso V do caput do art. 36 da referida Lei (LDB)** V – formação técnica e profissional.

DISPOSITIVO DA LEI Nº 14.113/2020 QUE FAZ REMISSÃO A OUTRO	DISPOSITIVOS CITADOS COM O TEMA OU CONTEÚDO DA REMISSÃO
Art. 8º, §4º §4º Os profissionais do magistério da educação básica da rede pública de ensino cedidos para as instituições **a que se refere o §3º do art. 7º desta Lei** serão considerados como em efetivo exercício na educação básica pública para **fins do disposto no art. 26 desta Lei**.	**§3º do art. 7º desta Lei** §3º Admitir-se-á, para efeito da distribuição dos recursos previstos no **caput** do art. 212-A da Constituição Federal: (...) **art. 26 desta Lei** Art. 26. Excluídos os recursos de que trata o inciso III do **caput** do art. 5º desta Lei, proporção não inferior a 70% (setenta por cento) dos recursos anuais totais dos Fundos referidos no art. 1º desta Lei será destinada ao pagamento, em cada rede de ensino, da remuneração dos profissionais da educação básica em efetivo exercício.
Art. 8º, §6º §6º Para a educação profissional técnica de nível médio articulada, na forma concomitante, **prevista no inciso II do caput do art. 36-C da Lei nº 9.394, de 20 de dezembro de 1996**, e para o itinerário de formação técnica e profissional do ensino médio, **previsto no inciso V do caput do art. 36 da referida Lei**, desenvolvidos em convênio ou em parceria com as instituições **relacionadas no inciso II do §3º do art. 7º desta Lei**, o estudante deverá estar matriculado no ensino médio presencial em instituição da rede pública estadual e na instituição conveniada ou celebrante de parceria, e as ponderações **previstas no caput do art. 7º desta Lei** serão aplicadas às duas matrículas.	**inciso II do caput do art. 36-C da Lei nº 9.394/1996 (LDB)** II – concomitante, oferecida a quem ingresse no ensino médio ou já o esteja cursando, efetuando-se matrículas distintas para cada curso, e podendo ocorrer: a) na mesma instituição de ensino, aproveitando-se as oportunidades educacionais disponíveis; b) em instituições de ensino distintas, aproveitando-se as oportunidades educacionais disponíveis; c) em instituições de ensino distintas, mediante convênios de intercomplementaridade, visando ao planejamento e ao desenvolvimento de projeto pedagógico unificado. **inciso V do caput do art. 36 da referida Lei** V – formação técnica e profissional. **inciso II do §3º do art. 7º desta Lei** II – em relação a instituições públicas de ensino, autarquias e fundações públicas da administração indireta, conveniados ou em parceria com a administração estadual direta, o cômputo das matrículas referentes à educação profissional técnica de nível médio articulada, prevista no art. 36-C da Lei nº 9.394, de 20 de dezembro de 1996, e das matrículas relativas ao itinerário de formação técnica e profissional, previsto no inciso V do **caput** do art. 36 da referida Lei. **caput do art. 7º desta Lei** Art. 7º A distribuição de recursos que compõem os Fundos, nos termos do **art. 3º desta Lei,** no âmbito de cada Estado e do Distrito Federal e da complementação da União, conforme o **art. 5º desta Lei**, dar-se-á, na forma do **Anexo desta Lei**, em função do número de alunos matriculados nas respectivas redes de educação básica pública presencial, observadas as diferenças e as ponderações quanto ao valor anual por aluno (VAAF, VAAT ou VAAR) entre etapas, modalidades, duração da jornada e tipos de estabelecimento de ensino e consideradas as respectivas especificidades e os insumos necessários para a garantia de sua qualidade, bem como o disposto no **art. 10 desta Lei**.

DISPOSITIVO DA LEI Nº 14.113/2020 QUE FAZ REMISSÃO A OUTRO	DISPOSITIVOS CITADOS COM O TEMA OU CONTEÚDO DA REMISSÃO
Art. 9º As diferenças e as ponderações quanto ao valor anual por aluno entre etapas, modalidades, duração da jornada e tipos de estabelecimento de ensino, bem como as **relativas ao art. 10 desta Lei**, utilizadas na complementação-VAAR e na complementação-VAAT, **nos termos do Anexo desta Lei,** poderão ter valores distintos daquelas aplicadas na distribuição intraestadual e na complementação--VAAF.	**Art. 10 desta lei** – refere-se às "novas ponderações" Art. 10. Além do disposto no art. 7º desta Lei, a distribuição de recursos dar-se-á, na forma do Anexo desta Lei, em função do número de alunos matriculados nas respectivas redes de educação básica pública presencial, observadas as diferenças e as ponderações quanto ao valor anual por aluno (VAAF e VAAT) relativas: I – ao nível socioeconômico dos educandos; II – aos indicadores de disponibilidade de recursos vinculados à educação de cada ente federado; III – aos indicadores de utilização do potencial de arrecadação tributária de cada ente federado. **Anexo desta Lei** – refere-se aos cálculos e procedimentos para a distribuição de recursos do Fundeb
Art. 9º, parágrafo único Parágrafo único. As diferenças e as ponderações entre etapas, modalidades, duração da jornada e tipos de estabelecimento de ensino, **nos termos do art. 7º desta Lei,** aplicáveis à distribuição de recursos da complementação-VAAT, deverão priorizar a educação infantil.	**art. 7º desta Lei** Art. 7º A distribuição de recursos que compõem os Fundos, nos termos do **art. 3º desta Lei,** no âmbito de cada Estado e do Distrito Federal e da complementação da União, conforme o **art. 5º desta Lei,** dar-se-á, **na forma do Anexo desta Lei,** em função do número de alunos matriculados nas respectivas redes de educação básica pública presencial, observadas as diferenças e as ponderações quanto ao valor anual por aluno (VAAF, VAAT ou VAAR) entre etapas, modalidades, duração da jornada e tipos de estabelecimento de ensino e consideradas as respectivas especificidades e os insumos necessários para a garantia de sua qualidade, bem como o disposto no **art. 10 desta Lei.**
Art. 10. Além do **disposto no art. 7º desta Lei,** a distribuição de recursos dar-se-á, na forma do Anexo desta Lei, em função do número de alunos matriculados nas respectivas redes de educação básica pública presencial, observadas as diferenças e as ponderações quanto ao valor anual por aluno (VAAF e VAAT) relativas: I – ao nível socioeconômico dos educandos; II – aos indicadores de disponibilidade de recursos vinculados à educação de cada ente federado; III – aos indicadores de utilização do potencial de arrecadação tributária de cada ente federado.	**art. 7º desta Lei** Art. 7º A distribuição de recursos que compõem os Fundos, nos termos do **art. 3º desta Lei,** no âmbito de cada Estado e do Distrito Federal e da complementação da União, conforme o **art. 5º desta Lei,** dar-se-á, **na forma do Anexo desta Lei,** em função do número de alunos matriculados nas respectivas redes de educação básica pública presencial, observadas as diferenças e as ponderações quanto ao valor anual por aluno (VAAF, VAAT ou VAAR) entre etapas, modalidades, duração da jornada e tipos de estabelecimento de ensino e consideradas as respectivas especificidades e os insumos necessários para a garantia de sua qualidade, bem como o disposto no **art. 10 desta Lei.**

DISPOSITIVO DA LEI Nº 14.113/2020 QUE FAZ REMISSÃO A OUTRO	DISPOSITIVOS CITADOS COM O TEMA OU CONTEÚDO DA REMISSÃO
Art. 10, §1º §1º Os indicadores de que tratam os incisos I, II e III do **caput** deste artigo serão calculados: III – em relação à utilização do potencial de arrecadação tributária, com base nas características sociodemográficas e econômicas, entre outras. III – em relação à utilização do potencial de arrecadação tributária, conforme dados apurados e atualizados pelo Ministério da Economia, com base nas características sociodemográficas e econômicas, entre outras. (Redação dada pela Lei nº 14.276, de 2021)	**incisos I, II e III do caput deste artigo** I – ao nível socioeconômico dos educandos; II – aos indicadores de disponibilidade de recursos vinculados à educação de cada ente federado; III – aos indicadores de utilização do potencial de arrecadação tributária de cada ente federado.
Art. 10, §1º, I I – em relação ao nível socioeconômico dos educandos, conforme dados apurados e atualizados pelo Inep, observado o **disposto no inciso III do caput do art. 18 desta Lei**;	**inciso III do caput do art. 18 desta Lei** III – aprovar a metodologia de cálculo do custo médio das diferentes etapas, modalidades, duração da jornada e tipos de estabelecimento de ensino da educação básica, elaborada pelo Inep, consideradas as respectivas especificidades e os insumos necessários para a garantia de sua qualidade;
Art. 10, §1º, II II – em relação à disponibilidade de recursos, com base no VAAT, conforme dados apurados e atualizados pelo Fundo Nacional de Desenvolvimento da Educação (FNDE), **nos termos dos arts. 11 e 12 e dos incisos III e V do §3º do art. 13**, e pela Secretaria do Tesouro Nacional do Ministério da Economia, **nos termos dos incisos I, II e IV do §3º do art. 13** e do inciso II do **caput** do art. 15 desta Lei; (Redação dada pela Lei nº 14.276, de 2021)	**Art. 11.** A distribuição de recursos que compõem os Fundos, nos termos do art. 3º desta Lei, no âmbito de cada Estado e do Distrito Federal, dar-se-á, na forma **do Anexo desta Lei**, entre o governo estadual e os seus Municípios, na proporção do número de alunos matriculados nas respectivas redes de educação básica pública presencial, nos termos do art. 8º desta Lei. §1º A distribuição de que trata o **caput** deste artigo resultará no valor anual por aluno (VAAF) no âmbito de cada Fundo, anteriormente à complementação-VAAF, nos termos da alínea a do inciso I do **caput** do art. 6º desta Lei. §2º O não cumprimento do disposto neste artigo importará em crime de responsabilidade da autoridade competente, nos termos do inciso IX do **caput** do art. 212-A da Constituição Federal. **Art. 12.** A complementação-VAAF será distribuída com parâmetro no valor anual mínimo por aluno (VAAF-MIN) definido nacionalmente, na forma **do Anexo desta Lei.** §1º O valor anual mínimo por aluno (VAAF-MIN) constitui valor de referência relativo aos anos iniciais do ensino fundamental urbano, observadas as diferenças e as ponderações de que tratam os arts. 7º e 10 desta Lei, e será determinado contabilmente a partir da distribuição de que trata o art. 11 desta Lei e em função do montante destinado à complementação-VAAF, nos termos do inciso I do **caput** do art. 5º desta Lei. §2º Definidos os Fundos beneficiados, no âmbito de cada Estado e do Distrito Federal, com a complementação-VAAF, os recursos serão distribuídos entre o governo estadual e os seus Municípios segundo a mesma proporção prevista no art. 11 desta Lei, de modo a resultar no valor anual mínimo por aluno (VAAF-MIN).

DISPOSITIVO DA LEI Nº 14.113/2020 QUE FAZ REMISSÃO A OUTRO	DISPOSITIVOS CITADOS COM O TEMA OU CONTEÚDO DA REMISSÃO
Art. 10, §1º, II II – em relação à disponibilidade de recursos, com base no VAAT, conforme dados apurados e atualizados pelo Fundo Nacional de Desenvolvimento da Educação (FNDE), **nos termos dos arts. 11 e 12 e dos incisos III e V do §3º do art. 13,** e pela Secretaria do Tesouro Nacional do Ministério da Economia, **nos termos dos incisos I, II e IV do §3º do art. 13** e do inciso II do **caput** do art. 15 desta Lei; (Redação dada pela Lei nº 14.276, de 2021)	**incisos III e V do §3º do art. 13 (FNDE)** Art. 13. A complementação-VAAT será distribuída com parâmetro no valor anual total mínimo por aluno (VAAT-MIN), definido nacionalmente, na forma do **Anexo desta Lei.** §3º O cálculo do valor anual total por aluno (VAAT) das redes de ensino deverá considerar, além do resultado da distribuição de que tratam os arts. 11 e 12 desta Lei, as seguintes receitas e disponibilidades: (…) III – cotas estaduais e municipais da arrecadação do salário-educação de que trata o §6º do art. 212 da Constituição Federal; V – transferências decorrentes dos programas de distribuição universal geridos pelo Ministério da Educação. **incisos I, II e IV do §3º do art. 13 (STN)** I – 5% (cinco por cento) do montante dos impostos e transferências que compõem a cesta de recursos do Fundeb a que se refere o art. 3º desta Lei; II – 25% (vinte e cinco por cento) dos demais impostos e transferências, nos termos do **caput** do art. 212 da Constituição Federal; (…) IV – parcela da participação pela exploração de petróleo e gás natural vinculada à educação, nos termos da legislação federal; **inciso II do caput do art. 15 desta Lei** II – em relação à complementação-VAAT, no cálculo do VAAT e do VAAT-MIN: receitas dos Fundos, nos termos do **art. 3º desta Lei**, complementação da União, nos termos do **inciso II do caput do art. 5º desta Lei** e demais receitas e disponibilidades vinculadas à educação, nos termos do **§3º do art. 13 desta Lei** realizadas no penúltimo exercício financeiro anterior ao de referência;
Art. 11, §1º §1º A distribuição de que trata o **caput** deste artigo resultará no valor anual por aluno (VAAF) no âmbito de cada Fundo, anteriormente à complementação-VAAF, nos termos da **alínea "a" do inciso I do caput do art. 6º desta Lei.**	alínea "a" do inciso I do **caput** do art. 6º desta Lei. I – valor anual por aluno (VAAF): a) decorrente da distribuição de recursos que compõem os Fundos, no âmbito de cada Estado e do Distrito Federal: a razão entre os recursos recebidos relativos às receitas definidas no **art. 3º desta Lei** e o número de alunos matriculados nas respectivas redes de ensino, nos termos do **art. 8º desta Lei**;
Art. 11, §2º §2º O não cumprimento do disposto neste artigo importará em crime de responsabilidade da autoridade competente, nos termos do inciso IX do **caput** do art. 212-A da Constituição Federal.	**inciso IX do caput do art. 212-A da Constituição Federal.** IX – o disposto no **caput** do art. 160 desta Constituição aplica-se aos recursos referidos nos incisos II e IV do **caput** deste artigo, e seu descumprimento pela autoridade competente importará em crime de responsabilidade
Art. 12. A complementação-VAAF será distribuída com parâmetro no valor anual mínimo por aluno (VAAF-MIN) definido nacionalmente, **na forma do Anexo desta Lei.**	**Anexo desta Lei** – refere-se aos cálculos e procedimentos para a distribuição de recursos do Fundeb

DISPOSITIVO DA LEI Nº 14.113/2020 QUE FAZ REMISSÃO A OUTRO	DISPOSITIVOS CITADOS COM O TEMA OU CONTEÚDO DA REMISSÃO
Art. 11. A distribuição de recursos que compõem os Fundos, **nos termos do art. 3º desta Lei,** no âmbito de cada Estado e do Distrito Federal, dar-se-á, **na forma do Anexo desta Lei,** entre o governo estadual e os seus Municípios, na proporção do número de alunos matriculados nas respectivas redes de educação básica pública presencial, **nos termos do art. 8º desta Lei.** §1º A distribuição de que trata o **caput** deste artigo resultará no valor anual por aluno (VAAF) no âmbito de cada Fundo, anteriormente à complementação-VAAF, **nos termos da alínea a do inciso I do caput do art. 6º desta Lei.** §2º O não cumprimento do disposto neste artigo importará em crime de responsabilidade da autoridade competente, nos termos do **inciso IX do caput do art. 212-A da Constituição Federal.**	art. 3º desta Lei – define os recursos da cesta Fundeb Anexo desta Lei – refere-se aos cálculos e procedimentos para a distribuição de recursos do Fundeb inciso I do caput do art. 6º desta Lei I – valor anual por aluno (VAAF): a) decorrente da distribuição de recursos que compõem os Fundos, no âmbito de cada Estado e do Distrito Federal: a razão entre os recursos recebidos relativos às receitas definidas no art. 3º desta Lei e o número de alunos matriculados nas respectivas redes de ensino, nos termos do art. 8º desta Lei; b) decorrente da distribuição de recursos de que trata a complementação-VAAF: a razão entre os recursos recebidos relativos às receitas definidas no art. 3º e no inciso I do **caput** do art. 5º desta Lei e o número de alunos matriculados nas respectivas redes de ensino, nos termos do art. 8º desta Lei; **art. 8º desta Lei** Art. 8º Para os fins da distribuição dos recursos de que trata esta Lei, serão consideradas exclusivamente as matrículas presenciais efetivas, conforme os dados apurados no censo escolar mais atualizado, realizado anualmente pelo Instituto Nacional de Estudos e Pesquisas Educacionais Anísio Teixeira (Inep), observadas as diferenças e as ponderações mencionadas nos **arts. 7º e 10 desta Lei.** **inciso IX do caput do art. 212-A** IX – o disposto no **caput** do art. 160 desta Constituição aplica-se aos recursos referidos nos incisos II e IV do **caput** deste artigo, e seu descumprimento pela autoridade competente importará em crime de responsabilidade; (Incluído pela Emenda Constitucional nº 108, de 2020)

DISPOSITIVO DA LEI Nº 14.113/2020 QUE FAZ REMISSÃO A OUTRO	DISPOSITIVOS CITADOS COM O TEMA OU CONTEÚDO DA REMISSÃO
Art. 12,§1º §1º O valor anual mínimo por aluno (VAAF-MIN) constitui valor de referência relativo aos anos iniciais do ensino fundamental urbano, observadas as diferenças e as ponderações de que tratam **os arts. 7º e 10 desta Lei**, e será determinado contabilmente a partir da distribuição **de que trata o art. 11 desta Lei** e em função do montante destinado à complementação-VAAF, nos termos do **inciso I do caput do art. 5º desta Lei.**	**arts. 7º e 10 desta Lei** Art. 7º A distribuição de recursos que compõem os Fundos, nos termos do **art. 3º desta Lei,** no âmbito de cada Estado e do Distrito Federal e da complementação da União, conforme o **art. 5º desta Lei**, dar-se-á, na forma do **Anexo desta Lei**, em função do número de alunos matriculados nas respectivas redes de educação básica pública presencial, observadas as diferenças e as ponderações quanto ao valor anual por aluno (VAAF, VAAT ou VAAR) entre etapas, modalidades, duração da jornada e tipos de estabelecimento de ensino e consideradas as respectivas especificidades e os insumos necessários para a garantia de sua qualidade, bem como o disposto no **art. 10 desta Lei**. (…) Art. 10. Além do disposto no **art. 7º desta Lei**, a distribuição de recursos dar–se–á, na forma do **Anexo desta Lei**, em função do número de alunos matriculados nas respectivas redes de educação básica pública presencial, observadas as diferenças e as ponderações quanto ao valor anual por aluno (VAAF e VAAT) relativas: (…) **art. 11 desta Lei** Art. 11. A distribuição de recursos que compõem os Fundos, nos termos do art. 3º desta Lei, no âmbito de cada Estado e do Distrito Federal, dar-se-á, na forma do **Anexo desta Lei,** entre o governo estadual e os seus Municípios, na proporção do número de alunos matriculados nas respectivas redes de educação básica pública presencial, nos termos do art. 8º desta Lei. §1º A distribuição de que trata o **caput** deste artigo resultará no valor anual por aluno (VAAF) no âmbito de cada Fundo, anteriormente à complementação-VAAF, nos termos da alínea a do inciso I do **caput** do art. 6º desta Lei. §2º O não cumprimento do disposto neste artigo importará em crime de responsabilidade da autoridade competente, nos termos do inciso IX do **caput** do art. 212–A da Constituição Federal. **inciso I do caput do art. 5º desta Lei** I – complementação-VAAF: 10 (dez) pontos percentuais no âmbito de cada Estado e do Distrito Federal, sempre que o valor anual por aluno (VAAF), nos termos **da alínea "a" do inciso I do caput do art. 6º desta Lei** não alcançar o mínimo definido nacionalmente;
Art. 12, §2º §2º Definidos os Fundos beneficiados, no âmbito de cada Estado e do Distrito Federal, com a complementação-VAAF, os recursos serão distribuídos entre o governo estadual e os seus Municípios segundo a mesma proporção **prevista no art. 11 desta Lei,** de modo a resultar no valor anual mínimo por aluno (VAAF-MIN).	**art. 11 desta Lei** Art. 11. A distribuição de recursos que compõem os Fundos, nos termos do **art. 3º desta Lei,** no âmbito de cada Estado e do Distrito Federal, dar-se-á, na forma **do Anexo desta Lei,** entre o governo estadual e os seus Municípios, na proporção do número de alunos matriculados nas respectivas redes de educação básica pública presencial, nos termos do art. 8º desta Lei.

DISPOSITIVO DA LEI Nº 14.113/2020 QUE FAZ REMISSÃO A OUTRO	DISPOSITIVOS CITADOS COM O TEMA OU CONTEÚDO DA REMISSÃO
Art.13. A complementação-VAAT será distribuída com parâmetro no valor anual total mínimo por aluno (VAAT-MIN), definido nacionalmente, na forma do Anexo desta Lei.	Anexo desta Lei – refere-se aos cálculos e procedimentos para a distribuição de recursos do Fundeb
Art. 13, §1º §1º O valor anual total mínimo por aluno (VAAT-MIN) constitui valor de referência relativo aos anos iniciais do ensino fundamental urbano, observadas as diferenças e as ponderações de que tratam os arts.7º e 10 desta Lei, e será determinado contabilmente a partir da distribuição de que tratam os arts. 11 e 12 desta Lei, consideradas as demais receitas e transferências vinculadas à educação, nos termos do §3º deste artigo, e em função do montante destinado à complementação-VAAT, nos termos do inciso II do caput do art. 5º desta Lei.	arts. 7º e 10 desta Lei Art. 7º A distribuição de recursos que compõem os Fundos, nos termos do art. 3º desta Lei, no âmbito de cada Estado e do Distrito Federal e da complementação da União, conforme o art. 5º desta Lei, dar-se-á, na forma do Anexo desta Lei, em função do número de alunos matriculados nas respectivas redes de educação básica pública presencial, observadas as diferenças e as ponderações quanto ao valor anual por aluno (VAAF, VAAT ou VAAR) entre etapas, modalidades, duração da jornada e tipos de estabelecimento de ensino e consideradas as respectivas especificidades e os insumos necessários para a garantia de sua qualidade, bem como o disposto no art. 10 desta Lei. (...) Art. 10. Além do disposto no art. 7º desta Lei, a distribuição de recursos dar-se-á, na forma do Anexo desta Lei, em função do número de alunos matriculados nas respectivas redes de educação básica pública presencial, observadas as diferenças e as ponderações quanto ao valor anual por aluno (VAAF e VAAT) relativas: arts. 11 e 12 desta Lei Art. 11. A distribuição de recursos que compõem os Fundos, nos termos do art. 3º desta Lei, no âmbito de cada Estado e do Distrito Federal, dar-se-á, na forma do Anexo desta Lei, entre o governo estadual e os seus Municípios, na proporção do número de alunos matriculados nas respectivas redes de educação básica pública presencial, nos termos do art. 8º desta Lei. §1º A distribuição de que trata o caput deste artigo resultará no valor anual por aluno (VAAF) no âmbito de cada Fundo, anteriormente à complementação-VAAT, nos termos da alínea "a" do inciso I do caput do art. 6º desta Lei. §2º O não cumprimento do disposto neste artigo importará em crime de responsabilidade da autoridade competente, nos termos do inciso IX do caput do art. 212–A da Constituição Federal. Seção IV Da Distribuição da Complementação da União Art. 12. A complementação-VAAF será distribuída com parâmetro no valor anual mínimo por aluno (VAAF-MIN) definido nacionalmente, na forma do Anexo desta Lei. §1º O valor anual mínimo por aluno (VAAF-MIN) constitui valor de referência relativo aos anos iniciais do ensino fundamental urbano, observadas as diferenças e as ponderações de que tratam os arts. 7º e 10 desta Lei, e será determinado contabilmente a partir da distribuição de que trata o art. 11 desta Lei e em função do montante destinado à complementação-VAAF, nos termos do inciso I do caput do art. 5º desta Lei.

DISPOSITIVO DA LEI Nº 14.113/2020 QUE FAZ REMISSÃO A OUTRO	DISPOSITIVOS CITADOS COM O TEMA OU CONTEÚDO DA REMISSÃO
Art. 13, §1º §1º O valor anual total mínimo por aluno (VAAT-MIN) constitui valor de referência relativo aos anos iniciais do ensino fundamental urbano, observadas as diferenças e as ponderações **de que tratam os arts. 7º e 10 desta Lei**, e será determinado contabilmente a partir da distribuição **de que tratam os arts. 11 e 12 desta Lei**, consideradas as demais receitas e transferências vinculadas à educação, **nos termos do §3º deste artigo**, e em função do montante destinado à complementação-VAAT, **nos termos do inciso II do caput do art. 5º desta Lei**.	§2º Definidos os Fundos beneficiados, no âmbito de cada Estado e do Distrito Federal, com a complementação-VAAF, os recursos serão distribuídos entre o governo estadual e os seus Municípios segundo a mesma proporção prevista no **art. 11 desta Lei**, de modo a resultar no valor anual mínimo por aluno (VAAF-MIN). **§3º deste artigo** §3º O cálculo do valor anual total por aluno (VAAT) das redes de ensino deverá considerar, além do resultado da distribuição de que tratam **os arts. 11 e 12 desta Lei**, as seguintes receitas e disponibilidades: **inciso II do caput do art. 5º desta Lei** II – complementação-VAAT: no mínimo, 10,5 (dez inteiros e cinco décimos) pontos percentuais, em cada rede pública de ensino municipal, estadual ou distrital, sempre que o valor anual total por aluno (VAAT), nos termos da **alínea "a" do inciso II do caput do art. 6º desta Lei** não alcançar o mínimo definido nacionalmente;
Art. 13, §3º O cálculo do valor anual total por aluno (VAAT) das redes de ensino deverá considerar, além do resultado da distribuição **de que tratam os arts. 11 e 12 desta Lei**, as seguintes receitas e disponibilidades: (...)	**arts. 11 e 12 desta Lei** Art. 11. A distribuição de recursos que compõem os Fundos, nos termos do art. 3º desta Lei, no âmbito de cada Estado e do Distrito Federal, dar-se-á, na forma do Anexo desta Lei, entre o governo estadual e os seus Municípios, na proporção do número de alunos matriculados nas respectivas redes de educação básica pública presencial, nos termos do art. 8º desta Lei. §1º A distribuição de que trata o **caput** deste artigo resultará no valor anual por aluno (VAAF) no âmbito de cada Fundo, anteriormente à complementação-VAAF, nos termos da alínea a do inciso I do **caput** do art. 6º desta Lei. §2º O não cumprimento do disposto neste artigo importará em crime de responsabilidade da autoridade competente, **nos termos do inciso IX do caput do art. 212-A da Constituição Federal**. (...) Art. 12. A complementação-VAAF será distribuída com parâmetro no valor anual mínimo por aluno (VAAF-MIN) definido nacionalmente, **na forma do Anexo desta Lei**. §1º O valor anual mínimo por aluno (VAAF-MIN) constitui valor de referência relativo aos anos iniciais do ensino fundamental urbano, observadas as diferenças e as ponderações **de que tratam os arts. 7º e 10 desta Lei**, e será determinado contabilmente a partir da distribuição **de que trata o art. 11 desta Lei** e em função do montante destinado à complementação-VAAF, **nos termos do inciso I do caput do art. 5º desta Lei**. §2º Definidos os Fundos beneficiados, no âmbito de cada Estado e do Distrito Federal, com a complementação-VAAF, os recursos serão distribuídos entre o governo estadual e os seus Municípios segundo a mesma proporção **prevista no art. 11 desta Lei**, de modo a resultar no valor anual mínimo por aluno (VAAF-MIN).

DISPOSITIVO DA LEI Nº 14.113/2020 QUE FAZ REMISSÃO A OUTRO	DISPOSITIVOS CITADOS COM O TEMA OU CONTEÚDO DA REMISSÃO
Art. 13, §3º, I §3º O cálculo do valor anual total por aluno (VAAT) das redes de ensino deverá considerar, além do resultado da distribuição **de que tratam os arts. 11 e 12 desta Lei,** as seguintes receitas e disponibilidades: I – 5% (cinco por cento) do montante dos impostos e transferências que compõem a cesta de recursos do Fundeb **a que se refere o art. 3º desta Lei;**	**arts. 11 e 12 desta Lei** Art. 11. A distribuição de recursos que compõem os Fundos, nos termos do art. 3º desta Lei, no âmbito de cada Estado e do Distrito Federal, dar-se-á, na forma do Anexo desta Lei, entre o governo estadual e os seus Municípios, na proporção do número de alunos matriculados nas respectivas redes de educação básica pública presencial, nos termos do art. 8º desta Lei. §1º A distribuição de que trata o **caput** deste artigo resultará no valor anual por aluno (VAAF) no âmbito de cada Fundo, anteriormente à complementação-VAAF, **nos termos da alínea a do inciso I do caput do art. 6º desta Lei.** §2º O não cumprimento do disposto neste artigo importará em crime de responsabilidade da autoridade competente, **nos termos do inciso IX do caput do art. 212-A da Constituição Federal.** (…) **Art. 12.** A complementação-VAAF será distribuída com parâmetro no valor anual mínimo por aluno (VAAF-MIN) definido nacionalmente, **na forma do Anexo desta Lei.** §1º O valor anual mínimo por aluno (VAAF-MIN) constitui valor de referência relativo aos anos iniciais do ensino fundamental urbano, observadas as diferenças e as ponderações **de que tratam os arts. 7º e 10 desta Lei,** e será determinado contabilmente a partir da distribuição **de que trata o art. 11 desta Lei** e em função do montante destinado à complementação-VAAF, **nos termos do inciso I do caput do art. 5º desta Lei.** §2º Definidos os Fundos beneficiados, no âmbito de cada Estado e do Distrito Federal, com a complementação-VAAF, os recursos serão distribuídos entre o governo estadual e os seus Municípios segundo a mesma proporção **prevista no art. 11 desta Lei,** de modo a resultar no valor anual mínimo por aluno (VAAF-MIN). **art. 3º desta Lei** – define os recursos da cesta Fundeb
Art. 13, §3º, II II – 25% (vinte e cinco por cento) dos demais impostos e transferências, nos termos do **caput** do art. 212 da Constituição Federal;	**caput do art. 212 da Constituição Federal** Art. 212. A União aplicará, anualmente, nunca menos de dezoito, e os Estados, o Distrito Federal e os Municípios vinte e cinco por cento, no mínimo, da receita resultante de impostos, compreendida a proveniente de transferências, na manutenção e desenvolvimento do ensino.
Art. 13, §3º, III III – cotas estaduais e municipais da arrecadação do salário-educação de que trata o §6º **do art. 212 da Constituição Federal;**	**§6º do art. 212 da Constituição Federal** §6º As cotas estaduais e municipais da arrecadação da contribuição social do salário–educação serão distribuídas proporcionalmente ao número de alunos matriculados na educação básica nas respectivas redes públicas de ensino.

DISPOSITIVO DA LEI Nº 14.113/2020 QUE FAZ REMISSÃO A OUTRO	DISPOSITIVOS CITADOS COM O TEMA OU CONTEÚDO DA REMISSÃO
Art. 13, §4º §4º Somente são habilitados a receber a complementação-VAAT os entes que disponibilizarem as informações e os dados contábeis, orçamentários e fiscais, **nos termos do art. 163-A da Constituição Federal e do art. 38 desta Lei.**	**art. 163-A da Constituição Federal** Art. 163-A. A União, os Estados, o Distrito Federal e os Municípios disponibilizarão suas informações e dados contábeis, orçamentários e fiscais, conforme periodicidade, formato e sistema estabelecidos pelo órgão central de contabilidade da União, de forma a garantir a rastreabilidade, a comparabilidade e a publicidade dos dados coletados, os quais deverão ser divulgados em meio eletrônico de amplo acesso público **art. 38 desta Lei** art. 38. A verificação do cumprimento dos percentuais de aplicação dos recursos do Fundeb, estabelecidos nos arts. 212 e Federal, em ações de manutenção e de desenvolvimento do ensino, nas esferas estadual, distrital e municipal, será realizada por meio de registro bimestral das informações em sistema de informações sobre orçamentos públicos em educação, mantido pelo Ministério da Educação.
Art. 13, §5º §5º Para fins de apuração dos valores descritos no **inciso II do caput do art. 15** e da confirmação dos registros **de que trata o art. 38 desta Lei**, serão considerados as informações e os dados contábeis, orçamentários e fiscais, de que trata **o §4º deste artigo**, que constarem, respectivamente, da base de dados do Sistema de Informações Contábeis e Fiscais do Setor Público Brasileiro (Siconfi) e do Sistema de Informações sobre Orçamentos Públicos em Educação (Siope), ou dos sistemas que vierem a substituí-los, no dia 31 de agosto do exercício posterior ao exercício a que se referem os dados enviados. (Redação dada pela Lei nº 14.276, de 2021)	**inciso II do caput do art. 15 desta Lei** II – em relação à complementação-VAAT, no cálculo do VAAT e do VAAT-MIN: receitas dos Fundos, nos termos do **art. 3º desta Lei**, complementação da União, nos termos do **inciso II do caput do art. 5º desta Lei** e demais receitas e disponibilidades vinculadas à educação, nos termos do **§3º do art. 13 desta Lei** realizadas no penúltimo exercício financeiro anterior ao de referência; **art. 38 desta Lei** Art. 38. A verificação do cumprimento dos percentuais de aplicação dos recursos do Fundeb, **estabelecidos nos arts. 212 e 212-A da Constituição Federal**, em ações de manutenção e de desenvolvimento do ensino, nas esferas estadual, distrital e municipal, será realizada por meio de registro bimestral das informações em sistema de informações sobre orçamentos públicos em educação, mantido pelo Ministério da Educação. **§4º deste artigo** §4º Somente são habilitados a receber a complementação-VAAT os entes que disponibilizarem as informações e os dados contábeis, orçamentários e fiscais, nos termos do art. 163-A da Constituição Federal e do **art. 38 desta Lei.**
Art. 13, §6º §6º Os programas a serem considerados na distribuição, nos **termos do inciso V do §3º deste artigo**, serão definidos em regulamento.	**inciso V do §3º deste artigo** V – transferências decorrentes dos programas de distribuição universal geridos pelo Ministério da Educação

DISPOSITIVO DA LEI Nº 14.113/2020 QUE FAZ REMISSÃO A OUTRO	DISPOSITIVOS CITADOS COM O TEMA OU CONTEÚDO DA REMISSÃO
Art.14 A complementação-VAAR será distribuída às redes públicas de ensino que cumprirem as condicionalidades e apresentarem melhoria dos indicadores referidos no **inciso III do caput do art. 5º desta Lei**.	**inciso III do caput do art. 5º desta Lei** III – complementação-VAAR: 2,5 (dois inteiros e cinco décimos) pontos percentuais nas redes públicas que, cumpridas condicionalidades de melhoria de gestão, alcançarem evolução de indicadores a serem definidos, de atendimento e de melhoria da aprendizagem com redução das desigualdades, nos termos do sistema nacional de avaliação da educação básica, conforme disposto no **art. 14 desta Lei**.
Art.14,§1ª,IV IV – regime de colaboração entre Estado e Município formalizado na legislação estadual e em execução, **nos termos do inciso II do parágrafo único do art. 158 da Constituição Federal e do art. 3º da Emenda Constitucional nº 108, de 26 de agosto de 2020;**	**inciso II do parágrafo único do art. 158 da Constituição Federal** II – até 35% (trinta e cinco por cento), de acordo com o que dispuser lei estadual, observada, obrigatoriamente, a distribuição de, no mínimo, 10 (dez) pontos percentuais com base em indicadores de melhoria nos resultados de aprendizagem e de aumento da equidade, considerado o nível socioeconômico dos educandos. **art. 3º da Emenda Constitucional nº 108/ 2020** Art. 3º Os Estados terão prazo de 2 (dois) anos, contado da data da promulgação desta Emenda Constitucional, para aprovar lei estadual prevista no inciso II do parágrafo único do art. 158 da Constituição Federal.
Art.14,§2º §2º A metodologia de cálculo dos indicadores **referidos no caput deste artigo** considerará obrigatoriamente:	**caput deste artigo** Art. 14. A complementação-VAAR será distribuída às redes públicas de ensino que cumprirem as condicionalidades e apresentarem melhoria dos indicadores referidos no inciso III do **caput** do art. 5º desta Lei.
Art. 15 A distribuição da complementação da União, em determinado exercício financeiro, **nos termos do Anexo desta Lei**, considerará:	**Anexo desta Lei** – refere-se aos cálculos e procedimentos para a distribuição de recursos do Fundeb
Art. 15, I, "a" I – em relação à complementação-VAAF, no cálculo do VAAF e do VAAF-MIN: a) receitas dos Fundos, **nos termos do art. 3º desta Lei**, estimadas para o exercício financeiro de referência, **conforme disposto no art. 16 desta Lei**, até que ocorra o ajuste previsto em seu §3º;	**art. 3º desta Lei** – define os recursos da cesta Fundeb **art. 16 desta Lei** Art. 16. O Poder Executivo federal publicará, até 31 de dezembro de cada exercício, para vigência no exercício subsequente: I – a estimativa da receita total dos Fundos, nos termos do **art. 3º desta Lei;** II – a estimativa do valor da complementação da União, nos termos do **art. 5º desta Lei;** III – a estimativa dos valores anuais por aluno (VAAF) no âmbito do Distrito Federal e de cada Estado, nos termos do **art. 11 desta Lei;** **art. 16, §3º desta lei** §3º O valor da complementação da União, nos termos do art. 5º desta Lei, em função da diferença, a maior ou a menor, entre a receita estimada para o cálculo e a receita realizada do exercício de referência, será ajustado, no primeiro quadrimestre, em parcela única, do exercício imediatamente subsequente e debitada ou creditada à conta específica dos Fundos, conforme o caso.

DISPOSITIVO DA LEI Nº 14.113/2020 QUE FAZ REMISSÃO A OUTRO	DISPOSITIVOS CITADOS COM O TEMA OU CONTEÚDO DA REMISSÃO
Art. 15, I, "b" b) receitas dos Fundos, **nos termos do art. 3º desta Lei**, realizadas no exercício financeiro de referência, por ocasião do ajuste **previsto no §3º do art. 16 desta Lei**;	**art. 3º desta Lei** – define os recursos da cesta Fundeb **§3º do art. 16 desta Lei** §3º O valor da complementação da União, nos termos do art. 5º desta Lei, em função da diferença, a maior ou a menor, entre a receita estimada para o cálculo e a receita realizada do exercício de referência, será ajustado, no primeiro quadrimestre, em parcela única, do exercício imediatamente subsequente e debitada ou creditada à conta específica dos Fundos, conforme o caso.
Art. 15, II II – em relação à complementação–VAAT, no cálculo do VAAT e do VAAT-MIN: receitas dos Fundos, **nos termos do art. 3º desta Lei**, complementação da União, nos termos do **inciso II do caput do art. 5º desta Lei** e demais receitas e disponibilidades vinculadas à educação, nos termos do **§3º do art. 13 desta Lei** realizadas no penúltimo exercício financeiro anterior ao de referência;	**art. 3º desta Lei** – define os recursos da cesta Fundeb **inciso II do caput do art. 5º desta Lei** II – complementação-VAAT: no mínimo, 10,5 (dez inteiros e cinco décimos) pontos percentuais, em cada rede pública de ensino municipal, estadual ou distrital, sempre que o valor anual total por aluno (VAAT), nos termos da **alínea "a" do inciso II do caput do art. 6º desta Lei** não alcançar o mínimo definido nacionalmente; **§3º do art. 13 desta Lei** §3º O cálculo do valor anual total por aluno (VAAT) das redes de ensino deverá considerar, além do resultado da distribuição de que tratam **os arts. 11 e 12 desta Lei**, as seguintes receitas e disponibilidades:
Art. 15, III III – em relação à complementação-VAAR: evolução de indicadores, **nos termos do art. 14 desta Lei**.	**art. 14 desta Lei** Art. 14. A complementação-VAAR será distribuída às redes públicas de ensino que cumprirem as condicionalidades e apresentarem melhoria dos indicadores **referidos no inciso III do caput do art. 5º desta Lei**.
Art. 15, Parágrafo único. Para fins de apuração do VAAT, os valores referidos **no inciso II do caput deste artigo** serão corrigidos pelo percentual da variação nominal das receitas totais integrantes dos Fundos, **nos termos do art. 3º desta Lei**, para o período de 24 (vinte e quatro) meses, encerrado em junho do exercício anterior ao da transferência.	**no inciso II do caput deste artigo** II – em relação à complementação-VAAT, no cálculo do VAAT e do VAAT-MIN: receitas dos Fundos, nos termos do art. 3º desta Lei, complementação da União, **nos termos do inciso II do caput do art. 5º desta Lei** e demais receitas e disponibilidades vinculadas à educação, **nos termos do §3º do art. 13 desta Lei** realizadas no penúltimo exercício financeiro anterior ao de referência; **art. 3º desta Lei** – define os recursos da cesta Fundeb
Art. 16, I Art. 16. O Poder Executivo federal publicará, até 31 de dezembro de cada exercício, para vigência no exercício subsequente: I – a estimativa da receita total dos Fundos, **nos termos do art. 3º desta Lei**;	**art. 3º desta Lei** – define os recursos da cesta Fundeb

DISPOSITIVO DA LEI Nº 14.113/2020 QUE FAZ REMISSÃO A OUTRO	DISPOSITIVOS CITADOS COM O TEMA OU CONTEÚDO DA REMISSÃO
Art. 16, II Art. 16. O Poder Executivo federal publicará, até 31 de dezembro de cada exercício, para vigência no exercício subsequente: II – a estimativa do valor da complementação da União, **nos termos do art. 5º desta Lei**;	**art. 5º desta Lei** Art. 5º A complementação da União será equivalente a, no mínimo, 23% (vinte e três por cento) do total de recursos a que se refere o **art. 3º desta Lei**, nas seguintes modalidades:
Art. 16, III Art. 16. O Poder Executivo federal publicará, até 31 de dezembro de cada exercício, para vigência no exercício subsequente: III – a estimativa dos valores anuais por aluno (VAAF) no âmbito do Distrito Federal e de cada Estado, nos termos do art. 11 desta Lei;	**art. 11 desta Lei** Art. 11. A distribuição de recursos que compõem os Fundos, nos termos do **art. 3º desta Lei**, no âmbito de cada Estado e do Distrito Federal, dar-se-á, na forma **do Anexo desta Lei**, entre o governo estadual e os seus Municípios, na proporção do número de alunos matriculados nas respectivas redes de educação básica pública presencial, **nos termos do art. 8º desta Lei.**
Art. 16, IV Art. 16. O Poder Executivo federal publicará, até 31 de dezembro de cada exercício, para vigência no exercício subsequente: IV – a estimativa do valor anual mínimo por aluno (VAAF-MIN) definido nacionalmente, nos termos do art. 12 desta Lei, e correspondente distribuição de recursos da complementação-VAAF às redes de ensino;	**art. 12 desta Lei** Art. 12. A complementação-VAAF será distribuída com parâmetro no valor anual mínimo por aluno (VAAF-MIN) definido nacionalmente, na forma do **Anexo desta Lei.**
Art. 16, V Art. 16. O Poder Executivo federal publicará, até 31 de dezembro de cada exercício, para vigência no exercício subsequente: V – os valores anuais totais por aluno (VAAT) no âmbito das redes de ensino, nos termos do §3º do art. 13 desta Lei, anteriormente à complementação-VAAT;	**§3º do art. 13 desta Lei** §3º O cálculo do valor anual total por aluno (VAAT) das redes de ensino deverá considerar, além do resultado da distribuição de que tratam **os arts. 11 e 12 desta Lei**, as seguintes receitas e disponibilidades:
Art. 16, VI Art. 16. O Poder Executivo federal publicará, até 31 de dezembro de cada exercício, para vigência no exercício subsequente: VI – a estimativa do valor anual total mínimo por aluno (VAAT-MIN) definido nacionalmente, **nos termos do art. 13 desta Lei**, e correspondente distribuição de recursos da complementação-VAAT às redes de ensino;	**art. 13 desta Lei** Art. 13. A complementação-VAAT será distribuída com parâmetro no valor anual total mínimo por aluno (VAAT-MIN), definido nacionalmente, na forma do **Anexo desta Lei.**
Art. 16, VII Art. 16. O Poder Executivo federal publicará, até 31 de dezembro de cada exercício, para vigência no exercício subsequente: VII – as aplicações mínimas pelas redes de ensino em educação infantil, **nos termos do art. 28 desta Lei**;	**art. 28 desta Lei** Art. 28. Realizada a distribuição da complementação-VAAT às redes de ensino, **segundo o art. 13 desta Lei**, será destinada à educação infantil, nos termos do **Anexo desta Lei**, proporção de 50% (cinquenta por cento) dos recursos globais a que se refere o **inciso II do caput do art. 5º desta Lei.**

DISPOSITIVO DA LEI Nº 14.113/2020 QUE FAZ REMISSÃO A OUTRO	DISPOSITIVOS CITADOS COM O TEMA OU CONTEÚDO DA REMISSÃO
Art. 16, VIII Art. 16. O Poder Executivo federal publicará, até 31 de dezembro de cada exercício, para vigência no exercício subsequente: VIII – as redes de ensino beneficiadas com a complementação-VAAR e respectivos valores, **nos termos do art. 14 desta Lei.**	**Art. 14 desta lei** Art. 14. A complementação-VAAR será distribuída às redes públicas de ensino que cumprirem as condicionalidades e apresentarem melhoria dos indicadores **referidos no inciso III do caput do art. 5º desta Lei.**
Art. 16, §1º §1º Após o prazo de que trata **o caput deste artigo**, as estimativas serão atualizadas a cada 4 (quatro) meses ao longo do exercício de referência.	**caput deste artigo** Art. 16. O Poder Executivo federal publicará, até 31 de dezembro de cada exercício, para vigência no exercício subsequente: I – a estimativa da receita total dos Fundos, nos termos do **art. 3º desta Lei;** II – a estimativa do valor da complementação da União, nos termos do **art. 5º desta Lei;** III – a estimativa dos valores anuais por aluno (VAAF) no âmbito do Distrito Federal e de cada Estado, nos termos do **art. 11 desta Lei;** IV – a estimativa do valor anual mínimo por aluno (VAAF-MIN) definido nacionalmente, nos termos do **art. 12 desta Lei,** e correspondente distribuição de recursos da complementação-VAAF às redes de ensino; V – os valores anuais totais por aluno (VAAT) no âmbito das redes de ensino, nos termos do **§3º do art. 13 desta Lei,** anteriormente à complementação-VAAT; VI – a estimativa do valor anual total mínimo por aluno (VAAT-MIN) definido nacionalmente, nos termos **do art. 13 desta Lei,** e correspondente distribuição de recursos da complementação-VAAT às redes de ensino; VII – as aplicações mínimas pelas redes de ensino em educação infantil, nos termos do **art. 28 desta Lei;** VIII – as redes de ensino beneficiadas com a complementação-VAAR e respectivos valores, nos termos do **art. 14 desta Lei.**
Art. 16, §, 4º §4º Para o ajuste da complementação da União, **de que trata o §3º deste artigo**, os Estados e o Distrito Federal deverão publicar em meio oficial e encaminhar à Secretaria do Tesouro Nacional do Ministério da Economia, até o dia 31 de janeiro, os valores da arrecadação efetiva dos impostos e das transferências, nos termos do art. 3º desta Lei, referentes ao exercício imediatamente anterior.	**§3º deste artigo** §3º O valor da complementação da União, nos termos do art. 5º desta Lei, em função da diferença, a maior ou a menor, entre a receita estimada para o cálculo e a receita realizada do exercício de referência, será ajustado, no primeiro quadrimestre, em parcela única, do exercício imediatamente subsequente e debitada ou creditada à conta específica dos Fundos, conforme o caso. **art. 3º desta Lei** – define os recursos da cesta Fundeb
Art. 17 Fica mantida, no âmbito do Ministério da Educação, a Comissão Intergovernamental de Financiamento para a Educação Básica de Qualidade, **instituída pelo art. 12 da Lei nº 11.494, de 20 de junho de 2007,** com a seguinte composição:	**art. 12 da Lei nº 11.494/2007 (Lei Fundeb 2007-2020)** Art. 12. Fica instituída, no âmbito do Ministério da Educação, a Comissão Intergovernamental de Financiamento para a Educação Básica de Qualidade, com a seguinte composição

DISPOSITIVO DA LEI Nº 14.113/2020 QUE FAZ REMISSÃO A OUTRO	DISPOSITIVOS CITADOS COM O TEMA OU CONTEÚDO DA REMISSÃO
Art. 17, §4º §4º Para cada um dos representantes referidos nos incisos I, II e III do **caput** deste artigo, será designado o respectivo suplente.	**incisos I, II e III do caput deste artigo** Art. 17. Fica mantida, no âmbito do Ministério da Educação, a Comissão Intergovernamental de Financiamento para a Educação Básica de Qualidade, instituída pelo art. 12 da Lei nº 11.494, de 20 de junho de 2007, com a seguinte composição: I – 5 (cinco) representantes do Ministério da Educação, incluídos 1 (um) representante do Inep e 1 (um) representante do Fundo Nacional de Desenvolvimento da Educação (FNDE); II – 1 (um) representante dos secretários estaduais de educação de cada uma das 5 (cinco) regiões político–administrativas do Brasil indicado pelas seções regionais do Conselho Nacional de Secretários de Estado da Educação (Consed); III – 1 (um) representante dos secretários municipais de educação de cada uma das 5 (cinco) regiões político–administrativas do Brasil indicado pelas seções regionais da União Nacional dos Dirigentes Municipais de Educação (Undime).
Art. 18, I, "a" Art. 18. No exercício de suas atribuições, compete à Comissão Intergovernamental de Financiamento para a Educação Básica de Qualidade: I – especificar anualmente, observados os limites definidos nesta Lei, as diferenças e as ponderações aplicáveis: a) às diferentes etapas, modalidades, duração da jornada e tipos de estabelecimento de ensino da educação básica, observado o disposto no art. 9º desta Lei, considerada a correspondência ao custo médio da respectiva etapa, modalidade e tipo de estabelecimento de educação básica;	**art. 9º desta Lei** Art. 9º As diferenças e as ponderações quanto ao valor anual por aluno entre etapas, modalidades, duração da jornada e tipos de estabelecimento de ensino, bem como as **relativas ao art. 10 desta Lei**, utilizadas na complementação-VAAR e na complementação-VAAT, nos termos do **Anexo desta Lei**, poderão ter valores distintos daquelas aplicadas na distribuição intraestadual e na complementação-VAAF.
Art. 18, I, "b" Art. 18. No exercício de suas atribuições, compete à Comissão Intergovernamental de Financiamento para a Educação Básica de Qualidade: I – especificar anualmente, observados os limites definidos nesta Lei, as diferenças e as ponderações aplicáveis: b) ao nível socioeconômico dos educandos, aos indicadores de disponibilidade de recursos vinculados à educação e aos indicadores de utilização do potencial de arrecadação tributária de cada ente federado, **nos termos do art. 10 desta Lei**;	**art. 10 desta Lei** Art. 10. Além do disposto no **art. 7º desta Lei**, a distribuição de recursos dar-se-á, na forma do **Anexo desta Lei**, em função do número de alunos matriculados nas respectivas redes de educação básica pública presencial, observadas as diferenças e as ponderações quanto ao valor anual por aluno (VAAF e VAAT) relativas: I – ao nível socioeconômico dos educandos; II – aos indicadores de disponibilidade de recursos vinculados à educação de cada ente federado; III – aos indicadores de utilização do potencial de arrecadação tributária de cada ente federado.

DISPOSITIVO DA LEI Nº 14.113/2020 QUE FAZ REMISSÃO A OUTRO	DISPOSITIVOS CITADOS COM O TEMA OU CONTEÚDO DA REMISSÃO
Art. 18, II II – monitorar e avaliar as condicionalidades definidas no **§1º do art. 14 desta Lei,** com base em proposta tecnicamente fundamentada do Inep;	**§1º do art. 14 desta Lei** §1º As condicionalidades referidas no **caput** deste artigo contemplarão: I – provimento do cargo ou função de gestor escolar de acordo com critérios técnicos de mérito e desempenho ou a partir de escolha realizada com a participação da comunidade escolar dentre candidatos aprovados previamente em avaliação de mérito e desempenho; II – participação de pelo menos 80% (oitenta por cento) dos estudantes de cada ano escolar periodicamente avaliado em cada rede de ensino por meio dos exames nacionais do sistema nacional de avaliação da educação básica; III – redução das desigualdades educacionais socioeconômicas e raciais medidas nos exames nacionais do sistema nacional de avaliação da educação básica, respeitadas as especificidades da educação escolar indígena e suas realidades; IV – regime de colaboração entre Estado e Município formalizado na legislação estadual e em execução, nos termos do inciso II do parágrafo único do art. 158 da Constituição Federal e do art. 3º da Emenda Constitucional nº 108, de 26 de agosto de 2020; V – referenciais curriculares alinhados à Base Nacional Comum Curricular, aprovados nos termos do respectivo sistema de ensino.
Art. 18, V	**inciso III do caput do art. 5º desta Lei** III – complementação-VAAR: 2,5 (dois inteiros e cinco décimos) pontos percentuais nas redes públicas que, cumpridas condicionalidades de melhoria de gestão, alcançarem evolução de indicadores a serem definidos, de atendimento e de melhoria da aprendizagem com redução das desigualdades, nos termos do sistema nacional de avaliação da educação básica, conforme disposto no **art. 14 desta Lei**. **§2º do art. 14 desta Lei** §2º A metodologia de cálculo dos indicadores referidos no **caput** deste artigo considerará obrigatoriamente: I – o nível e o avanço, com maior peso para o avanço, dos resultados médios dos estudantes de cada rede pública estadual e municipal nos exames nacionais do sistema nacional de avaliação da educação básica, ponderados pela taxa de participação nesses exames e por medida de equidade de aprendizagem; II – as taxas de aprovação no ensino fundamental e médio em cada rede estadual e municipal; III – as taxas de atendimento escolar das crianças e jovens na educação básica presencial em cada ente federado, definido de modo a captar, direta ou indiretamente, a evasão no ensino fundamental e médio.

DISPOSITIVO DA LEI Nº 14.113/2020 QUE FAZ REMISSÃO A OUTRO	DISPOSITIVOS CITADOS COM O TEMA OU CONTEÚDO DA REMISSÃO
Art. 18, VI VI – aprovar a metodologia de aferição das condicionalidades referidas no inciso III do **caput** do art. 5º desta Lei, elaborada pelo Inep, **observado o disposto no §1º do art. 14 desta Lei**;	**caput do art. 5º desta Lei** Art. 5º A complementação da União será equivalente a, no mínimo, 23% (vinte e três por cento) do total de recursos a que se refere o **art. 3º desta Lei**, nas seguintes modalidades: **§1º do art. 14 desta Lei** §1º As condicionalidades referidas no **caput** deste artigo contemplarão: I – provimento do cargo ou função de gestor escolar de acordo com critérios técnicos de mérito e desempenho ou a partir de escolha realizada com a participação da comunidade escolar dentre candidatos aprovados previamente em avaliação de mérito e desempenho; II – participação de pelo menos 80% (oitenta por cento) dos estudantes de cada ano escolar periodicamente avaliado em cada rede de ensino por meio dos exames nacionais do sistema nacional de avaliação da educação básica; III – redução das desigualdades educacionais socioeconômicas e raciais medidas nos exames nacionais do sistema nacional de avaliação da educação básica, respeitadas as especificidades da educação escolar indígena e suas realidades; IV – regime de colaboração entre Estado e Município formalizado na legislação estadual e em execução, nos termos do inciso II do parágrafo único do art. 158 da Constituição Federal e do art. 3º da Emenda Constitucional nº 108, de 26 de agosto de 2020; V – referenciais curriculares alinhados à Base Nacional Comum Curricular, aprovados nos termos do respectivo sistema de ensino.
Art. 18, VII VII – aprovar a metodologia de cálculo do indicador referido no parágrafo único do art. 28 desta Lei, elaborada pelo Inep, para aplicação, pelos Municípios, de recursos da complementação-VAAT na educação infantil;	**parágrafo único do art. 28 desta Lei** Parágrafo único. Os recursos vinculados nos termos do **caput deste artigo** serão aplicados pelos Municípios, adotado como parâmetro indicador para educação infantil, que estabelecerá percentuais mínimos de aplicação dos Municípios beneficiados com a complementação-VAAT, de modo que se atinja a proporção especificada no **caput** deste artigo, que considerará obrigatoriamente: I – o déficit de cobertura, considerada a oferta e a demanda anual pelo ensino; II – a vulnerabilidade socioeconômica da população a ser atendida.
Art. 18,VIII VIII – aprovar a metodologia de apuração e monitoramento do exercício da função redistributiva dos entes em relação a suas escolas, **de que trata o §2º do art. 25 desta Lei**, elaborada pelo Ministério da Educação;	**§2º do art. 25 desta Lei** §2º A aplicação dos recursos referida no **caput deste artigo** contemplará a ação redistributiva dos Estados, do Distrito Federal e dos Municípios em relação a suas escolas, nos termos do §6º do art. 211 da Constituição Federal.

DISPOSITIVO DA LEI Nº 14.113/2020 QUE FAZ REMISSÃO A OUTRO	DISPOSITIVOS CITADOS COM O TEMA OU CONTEÚDO DA REMISSÃO
Art. 18, §2º §2º A existência prévia de estudos sobre custos médios das etapas, modalidades e tipos de ensino, nível socioeconômico dos estudantes, disponibilidade de recursos vinculados à educação e potencial de arrecadação de cada ente federado, anualmente atualizados e publicados pelo Inep, é condição indispensável para decisão, pela Comissão Intergovernamental de Financiamento para a Educação Básica de Qualidade, de promover alterações na especificação das diferenças e das ponderações **referidas no inciso I do caput deste artigo**.	**inciso I do caput deste artigo** I – especificar anualmente, observados os limites definidos nesta Lei, as diferenças e as ponderações aplicáveis: a) às diferentes etapas, modalidades, duração da jornada e tipos de estabelecimento de ensino da educação básica, observado o disposto no **art. 9º desta Lei**, considerada a correspondência ao custo médio da respectiva etapa, modalidade e tipo de estabelecimento de educação básica; b) ao nível socioeconômico dos educandos, aos indicadores de disponibilidade de recursos vinculados à educação e aos indicadores de utilização do potencial de arrecadação tributária de cada ente federado, nos termos do **art. 10 desta Lei**;
Art. 18, §3º §3º A Comissão Intergovernamental de Financiamento para a Educação Básica de Qualidade exercerá suas competências em observância às garantias **estabelecidas nos incisos I, II, III e IV do caput do art. 208 da Constituição Federal** e às metas do Plano Nacional de Educação.	**incisos I, II, III e IV do caput do art. 208 da Constituição Federal** Art. 208. O dever do Estado com a educação será efetivado mediante a garantia de: I – educação básica obrigatória e gratuita dos 4 (quatro) aos 17 (dezessete) anos de idade, assegurada inclusive sua oferta gratuita para todos os que a ela não tiveram acesso na idade própria; II – progressiva universalização do ensino médio gratuito; III – atendimento educacional especializado aos portadores de deficiência, preferencialmente na rede regular de ensino; IV – educação infantil, em creche e pré-escola, às crianças até 5 (cinco) anos de idade;
Art. 18, §4º §4º No ato de publicação das ponderações dispostas **no inciso I do caput deste artigo**, a Comissão Intergovernamental de Financiamento para a Educação Básica de Qualidade deverá publicar relatório detalhado com a memória de cálculo sobre os custos médios, as fontes dos indicadores utilizados e as razões que levaram à definição dessas ponderações.	**inciso I do caput deste artigo** I – especificar anualmente, observados os limites definidos nesta Lei, as diferenças e as ponderações aplicáveis: a) às diferentes etapas, modalidades, duração da jornada e tipos de estabelecimento de ensino da educação básica, observado o disposto no **art. 9º desta Lei**, considerada a correspondência ao custo médio da respectiva etapa, modalidade e tipo de estabelecimento de educação básica; b) ao nível socioeconômico dos educandos, aos indicadores de disponibilidade de recursos vinculados à educação e aos indicadores de utilização do potencial de arrecadação tributária de cada ente federado, nos termos do **art. 10 desta Lei**;
Art. 21. Os recursos dos Fundos, provenientes da União, dos Estados e do Distrito Federal, serão repassados automaticamente para contas únicas e específicas dos governos estaduais, do Distrito Federal e municipais, vinculadas ao respectivo Fundo, instituídas para esse fim, e serão nelas executadas, vedada a transferência para outras contas, sendo mantidas na instituição financeira **de que trata o art. 20 desta Lei**.	**art. 20 desta Lei** Art. 20. Os recursos dos Fundos serão disponibilizados pelas unidades transferidoras à Caixa Econômica Federal ou ao Banco do Brasil S.A., que realizará a distribuição dos valores devidos aos Estados, ao Distrito Federal e aos Municípios.

DISPOSITIVO DA LEI Nº 14.113/2020 QUE FAZ REMISSÃO A OUTRO	DISPOSITIVOS CITADOS COM O TEMA OU CONTEÚDO DA REMISSÃO
Art. 21,§1º §1º Os repasses aos Fundos provenientes das participações a que se refere o inciso II do **caput** do art. 158 e as alíneas a e b do inciso I e o inciso II do **caput** do art. 159 da Constituição Federal constarão dos orçamentos da União, dos Estados e do Distrito Federal e serão creditados pela União em favor dos governos estaduais, do Distrito Federal e municipais nas contas específicas a que se refere este artigo, respeitados os critérios e as finalidades estabelecidos nesta Lei, observados os mesmos prazos, procedimentos e forma de divulgação adotados para o repasse do restante dessas transferências constitucionais em favor desses governos.	**inciso II do caput do art. 158,CF** [pertencem aos municípios] II – cinquenta por cento do produto da arrecadação do imposto da União sobre a propriedade territorial rural, relativamente aos imóveis neles situados, cabendo a totalidade na hipótese da opção a que se refere o art. 153, §4º, III **alíneas "a" e "b" do inciso I do art. 159 da Constituição Federal** [A União entregará] I – do produto da arrecadação dos impostos sobre renda e proventos de qualquer natureza e sobre produtos industrializados, 49% (quarenta e nove por cento), na seguinte forma a) vinte e um inteiros e cinco décimos por cento ao Fundo de Participação dos Estados e do Distrito Federal; b) vinte e dois inteiros e cinco décimos por cento ao Fundo de Participação dos Municípios; **inciso II do caput do art. 159 da Constituição Federal** II – do produto da arrecadação do imposto sobre produtos industrializados, dez por cento aos Estados e ao Distrito Federal, proporcionalmente ao valor das respectivas exportações de produtos industrializados. **art.21, caput** Art. 21. Os recursos dos Fundos, provenientes da União, dos Estados e do Distrito Federal, serão repassados automaticamente para contas únicas e específicas dos governos estaduais, do Distrito Federal e municipais, vinculadas ao respectivo Fundo, instituídas para esse fim, e serão nelas executados, vedada a transferência para outras contas, sendo mantidas na instituição financeira de que trata o **art. 20 desta Lei**.
Art. 21,§2º §2º Os repasses aos Fundos provenientes dos **impostos previstos nos incisos I, II e III do caput do art. 155** combinados com os **incisos III e IV do caput do art. 158 da Constituição Federal** constarão dos orçamentos dos governos estaduais e do Distrito Federal e serão depositados pelo estabelecimento oficial de crédito previsto no **art. 4º da Lei Complementar nº 63**, de 11 de janeiro de 1990, no momento em que a arrecadação estiver sendo realizada nas contas do Fundo abertas na instituição financeira de que trata o **caput** deste artigo.	**incisos I, II e III do caput do art. 155 (ITCD, ICMS, IPVA) combinados com os incisos III e IV do caput do art. 158 da Constituição Federal (cota municipal do IPVA, cota municipal do ICMS)** **art. 4º da Lei Complementar nº 63/1990** Art. 4º Do produto da arrecadação do imposto de que trata o artigo anterior [ICMS], 25% (vinte e cinco por cento) serão depositados ou remetidos no momento em que a arrecadação estiver sendo realizada à "conta de participação dos Municípios no Imposto sobre Operações relativas à Circulação de Mercadorias e sobre Prestações de Serviços de Transporte Interestadual e Intermunicipal e de Comunicações", aberta em estabelecimento oficial de crédito e de que são titulares, conjuntos, todos os Municípios do Estado.

DISPOSITIVO DA LEI Nº 14.113/2020 QUE FAZ REMISSÃO A OUTRO	DISPOSITIVOS CITADOS COM O TEMA OU CONTEÚDO DA REMISSÃO
Art. 21, §3º §3º A instituição financeira de que trata o **caput** deste artigo, no que se refere aos recursos dos impostos e participações **mencionados no §2º deste artigo**, creditará imediatamente as parcelas devidas aos governos estaduais, do Distrito Federal e municipais nas contas específicas referidas neste artigo, observados os critérios e as finalidades estabelecidos nesta Lei, e procederá à divulgação dos valores creditados de forma similar e com a mesma periodicidade utilizada pelos Estados em relação ao restante da transferência do referido imposto.	**§2º deste artigo** §2º Os repasses aos Fundos provenientes dos impostos previstos nos incisos I, II e III do **caput** do art. 155 combinados com os incisos III e IV do **caput** do art. 158 da Constituição Federal constarão dos orçamentos dos governos estaduais e do Distrito Federal e serão depositados pelo estabelecimento oficial de crédito previsto no art. 4º da Lei Complementar nº 63, de 11 de janeiro de 1990, no momento em que a arrecadação estiver sendo realizada nas contas do Fundo abertas na instituição financeira de que trata o **caput** deste artigo.
Art. 21, §4º §4º Os recursos dos Fundos provenientes da parcela do IPI, **de que trata o inciso II do caput do art. 159 da Constituição Federal,** serão creditados pela União em favor dos governos estaduais e do Distrito Federal nas contas específicas, segundo os critérios e as finalidades estabelecidos nesta Lei, observados os mesmos prazos, procedimentos e forma de divulgação **previstos na Lei Complementar nº 61, de 26 de dezembro de 1989.**	**inciso II do caput do art. 159 da Constituição Federal** II – do produto da arrecadação do imposto sobre produtos industrializados, dez por cento aos Estados e ao Distrito Federal, proporcionalmente ao valor das respectivas exportações de produtos industrializados. **Lei Complementar nº 61/1989** (Estabelece normas para a participação dos Estados e do Distrito Federal no produto da arrecadação do Imposto sobre Produtos Industrializados IPI, relativamente às exportações)
Art. 21, §5º §5º Do montante dos recursos do IPI de que trata **o inciso II do caput do art. 159 da Constituição Federal**, a parcela devida aos Municípios, na forma do disposto no **art. 5º da Lei Complementar nº 61**, de 26 de dezembro de 1989, será repassada pelo governo estadual ao respectivo Fundo e os recursos serão creditados na conta específica a que se refere este artigo, observados os mesmos prazos, procedimentos e forma de divulgação do restante dessa transferência aos Municípios.	**inciso II do caput do art. 159 da Constituição Federal** II – do produto da arrecadação do imposto sobre produtos industrializados, dez por cento aos Estados e ao Distrito Federal, proporcionalmente ao valor das respectivas exportações de produtos industrializados. **art. 5º da Lei Complementar nº 61/1989** Art. 5º Os Estados entregarão aos seus respectivos Municípios 25% (vinte e cinco por cento) dos recursos que nos termos desta Lei Complementar receberem, observando-se para tanto os mesmos critérios e prazos estabelecidos para o repasse da parcela do ICMS que a Constituição Federal assegura às municipalidades.
Art. 21, §7º §7º Os recursos depositados na conta específica a que se refere o **caput** deste artigo serão depositados pela União, pelo Distrito Federal, pelos Estados e pelos Municípios na forma prevista no **§5º do art. 69 da Lei nº 9.394, de 20 de dezembro de 1996.**	**§5º do art. 69 da Lei nº 9.394/1996 (LDB)** §5º O repasse dos valores referidos neste artigo do caixa da União, dos Estados, do Distrito Federal e dos Municípios ocorrerá imediatamente ao órgão responsável pela educação, observados os seguintes prazos:
Art. 21, §8º §8º Sem prejuízo do disposto na **Lei nº 9.452, de 20 de março de 1997**, serão disponibilizados pelos Poderes Executivos de todas as esferas federativas, nos sítios na internet, dados acerca do recebimento e das aplicações dos recursos do Fundeb.	**Lei nº 9.452/1997** (notificação às câmaras municipais da liberação de recursos federais para os respectivos Municípios)
Art. 22. Nos termos do **§4º do art. 211 da Constituição Federal,** os Estados e os Municípios poderão celebrar convênios para a transferência de alunos, de recursos humanos, de materiais e de encargos financeiros, bem como de transporte escolar, acompanhados da transferência imediata de recursos financeiros correspondentes ao número de matrículas assumido pelo ente federado.	**§4º do art. 211 da Constituição Federal** §4º Na organização de seus sistemas de ensino, a União, os Estados, o Distrito Federal e os Municípios definirão formas de colaboração, de forma a assegurar a universalização, a qualidade e a equidade do ensino obrigatório. (Redação dada pela Emenda Constitucional nº 108, de 2020)

DISPOSITIVO DA LEI Nº 14.113/2020 QUE FAZ REMISSÃO A OUTRO	DISPOSITIVOS CITADOS COM O TEMA OU CONTEÚDO DA REMISSÃO
Art. 25. Os recursos dos Fundos, inclusive aqueles oriundos de complementação da União, serão utilizados pelos Estados, pelo Distrito Federal e pelos Municípios, no exercício financeiro em que lhes forem creditados, em ações consideradas de manutenção e de desenvolvimento do ensino para a educação básica pública, conforme disposto no **art. 70 da Lei nº 9.394, de 20 de dezembro de 1996.**	**art. 70 da Lei nº 9.394/1996(LDB)** – define as despesas admitidas como MDE
Art. 25, §1º §1º Observado o disposto nos arts. 27 e 28 desta Lei e no §2º deste artigo, os recursos poderão ser aplicados pelos Estados e pelos Municípios indistintamente entre etapas, modalidades e tipos de estabelecimento de ensino da educação básica nos seus respectivos âmbitos de atuação prioritária, conforme estabelecido nos **§§2º e 3º do art. 211 da Constituição Federal.**	**Arts. 27 e 28 desta Lei** Art. 27. Percentual mínimo de 15% (quinze por cento) dos recursos da complementação-VAAT, previstos no inciso II do **caput** do art. 5º desta Lei, será aplicado, em cada rede de ensino beneficiada, em despesas de capital. Art. 28. Realizada a distribuição da complementação-VAAT às redes de ensino, segundo o art. 13 desta Lei, será destinada à educação infantil, nos termos do **Anexo desta Lei**, proporção de 50% (cinquenta por cento) dos recursos globais a que se refere o inciso II do **caput** do art. 5º desta Lei. **§2º deste artigo** §2º A aplicação dos recursos referida no **caput** deste artigo contemplará a ação redistributiva dos Estados, do Distrito Federal e dos Municípios em relação a suas escolas, nos termos do §6º do art. 211 da Constituição Federal. **§§2º e 3º do art. 211 da Constituição Federal** §2º Os Municípios atuarão prioritariamente no ensino fundamental e na educação infantil. §3º Os Estados e o Distrito Federal atuarão prioritariamente no ensino fundamental e médio.
Art. 25, §2º §2º A aplicação dos recursos **referida no caput deste artigo** contemplará a ação redistributiva dos Estados, do Distrito Federal e dos Municípios em relação a suas escolas, **nos termos do §6º do art. 211 da Constituição Federal.**	**caput deste artigo** Art. 25. Os recursos dos Fundos, inclusive aqueles oriundos de complementação da União, serão utilizados pelos Estados, pelo Distrito Federal e pelos Municípios, no exercício financeiro em que lhes forem creditados, em ações consideradas de manutenção e de desenvolvimento do ensino para a educação básica pública, conforme disposto no art. 70 da Lei nº 9.394, de 20 de dezembro de 1996. **§6º do art. 211 da Constituição Federal** §6º A União, os Estados, o Distrito Federal e os Municípios exercerão ação redistributiva em relação a suas escolas. (Incluído pela Emenda Constitucional nº 108, de 2020)
Art. 25, §3º §3º Até 10% (dez por cento) dos recursos recebidos à conta dos Fundos, inclusive relativos à complementação da União, **nos termos do §2º do art. 16 desta Lei,** poderão ser utilizados no primeiro quadrimestre do exercício imediatamente subsequente, mediante abertura de crédito adicional.	**§2º do art. 16 desta Lei** §2º A complementação da União observará o cronograma da programação financeira do Tesouro Nacional e contemplará pagamentos mensais de, no mínimo, 5% (cinco por cento) da complementação anual, a serem realizados até o último dia útil de cada mês, assegurados os repasses de, no mínimo, 45% (quarenta e cinco por cento) até 31 de julho, de 85% (oitenta e cinco por cento) até 31 de dezembro de cada ano e de 100% (cem por cento) até 31 de janeiro do exercício imediatamente subsequente.

DISPOSITIVO DA LEI Nº 14.113/2020 QUE FAZ REMISSÃO A OUTRO	DISPOSITIVOS CITADOS COM O TEMA OU CONTEÚDO DA REMISSÃO
Art. 26 Art. 26. Excluídos os recursos **de que trata o inciso III do caput do art. 5º** desta Lei, proporção não inferior a 70% (setenta por cento) dos recursos anuais totais dos Fundos referidos no **art. 1º desta Lei** será destinada ao pagamento, em cada rede de ensino, da remuneração dos profissionais da educação básica em efetivo exercício.	**inciso III do caput do art. 5º desta Lei** III – complementação-VAAR: 2,5 (dois inteiros e cinco décimos) pontos percentuais nas redes públicas que, cumpridas condicionalidades de melhoria de gestão, alcançarem evolução de indicadores a serem definidos, de atendimento e de melhoria da aprendizagem com redução das desigualdades, nos termos do sistema nacional de avaliação da educação básica, conforme disposto no **art. 14 desta Lei**. **art. 1º desta Lei** Art. 1º Fica instituído, no âmbito de cada Estado e do Distrito Federal, um Fundo de Manutenção e Desenvolvimento da Educação Básica e de Valorização dos Profissionais da Educação (Fundeb), de natureza contábil, nos termos do **art. 212-A da Constituição Federal**.
Art. 26-A "Art. 26-A. Os Estados, o Distrito Federal e os Municípios poderão remunerar, com a parcela dos 30% (trinta por cento) não subvinculada aos profissionais da educação referidos no inciso II do §1º do art. 26 desta Lei, os portadores de diploma de curso superior na área de psicologia ou de serviço social, desde que integrantes de equipes multiprofissionais que atendam aos educandos, **nos termos da Lei nº 13.935 de 11 de dezembro de 2019**, observado o disposto no **caput do art. 27 desta Lei**."	**Lei nº 13.935 de 11 de dezembro de 2019** – Lei da prestação de serviços por equipes multiprofissionais de psicologia e de serviço social nas redes públicas de educação básica. **caput do art. 27 desta Lei.** Art. 27. Percentual mínimo de 15% (quinze por cento) dos recursos da complementação-VAAT, previstos no inciso II do **caput** do art. 5º desta Lei, será aplicado, em cada rede de ensino beneficiada, em despesas de capital.
Art. 27 Percentual mínimo de 15% (quinze por cento) dos recursos da complementação-VAAT, **previstos no inciso II do caput do art. 5º desta Lei**, será aplicado, em cada rede de ensino beneficiada, em despesas de capital.	**inciso II do caput do art. 5º desta Lei** II – complementação-VAAT: no mínimo, 10,5 (dez inteiros e cinco décimos) pontos percentuais, em cada rede pública de ensino municipal, estadual ou distrital, sempre que o valor anual total por aluno (VAAT), nos termos da alínea "a" do inciso II do caput do art. 6º desta Lei não alcançar o mínimo definido nacionalmente;
Art. 28. Realizada a distribuição da complementação-VAAT às redes de ensino, **segundo o art. 13 desta Lei**, será destinada à educação infantil, nos termos do **Anexo desta Lei**, proporção de 50% (cinquenta por cento) dos recursos globais **a que se refere o inciso II do caput do art. 5º desta Lei.**	**art. 13 desta Lei** Art. 13. A complementação-VAAT será distribuída com parâmetro no valor anual total mínimo por aluno (VAAT-MIN), definido nacionalmente, **na forma do Anexo desta Lei**. **Anexo desta Lei** – refere-se aos cálculos e procedimentos para a distribuição de recursos do Fundeb **inciso II do caput do art. 5º desta Lei** II – complementação-VAAT: no mínimo, 10,5 (dez inteiros e cinco décimos) pontos percentuais, em cada rede pública de ensino municipal, estadual ou distrital, sempre que o valor anual total por aluno (VAAT), nos termos da alínea "a" do inciso II do caput do art. 6º desta Lei não alcançar o mínimo definido nacionalmente;

DISPOSITIVO DA LEI Nº 14.113/2020 QUE FAZ REMISSÃO A OUTRO	DISPOSITIVOS CITADOS COM O TEMA OU CONTEÚDO DA REMISSÃO
Art. 28, parágrafo único	caput deste artigo Art. 28. Realizada a distribuição da complementação-VAAT às redes de ensino, segundo o art. 13 desta Lei, será destinada à educação infantil, nos termos do **Anexo desta Lei**, proporção de 50% (cinquenta por cento) dos recursos globais a que se refere o **inciso II do caput do art. 5º desta Lei**.
Art. 29, I Art. 29. É vedada a utilização dos recursos dos Fundos para: I – financiamento das despesas não consideradas de manutenção e de desenvolvimento da educação básica, conforme o **art. 71 da Lei nº 9.394, de 20 de dezembro de 1996;**	art. 71 da Lei nº 9.394/1996 (LDB) – define as despesas NÃO admitidas como MDE
Art. 29, II II – pagamento de aposentadorias e de pensões, nos termos do **§7º do art. 212 da Constituição Federal;**	§7º do art. 212 da Constituição Federal §7º É vedado o uso dos recursos referidos no **caput** e nos §§5º e 6º deste artigo para pagamento de aposentadorias e de pensões. (Incluído pela Emenda Constitucional nº 108, de 2020)
Art. 30. A fiscalização e o controle referentes ao cumprimento do **disposto no art. 212 da Constituição Federal** e do disposto nesta Lei, especialmente em relação à aplicação da totalidade dos recursos dos Fundos, serão exercidos:	art. 212 da Constituição Federal Art. 212. A União aplicará, anualmente, nunca menos de dezoito, e os Estados, o Distrito Federal e os Municípios vinte e cinco por cento, no mínimo, da receita resultante de impostos, compreendida a proveniente de transferências, na manutenção e desenvolvimento do ensino.
Art. 30, IV IV – pelos respectivos conselhos de acompanhamento e controle social dos Fundos, **referidos nos arts. 33 e 34 desta Lei.**	arts. 33 e 34 desta Lei Art. 33. O acompanhamento e o controle social sobre a distribuição, a transferência e a aplicação dos recursos dos Fundos serão exercidos, perante os respectivos governos, no âmbito da União, dos Estados, do Distrito Federal e dos Municípios, por conselhos instituídos especificamente para esse fim. §1º Os conselhos de âmbito estadual, distrital e municipal poderão, sempre que julgarem conveniente: I – apresentar ao Poder Legislativo local e aos órgãos de controle interno e externo manifestação formal acerca dos registros contábeis e dos demonstrativos gerenciais do Fundo, dando ampla transparência ao documento em sítio da internet; II – convocar, por decisão da maioria de seus membros, o Secretário de Educação competente ou servidor equivalente para prestar esclarecimentos acerca do fluxo de recursos e da execução das despesas do Fundo, devendo a autoridade convocada apresentar-se em prazo não superior a 30 (trinta) dias; III – requisitar ao Poder Executivo cópia de documentos, os quais serão imediatamente concedidos, devendo a resposta ocorrer em prazo não superior a 20 (vinte) dias, referentes a: a) licitação, empenho, liquidação e pagamento de obras e de serviços custeados com recursos do Fundo;

DISPOSITIVO DA LEI Nº 14.113/2020 QUE FAZ REMISSÃO A OUTRO	DISPOSITIVOS CITADOS COM O TEMA OU CONTEÚDO DA REMISSÃO
Art. 30,IV IV – pelos respectivos conselhos de acompanhamento e controle social dos Fundos, **referidos nos arts. 33 e 34 desta Lei**.	b) folhas de pagamento dos profissionais da educação, as quais deverão discriminar aqueles em efetivo exercício na educação básica e indicar o respectivo nível, modalidade ou tipo de estabelecimento a que estejam vinculados; c) convênios com as instituições a que se refere o **art. 7º desta Lei;** d) outras informações necessárias ao desempenho de suas funções; IV – realizar visitas para verificar, in loco, entre outras questões pertinentes: a) o desenvolvimento regular de obras e serviços efetuados nas instituições escolares com recursos do Fundo; b) a adequação do serviço de transporte escolar; c) a utilização em benefício do sistema de ensino de bens adquiridos com recursos do Fundo para esse fim. §2º Aos conselhos incumbe, ainda: I – elaborar parecer das prestações de contas a que se refere o parágrafo único do art. 31 desta Lei; II – supervisionar o censo escolar anual e a elaboração da proposta orçamentária anual, no âmbito de suas respectivas esferas governamentais de atuação, com o objetivo de concorrer para o regular e tempestivo tratamento e encaminhamento dos dados estatísticos e financeiros que alicerçam a operacionalização dos Fundos; III – acompanhar a aplicação dos recursos federais transferidos à conta do Programa Nacional de Apoio ao Transporte do Escolar (PNATE) e do Programa de Apoio aos Sistemas de Ensino para Atendimento à Educação de Jovens e Adultos (PEJA) e, ainda, receber e analisar as prestações de contas referentes a esses programas, com a formulação de pareceres conclusivos acerca da aplicação desses recursos e o encaminhamento deles ao FNDE. §3º Os conselhos atuarão com autonomia, sem vinculação ou subordinação institucional ao Poder Executivo local e serão renovados periodicamente ao final de cada mandato dos seus membros. §4º Os conselhos não contarão com estrutura administrativa própria, e incumbirá à União, aos Estados, ao Distrito Federal e aos Municípios garantir infraestrutura e condições materiais adequadas à execução plena das competências dos conselhos e oferecer ao Ministério da Educação os dados cadastrais relativos à criação e à composição dos respectivos conselhos. Art. 34. Os conselhos serão criados por **legislação específica, editada no respectivo** âmbito **governamental,** observados os seguintes critérios de composição: I – em âmbito federal: a) 3 (três) representantes do Ministério da Educação; b) 2 (dois) representantes do Ministério da Economia; c) 1 (um) representante do Conselho Nacional de Educação (CNE);

DISPOSITIVO DA LEI Nº 14.113/2020 QUE FAZ REMISSÃO A OUTRO	DISPOSITIVOS CITADOS COM O TEMA OU CONTEÚDO DA REMISSÃO
Art. 30,IV IV – pelos respectivos conselhos de acompanhamento e controle social dos Fundos, **referidos nos arts. 33 e 34 desta Lei.**	d) 1 (um) representante do Conselho Nacional de Secretários de Estado da Educação (Consed); e) 1 (um) representante da Confederação Nacional dos Trabalhadores em Educação (CNTE); f) 1 (um) representante da União Nacional dos Dirigentes Municipais de Educação (Undime); g) 2 (dois) representantes dos pais de alunos da educação básica pública; h) 2 (dois) representantes dos estudantes da educação básica pública, dos quais 1 (um) indicado pela União Brasileira dos Estudantes Secundaristas (Ubes); i) 2 (dois) representantes de organizações da sociedade civil; II – em âmbito estadual: a) 3 (três) representantes do Poder Executivo estadual, dos quais pelo menos 1 (um) do órgão estadual responsável pela educação básica; b) 2 (dois) representantes dos Poderes Executivos municipais; c) 2 (dois) representantes do Conselho Estadual de Educação; d) 1 (um) representante da seccional da União Nacional dos Dirigentes Municipais de Educação (Undime); e) 1 (um) representante da seccional da Confederação Nacional dos Trabalhadores em Educação (CNTE); f) 2 (dois) representantes dos pais de alunos da educação básica pública; g) 2 (dois) representantes dos estudantes da educação básica pública, dos quais 1 (um) indicado pela entidade estadual de estudantes secundaristas; h) 2 (dois) representantes de organizações da sociedade civil; i) 1 (um) representante das escolas indígenas, quando houver; j) 1 (um) representante das escolas quilombolas, quando houver; III – no Distrito Federal, com a composição determinada pelo disposto no **inciso II deste caput, excluídos os membros mencionados nas suas alíneas "b" e "d";** IV – em âmbito municipal: a) 2 (dois) representantes do Poder Executivo municipal, dos quais pelo menos 1 (um) da Secretaria Municipal de Educação ou órgão educacional equivalente; b) 1 (um) representante dos professores da educação básica pública; c) 1 (um) representante dos diretores das escolas básicas públicas; d) 1 (um) representante dos servidores técnico-administrativos das escolas básicas públicas; e) 2 (dois) representantes dos pais de alunos da educação básica pública;

DISPOSITIVO DA LEI Nº 14.113/2020 QUE FAZ REMISSÃO A OUTRO	DISPOSITIVOS CITADOS COM O TEMA OU CONTEÚDO DA REMISSÃO
Art. 30,IV IV – pelos respectivos conselhos de acompanhamento e controle social dos Fundos, **referidos nos arts. 33 e 34 desta Lei**.	f) 2 (dois) representantes dos estudantes da educação básica pública, dos quais 1 (um) indicado pela entidade de estudantes secundaristas. §1º Integrarão ainda os conselhos municipais dos Fundos, quando houver: I – 1 (um) representante do respectivo Conselho Municipal de Educação (CME); II – 1 (um) representante do Conselho Tutelar a que se refere a Lei nº 8.069, de 13 de julho de 1990, indicado por seus pares; III – 2 (dois) representantes de organizações da sociedade civil; IV – 1 (um) representante das escolas indígenas; V – 1 (um) representante das escolas do campo; VI – 1 (um) representante das escolas quilombolas. §2º Os membros dos conselhos previstos no **caput** e no §1º deste artigo, observados os impedimentos dispostos no **§5º deste artigo**, serão indicados até 20 (vinte) dias antes do término do mandato dos conselheiros anteriores, da seguinte forma: I – nos casos das representações dos órgãos federais, estaduais, municipais e do Distrito Federal e das entidades de classes organizadas, pelos seus dirigentes; II – nos casos dos representantes dos diretores, pais de alunos e estudantes, pelo conjunto dos estabelecimentos ou entidades de âmbito nacional, estadual ou municipal, conforme o caso, em processo eletivo organizado para esse fim, pelos respectivos pares; III – nos casos de representantes de professores e servidores, pelas entidades sindicais da respectiva categoria; IV – nos casos de organizações da sociedade civil, em processo eletivo dotado de ampla publicidade, vedada a participação de entidades que figurem como beneficiárias de recursos fiscalizados pelo conselho ou como contratadas da Administração da localidade a título oneroso. §3º As organizações da sociedade civil a que se refere este artigo: I – são pessoas jurídicas de direito privado sem fins lucrativos, nos termos da Lei nº 13.019, de 31 de julho de 2014; II – desenvolvem atividades direcionadas à localidade do respectivo conselho; III – devem atestar o seu funcionamento há pelo menos 1 (um) ano contado da data de publicação do edital; IV – desenvolvem atividades relacionadas à educação ou ao controle social dos gastos públicos; V – não figuram como beneficiárias de recursos fiscalizados pelo conselho ou como contratadas da Administração da localidade a título oneroso.

DISPOSITIVO DA LEI Nº 14.113/2020 QUE FAZ REMISSÃO A OUTRO	DISPOSITIVOS CITADOS COM O TEMA OU CONTEÚDO DA REMISSÃO
Art. 30,IV IV – pelos respectivos conselhos de acompanhamento e controle social dos Fundos, **referidos nos arts. 33 e 34 desta Lei**.	§4º Indicados os conselheiros, na forma dos **incisos I, II, III e IV do §2º deste artigo**, o Ministério da Educação designará os integrantes do conselho previsto **no inciso I do caput deste artigo**, e o Poder Executivo competente designará os integrantes dos conselhos previstos nos **incisos II, III e IV do caput deste artigo**. §5º São impedidos de integrar os conselhos a que se refere o **caput** deste artigo: I – titulares dos cargos de Presidente e de Vice-Presidente da República, de Ministro de Estado, de Governador e de Vice-Governador, de Prefeito e de Vice-Prefeito e de Secretário Estadual, Distrital ou Municipal, bem como seus cônjuges e parentes consanguíneos ou afins, até o terceiro grau; II – tesoureiro, contador ou funcionário de empresa de assessoria ou consultoria que prestem serviços relacionados à administração ou ao controle interno dos recursos do Fundo, bem como cônjuges, parentes consanguíneos ou afins, até o terceiro grau, desses profissionais; III – estudantes que não sejam emancipados; IV – pais de alunos ou representantes da sociedade civil que: a) exerçam cargos ou funções públicas de livre nomeação e exoneração no âmbito dos órgãos do respectivo Poder Executivo gestor dos recursos; ou b) prestem serviços terceirizados, no âmbito dos Poderes Executivos em que atuam os respectivos conselhos. §6º O presidente dos conselhos previstos no **caput** deste artigo será eleito por seus pares em reunião do colegiado, sendo impedido de ocupar a função o representante do governo gestor dos recursos do Fundo no âmbito da União, dos Estados, do Distrito Federal e dos Municípios. §7º A atuação dos membros dos conselhos dos Fundos: I – não é remunerada; II – é considerada atividade de relevante interesse social; III – assegura isenção da obrigatoriedade de testemunhar sobre informações recebidas ou prestadas em razão do exercício de suas atividades de conselheiro e sobre as pessoas que lhes confiarem ou deles receberem informações; IV – veda, quando os conselheiros forem representantes de professores e diretores ou de servidores das escolas públicas, no curso do mandato: a) exoneração ou demissão do cargo ou emprego sem justa causa ou transferência involuntária do estabelecimento de ensino em que atuam; b) atribuição de falta injustificada ao serviço em função das atividades do conselho; c) afastamento involuntário e injustificado da condição de conselheiro antes do término do mandato para o qual tenha sido designado;

DISPOSITIVO DA LEI Nº 14.113/2020 QUE FAZ REMISSÃO A OUTRO	DISPOSITIVOS CITADOS COM O TEMA OU CONTEÚDO DA REMISSÃO
Art. 30,IV IV – pelos respectivos conselhos de acompanhamento e controle social dos Fundos, **referidos nos arts. 33 e 34 desta Lei.**	V – veda, quando os conselheiros forem representantes de estudantes em atividades do conselho, no curso do mandato, atribuição de falta injustificada nas atividades escolares. §8º Para cada membro titular deverá ser nomeado um suplente, representante da mesma categoria ou segmento social com assento no conselho, que substituirá o titular em seus impedimentos temporários, provisórios e em seus afastamentos definitivos, ocorridos antes do fim do mandato. §9º O mandato dos membros dos conselhos do Fundeb será de 4 (quatro) anos, vedada a recondução para o próximo mandato, e iniciar-se-á em 1º de janeiro do terceiro ano de mandato do respectivo titular do Poder Executivo. §10. Na hipótese de inexistência de estudantes emancipados, representação estudantil poderá acompanhar as reuniões do conselho com direito a voz. §11. A União, os Estados, o Distrito Federal e os Municípios disponibilizarão em sítio na internet informações atualizadas sobre a composição e o funcionamento dos respectivos conselhos de que trata esta Lei, incluídos: I – nomes dos conselheiros e das entidades ou segmentos que representam; II – correio eletrônico ou outro canal de contato direto com o conselho; III – atas de reuniões; IV – relatórios e pareceres; V – outros documentos produzidos pelo conselho. §12. Os conselhos reunir-se-ão, no mínimo, trimestralmente ou por convocação de seu presidente.
Art. 32, §1º §1º A legitimidade do Ministério Público prevista no **caput** deste artigo não exclui a de terceiros para a propositura de ações a que se referem o **inciso LXXIII do caput do art. 5º** e o **§1º do art. 129 da Constituição Federal**, assegurado a eles o acesso gratuito aos documentos **mencionados nos arts. 31 e 36 desta Lei.**	**inciso LXXIII do caput do art. 5º** LXXIII – qualquer cidadão é parte legítima para propor ação popular que vise a anular ato lesivo ao patrimônio público ou de entidade de que o Estado participe, à moralidade administrativa, ao meio ambiente e ao patrimônio histórico e cultural, ficando o autor, salvo comprovada má-fé, isento de custas judiciais e do ônus da sucumbência; **§1º do art. 129 da Constituição Federal** §1º – A legitimação do Ministério Público para as ações civis previstas neste artigo não impede a de terceiros, nas mesmas hipóteses, segundo o disposto nesta Constituição e na lei. **arts. 31 e 36 desta Lei** Art. 31. Os Estados, o Distrito Federal e os Municípios prestarão contas dos recursos dos Fundos conforme os procedimentos adotados pelos Tribunais de Contas competentes, observada a regulamentação aplicável. Parágrafo único. As prestações de contas serão instruídas com parecer do conselho responsável, que deverá ser apresentado ao Poder Executivo respectivo em até 30 (trinta) dias antes do vencimento do prazo para a apresentação da prestação de contas prevista no **caput** deste artigo.

DISPOSITIVO DA LEI Nº 14.113/2020 QUE FAZ REMISSÃO A OUTRO	DISPOSITIVOS CITADOS COM O TEMA OU CONTEÚDO DA REMISSÃO
Art. 32, §1º §1º A legitimidade do Ministério Público prevista no **caput** deste artigo não exclui a de terceiros para a propositura de ações a que se referem o **inciso LXXIII do caput do art. 5º e o §1º do art. 129 da Constituição Federa l**, assegurado a eles o acesso gratuito aos documentos **mencionados nos arts. 31 e 36 desta Lei.**	Art. 36. Os registros contábeis e os demonstrativos gerenciais mensais, atualizados, relativos aos recursos repassados e recebidos à conta dos Fundos, assim como os referentes às despesas realizadas, ficarão permanentemente à disposição dos conselhos responsáveis, bem como dos órgãos federais, estaduais e municipais de controle interno e externo, e ser-lhes-á dada ampla publicidade, inclusive por meio eletrônico.
Art. 33, §3º, "c" c) convênios com as instituições a que se **refere o art. 7º desta Lei;**	art. 7º desta Lei (incisos I e II do §3º) Art. 7º (...) I – em relação às instituições comunitárias, confessionais ou filantrópicas sem fins lucrativos e conveniadas com o poder público, o cômputo das matrículas: a) na educação infantil oferecida em creches para crianças de até 3 (três) anos; b) na educação do campo oferecida em instituições reconhecidas como centros familiares de formação por alternância, observado o disposto em regulamento; c) nas pré–escolas, até a universalização desta etapa de ensino, que atendam às crianças de 4 (quatro) e 5 (cinco) anos, observadas as condições previstas nos incisos I, II, III, IV e V do §4º deste artigo, efetivadas, conforme o censo escolar mais atualizado; d) na educação especial, oferecida, nos termos do §3º do art. 58 da Lei nº 9.394, de 20 de dezembro de 1996 , pelas instituições com atuação exclusiva nessa modalidade para atendimento educacional especializado no contraturno para estudantes matriculados na rede pública de educação básica e inclusive para atendimento integral a estudantes com deficiência constatada em avaliação biopsicossocial, periodicamente realizada por equipe multiprofissional e interdisciplinar, nos termos da Lei nº 13.146, de 6 de julho de 2015 , com vistas, sempre que possível, à inclusão do estudante na rede regular de ensino e à garantia do direito à educação e à aprendizagem ao longo da vida; II – em relação a instituições públicas de ensino, autarquias e fundações públicas da administração indireta e demais instituições de educação profissional técnica de nível médio dos serviços sociais autônomos que integram o sistema federal de ensino, conveniadas ou em parceria com a administração estadual direta, o cômputo das matrículas referentes à educação profissional técnica de nível médio articulada, prevista no art. 36-C da Lei nº 9.394, de 20 de dezembro de 1996, e das matrículas relativas ao itinerário de formação técnica e profissional, previsto no inciso V do **caput** do art. 36 da referida Lei. (Redação dada pela Lei nº 14.276, de 2021)
Art. 34, caput Art. 34. Os conselhos serão criados por **legislação específica, editada no respectivo** âmbito **governamental**, observados os seguintes critérios de composição:	legislação específica, editada no respectivo âmbito governamental para criação dos CACS

DISPOSITIVO DA LEI Nº 14.113/2020 QUE FAZ REMISSÃO A OUTRO	DISPOSITIVOS CITADOS COM O TEMA OU CONTEÚDO DA REMISSÃO
Art. 34, III III – no Distrito Federal, com a composição determinada pelo disposto no inciso II deste **caput**, excluídos os membros mencionados nas suas alíneas b e d;	**DF: inciso II deste caput, excluídos os membros mencionados nas suas alíneas "b" e "d"** II – (…) a) 3 (três) representantes do Poder Executivo estadual, dos quais pelo menos 1 (um) do órgão estadual responsável pela educação básica; **b)** *(não se aplica pq se refere a Poderes Executivos municipais – O DF NÃO TEM MUNICÍPIOS);* c) 2 (dois) representantes do Conselho Estadual de Educação; d) *(não se aplica pq se refere a Poderes Executivos municipais – O DF NÃO TEM MUNICÍPIOS e assim não tem seccional da Undime);* e) 1 (um) representante da seccional da Confederação Nacional dos Trabalhadores em Educação (CNTE); f) 2 (dois) representantes dos pais de alunos da educação básica pública; g) 2 (dois) representantes dos estudantes da educação básica pública, dos quais 1 (um) indicado pela entidade estadual de estudantes secundaristas; h) 2 (dois) representantes de organizações da sociedade civil; i) 1 (um) representante das escolas indígenas, quando houver; j) 1 (um) representante das escolas quilombolas, quando houver;
Art. 34, §1º, II II – 1 (um) representante do Conselho Tutelar a que se refere a **Lei nº 8.069, de 13 de julho de 1990**, indicado por seus pares;	**Lei nº 8.069/1990(ECA)**
Art. 34, §2º §2º Os membros dos conselhos **previstos no caput e no §1º deste artigo,** observados os impedimentos **dispostos no §5º deste artigo,** serão indicados até 20 (vinte) dias antes do término do mandato dos conselheiros anteriores, da seguinte forma:	**caput e §1º deste artigo** Art. 34. Os conselhos serão criados por **legislação específica,** editada no respectivo âmbito **governamental,** observados os seguintes critérios de composição: I – em âmbito federal: a) 3 (três) representantes do Ministério da Educação; b) 2 (dois) representantes do Ministério da Economia; c) 1 (um) representante do Conselho Nacional de Educação (CNE); d) 1 (um) representante do Conselho Nacional de Secretários de Estado da Educação (Consed); e) 1 (um) representante da Confederação Nacional dos Trabalhadores em Educação (CNTE); f) 1 (um) representante da União Nacional dos Dirigentes Municipais de Educação (Undime); g) 2 (dois) representantes dos pais de alunos da educação básica pública; h) 2 (dois) representantes dos estudantes da educação básica pública, dos quais 1 (um) indicado pela União Brasileira dos Estudantes Secundaristas (Ubes);

DISPOSITIVO DA LEI Nº 14.113/2020 QUE FAZ REMISSÃO A OUTRO	DISPOSITIVOS CITADOS COM O TEMA OU CONTEÚDO DA REMISSÃO
Art. 34, §2º **§2º Os** membros dos conselhos **previstos no caput e no §1º deste artigo,** observados os impedimentos **dispostos no §5º deste artigo,** serão indicados até 20 (vinte) dias antes do término do mandato dos conselheiros anteriores, da seguinte forma:	i) 2 (dois) representantes de organizações da sociedade civil; II – em âmbito estadual: a) 3 (três) representantes do Poder Executivo estadual, dos quais pelo menos 1 (um) do órgão estadual responsável pela educação básica; b) 2 (dois) representantes dos Poderes Executivos municipais; c) 2 (dois) representantes do Conselho Estadual de Educação; d) 1 (um) representante da seccional da União Nacional dos Dirigentes Municipais de Educação (Undime); e) 1 (um) representante da seccional da Confederação Nacional dos Trabalhadores em Educação (CNTE); f) 2 (dois) representantes dos pais de alunos da educação básica pública; g) 2 (dois) representantes dos estudantes da educação básica pública, dos quais 1 (um) indicado pela entidade estadual de estudantes secundaristas; h) 2 (dois) representantes de organizações da sociedade civil; i) 1 (um) representante das escolas indígenas, quando houver; j) 1 (um) representante das escolas quilombolas, quando houver; III – no Distrito Federal, com a composição determinada pelo disposto no **inciso II deste caput, excluídos os membros mencionados nas suas alíneas "b" e "d";** IV – em âmbito municipal: a) 2 (dois) representantes do Poder Executivo municipal, dos quais pelo menos 1 (um) da Secretaria Municipal de Educação ou órgão educacional equivalente; b) 1 (um) representante dos professores da educação básica pública; c) 1 (um) representante dos diretores das escolas básicas públicas; d) 1 (um) representante dos servidores técnico–administrativos das escolas básicas públicas; e) 2 (dois) representantes dos pais de alunos da educação básica pública; f) 2 (dois) representantes dos estudantes da educação básica pública, dos quais 1 (um) indicado pela entidade de estudantes secundaristas. **§1º** Integrarão ainda os conselhos municipais dos Fundos, quando houver: I – 1 (um) representante do respectivo Conselho Municipal de Educação (CME); II – 1 (um) representante do Conselho Tutelar a que se refere a Lei nº 8.069, de 13 de julho de 1990, indicado por seus pares;

DISPOSITIVO DA LEI Nº 14.113/2020 QUE FAZ REMISSÃO A OUTRO	DISPOSITIVOS CITADOS COM O TEMA OU CONTEÚDO DA REMISSÃO
Art. 34, §2º §2º **Os** membros dos conselhos **previstos no caput e no §1º deste artigo,** observados os impedimentos **dispostos no §5º deste artigo,** serão indicados até 20 (vinte) dias antes do término do mandato dos conselheiros anteriores, da seguinte forma:	III – 2 (dois) representantes de organizações da sociedade civil; IV – 1 (um) representante das escolas indígenas; V – 1 (um) representante das escolas do campo; VI – 1 (um) representante das escolas quilombolas. **§5º deste artigo** §5º São impedidos de integrar os conselhos a que se refere o **caput** deste artigo: I – titulares dos cargos de Presidente e de Vice-Presidente da República, de Ministro de Estado, de Governador e de Vice-Governador, de Prefeito e de Vice-Prefeito e de Secretário Estadual, Distrital ou Municipal, bem como seus cônjuges e parentes consanguíneos ou afins, até o terceiro grau; II – tesoureiro, contador ou funcionário de empresa de assessoria ou consultoria que prestem serviços relacionados à administração ou ao controle interno dos recursos do Fundo, bem como cônjuges, parentes consanguíneos ou afins, até o terceiro grau, desses profissionais; III – estudantes que não sejam emancipados; IV – pais de alunos ou representantes da sociedade civil que: a) exerçam cargos ou funções públicas de livre nomeação e exoneração no âmbito dos órgãos do respectivo Poder Executivo gestor dos recursos; ou b) prestem serviços terceirizados, no âmbito dos Poderes Executivos em que atuam os respectivos conselhos.
Art. 34, §3º, I §3º As organizações da sociedade civil a que se refere este artigo: I – são pessoas jurídicas de direito privado sem fins lucrativos, nos termos d**a Lei nº 13.019, de 31 de julho de 2014;**	Lei nº 13.019/2014 (regime jurídico das parcerias entre a administração pública e as organizações da sociedade civil)
Art. 34, §4º §4º Indicados os conselheiros, **na forma dos incisos I, II, III e IV do §2º deste artigo,** o Ministério da Educação designará os integrantes do conselho **previsto no inciso I do caput deste artigo,** e o Poder Executivo competente designará os integrantes dos conselhos **previstos nos incisos II, III e IV do caput deste artigo.**	**incisos I, II, III e IV do §2º deste artigo** I – nos casos das representações dos órgãos federais, estaduais, municipais e do Distrito Federal e das entidades de classes organizadas, pelos seus dirigentes; II – nos casos dos representantes dos diretores, pais de alunos e estudantes, pelo conjunto dos estabelecimentos ou entidades de âmbito nacional, estadual ou municipal, conforme o caso, em processo eletivo organizado para esse fim, pelos respectivos pares; III – nos casos de representantes de professores e servidores, pelas entidades sindicais da respectiva categoria; IV – nos casos de organizações da sociedade civil, em processo eletivo dotado de ampla publicidade, vedada a participação de entidades que figurem como beneficiárias de recursos fiscalizados pelo conselho ou como contratadas da Administração da localidade a título oneroso.

DISPOSITIVO DA LEI Nº 14.113/2020 QUE FAZ REMISSÃO A OUTRO	DISPOSITIVOS CITADOS COM O TEMA OU CONTEÚDO DA REMISSÃO
Art. 34, §4º §4º Indicados os conselheiros, **na forma dos incisos I, II, III e IV do §2º deste artigo,** o Ministério da Educação designará os integrantes do conselho **previsto no inciso I do caput deste artigo,** e o Poder Executivo competente designará os integrantes dos conselhos **previstos nos incisos II, III e IV do caput deste artigo.**	**inciso I do caput deste artigo** I – em âmbito federal: a) 3 (três) representantes do Ministério da Educação; b) 2 (dois) representantes do Ministério da Economia; c) 1 (um) representante do Conselho Nacional de Educação (CNE); d) 1 (um) representante do Conselho Nacional de Secretários de Estado da Educação (Consed); e) 1 (um) representante da Confederação Nacional dos Trabalhadores em Educação (CNTE); f) 1 (um) representante da União Nacional dos Dirigentes Municipais de Educação (Undime); g) 2 (dois) representantes dos pais de alunos da educação básica pública; h) 2 (dois) representantes dos estudantes da educação básica pública, dos quais 1 (um) indicado pela União Brasileira dos Estudantes Secundaristas (Ubes); i) 2 (dois) representantes de organizações da sociedade civil; **incisos II, III e IV do caput deste artigo** II – em âmbito estadual: a) 3 (três) representantes do Poder Executivo estadual, dos quais pelo menos 1 (um) do órgão estadual responsável pela educação básica; b) 2 (dois) representantes dos Poderes Executivos municipais; c) 2 (dois) representantes do Conselho Estadual de Educação; d) 1 (um) representante da seccional da União Nacional dos Dirigentes Municipais de Educação (Undime); e) 1 (um) representante da seccional da Confederação Nacional dos Trabalhadores em Educação (CNTE); f) 2 (dois) representantes dos pais de alunos da educação básica pública; g) 2 (dois) representantes dos estudantes da educação básica pública, dos quais 1 (um) indicado pela entidade estadual de estudantes secundaristas; h) 2 (dois) representantes de organizações da sociedade civil; i) 1 (um) representante das escolas indígenas, quando houver; j) 1 (um) representante das escolas quilombolas, quando houver; III – no Distrito Federal, com a composição determinada pelo disposto no **inciso II deste caput, excluídos os membros mencionados nas suas alíneas "b" e "d";** IV – em âmbito municipal: a) 2 (dois) representantes do Poder Executivo municipal, dos quais pelo menos 1 (um) da Secretaria Municipal de Educação ou órgão educacional equivalente;

DISPOSITIVO DA LEI Nº 14.113/2020 QUE FAZ REMISSÃO A OUTRO	DISPOSITIVOS CITADOS COM O TEMA OU CONTEÚDO DA REMISSÃO
Art. 34, §4º §4º Indicados os conselheiros, **na forma dos incisos I, II, III e IV do §2º deste artigo,** o Ministério da Educação designará os integrantes do conselho **previsto no inciso I do caput deste artigo,** e o Poder Executivo competente designará os integrantes dos conselhos **previstos nos incisos II, III e IV do caput deste artigo.**	b) 1 (um) representante dos professores da educação básica pública; c) 1 (um) representante dos diretores das escolas básicas públicas; d) 1 (um) representante dos servidores técnico-administrativos das escolas básicas públicas; e) 2 (dois) representantes dos pais de alunos da educação básica pública; f) 2 (dois) representantes dos estudantes da educação básica pública, dos quais 1 (um) indicado pela entidade de estudantes secundaristas.
Art. 37 Art. 37. As informações e os dados contábeis, orçamentários e fiscais disponibilizados pelos Estados, pelo Distrito Federal e pelos Municípios, conforme previsto no **art. 163-A da Constituição Federal,** deverão conter os detalhamentos relacionados ao Fundeb e à manutenção e ao desenvolvimento do ensino.	**art. 163-A da Constituição Federal** Art. 163-A. A União, os Estados, o Distrito Federal e os Municípios disponibilizarão suas informações e dados contábeis, orçamentários e fiscais, conforme periodicidade, formato e sistema estabelecidos pelo órgão central de contabilidade da União, de forma a garantir a rastreabilidade, a comparabilidade e a publicidade dos dados coletados, os quais deverão ser divulgados em meio eletrônico de amplo acesso público
Art. 38 Art. 38. A verificação do cumprimento dos percentuais de aplicação dos recursos do Fundeb, estabelecidos **nos arts. 212 e 212-A da Constituição Federal,** em ações de manutenção e de desenvolvimento do ensino, nas esferas estadual, distrital e municipal, será realizada por meio de registro bimestral das informações em sistema de informações sobre orçamentos públicos em educação, mantido pelo Ministério da Educação.	arts. 212 e 212-A da Constituição Federal – referem-se, respectivamente à vinculação de recursos à MDE e ao Fundeb permanente
Art. 38, §2º §2º O sistema **de que trata o caput deste artigo** deve possibilitar o acesso aos dados e a sua análise pelos presidentes dos conselhos de controle social do Fundeb e pelos Tribunais de Contas dos Estados, do Distrito Federal e dos Municípios.	**caput deste artigo** Art. 38. A verificação do cumprimento dos percentuais de aplicação dos recursos do Fundeb, estabelecidos nos arts. 212 e 212-A da Constituição Federal, em ações de manutenção e de desenvolvimento do ensino, nas esferas estadual, distrital e municipal, será realizada por meio de registro bimestral das informações em sistema de informações sobre orçamentos públicos em educação, mantido pelo Ministério da Educação.
Art. 38, §3º §3º O sistema **de que trata o caput deste artigo** deverá observar padrões de interoperabilidade e a necessidade de integração de dados com os demais sistemas eletrônicos de dados contábeis, orçamentários e fiscais no âmbito do Poder Executivo federal e dos Tribunais de Contas, como formas de simplificação e de eficiência nos processos de preenchimento e de disponibilização dos dados, e garantir o acesso irrestrito aos dados, os quais devem ser legíveis por máquina e estar disponíveis em formato aberto, respeitadas as **Leis nºs 12.527, de 18 de novembro de 2011, e 13.709, de 14 de agosto de 2018.**	**caput deste artigo** Art. 38. A verificação do cumprimento dos percentuais de aplicação dos recursos do Fundeb, estabelecidos nos arts. 212 e 212-A da Constituição Federal, em ações de manutenção e de desenvolvimento do ensino, nas esferas estadual, distrital e municipal, será realizada por meio de registro bimestral das informações em sistema de informações sobre orçamentos públicos em educação, mantido pelo Ministério da Educação. **Lei nº 12.527/2011(LAI)** **Lei nº 13.709/2018(LGPD)**

DISPOSITIVO DA LEI Nº 14.113/2020 QUE FAZ REMISSÃO A OUTRO	DISPOSITIVOS CITADOS COM O TEMA OU CONTEÚDO DA REMISSÃO
Art. 40, §1º §1º Os dados utilizados nas análises da avaliação **disposta no caput deste artigo** deverão ser divulgados em diversos formatos eletrônicos, inclusive abertos e não proprietários, tais como planilhas e texto, de modo a facilitar a análise das informações por terceiros.	**caput deste artigo** Art. 40. A partir da implantação dos Fundos, a cada 2 (dois) anos o Inep realizará: I – a avaliação dos efeitos redistributivos, da melhoria dos indicadores educacionais e da ampliação do atendimento; II – estudos para avaliação da eficiência, da eficácia e da efetividade na aplicação dos recursos dos Fundos.
Art. 40, §2º §2º As revisões **a que se refere o art. 60-A do Ato das Disposições Constitucionais Transitórias** considerarão os resultados das avaliações previstas no **caput** deste artigo.	**art. 60-A do Ato das Disposições Constitucionais Transitórias** Art. 60-A. Os critérios de distribuição da complementação da União e dos fundos a que se **refere o inciso I do caput do art. 212-A da Constituição Federal** serão revistos em seu sexto ano de vigência e, a partir dessa primeira revisão, periodicamente, a cada 10 (dez) anos. (Incluído pela Emenda Constitucional nº 108, de 2020)
Art.41. A complementação da União referida no art. **4º desta Lei** será implementada progressivamente até alcançar a proporção **estabelecida no art. 5º desta Lei**, a partir do primeiro ano subsequente ao da vigência desta Lei, nos seguintes valores mínimos:	**art. 4º desta Lei** Art. 4º A União complementará os recursos dos Fundos a que se refere o **art. 3º desta Lei**, conforme disposto nesta Lei. **art. 5º desta Lei** Art. 5º A complementação da União será equivalente a, no mínimo, 23% (vinte e três por cento) do total de recursos a que se refere o **art. 3º desta Lei**, nas seguintes modalidades:
Art. 41, §1º §1º A parcela da complementação **de que trata o inciso II do caput do art. 5º desta Lei** observará, no mínimo, os seguintes valores:	**inciso II do caput do art. 5º desta Lei** II – complementação-VAAT: no mínimo, 10,5 (dez inteiros e cinco décimos) pontos percentuais, em cada rede pública de ensino municipal, estadual ou distrital, sempre que o valor anual total por aluno (VAAT), nos termos da **alínea "a" do inciso II do caput do art. 6º desta Lei** não alcançar o mínimo definido nacionalmente;
Art. 41, §2º §2º A parcela da complementação **de que trata o inciso III do caput do art. 5º desta Lei** observará os seguintes valores:	**inciso III do caput do art. 5º desta Lei** III – complementação-VAAR: 2,5 (dois inteiros e cinco décimos) pontos percentuais nas redes públicas que, cumpridas condicionalidades de melhoria de gestão, alcançarem evolução de indicadores a serem definidos, de atendimento e de melhoria da aprendizagem com redução das desigualdades, nos termos do sistema nacional de avaliação da educação básica, conforme disposto no **art. 14 desta Lei**.
Art. 41, §3º, I I – os entes disponibilizarão as informações e os dados contábeis, orçamentários e fiscais, de que trata o **§4º do art. 13 desta Lei**, relativos aos exercícios financeiros de 2019 e 2020, nos termos de regulamento; (Redação dada pela Lei nº 14.276, de 2021)	**§4º do art. 13 desta Lei** §4º Somente são habilitados a receber a complementação-VAAT os entes que disponibilizarem as informações e os dados contábeis, orçamentários e fiscais, **nos termos do art. 163-A da Constituição Federal e do art. 38 desta Lei**.

DISPOSITIVO DA LEI Nº 14.113/2020 QUE FAZ REMISSÃO A OUTRO	DISPOSITIVOS CITADOS COM O TEMA OU CONTEÚDO DA REMISSÃO
Art. 41, §3º, II II – o cronograma mensal de pagamentos da complementação-VAAT, **referido no §2º do art. 16 desta Lei** iniciar-se-á em julho e será ajustado pelo Tesouro Nacional, de modo que seja cumprido o prazo previsto para o seu pagamento integral;	**§2º do art. 16 desta Lei** §2º A complementação da União observará o cronograma da programação financeira do Tesouro Nacional e contemplará pagamentos mensais de, no mínimo, 5% (cinco por cento) da complementação anual, a serem realizados até o último dia útil de cada mês, assegurados os repasses de, no mínimo, 45% (quarenta e cinco por cento) até 31 de julho, de 85% (oitenta e cinco por cento) até 31 de dezembro de cada ano e de 100% (cem por cento) até 31 de janeiro do exercício imediatamente subsequente.
Art. 41, §3º, III III – o Poder Executivo federal publicará até 30 de junho as estimativas **previstas nos incisos V e VI do caput do art. 16 desta Lei** relativas às transferências da complementação-VAAT em 2021.	**incisos V e VI do caput do art. 16 desta Lei** V – os valores anuais totais por aluno (VAAT) no âmbito das redes de ensino, nos termos do **§3º do art. 13 desta Lei**, anteriormente à complementação-VAAT; VI – a estimativa do valor anual total mínimo por aluno (VAAT-MIN) definido nacionalmente, **nos termos do art. 13 desta Lei**, e correspondente distribuição de recursos da complementação-VAAT às redes de ensino;
Art. 42, §1º §1º Até que sejam instituídos os novos conselhos, no **prazo referido no caput deste artigo,** caberá aos conselhos existentes na data de publicação desta Lei exercer as funções de acompanhamento e de controle previstas na legislação.	**caput deste artigo** Art. 42. Os novos conselhos dos Fundos serão instituídos no prazo de 90 (noventa) dias, contado da vigência dos Fundos.
Art. 43, I I – diferenças e ponderações quanto ao valor anual por aluno entre etapas, modalidades, duração da jornada e tipos de estabelecimento de ensino, **nos termos do art. 7º desta Lei;**	**art. 7º desta Lei** Art. 7º A distribuição de recursos que compõem os Fundos, nos termos do **art. 3º desta Lei**, no âmbito de cada Estado e do Distrito Federal e da complementação da União, conforme o **art. 5º desta Lei**, dar-se-á, na forma do **Anexo desta Lei**, em função do número de alunos matriculados nas respectivas redes de educação básica pública presencial, observadas as diferenças e as ponderações quanto ao valor anual por aluno (VAAF, VAAT ou VAAR) entre etapas, modalidades, duração da jornada e tipos de estabelecimento de ensino e consideradas as respectivas especificidades e os insumos necessários para a garantia de sua qualidade, bem como o disposto no **art. 10 desta Lei**.
Art. 43, II II – diferenças e ponderações quanto ao valor anual por aluno relativas ao nível socioeconômico dos educandos e aos indicadores de disponibilidade de recursos vinculados à educação e de potencial de arrecadação tributária de cada ente federado, **nos termos do art. 10 desta Lei;**	**art. 10 desta Lei** Art. 10. Além do disposto no **art. 7º desta Lei**, a distribuição de recursos dar-se-á, na forma do **Anexo desta Lei**, em função do número de alunos matriculados nas respectivas redes de educação básica pública presencial, observadas as diferenças e as ponderações quanto ao valor anual por aluno (VAAF e VAAT) relativas: I – ao nível socioeconômico dos educandos; II – aos indicadores de disponibilidade de recursos vinculados à educação de cada ente federado; III – aos indicadores de utilização do potencial de arrecadação tributária de cada ente federado.

DISPOSITIVO DA LEI Nº 14.113/2020 QUE FAZ REMISSÃO A OUTRO	DISPOSITIVOS CITADOS COM O TEMA OU CONTEÚDO DA REMISSÃO
Art. 43, III III – indicador para educação infantil, **nos termos do art. 28 desta Lei.**	art. 28 desta Lei Art. 28. Realizada a distribuição da complementação–VAAT às redes de ensino, segundo o art. 13 desta Lei, será destinada à educação infantil, nos termos do **Anexo desta Lei**, proporção de 50% (cinquenta por cento) dos recursos globais a que se refere o **inciso II do caput do art. 5º desta Lei.**
Art. 43, §1º, I, "r" r) formação técnica e profissional **prevista no inciso V do caput do art. 36 da Lei nº 9.394, de 20 de dezembro de 1996:** 1,30 (um inteiro e trinta centésimos);	inciso V do caput do art. 36 da Lei nº 9.394/1996(LDB) V – formação técnica e profissional.
Art. 43, §1º, II II – para as diferenças e as ponderações **de que trata o inciso II do caput deste artigo,** valores unitários, **nos termos especificados no Anexo desta Lei;**	inciso II do caput deste artigo II – diferenças e ponderações quanto ao valor anual por aluno relativas ao nível socioeconômico dos educandos e aos indicadores de disponibilidade de recursos vinculados à educação e de potencial de arrecadação tributária de cada ente federado, nos termos do **art. 10 desta Lei;** **Anexo desta Lei** – refere-se aos cálculos e procedimentos para a distribuição de recursos do Fundeb
Art. 43, §1º, III III – para indicador de **que trata o inciso III do caput deste artigo:**	inciso III do caput deste artigo III – indicador para educação infantil, nos termos do **art. 28 desta Lei.**
Art. 43, §1º, III, "a" a) poderá ser adotada metodologia provisória de cálculo definida pelo Inep, **observado o disposto no art. 28 desta Lei,** nos termos de regulamento do Ministério da Educação;	art. 28 desta Lei Art. 28. Realizada a distribuição da complementação-VAAT às redes de ensino, segundo o art. 13 desta Lei, será destinada à educação infantil, nos termos do **Anexo desta Lei**, proporção de 50% (cinquenta por cento) dos recursos globais a que se refere o **inciso II do caput do art. 5º desta Lei.**
Art. 43, §1º, III, "b" b) será adotado o número de matrículas em educação infantil de cada rede municipal beneficiária da complementação-VAAT, caso não haja a definição **prevista na alínea "a" deste inciso.**	alínea "a" deste inciso a) poderá ser adotada metodologia provisória de cálculo definida pelo Inep, observado o disposto no **art. 28 desta Lei,** nos termos de regulamento do Ministério da Educação;

DISPOSITIVO DA LEI Nº 14.113/2020 QUE FAZ REMISSÃO A OUTRO	DISPOSITIVOS CITADOS COM O TEMA OU CONTEÚDO DA REMISSÃO
Art. 43, §2º §2º Para fins de distribuição da complementação-VAAT, no exercício financeiro de 2021, 2022 e 2023, as diferenças e as ponderações **especificadas nas alíneas "a", "b", "c" e "d" do inciso I do §1º deste artigo** terão a aplicação de fator multiplicativo de 1,50 (um inteiro e cinquenta centésimos). (Redação dada pela Lei nº 14.276, de 2021)	alíneas "a", "b", "c" e "d" do inciso I do §1º deste artigo §1º No exercício financeiro de 2021, serão atribuídos: I – para as diferenças e as ponderações de que trata o inciso I do **caput** deste artigo: a) creche em tempo integral: 1. pública: 1,30 (um inteiro e trinta centésimos); e 2. conveniada: 1,10 (um inteiro e dez centésimos); b) creche em tempo parcial: 1. pública: 1,20 (um inteiro e vinte centésimos); e 2. conveniada: 0,80 (oitenta centésimos); c) pré-escola em tempo integral: 1,30 (um inteiro e trinta centésimos); d) pré-escola em tempo parcial: 1,10 (um inteiro e dez centésimos);
Art. 43, §3º §3º Para vigência em 2024, as deliberações de que trata o §2º do art. 17 desta Lei constarão de resolução publicada no Diário Oficial da União até o dia 31 de outubro de 2023, com base em estudos elaborados pelo Inep e pelo Ministério da Economia, **nos termos do art. 18 desta Lei**, e encaminhados à Comissão Intergovernamental de Financiamento para a Educação Básica de Qualidade até 31 de julho de 2023. (Redação dada pela Lei nº 14.276, de 2021)	§2º do art. 17 desta Lei §2º As deliberações relativas à especificação das ponderações constarão de resolução publicada no Diário Oficial da União até o dia 31 de julho de cada exercício, para vigência no exercício seguinte. art. 18 desta Lei Art. 18. No exercício de suas atribuições, compete à Comissão Intergovernamental de Financiamento para a Educação Básica de Qualidade: (...) IV – aprovar a metodologia de cálculo dos indicadores de nível socioeconômico dos educandos, elaborada pelo Inep, e as metodologias de cálculo da disponibilidade de recursos vinculados à educação e do potencial de arrecadação tributária de cada ente federado, elaboradas pelo Ministério da Economia; (Redação dada pela Lei nº 14.276, de 2021)
Art. 43-A Art. 43-A. O indicador de potencial de arrecadação tributária, de **que trata o inciso III do caput do art. 10 desta Lei**, será implementado a partir do exercício de 2027. (Incluído pela Lei nº 14.276, de 2021)	inciso III do caput do art. 10 desta Lei^ III – aos indicadores de utilização do potencial de arrecadação tributária de cada ente federado.

DISPOSITIVO DA LEI Nº 14.113/2020 QUE FAZ REMISSÃO A OUTRO	DISPOSITIVOS CITADOS COM O TEMA OU CONTEÚDO DA REMISSÃO
Art. 43-B Art. 43-B. As informações **a que se refere o inciso II do §3º do art. 14 desta Lei** serão aferidas, a partir de 2022, de forma progressiva, de acordo com a implementação do novo ensino médio, nas redes de ensino, **em consonância com a Lei nº 13.415, de 16 de fevereiro de 2017.** (Incluído pela Lei nº 14.276, de 2021)	inciso II do §3º do art. 14 desta Lei II – considerará em seu cálculo a proporção de estudantes cujos resultados de aprendizagem estejam em níveis abaixo do nível adequado, com maior peso para: (Incluído pela Lei nº 14.276, de 2021) a) os estudantes com resultados mais distantes desse nível; (Incluído pela Lei nº 14.276, de 2021) b) as desigualdades de resultados nos diferentes grupos de nível socioeconômico e de raça e dos estudantes com deficiência em cada rede pública. (Incluído pela Lei nº 14.276, de 2021) Lei nº 13.415, de 16 de fevereiro de 2017 – Lei que altera a LDB para incluir as normas do novo ensino médio
Art. 44 No primeiro trimestre de 2021, será mantida a sistemática de repartição de recursos **prevista na Lei nº 11.494, de 20 de junho de 2007,** mediante a utilização dos coeficientes de participação do Distrito Federal, de cada Estado e dos Municípios, referentes ao exercício de 2020.	Lei nº 11.494/2007(Lei Fundeb 2007–2020)
Art. 47 Art. 47. Os repasses e a movimentação dos recursos dos Fundos de que trata esta Lei deverão ocorrer por meio das contas únicas e específicas mantidas em uma das instituições financeiras **de que trata o art. 20 desta Lei.**	art. 20 desta Lei Art. 20. Os recursos dos Fundos serão disponibilizados pelas unidades transferidoras à Caixa Econômica Federal ou ao Banco do Brasil S.A., que realizará a distribuição dos valores devidos aos Estados, ao Distrito Federal e aos Municípios.
Art. 47 §1º §1º Os saldos dos recursos dos Fundos **instituídos pela Lei nº 11.494, de 20 de junho de 2007,** existentes em contas–correntes mantidas em instituição financeira diversa daquelas **de que trata o art. 20 desta Lei,** deverão ser integralmente transferidos, até 31 de janeiro de 2021, para as contas **de que trata o caput deste artigo.**	Lei nº 11.494/2007(Lei Fundeb 2007-2020) art. 20 desta Lei Art. 20. Os recursos dos Fundos serão disponibilizados pelas unidades transferidoras à Caixa Econômica Federal ou ao Banco do Brasil S.A., que realizará a distribuição dos valores devidos aos Estados, ao Distrito Federal e aos Municípios. caput deste artigo Art. 47. Os repasses e a movimentação dos recursos dos Fundos de que trata esta Lei deverão ocorrer por meio das contas únicas e específicas mantidas em uma das instituições financeiras **de que trata o art. 20 desta Lei.**
Art. 47 §2º §2º Os ajustes de que trata o **§2º do art. 6º da Lei nº 11.494, de 20 de junho de 2007,** realizados a partir de 1º de janeiro de 2021, serão processados nas contas de que trata o **caput** deste artigo, e os valores processados a crédito deverão ser utilizados nos termos desta Lei.	§2º do art. 6º da Lei nº 11.494/2007 (Lei Fundeb 2007-2020) §2 ̊ A complementação da União a maior ou a menor em função da diferença entre a receita utilizada para o cálculo e a receita realizada do exercício de referência será ajustada no 1 ̊ (primeiro) quadrimestre do exercício imediatamente subsequente e debitada ou creditada à conta específica dos Fundos, conforme o caso

DISPOSITIVO DA LEI Nº 14.113/2020 QUE FAZ REMISSÃO A OUTRO	DISPOSITIVOS CITADOS COM O TEMA OU CONTEÚDO DA REMISSÃO
Art. 47-A, I I – dos fundos e da complementação da União ao Fundo de Manutenção e Desenvolvimento do Ensino Fundamental e de Valorização do Magistério (Fundef), **previstos na Lei nº 9.424, de 24 de dezembro de 1996; (Incluído pela Lei nº 14.325, de 2022)**	Lei nº 9.424, de 24 de dezembro de 1996 (Lei do Fundef)
Art. 47-A, II II – dos fundos e da complementação da União ao Fundo de Manutenção e Desenvolvimento da Educação Básica e de Valorização dos Profissionais da Educação (Fundeb) 2007-2020, previstos na Lei nº 11.494, de 20 de junho de 2007; (Incluído pela Lei nº 14.325, de 2022)	Lei nº 11.494, de 20 de junho de 2007 (Lei do Fundeb 2007-2020)
Art. 47-A, III III – dos fundos e das complementações da União, nas modalidades VAAF e VAAT, ao Fundo de Manutenção e Desenvolvimento da Educação Básica e de Valorização dos Profissionais da Educação (Fundeb) permanente, **previstos nesta Lei. (Incluído pela Lei nº 14.325, de 2022)**	previstos nesta Lei – Lei nº 14.113/2020 – Lei do Fundeb permanente fundos – Art. 1º Fica instituído, no âmbito de cada Estado e do Distrito Federal, um Fundo de Manutenção e Desenvolvimento da Educação Básica e de Valorização dos Profissionais da Educação (Fundeb), de natureza contábil, nos termos do art. 212-A da Constituição Federal. Complementações – Art. 5º A complementação da União será equivalente a, no mínimo, 23% (vinte e três por cento) do total de recursos a que se refere o art. 3º desta Lei, nas seguintes modalidades: I – complementação-VAAF: 10 (dez) pontos percentuais no âmbito de cada Estado e do Distrito Federal, sempre que o valor anual por aluno (VAAF), nos termos da alínea a do inciso I do **caput** do art. 6º desta Lei não alcançar o mínimo definido nacionalmente; II – complementação-VAAT: no mínimo, 10,5 (dez inteiros e cinco décimos) pontos percentuais, em cada rede pública de ensino municipal, estadual ou distrital, sempre que o valor anual total por aluno (VAAT), nos termos da alínea a do inciso II do **caput** do art. 6º desta Lei não alcançar o mínimo definido nacionalmente; III – complementação-VAAR: 2,5 (dois inteiros e cinco décimos) pontos percentuais nas redes públicas que, cumpridas condicionalidades de melhoria de gestão, alcançarem evolução de indicadores a serem definidos, de atendimento e de melhoria da aprendizagem com redução das desigualdades, nos termos do sistema nacional de avaliação da educação básica, conforme disposto no art. 14 desta Lei.
Art. 47-A, §1º §1º Terão direito ao rateio de que trata o **caput deste artigo: (Incluído pela Lei nº 14.325, de 2022)**	**caput** deste artigo Art. 47-A. Serão utilizados na mesma finalidade e de acordo com os mesmos critérios e condições estabelecidos para utilização do valor principal dos Fundos os recursos extraordinários recebidos pelos Estados, pelo Distrito Federal e pelos Municípios em decorrência de decisões judiciais relativas ao cálculo do valor anual por aluno para a distribuição dos recursos: (Incluído pela Lei nº 14.325, de 2022)

DISPOSITIVO DA LEI Nº 14.113/2020 QUE FAZ REMISSÃO A OUTRO	DISPOSITIVOS CITADOS COM O TEMA OU CONTEÚDO DA REMISSÃO
Art. 47-A, §1º, I I – os profissionais do magistério da educação básica que estavam em cargo, emprego ou função, integrantes da estrutura, quadro ou tabela de servidores do Estado, do Distrito Federal ou do Município, com vínculo estatutário, celetista ou temporário, desde que em efetivo exercício das funções na rede pública durante o período em que ocorreram os repasses a menor do Fundef 1997–2006 ou do Fundeb 2007–2020 a **que se referem os incisos I e II do caput deste artigo; (Incluído pela Lei nº 14.325, de 2022)**	incisos I e II do caput deste artigo I – dos fundos e da complementação da União ao Fundo de Manutenção e Desenvolvimento do Ensino Fundamental e de Valorização do Magistério (Fundef), previstos na Lei nº 9.424, de 24 de dezembro de 1996; (Incluído pela Lei nº 14.325, de 2022) II – dos fundos e da complementação da União ao Fundo de Manutenção e Desenvolvimento da Educação Básica e de Valorização dos Profissionais da Educação (Fundeb) 2007–2020, previstos na Lei nº 11.494, de 20 de junho de 2007; (Incluído pela Lei nº 14.325, de 2022)
Art. 47-A, §1º, II II – os profissionais da educação básica que estavam em cargo, emprego ou função, integrantes da estrutura, quadro ou tabela de servidores do Estado, do Distrito Federal ou do Município, com vínculos estatutário, celetista ou temporário, desde que em efetivo exercício das funções na rede pública durante o período em que ocorreram os repasses a menor do Fundeb permanente **a que se refere o inciso III do caput deste artigo; (Incluído pela Lei nº 14.325, de 2022)**	inciso III do caput deste III – dos fundos e das complementações da União, nas modalidades VAAF e VAAT, ao Fundo de Manutenção e Desenvolvimento da Educação Básica e de Valorização dos Profissionais da Educação (Fundeb) permanente, previstos nesta Lei. (Incluído pela Lei nº 14.325, de 2022)
Art. 47-A, §1º, III III – os aposentados que comprovarem efetivo exercício nas redes públicas escolares, nos períodos **dispostos nos incisos I e II do caput deste artigo**, ainda que não tenham mais vínculo direto com a administração pública que os remunerava, e os herdeiros, em caso de falecimento dos profissionais alcançados por este artigo. (Incluído pela Lei nº 14.325, de 2022)	incisos I e II do caput deste artigo I – dos fundos e da complementação da União ao Fundo de Manutenção e Desenvolvimento do Ensino Fundamental e de Valorização do Magistério (Fundef), previstos na Lei nº 9.424, de 24 de dezembro de 1996; (Incluído pela Lei nº 14.325, de 2022) II – dos fundos e da complementação da União ao Fundo de Manutenção e Desenvolvimento da Educação Básica e de Valorização dos Profissionais da Educação (Fundeb) 2007–2020, previstos na Lei nº 11.494, de 20 de junho de 2007; (Incluído pela Lei nº 14.325, de 2022)
Art. 47-A, §2º, I §2º O valor a ser pago a cada profissional: (Incluído pela Lei nº 14.325, de 2022) I – é proporcional à jornada de trabalho e aos meses de efetivo exercício no magistério e na educação básica, no caso dos demais profissionais da educação básica previstos no **inciso III do caput do art. 61 da Lei nº 9.394, de 20 de dezembro de 1996**; (Incluído pela Lei nº 14.325, de 2022)	inciso III do caput do art. 61 da Lei nº 9.394, de 20 de dezembro de 1996 (LDB); III – trabalhadores em educação, portadores de diploma de curso técnico ou superior em área **pedagógica ou afim**. (Incluído pela Lei nº 12.014, de 2009)

DISPOSITIVO DA LEI Nº 14.113/2020 QUE FAZ REMISSÃO A OUTRO	DISPOSITIVOS CITADOS COM O TEMA OU CONTEÚDO DA REMISSÃO
Art. 47-A, §2º, II §2º O valor a ser pago a cada profissional: (Incluído pela Lei nº 14.325, de 2022) II – tem caráter indenizatório e não se incorpora à remuneração dos servidores ativos ou aos proventos dos inativos que fizerem parte do rateio **definido no §1º deste artigo.** (Incluído pela Lei nº 14.325, de 2022)	§1º deste artigo §1º Terão direito ao rateio de que trata o caput deste artigo: (Incluído pela Lei nº 14.325, de 2022) I – os profissionais do magistério da educação básica que estavam em cargo, emprego ou função, integrantes da estrutura, quadro ou tabela de servidores do Estado, do Distrito Federal ou do Município, com vínculo estatutário, celetista ou temporário, desde que em efetivo exercício das funções na rede pública durante o período em que ocorreram os repasses a menor do Fundef 1997–2006 ou do Fundeb 2007–2020 a que se **referem os incisos I e II do caput deste artigo**; (Incluído pela Lei nº 14.325, de 2022) II – os profissionais da educação básica que estavam em cargo, emprego ou função, integrantes da estrutura, quadro ou tabela de servidores do Estado, do Distrito Federal ou do Município, com vínculos estatutário, celetista ou temporário, desde que em efetivo exercício das funções na rede pública durante o período em que ocorreram os repasses a menor do Fundeb permanente **a que se refere o inciso III do caput deste artigo**; (Incluído pela Lei nº 14.325, de 2022) III – os aposentados que comprovarem efetivo exercício nas redes públicas escolares, nos períodos **dispostos nos incisos I e II do caput deste artigo**, ainda que não tenham mais vínculo direto com a administração pública que os remunerava, e os herdeiros, em caso de falecimento dos profissionais alcançados por este artigo. (Incluído pela Lei nº 14.325, de 2022)

DISPOSITIVO DA LEI Nº 14.113/2020 QUE FAZ REMISSÃO A OUTRO	DISPOSITIVOS CITADOS COM O TEMA OU CONTEÚDO DA REMISSÃO
Art. 48 Art. 48. Os Municípios poderão integrar, nos termos da legislação local específica e desta Lei, o Conselho do Fundo ao Conselho Municipal de Educação, com instituição de câmara específica para o acompanhamento e o controle social sobre a distribuição, a transferência e a aplicação dos recursos do Fundo, observado o **disposto no inciso IV do caput e nos §§1º, 2º, 4º e 5º do art. 34 desta Lei.**	inciso IV do caput do art. 34 desta Lei IV – em âmbito municipal: a) 2 (dois) representantes do Poder Executivo municipal, dos quais pelo menos 1 (um) da Secretaria Municipal de Educação ou órgão educacional equivalente; b) 1 (um) representante dos professores da educação básica pública; c) 1 (um) representante dos diretores das escolas básicas públicas; d) 1 (um) representante dos servidores técnico–administrativos das escolas básicas públicas; e) 2 (dois) representantes dos pais de alunos da educação básica pública; f) 2 (dois) representantes dos estudantes da educação básica pública, dos quais 1 (um) indicado pela entidade de estudantes secundaristas. §§1º, 2º, 4º e 5º do art. 34 desta Lei §1º Integrarão ainda os conselhos municipais dos Fundos, quando houver: I – 1 (um) representante do respectivo Conselho Municipal de Educação (CME); II – 1 (um) representante do Conselho Tutelar a que se refere a Lei nº 8.069, de 13 de julho de 1990, indicado por seus pares; III – 2 (dois) representantes de organizações da sociedade civil; IV – 1 (um) representante das escolas indígenas; V – 1 (um) representante das escolas do campo; VI – 1 (um) representante das escolas quilombolas. §2º Os membros dos conselhos previstos no **caput** e no §1º deste artigo, observados os impedimentos dispostos no **§5º deste artigo**, serão indicados até 20 (vinte) dias antes do término do mandato dos conselheiros anteriores, da seguinte forma: I – nos casos das representações dos órgãos federais, estaduais, municipais e do Distrito Federal e das entidades de classes organizadas, pelos seus dirigentes; II – nos casos dos representantes dos diretores, pais de alunos e estudantes, pelo conjunto dos estabelecimentos ou entidades de âmbito nacional, estadual ou municipal, conforme o caso, em processo eletivo organizado para esse fim, pelos respectivos pares; III – nos casos de representantes de professores e servidores, pelas entidades sindicais da respectiva categoria; IV – nos casos de organizações da sociedade civil, em processo eletivo dotado de ampla publicidade, vedada a participação de entidades que figurem como beneficiárias de recursos fiscalizados pelo conselho ou como contratadas da Administração da localidade a título oneroso.

DISPOSITIVO DA LEI Nº 14.113/2020 QUE FAZ REMISSÃO A OUTRO	DISPOSITIVOS CITADOS COM O TEMA OU CONTEÚDO DA REMISSÃO
Art. 48 Art. 48. Os Municípios poderão integrar, nos termos da legislação local específica e desta Lei, o Conselho do Fundo ao Conselho Municipal de Educação, com instituição de câmara específica para o acompanhamento e o controle social sobre a distribuição, a transferência e a aplicação dos recursos do Fundo, observado o **disposto no inciso IV do caput e nos §§1º, 2º, 4º e 5º do art. 34 desta Lei.**	[(...)] §4º Indicados os conselheiros, na forma dos **incisos I, II, III e IV do §2º deste artigo**, o Ministério da Educação designará os integrantes do conselho previsto **no inciso I do caput deste artigo**, e o Poder Executivo competente designará os integrantes dos conselhos previstos nos **incisos II, III e IV do caput deste artigo**. §5º São impedidos de integrar os conselhos a que se refere o **caput** deste artigo: I – titulares dos cargos de Presidente e de Vice-Presidente da República, de Ministro de Estado, de Governador e de Vice-Governador, de Prefeito e de Vice-Prefeito e de Secretário Estadual, Distrital ou Municipal, bem como seus cônjuges e parentes consanguíneos ou afins, até o terceiro grau; II – tesoureiro, contador ou funcionário de empresa de assessoria ou consultoria que prestem serviços relacionados à administração ou ao controle interno dos recursos do Fundo, bem como cônjuges, parentes consanguíneos ou afins, até o terceiro grau, desses profissionais; III – estudantes que não sejam emancipados; IV – pais de alunos ou representantes da sociedade civil que: a) exerçam cargos ou funções públicas de livre nomeação e exoneração no âmbito dos órgãos do respectivo Poder Executivo gestor dos recursos; ou b) prestem serviços terceirizados, no âmbito dos Poderes Executivos em que atuam os respectivos conselhos.
Art. 48, §2º §2º Aplicar-se-ão para a constituição dos conselhos municipais de educação **as regras previstas no §5º do art. 34 desta Lei.**	**§5º do art. 34 desta Lei** §5º São impedidos de integrar os conselhos **a que se refere o caput deste artigo:** I – titulares dos cargos de Presidente e de Vice-Presidente da República, de Ministro de Estado, de Governador e de Vice-Governador, de Prefeito e de Vice-Prefeito e de Secretário Estadual, Distrital ou Municipal, bem como seus cônjuges e parentes consanguíneos ou afins, até o terceiro grau; II – tesoureiro, contador ou funcionário de empresa de assessoria ou consultoria que prestem serviços relacionados à administração ou ao controle interno dos recursos do Fundo, bem como cônjuges, parentes consanguíneos ou afins, até o terceiro grau, desses profissionais; III – estudantes que não sejam emancipados; IV – pais de alunos ou representantes da sociedade civil que: a) exerçam cargos ou funções públicas de livre nomeação e exoneração no âmbito dos órgãos do respectivo Poder Executivo gestor dos recursos; ou b) prestem serviços terceirizados, no âmbito dos Poderes Executivos em que atuam os respectivos conselhos.

DISPOSITIVO DA LEI Nº 14.113/2020 QUE FAZ REMISSÃO A OUTRO	DISPOSITIVOS CITADOS COM O TEMA OU CONTEÚDO DA REMISSÃO
Art. 49 Art. 49. A União, os Estados, o Distrito Federal e os Municípios deverão assegurar no financiamento da educação básica, previsto **no art. 212 da Constituição Federal,** a melhoria da qualidade do ensino, de forma a garantir padrão mínimo de qualidade definido nacionalmente.	**art. 212 da Constituição Federal** Art. 212. A União aplicará, anualmente, nunca menos de dezoito, e os Estados, o Distrito Federal e os Municípios vinte e cinco por cento, no mínimo, da receita resultante de impostos, compreendida a proveniente de transferências, na manutenção e desenvolvimento do ensino.
Art. 49, §1º §1º É assegurada a participação popular e da comunidade educacional no processo de definição do padrão nacional de qualidade **referido no caput deste artigo.**	**caput deste artigo** Art. 49. A União, os Estados, o Distrito Federal e os Municípios deverão assegurar no financiamento da educação básica, previsto no art. 212 da Constituição Federal, a melhoria da qualidade do ensino, de forma a garantir padrão mínimo de qualidade definido nacionalmente.
Art. 49, §2º §2º As diferenças e as ponderações aplicáveis entre etapas, modalidades, duração da jornada e tipos de estabelecimento de ensino da educação básica, bem como seus custos médios, de que trata esta Lei, considerarão as condições adequadas de oferta e terão como referência o Custo Aluno Qualidade (CAQ), quando regulamentado, nos termos do **§7º do art. 211 da Constituição Federal.**	**§7º do art. 211 da Constituição Federal.** §7º O padrão mínimo de qualidade de que trata o §1º deste artigo considerará as condições adequadas de oferta e terá como referência o Custo Aluno Qualidade (CAQ), pactuados em regime de colaboração na forma disposta em lei complementar, conforme o parágrafo único do art. 23 desta Constituição. (Incluído pela Emenda Constitucional nº 108, de 2020)
Art. 50, parágrafo único, II Parágrafo único. A União, os Estados e o Distrito Federal desenvolverão, em regime de colaboração, programas de apoio ao esforço para conclusão da educação básica dos alunos regularmente matriculados no sistema público de educação: (...) II – aos quais tenham sido aplicadas medidas socioeducativas **nos termos da Lei nº 8.069, de 13 de julho de 1990.**	Lei nº 8.069/1990(ECA)
Art. 52 Art. 52. Na hipótese prevista no **§8º do art. 212 da Constituição Federal,** inclusive quanto a isenções tributárias, deverão ser avaliados os impactos nos Fundos e os meios para que não haja perdas ao financiamento da educação básica.	**§8º do art. 212 da Constituição Federal** §8º Na hipótese de extinção ou de substituição de impostos, serão redefinidos os percentuais referidos no **caput** deste artigo e no inciso II do **caput** do art. 212-A, de modo que resultem recursos vinculados à manutenção e ao desenvolvimento do ensino, bem como os recursos subvinculados aos fundos de que trata o art. 212-A desta Constituição, em aplicações equivalentes às anteriormente praticadas. (Incluído pela Emenda Constitucional nº 108, de 2020)
Art. 53 Art. 53. Fica revogada, a partir de 1º de janeiro de 2021, a **Lei nº 11.494, de 20 de junho de 2007**, ressalvado o **caput do art. 12** e mantidos seus efeitos financeiros no que se refere à execução dos Fundos relativa ao exercício de 2020. (Redação dada pela Lei nº 14.276, de 2021)	**Lei nº 11.494/2007(Lei Fundeb 2007-2020)** **Art. 12 da Lei nº 11.494/2007(Lei Fundeb 2007-2020)** Art. 12. Fica instituída, no âmbito do Ministério da Educação, a Comissão Intergovernamental de Financiamento para a Educação Básica de Qualidade, com a seguinte composição

Número de remissões na Lei nº 14.113/2020

Expressão indicativa de remissão a dispositivo ou lei	ocorrências
Nos termos	72
conforme	09
Referid (o) (a) (s)	22
Dispost (o) (a) (s)	31
Em consonância	01
relacionadas	01
Previst (o) (a) (s)	62
Total	**198**

Obs – não foram computadas, por não se referirem a dispositivos ou a outras leis:
– 10 ocorrências da expressão "nesta lei";
– duas ocorrências da expressão "na legislação";
– a expressão "conforme", quando se refere a "conforme dados", "conforme o censo", "conforme o caso", "conforme o regimento interno", "conforme os procedimentos" ou "conforme a sistemática".

APÊNDICE C

PRAZOS NA LEI Nº 14.113/2020 (LEI DO FUNDEB PERMANENTE) E EC 208/2020

MESES

PRAZO	CONTEÚDO
JANEIRO	Art. 16, §2º A complementação da União observará o cronograma da programação financeira do Tesouro Nacional e contemplará pagamentos mensais de, no mínimo, 5% (cinco por cento) da complementação anual, a serem realizados até o último dia útil de cada mês, assegurados os **repasses** de, no mínimo, 45% (quarenta e cinco por cento) até 31 de julho, de 85% (oitenta e cinco por cento) até 31 de dezembro de cada ano e **de 100% (cem por cento) até 31 de janeiro do exercício imediatamente subsequente.**
	Art. 16, §4º Para o **ajuste da complementação da União**, de que trata o §3º deste artigo, os Estados e o Distrito Federal deverão publicar em meio oficial e encaminhar à Secretaria do Tesouro Nacional do Ministério da Economia, **até o dia 31 de janeiro**, os **valores da arrecadação efetiva dos impostos e das transferências**, nos termos do art. 3º desta Lei, referentes ao exercício imediatamente anterior.
	Art. 34, §9º O mandato dos membros dos conselhos do Fundeb será de 4 (quatro) anos, vedada a recondução para o próximo mandato, e **iniciar-se-á em 1º de janeiro do terceiro ano de mandato do respectivo titular do Poder Executivo.**
	Art. 47, §1º Os saldos dos recursos dos Fundos instituídos pela Lei nº 11.494, de 20 de junho de 2007, existentes em contas-correntes mantidas em instituição financeira diversa daquelas de que trata o art. 20 desta Lei, **deverão ser integralmente transferidos, até 31 de janeiro de 2021, para as contas de que trata o caput deste artigo.**
	Art. 47, §2º Os ajustes de que trata o §2º do art. 6º da Lei nº 11.494, de 20 de junho de 2007, **realizados a partir de 1º de janeiro de 2021, serão processados nas contas de que trata o caput** deste artigo, e os valores processados a crédito deverão ser utilizados nos termos desta Lei.

PRAZO	CONTEÚDO
JANEIRO	Art. 34, §9º O mandato dos membros dos conselhos do Fundeb será de 4 (quatro) anos, vedada a recondução para o próximo mandato, e **iniciar-se-á em 1º de janeiro do terceiro ano de mandato do respectivo titular do Poder Executivo.**
	Art. 47, §1º Os saldos dos recursos dos Fundos instituídos pela Lei nº 11.494, de 20 de junho de 2007, existentes em contas-correntes mantidas em instituição financeira diversa daquelas de que trata o art. 20 desta Lei, **deverão ser integralmente transferidos, até 31 de janeiro de 2021, para as contas de que trata o caput deste artigo.**
	Art. 47, §2º Os ajustes de que trata o §2º do art. 6º da Lei nº 11.494, de 20 de junho de 2007, **realizados a partir de 1º de janeiro de 2021, serão processados nas contas de que trata o caput** deste artigo, e os valores processados a crédito deverão ser utilizados nos termos desta Lei.
	Art. 53. Fica **revogada, a partir de 1º de janeiro de 2021**, a Lei nº 11.494, de 20 de junho de 2007, ressalvado o **caput** do art. 12 e mantidos seus efeitos financeiros no que se refere à execução dos Fundos relativa ao exercício de 2020. (Redação dada pela Lei nº 14.276, de 2021)
ABRIL	Art. 45. A partir de **1º de abril de 2021**, a distribuição dos recursos dos Fundos será realizada na forma prevista por esta Lei.
MAIO	Art. 46. O ajuste da diferença observada entre a distribuição dos recursos realizada no primeiro trimestre de 2021 e a distribuição conforme a sistemática estabelecida nesta Lei será realizado **no mês de maio de 2021.**
JUNHO	Art. 15, parágrafo único. Para fins de apuração do VAAT, os valores referidos no inciso II do **caput** deste artigo serão corrigidos pelo percentual **da variação nominal das receitas totais integrantes dos Fundos**, nos termos do art. 3º desta Lei, para o período de 24 (vinte e quatro) meses, **encerrado em junho do exercício anterior ao da transferência.**
	Art. 41, III – o Poder Executivo federal **publicará até 30 de junho as estimativas** previstas nos incisos V e VI do **caput** do art. 16 desta Lei **relativas às transferências da complementação-VAAT em 2021.**
JULHO	Art. 16, §2º A complementação da União observará o cronograma da programação financeira do Tesouro Nacional e contemplará pagamentos mensais de, no mínimo, 5% (cinco por cento) da complementação anual, a serem realizados até o último dia útil de cada mês, assegurados os repasses de, no mínimo, **45% (quarenta e cinco por cento) até 31 de julho**, de 85% (oitenta e cinco por cento) até 31 de dezembro de cada ano e de 100% (cem por cento) até 31 de janeiro do exercício imediatamente subsequente.
	Art. 17, §2º As deliberações [da Comissão intergovernamental] relativas à especificação das ponderações constarão de resolução publicada no Diário Oficial da União até o dia 31 de julho de cada exercício, para vigência no exercício seguinte.
	Art. 41, II – o cronograma mensal de pagamentos da complementação-VAAT, referido no §2º do art. 16 desta Lei **iniciar-se-á em julho** e será ajustado pelo Tesouro Nacional, de modo que seja cumprido o prazo previsto para o seu pagamento integral;
JULHO	Art. 43, §3º Para vigência em 2024, as deliberações de que trata o §2º do art. 17 desta Lei [da Comissão Intergovernamental] relativas à especificação das ponderações] constarão de resolução publicada no Diário Oficial da União até o dia 31 de outubro de 2023, com base em estudos elaborados pelo Inep e pelo Ministério da Economia, nos termos do art. 18 desta Lei, e encaminhados à Comissão Intergovernamental de Financiamento para a Educação Básica de Qualidade até 31 de julho de 2023. (Redação dada pela Lei nº 14.276, de 2021)

PRAZO	CONTEÚDO
AGOSTO	Art. 13,§5º Para fins de apuração dos valores descritos no inciso II do **caput** do art. 15 [VAAT e VAAT-MIN] e da confirmação dos registros de que trata o art. 38 desta Lei [registro bimestral siconfi], serão consideradas as informações e os dados contábeis, orçamentários e fiscais, de que trata o §4º deste artigo, que constarem, respectivamente, da base de dados do Sistema de Informações Contábeis e Fiscais do Setor Público Brasileiro (Siconfi) e do Sistema de Informações sobre Orçamentos Públicos em Educação (Siope), ou dos sistemas que vierem a substituí-los, **no dia 31 de agosto do exercício posterior ao exercício a que se referem os dados enviados.** (Redação dada pela Lei nº 14.276, de 2021)
OUTUBRO	Art. 18, §5º A deliberação da Comissão Intergovernamental de Financiamento para a Educação Básica de Qualidade, referente ao **indicador de disponibilidade de recursos** vinculados à educação, de que trata o inciso IV do **caput** deste artigo, ocorrerá **até o dia 31 de outubro do ano anterior ao exercício de referência** e será registrada em ata circunstanciada, lavrada conforme seu regimento interno. (Incluído pela Lei nº 14.276, de 2021)
	Art. 43. Esta Lei será **atualizada até 31 de outubro de 2023**, para aplicação no exercício de 2024, com relação a:
	I – diferenças e ponderações quanto ao valor anual por aluno entre etapas, modalidades, duração da jornada e tipos de estabelecimento de ensino, nos termos do art. 7º desta Lei;
	II – diferenças e ponderações quanto ao valor anual por aluno relativas ao nível socioeconômico dos educandos e aos indicadores de disponibilidade de recursos vinculados à educação e de potencial de arrecadação tributária de cada ente federado, nos termos do art. 10 desta Lei;
	III – indicador para educação infantil, nos termos do art. 28 desta Lei.
	(Redação dada pela Lei nº 14.276, de 2021)
	Art. 43, §1º, I Nos exercícios financeiros de 2021, 2022 e 2023 serão atribuídos:
	I – para as diferenças e as ponderações de que trata o inciso I do **caput** deste artigo:
	Art. 43, §3º **Para vigência em 2024**, as deliberações de que trata o §2º do art. 17 desta Lei [da Comissão Intergovernamental] relativas à especificação das ponderações] constarão de resolução publicada no Diário Oficial da União **até o dia 31 de outubro de 2023**, com base em estudos elaborados pelo Inep e pelo Ministério da Economia, nos termos do art. 18 desta Lei, e encaminhados à Comissão Intergovernamental de Financiamento para a Educação Básica de Qualidade até 31 de julho de 2023. (Redação dada pela Lei nº 14.276, de 2021)

PRAZO	CONTEÚDO
DEZEMBRO	Art. 16. O Poder Executivo federal publicará, até **31 de dezembro** de cada exercício, para vigência no exercício subsequente: I – a estimativa da receita total dos Fundos, nos termos do art. 3º desta Lei; II – a estimativa do valor da complementação da União, nos termos do art. 5º desta Lei;
	III – a estimativa dos valores anuais por aluno (VAAF) no âmbito do Distrito Federal e de cada Estado, nos termos do art. 11 desta Lei; IV – a estimativa do valor anual mínimo por aluno (VAAF-MIN) definido nacionalmente, nos termos do art. 12 desta Lei, e correspondente distribuição de recursos da complementação-VAAF às redes de ensino; V – os valores anuais totais por aluno (VAAT) no âmbito das redes de ensino, nos termos do §3º do art. 13 desta Lei, anteriormente à complementação-VAAT; VI – a estimativa do valor anual total mínimo por aluno (VAAT-MIN) definido nacionalmente, nos termos do art. 13 desta Lei, e correspondente distribuição de recursos da complementação-VAAT às redes de ensino; VII – as aplicações mínimas pelas redes de ensino em educação infantil, nos termos do art. 28 desta Lei; VIII – as redes de ensino beneficiadas com a complementação-VAAR e respectivos valores, nos termos do art. 14 desta Lei.
	Art. 16, §2º A complementação da União observará o cronograma da programação financeira do Tesouro Nacional e contemplará pagamentos mensais de, no mínimo, 5% (cinco por cento) da complementação anual, a serem realizados até o último dia útil de cada mês, assegurados os repasses de, no mínimo, 45% (quarenta e cinco por cento) até 31 de julho, de 85% (oitenta e cinco por cento) até 31 de dezembro de cada ano e de 100% (cem por cento) até 31 de janeiro do exercício imediatamente subsequente.
	Art. 16 §5º O FNDE divulgará em sítio eletrônico, até **31 de dezembro** de cada exercício: (Incluído pela Lei nº 14.276, de 2021) I – a memória de cálculo do índice de correção previsto no parágrafo único do art. 15 desta Lei, elaborado pela Secretaria do Tesouro Nacional do Ministério da Economia; (Incluído pela Lei nº 14.276, de 2021)
	II – o detalhamento das parcelas de receitas e disponibilidades, nos termos dos arts. 11 e 12 e do §3º do art. 13 desta Lei, consideradas no cálculo do VAAT, por rede de ensino, a que se refere o inciso V do **caput** deste artigo. (Incluído pela Lei nº 14.276, de 2021)
	Art. 42, §2º No caso dos conselhos municipais, o primeiro mandato dos conselheiros extinguir–se–á em 31 de dezembro de 2022.
Outros prazos	Art. 34,§2º – Os membros dos conselhos previstos no **caput** e no §1º deste artigo, observados os impedimentos dispostos no §5º deste artigo, serão indicados até 20 (vinte) dias antes do término do mandato dos conselheiros anteriores, da seguinte forma:

APÊNDICE D

PRAZOS NA LEI DO FUNDEB – ANOS

Ano	Dispositivo
2021	Art. 43, §1º Nos exercícios financeiros de 2021, 2022 e 2023 serão atribuídos:
	Art.43, §2º Para fins de distribuição da complementação-VAAT, no exercício financeiro de 2021, 2022 e 2023, as diferenças e as ponderações especificadas nas alíneas "a", "b", "c" e "d" do inciso I do §1º deste artigo terão a aplicação de fator multiplicativo de 1,50 (um inteiro e cinquenta centésimos). (Redação dada pela Lei nº 14.276, de 2021)
	Art. 44. No primeiro trimestre de 2021, será mantida a sistemática de repartição de recursos prevista na Lei nº 11.494, de 20 de junho de 2007, mediante a utilização dos coeficientes de participação do Distrito Federal, de cada Estado e dos Municípios, referentes ao exercício de 2020.
	Art. 45. A partir de 1º de abril de 2021, a distribuição dos recursos dos Fundos será realizada na forma prevista por esta Lei.
	Art. 46. O ajuste da diferença observada entre a distribuição dos recursos realizada no primeiro trimestre de 2021 e a distribuição conforme a sistemática estabelecida nesta Lei será realizado no mês de maio de 2021.
	Art. 47, §1º Os saldos dos recursos dos Fundos instituídos pela Lei nº 11.494, de 20 de junho de 2007, existentes em contas-correntes mantidas em instituição financeira diversa daquelas de que trata o art. 20 desta Lei, deverão ser integralmente transferidos, até 31 de janeiro de 2021, para as contas de que trata o **caput** deste artigo.
	Art. 47, §2º Os ajustes de que trata o §2º do art. 6º da Lei nº 11.494, de 20 de junho de 2007, realizados **a partir de 1º de janeiro de 2021**, serão processados nas contas de que trata o **caput** deste artigo, e os valores processados a crédito deverão ser utilizados nos termos desta Lei.
	Art. 53. Fica revogada, **a partir de 1º de janeiro de 2021**, a Lei nº 11.494, de 20 de junho de 2007, ressalvado o **caput** do art. 12 e mantidos seus efeitos financeiros no que se refere à execução dos Fundos relativa ao exercício de 2020. (Redação dada pela Lei nº 14.276, de 2021)
2021–EC 108/2020	Art. 60. A complementação da União referida no inciso IV do **caput** do art. 212-A da Constituição Federal será implementada progressivamente até alcançar a proporção estabelecida no inciso V do **caput** do mesmo artigo, a partir de 1º de janeiro de 2021, nos seguintes valores mínimos: I – 12% (doze por cento), no primeiro ano; 2021

Ano	Dispositivo
2022	Art. 42, §2º No caso dos conselhos municipais, o primeiro mandato dos conselheiros extinguir-se-á em 31 de dezembro de 2022.
	Art. 43, §1º, I Nos exercícios financeiros de 2021, 2022 e 2023 serão atribuídos:
	I – para as diferenças e as ponderações de que trata o inciso I do **caput** deste artigo:
	Art. 43, §2º Para fins de distribuição da complementação-VAAT, no exercício financeiro de 2021, 2022 e 2023, as diferenças e as ponderações especificadas nas alíneas "a", "b", "c" e "d" do inciso I do §1º deste artigo terão a aplicação de fator multiplicativo de 1,50 (um inteiro e cinquenta centésimos).
	Art. 43-B. As informações a que se refere o inciso II do §3º do art. 14 desta Lei serão aferidas, a partir de 2022, de forma progressiva, de acordo com a implementação do novo ensino médio, nas redes de ensino, em consonância com a Lei nº 13.415, de 16 de fevereiro de 2017. (Incluído pela Lei nº 14.276, de 2021)
2022–EC 108/2020	Art. 60. A complementação da União referida no inciso IV do **caput** do art. 212-A da Constituição Federal será implementada progressivamente até alcançar a proporção estabelecida no inciso V do **caput** do mesmo artigo, a partir de 1º de janeiro de 2021, nos seguintes valores mínimos:
	II – 15% (quinze por cento), no segundo ano (2022)
2023	Art. 43. Esta Lei será atualizada até 31 de outubro de 2023, para aplicação no exercício de 2024, com relação a: (Redação dada pela Lei nº 14.276, de 2021)
	Art. 43, §1º, I Nos exercícios financeiros de 2021, 2022 e 2023 serão atribuídos:
	I – para as diferenças e as ponderações de que trata o inciso I do **caput** deste artigo:
	Art. 43, §3º Para vigência em 2024, as deliberações de que trata o §2º do art. 17 desta Lei [*da Comissão Intergovernamental*] relativas à *especificação das ponderações*] constarão de resolução publicada no Diário Oficial da União **até o dia 31 de outubro de 2023,** com base em estudos elaborados pelo Inep e pelo Ministério da Economia, nos termos do art. 18 desta Lei, e encaminhados à Comissão Intergovernamental de Financiamento para a Educação Básica de Qualidade até 31 de julho de 2023. (Redação dada pela Lei nº 14.276, de 2021)
2023–EC 108/2020	"Art. 60. A complementação da União referida no inciso IV do **caput** do art. 212-A da Constituição Federal será implementada progressivamente até alcançar a proporção estabelecida no inciso V do **caput** do mesmo artigo, a partir de 1º de janeiro de 2021, nos seguintes valores mínimos:
	III – 17% (dezessete por cento), no terceiro ano;
	Art. 43,§4º Para o exercício financeiro de 2023, os indicadores referidos no inciso III do **caput** do art. 5º desta Lei serão excepcionalmente definidos por regulamento, de forma a considerar os impactos da pandemia da Covid–19 nos resultados educacionais. (Incluído pela Lei nº 14.276, de 2021)

Ano	Dispositivo
2024	Art. 43,§3º Para vigência em 2024, as deliberações de que trata o §2º do art. 17 desta Lei [*da Comissão Intergovernamental*] relativas à *especificação das ponderações*] constarão de resolução publicada no Diário Oficial da União até o dia 31 de outubro de 2023, com base em estudos elaborados pelo Inep e pelo Ministério da Economia, nos termos do art. 18 desta Lei, e encaminhados à Comissão Intergovernamental de Financiamento para a Educação Básica de Qualidade até 31 de julho de 2023. (Redação dada pela Lei nº 14.276, de 2021)
	Art. 43. Esta Lei será atualizada até 31 de outubro de 2023, para aplicação no exercício de 2024, com relação a: (Redação dada pela Lei nº 14.276, de 2021)
	I – diferenças e ponderações quanto ao valor anual por aluno entre etapas, modalidades, duração da jornada e tipos de estabelecimento de ensino, nos termos do art. 7º desta Lei;
	II – diferenças e ponderações quanto ao valor anual por aluno relativas ao nível socioeconômico dos educandos e aos indicadores de disponibilidade de recursos vinculados à educação e de potencial de arrecadação tributária de cada ente federado, nos termos do art. 10 desta Lei;
	III – indicador para educação infantil, nos termos do art. 28 desta Lei.
2024–EC 108/2020	Art. 60. A complementação da União referida no inciso IV do **caput** do art. 212-A da Constituição Federal será implementada progressivamente até alcançar a proporção estabelecida no inciso V do **caput** do mesmo artigo, a partir de 1º de janeiro de 2021, nos seguintes valores mínimos:
	IV – 19% (dezenove por cento), no quarto ano (2024)
2025–EC 108/2020	Art. 60. A complementação da União referida no inciso IV do **caput** do art. 212-A da Constituição Federal será implementada progressivamente até alcançar a proporção estabelecida no inciso V do **caput** do mesmo artigo, a partir de 1º de janeiro de 2021, nos seguintes valores mínimos:
	V – 21% (vinte e um por cento), no quinto ano (2025)
2026 –EC 108/2020	"Art. 60-A, ADCT. Os critérios de distribuição da complementação da União e dos fundos a que se refere o inciso I do **caput** do art. 212-A da Constituição Federal serão revistos em seu sexto ano de vigência e, a partir dessa primeira revisão, periodicamente, a cada 10 (dez) anos."
2026 –EC 108/2020	Art. 60. A complementação da União referida no inciso IV do **caput** do art. 212-A da Constituição Federal será implementada progressivamente até alcançar a proporção estabelecida no inciso V do **caput** do mesmo artigo, a partir de 1º de janeiro de 2021, nos seguintes valores mínimos:
	VI – 23% (vinte e três por cento), no sexto ano (2026)
2027	Art. 43-A. O indicador de potencial de arrecadação tributária, de que trata o inciso III do **caput** do art. 10 desta Lei, será implementado a partir do exercício de 2027. (Incluído pela Lei nº 14.276, de 2021)

Esta obra foi composta em fonte Palatino Linotype, corpo 10,5
e impressa em papel Offset 75g (miolo) e Supremo 250g (capa)
pela Artes Gráficas Formato.